高等教育立体化精品系列规划教材

Excel 2010
会计财务应用
立体化教程

◎ 夏帮贵 刘凡馨 主编
◎ 曾小亮 哈尔肯别克·木哈西 副主编

人民邮电出版社
北京

图书在版编目（CIP）数据

Excel 2010会计财务应用立体化教程 / 夏帮贵，刘凡馨主编． -- 北京：人民邮电出版社，2015.12（2021.2重印）
高等教育立体化精品系列规划教材
ISBN 978-7-115-40850-1

Ⅰ．①E… Ⅱ．①夏… ②刘… Ⅲ．①表处理软件—应用—财务会计—高等学校—教材 Ⅳ．①F234.4-39

中国版本图书馆CIP数据核字(2015)第294247号

内容提要

本书主要讲解了 Excel 2010 会计财务应用的相关知识，包括日常会计账务处理、填制会计凭证、员工薪酬管理、进销存管理、应收账款管理、固定资产管理、月末账务处理、编制会计报表、分析会计报表、财务预算等。本书在附录中还设置了有关 Excel 会计财务应用的 5 个综合实训，以进一步提高学生对知识的应用能力。

本书由浅入深、循序渐进，采用案例式讲解，基本上每一章均以情景导入、课堂案例讲解、上机综合实训、疑难解析及习题的结构进行讲述。全书通过大量的案例和练习，着重于对学生实际应用能力的培养，并将职业场景引入课堂教学，让学生提前进入工作的角色中。

本书适合作为高等院校会计电算化及相关专业的教材，也可作为各类社会培训学校相关专业的教材，同时还可供 Excel 会计财务应用工作人员学习参考。

◆ 主　　编　夏帮贵　刘凡馨
　　副 主 编　曾小亮　哈尔肯别克·木哈西
　　责任编辑　马小霞
　　责任印制　焦志炜

◆ 人民邮电出版社出版发行　北京市丰台区成寿寺路 11 号
邮编 100164　电子邮件 315@ptpress.com.cn
网址 http://www.ptpress.com.cn
北京虎彩文化传播有限公司印刷

◆ 开本：787×1092　1/16
印张：16　　2015 年 12 月第 1 版
字数：390 千字　2021 年 2 月北京第 2 次印刷

定价：45.00 元（附光盘）

读者服务热线：(010)81055256　印装质量热线：(010)81055316
反盗版热线：(010)81055315

前 言 PREFACE

近年来，随着高等教育的不断改革与发展，高等教育的规模在不断扩大，课程的开发逐渐体现出职业能力的培养、教学职场化、教材实践化的特点，同时随着计算机软硬件日新月异地升级，市场上很多教材的软件版本、硬件型号、教学结构等内容都已不再适合目前的教授和学习。

鉴于此，我们认真总结已出版教材的编写经验，用了2~3年的时间深入调研各地、各类高等教育院校的教材需求，组织了一批优秀的、具有丰富教学经验和实践经验的作者团队编写了本套教材，以帮助高等教育院校培养优秀的职业技能型人才。

本着"提升学生的就业能力"为导向的原则，我们在教学方法、教学内容、教学资源3个方面体现出了自己的特色。

教学方法

本书精心设计"情景导入→课堂案例→上机实训→疑难解析→习题"5段教学法，将职业场景引入课堂教学，激发学生的学习兴趣；然后在职场案例的驱动下，实现"做中学，做中教"的教学理念；最后有针对性地解答常见问题，并通过课后练习全方位帮助学生提升专业技能。

- **情景导入**：以主人公"小白"的实习情景模式为例引入本章教学主题，并贯穿于课堂案例的讲解中，让学生了解相关知识点在实际工作中的应用情况。
- **课堂案例**：以来源于职场和实际工作中的案例为主线，强调"应用"。每个案例先指出实际应用环境，再分析制作的思路和需要用到的知识点，然后通过操作并结合相关基础知识的讲解来完成该案例的制作。讲解过程中穿插有"知识提示""多学一招""职业素养"3个小栏目。
- **上机实训**：先结合课堂案例讲解的内容和实际工作需要给出实训目标，进行专业背景介绍，再提供适当的操作思路及步骤提示以供参考，要求学生独立完成操作，充分训练学生的动手能力。
- **疑难解析**：精选出学生在实际操作和学习中经常会遇到的问题并进行答疑解惑，让学生可以深入地了解一些应用知识。
- **习题**：对本章所学知识进行小结，再结合本章内容给出难度适中的上机操作题，可以让学生强化巩固所学知识。

教学内容

本书的教学目标是循序渐进地帮助学生掌握Excel会计财务应用，具体包括日常会计账务处理、填制会计凭证、员工薪酬管理、进销存管理、应收账款管理、固定资产管理、月末账务处理、编制会计报表、分析会计报表、财务预算等。全书共10章，主要通过以下几个方面的内容进行讲解。

- **第1~2章**：主要讲解使用Excel的基本操作进行日常会计财务处理，然后填制并打印会计凭证。
- **第3~6章**：主要讲解使用Excel的数据计算和管理功能进行员工薪酬管理、进销存管理、应收账款管理、固定资产管理等。
- **第7~8章**：主要讲解使用Excel的数据透视表功能根据会计凭证表建立总分类账和科目汇总表，完成后编制科目余额表、资产负债表、利润表等。
- **第9~10章**：主要讲解使用Excel的数据分析功能分析会计报表，并编制销售预算、生产预算、直接材料预算、直接人工预算、产品成本预算、销售及管理费用预算和现金预算等。

 教学资源

本书的教学资源包括以下三方面的内容。

（1）配套光盘

本书配套光盘中包含图书中实例涉及的素材与效果文件、各章节实训及习题的操作演示动画，以及模拟试题库三方面的内容。模拟试题库中含有丰富的关于Office办公软件的相关试题，包括填空题、单项选择题、多项选择题、判断题、简答题、操作题等多种题型，读者可自动组合出不同的试卷进行测试。另外，光盘中还提供了两套完整模拟试题，以便读者测试和练习。

（2）教学资源包

本书配套精心制作的教学资源包，包括PPT教案和教学教案（备课教案、Word文档），以便老师顺利开展教学工作。

（3）教学扩展包

教学扩展包中包括方便教学的拓展资源及每年定期更新的拓展案例两方面的内容。其中拓展资源包含Word教学素材和模板、Excel教学素材和模板、PowerPoint教学素材和模板、教学演示动画等。

特别提醒：上述第（2）和（3）教学资源可访问人民邮电出版社教学服务与资源网（http://www.ptpedu.com.cn）搜索下载，或者发电子邮件至dxbook@qq.com索取。

本书由西华大学夏帮贵、刘凡馨任主编，江西外语外贸学院曾小亮、新疆应用职业技术学院哈尔肯别克·木哈西任副主编。其中，夏帮贵编写第1~4章，刘凡馨编写第5~8章，曾小亮编写第9章，哈尔肯别克·木哈西编写第10章、附录以及书中的习题部分。虽然编者在编写本书的过程中倾注了大量心血，但恐百密之中仍有疏漏，恳请广大读者不吝赐教。

编者

2015年12月

目录 CONTENTS

第1章 日常会计账务处理 1

1.1 Excel基础知识 2
  1.1.1 Excel在会计与财务中的应用 2
  1.1.2 熟悉Excel 2010工作界面 4
1.2 制作收款收据 6
  1.2.1 收据的书写格式 6
  1.2.2 新建"收款收据"工作簿 7
  1.2.3 选择单元格 8
  1.2.4 输入并填充数据 9
  1.2.5 设置表格格式 10
1.3 制作差旅费报销单 13
  1.3.1 差旅费报销单的作用 14
  1.3.2 建立"差旅费报销单"框架 14
  1.3.3 使用公式与函数计算数据 17
  1.3.4 保护表格数据 19
  1.3.5 填制表格内容 20
1.4 制作日常费用管理表 21
  1.4.1 打开并另存工作簿 22
  1.4.2 快速应用单元格样式 23
  1.4.3 数据的排序 25
  1.4.4 数据的分类汇总 26
  1.4.5 输入并复制公式 27
1.5 实训——制作往来客户一览表 29
  1.5.1 实训目标 29
  1.5.2 专业背景 29
  1.5.3 操作思路 30
1.6 疑难解析 30
1.7 习题 31
课后拓展知识 32

第2章 填制会计凭证 33

2.1 Excel记账会计核算流程 34
2.2 建立会计科目表 35
  2.2.1 设置会计科目 35
  2.2.2 记录单的使用 36
  2.2.3 定义单元格区域名称 39
  2.2.4 冻结并拆分窗格 40
2.3 自制原始凭证——收料单 41
  2.3.1 原始凭证的内容与填制要求 41
  2.3.2 创建"收料单"工作簿 42
  2.3.3 登记经济业务 44
  2.3.4 计算相应数据 45
2.4 填制并打印通用记账凭证 45
  2.4.1 记账凭证的内容与填制要求 46
  2.4.2 创建"记账凭证"工作簿 47
  2.4.3 根据经济业务填制凭证 48
  2.4.4 设置页面 50
  2.4.5 预览并打印凭证 52
2.5 实训——填制并打印付款凭证 53
  2.5.1 实训目标 53
  2.5.2 专业背景 53
  2.5.3 操作思路 54
2.6 疑难解析 54
2.7 习题 55
课后拓展知识 56

第3章 员工薪酬管理 57

- 3.1 工资管理的相关资料 ... 58
  - 3.1.1 公司基本资料 ... 58
  - 3.1.2 设置工资项目 ... 59
- 3.2 录入相关工资项目数据 ... 61
  - 3.2.1 输入员工基本信息 ... 62
  - 3.2.2 登记员工出勤情况 ... 64
  - 3.2.3 统计员工工作业绩 ... 64
- 3.3 统计月末员工工资 ... 65
  - 3.3.1 了解个人所得税税率 ... 65
  - 3.3.2 计算并汇总工资项目 ... 66
  - 3.3.3 查询工资数据 ... 71
- 3.4 打印员工工资条 ... 75
  - 3.4.1 使用不同的方法生成工资条 ... 75
  - 3.4.2 预览并开始打印 ... 79
- 3.5 实训——制作银行代发工资表 ... 81
  - 3.5.1 实训目标 ... 81
  - 3.5.2 专业背景 ... 81
  - 3.5.3 操作思路 ... 81
- 3.6 疑难解析 ... 82
- 3.7 习题 ... 83
- 课后拓展知识 ... 84

第4章 进销存管理 85

- 4.1 了解进销存管理 ... 86
- 4.2 管理采购数据 ... 86
  - 4.2.1 填制请购单 ... 87
  - 4.2.2 创建采购记录表 ... 88
  - 4.2.3 排序并汇总采购数据 ... 89
- 4.3 分析销售数据 ... 90
  - 4.3.1 认识图表及图表类型 ... 91
  - 4.3.2 创建销售记录表 ... 92
  - 4.3.3 创建图表分析数据 ... 94
  - 4.3.4 编辑并美化图表 ... 95
- 4.4 汇总库存数据 ... 98
  - 4.4.1 建立产品出入库明细表 ... 98
  - 4.4.2 月末库存统计 ... 100
  - 4.4.3 添加批注 ... 102
- 4.5 实训——制作销售业绩统计表 ... 104
  - 4.5.1 实训目标 ... 104
  - 4.5.2 专业背景 ... 105
  - 4.5.3 操作思路 ... 105
- 4.6 疑难解析 ... 106
- 4.7 习题 ... 107
- 课后拓展知识 ... 108

第5章 应收账款管理 109

- 5.1 了解应收账款管理 ... 110
- 5.2 建立应收账款明细账 ... 110
  - 5.2.1 登记应收账款基本信息 ... 111
  - 5.2.2 排序并汇总各债务人账款 ... 112
  - 5.2.3 使用饼图分析应收账款 ... 113
- 5.3 应收账款账龄分析 ... 116
  - 5.3.1 设置账龄分析相关公式 ... 117
  - 5.3.2 判断应收账款是否到期 ... 117
  - 5.3.3 计算应收账款逾期天数 ... 119
  - 5.3.4 计提应收账款坏账准备 ... 120
- 5.4 实训——制作应收账款到期提醒表 ... 122
  - 5.4.1 实训目标 ... 122
  - 5.4.2 专业背景 ... 123
  - 5.4.3 操作思路 ... 123
- 5.5 疑难解析 ... 124
- 5.6 习题 ... 125
- 课后拓展知识 ... 126

第6章 固定资产管理 127

- 6.1 固定资产管理概述 128
- 6.2 建立固定资产卡片账 128
  - 6.2.1 设置资产项目的序列数据 129
  - 6.2.2 登记固定资产信息 129
  - 6.2.3 查询固定资产信息 131
- 6.3 固定资产的折旧处理 132
  - 6.3.1 固定资产折旧概述 132
  - 6.3.2 折旧函数的使用 134
  - 6.3.3 设置固定资产折旧相关公式 136
  - 6.3.4 计算固定资产折旧项目 136
  - 6.3.5 设置工作簿的加密功能 139
- 6.4 汇总固定资产折旧项目 140
  - 6.4.1 分类汇总固定资产折旧项目 140
  - 6.4.2 使用函数汇总固定资产折旧项目 141
- 6.5 实训——制作××公司固定资产折旧处理表 143
  - 6.5.1 实训目标 143
  - 6.5.2 专业背景 143
  - 6.5.3 操作思路 144
- 6.6 疑难解析 144
- 6.7 习题 145
- 课后拓展知识 146

第7章 月末账务处理 147

- 7.1 汇总会计凭证 148
  - 7.1.1 发生的经济业务 148
  - 7.1.2 相关函数的使用 151
  - 7.1.3 建立会计凭证表 152
  - 7.1.4 快速生成日记账 155
- 7.2 编制总分类账 157
  - 7.2.1 设置分类账的格式 157
  - 7.2.2 创建数据透视表 158
  - 7.2.3 编辑数据透视表 161
- 7.3 编制科目汇总表 166
  - 7.3.1 科目汇总表的编制方法 167
  - 7.3.2 生成科目汇总表底稿 168
  - 7.3.3 编辑数据生成所需格式 168
- 7.4 编制科目余额表 169
  - 7.4.1 科目余额表的数据来源 170
  - 7.4.2 相关函数的使用 170
  - 7.4.3 直接引用期初余额 171
  - 7.4.4 使用函数引用本期发生额 172
  - 7.4.5 计算期末余额 173
- 7.5 实训——编制××公司会计账簿 174
  - 7.5.1 实训目标 174
  - 7.5.2 专业背景 174
  - 7.5.3 操作思路 176
- 7.6 疑难解析 177
- 7.7 习题 177
- 课后拓展知识 180

第8章 编制会计报表 181

- 8.1 编制资产负债表 182
  - 8.1.1 资产负债表的内容 183
  - 8.1.2 资产负债表的编制方法 183
  - 8.1.3 创建资产负债表框架 184
  - 8.1.4 计算并填列资产负债表数据 186
- 8.2 编制利润表 188
  - 8.2.1 利润表的编制方法 188
  - 8.2.2 创建利润表框架 189
  - 8.2.3 使用函数引用本期发生额 190
- 8.3 编制现金流量表 192
  - 8.3.1 现金流量表的概述 193
  - 8.3.2 现金流量表的编制方法 193
  - 8.3.3 创建现金流量表框架 194
  - 8.3.4 计算并填列现金流量表项目 196

8.4 实训——编制××公司会计报表	196	8.5 疑难解析	198
8.4.1 实训目标	196	8.6 习题	199
8.4.2 专业背景	197	课后拓展知识	200
8.4.3 操作思路	198		

第9章 分析会计报表   201

9.1 财务状况及变化分析	202	9.4.1 现金流量结构分析与比率分析	215
9.1.1 财务状况分析	202	9.4.2 现金流入结构分析	217
9.1.2 资产变化分析	204	9.4.3 现金支出结构分析	218
9.1.3 负债变化分析	206	9.4.4 现金余额结构分析	218
9.1.4 损益变化分析	207	9.4.5 近三年流入、支出结构趋势分析	219
9.2 资产负债表综合分析	207	9.4.6 现金流量比率分析	220
9.2.1 相关财务分析指标	208	9.5 实训——分析××公司会计报表	221
9.2.2 长期偿债能力分析	209	9.5.1 实训目标	221
9.2.3 短期偿债能力分析	210	9.5.2 专业背景	221
9.2.4 偿债能力对比分析	211	9.5.3 操作思路	221
9.3 利润表综合分析	212	9.6 疑难解析	222
9.3.1 营利能力指标	212	9.7 习题	223
9.3.2 营利能力分析	213	课后拓展知识	224
9.4 现金流量表综合分析	215		

第10章 财务预算   225

10.1 财务预算的编制内容	226	10.2.8 现金预算	237
10.2 编制相关预算表	227	10.3 实训——编制预计财务报表	239
10.2.1 销售预算	228	10.3.1 实训目标	239
10.2.2 生产预算	230	10.3.2 专业背景	240
10.2.3 直接材料预算	231	10.3.3 操作思路	240
10.2.4 直接人工预算	233	10.4 疑难解析	241
10.2.5 制造费用预算	233	10.5 习题	241
10.2.6 产品成本预算	235	课后拓展知识	242
10.2.7 销售及管理费用预算	236		

附录 综合实训   243

实训1 制作银行借款明细表	243	实训4 编制会计报表	245
实训2 制作存货盘存表	244	实训5 分析会计报表	247
实训3 制作销售数据预测表	245		

第1章
日常会计账务处理

情景导入

小白虽然对会计知识有所掌握，但在实际操作中还是犯了难，为了让他做好会计工作并打下坚实的基础，老张决定让他先进行日常会计财务处理。

知识技能目标

- 熟悉Excel 2010的工作界面，并掌握工作簿的创建、输入并填充数据、设置单元格格式等基本操作。
- 熟练掌握使用公式与函数计算数据、保护表格数据的操作方法。

- 掌握应用单元格样式、数据的排序、数据的分类汇总等操作方法。

- 能够使用Excel制作收款收据、差旅费报销单等日常会计财务单据。
- 能够使用Excel记录并管理日常费用，然后使用公式分析各部门的费用使用情况。

课堂案例展示

"差旅费报销单"的表格效果

"日常费用管理表"的表格效果

1.1 Excel 基础知识

Excel 2010 是一个电子表格处理软件，它是 Office 2010 办公软件的核心组件之一。使用它不仅可以制作各类电子表格，还可以对数据进行计算、分析和预测。为了使读者能熟练使用 Excel 2010 进行会计与财务处理，下面首先了解 Excel 在会计与财务中的应用，并熟悉 Excel 2010 工作界面等基础知识。

1.1.1 Excel 在会计与财务中的应用

在实际操作中，会计与财务管理人员不仅需要掌握使用 Excel 编制会计凭证、登记会计账簿、编制会计报表的会计财务核算流程，还需要对企业日常会计账务处理、员工薪酬管理、固定资产管理、财务预算与分析等知识有更深入、更全面的认识。本书将围绕以下几个方面讲解 Excel 在会计与财务中的应用，解决企业会计核算和财务分析等问题。

- **日常会计账务处理**：由于Excel具有界面美观、操作简单、能灵活地设置表格样式等特点，因此使用它可以制作出专业、美观，且灵活多样的日常会计账务处理表格，如收款收据、差旅费报销单、日常费用统计表等。图1-1所示为差旅费报销单的效果。
- **会计账务核算流程**：会计账务核算流程是会计工作的主要内容与任务，因此作为会计工作人员必须了解该流程，并做好每一项会计工作。使用Excel强大的数据计算和处理功能，可以快速并准确地填制会计凭证、登记会计账簿、编制会计报表等，图1-2所示为资产负债表的效果。

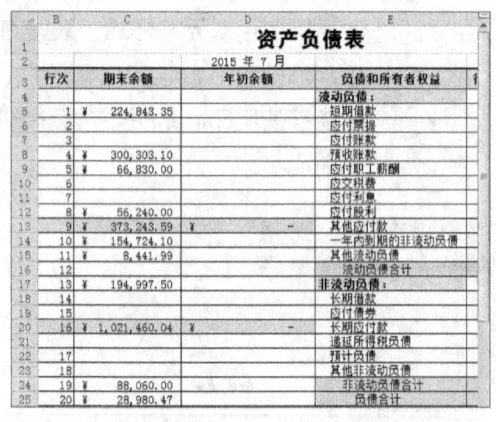

图1-1 差旅费报销单　　　　　　图1-2 资产负债表

- **员工薪酬管理**：目前，很多企业的会计电算化从工资管理开始。工资的核算与管理涉及的数据量较大，计算较复杂，常常需要花费大量的人力和时间。使用Excel核算和管理员工工资，不仅可以简化每个月重复的统计工作，确保工资核算的准确性，而且可以提高工资管理的效率。图1-3所示为员工工资表的效果。
- **进销存管理**：使用Excel对采购、销售、库存等数据进行管理，不仅可以帮助财务人员处理日常的进销存业务，提高工作效率，而且可以给管理人员提供实时全面的公司业务情况，做出及时准确的业务决。图1-4所示为产品库存管理表的效果。

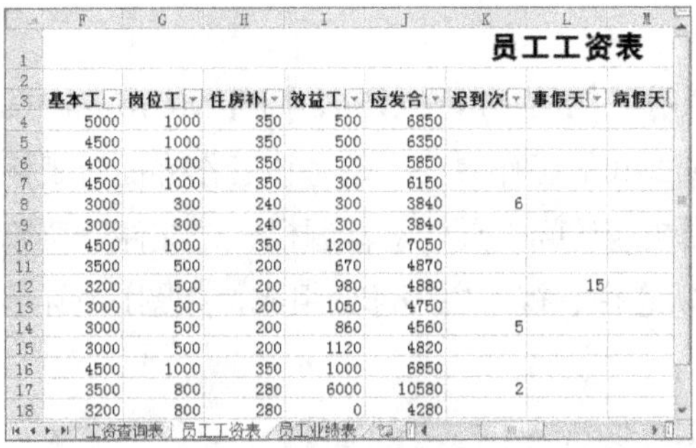

员工工资表

基本工	岗位工	住房补	效益工	应发合	迟到次	事假天	病假天
5000	1000	350	500	6850			
4500	1000	350	500	6350			
4000	1000	350	500	5850			
4500	1000	350	300	6150			
3000	300	240	300	3840	6		
3000	300	240	300	3840			
4500	1000	350	1200	7050			
3500	500	200	670	4870			
3200	500	200	980	4880		15	
3000	500	200	1050	4750			
3000	500	200	860	4560	5		
3000	500	200	1120	4820			
4500	1000	350	1000	6850			
3500	800	280	6000	10580	2		
3200	800	280	0	4280			

工资查询表 员工工资表 员工业绩表

图1-3 员工工资表

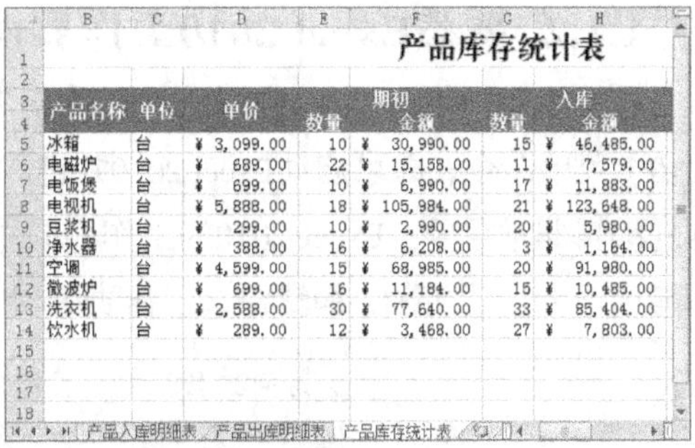

产品库存统计表

产品名称	单位	单价	期初		入库	
			数量	金额	数量	金额
冰箱	台	¥ 3,099.00	10	¥ 30,990.00	15	¥ 46,485.00
电磁炉	台	¥ 689.00	22	¥ 15,158.00	11	¥ 7,579.00
电饭煲	台	¥ 699.00	10	¥ 6,990.00	17	¥ 11,883.00
电视机	台	¥ 5,888.00	18	¥ 105,984.00	21	¥ 123,648.00
豆浆机	台	¥ 299.00	10	¥ 2,990.00	20	¥ 5,980.00
净水器	台	¥ 388.00	16	¥ 6,208.00	3	¥ 1,164.00
空调	台	¥ 4,599.00	15	¥ 68,985.00	20	¥ 91,980.00
微波炉	台	¥ 699.00	16	¥ 11,184.00	15	¥ 10,485.00
洗衣机	台	¥ 2,588.00	30	¥ 77,640.00	33	¥ 85,404.00
饮水机	台	¥ 289.00	12	¥ 3,468.00	27	¥ 7,803.00

产品入库明细表 产品出库明细表 产品库存统计表

图1-4 产品库存管理表

- **往来账务管理**：使用Excel进行往来账务管理，可以快速判断应收账款是否到期、计算逾期天数、计提坏账准备，实现应收账款的账龄分析。图1-5所示为应收账款账龄分析表的效果。
- **固定资产管理**：使用Excel不仅可以快速登记、增加、减少、查询固定资产信息，而且可以根据不同的折旧方法使用不同的折旧函数轻松实现固定资产的折旧处理。图1-6所示为固定资产折旧汇总表的效果。

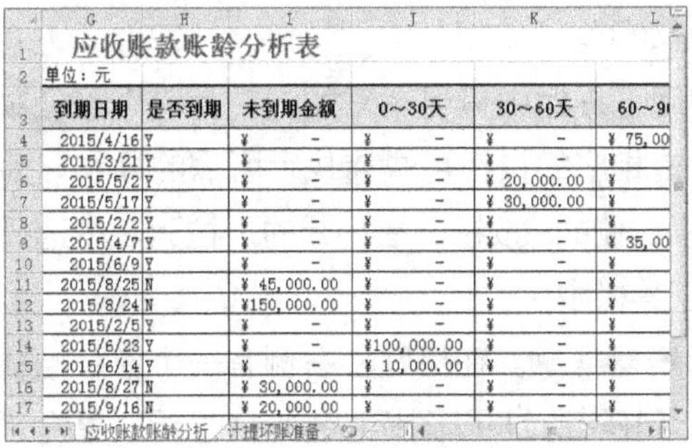

应收账款账龄分析表

单位：元

到期日期	是否到期	未到期金额	0~30天	30~60天	60~9
2015/4/16	Y	¥ -	¥ -	¥ -	¥ 75,00
2015/3/21	Y	¥ -	¥ -	¥ -	¥
2015/5/2	Y	¥ -	¥ -	¥ 20,000.00	¥
2015/5/17	Y	¥ -	¥ -	¥ 30,000.00	¥
2015/2/2	Y	¥ -	¥ -	¥ -	¥
2015/4/7	Y	¥ -	¥ -	¥ -	¥ 35,00
2015/6/9	Y	¥ -	¥ -	¥ -	¥
2015/8/25	N	¥ 45,000.00	¥ -	¥ -	¥
2015/8/24	N	¥150,000.00	¥ -	¥ -	¥
2015/2/5	Y	¥ -	¥ -	¥ -	¥
2015/6/23	Y	¥ -	¥100,000.00	¥ -	¥
2015/6/14	Y	¥ -	¥ 10,000.00	¥ -	¥
2015/8/27	N	¥ 30,000.00	¥ -	¥ -	¥
2015/9/16	N	¥ 20,000.00	¥ -	¥ -	¥

应收账款账龄分析 计提坏账准备

图1-5 应收账款账龄分析表

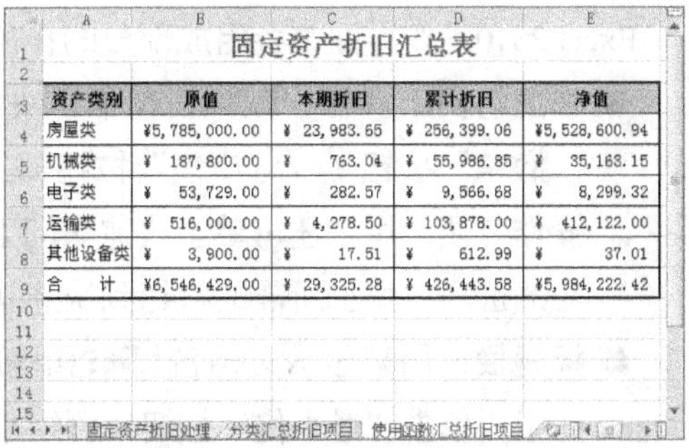

固定资产折旧汇总表

资产类别	原值	本期折旧	累计折旧	净值
房屋类	¥5,785,000.00	¥ 23,983.65	¥ 256,399.06	¥5,528,600.94
机械类	¥ 187,800.00	¥ 763.04	¥ 55,986.85	¥ 35,163.15
电子类	¥ 53,729.00	¥ 282.57	¥ 9,566.68	¥ 8,299.32
运输类	¥ 516,000.00	¥ 4,278.50	¥ 103,878.00	¥ 412,122.00
其他设备类	¥ 3,900.00	¥ 17.51	¥ 612.99	¥ 37.01
合　　计	¥6,546,429.00	¥ 29,325.28	¥ 426,443.58	¥5,984,222.42

固定资产折旧处理 分类汇总折旧项目 使用函数汇总折旧项目

图1-6 固定资产折旧汇总表

- **财务分析与预算**：使用Excel的数据预测与分析功能不仅可以进行财务状况及变化分析，还可以编制销售预算、生产预算、直接材料预算、直接人工预算、制造费用预算、产品生产成本预算、销售及管理费用预算、现金预算等。图1-7所示为财务状况及变化分析的效果，图1-8所示为销售预算的效果。

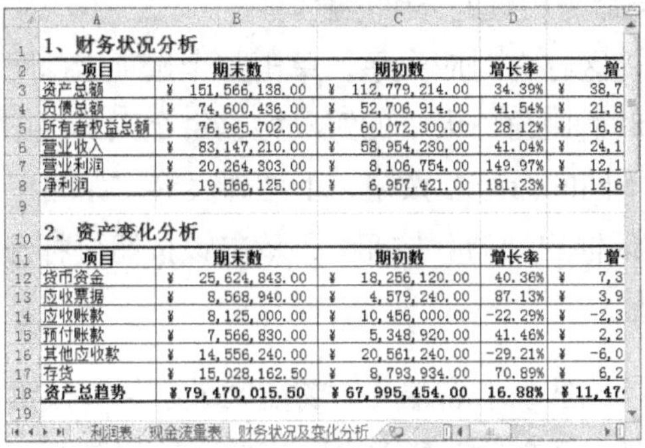

1、财务状况分析

项目	期末数	期初数	增长率	增
资产总额	¥ 151,566,138.00	¥ 112,779,214.00	34.39%	¥ 38,7
负债总额	¥ 74,600,436.00	¥ 52,706,914.00	41.54%	¥ 21,8
所有者权益总额	¥ 76,965,702.00	¥ 60,072,300.00	28.12%	¥ 16,8
营业收入	¥ 83,147,210.00	¥ 58,954,230.00	41.04%	¥ 24,1
营业利润	¥ 20,264,303.00	¥ 8,106,754.00	149.97%	¥ 12,1
净利润	¥ 19,566,125.00	¥ 6,957,421.00	181.23%	¥ 12,6

2、资产变化分析

项目	期末数	期初数	增长率	增
货币资金	¥ 25,624,843.00	¥ 18,256,120.00	40.36%	¥ 7,3
应收票据	¥ 8,568,940.00	¥ 4,579,240.00	87.13%	¥ 3,9
应收账款	¥ 8,125,000.00	¥ 10,456,000.00	-22.29%	¥ -2,3
预付账款	¥ 7,566,830.00	¥ 5,348,920.00	41.46%	¥ 2,2
其他应收款	¥ 14,556,240.00	¥ 20,561,240.00	-29.21%	¥ -6,0
存货	¥ 15,028,162.50	¥ 8,793,934.00	70.89%	¥ 6,2
资产总趋势	¥ 79,470,015.50	¥ 67,995,454.00	16.88%	¥ 11,47

利润表 现金流量表 财务状况及变化分析

图1-7 财务分析表

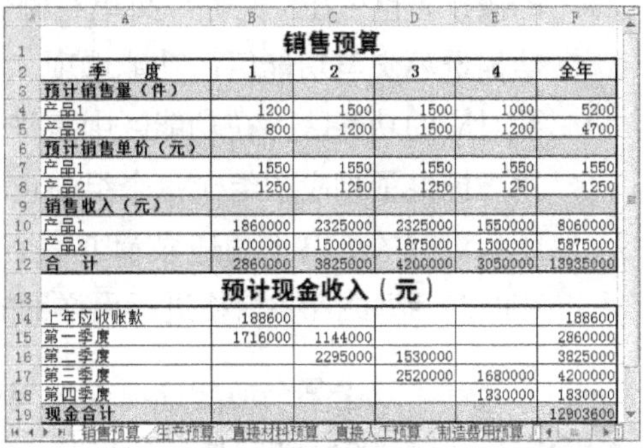

销售预算

季　度	1	2	3	4	全年
预计销售量（件）					
产品1	1200	1500	1500	1000	5200
产品2	800	1200	1500	1200	4700
预计销售单价（元）					
产品1	1550	1550	1550	1550	1550
产品2	1250	1250	1250	1250	1250
销售收入（元）					
产品1	1860000	2325000	2325000	1550000	8060000
产品2	1000000	1500000	1875000	1500000	5875000
合　计	2860000	3825000	4200000	3050000	13935000

预计现金收入（元）

上年应收账款	188600				188600
第一季度	1716000	1144000			2860000
第二季度		2295000	1530000		3825000
第三季度			2520000	1680000	4200000
第四季度				1830000	1830000
现金合计					12903600

销售预算 生产预算 直接材料预算 直接人工预算 制造费用预算

图1-8 销售预算表

1.1.2 熟悉Excel 2010工作界面

在桌面左下角单击 按钮，选择【所有程序】/【Microsoft Office】/【Microsoft Excel 2010】菜单命令，即可启动Excel 2010并进入Excel 2010的工作界面。熟悉该工作界面对表格数据的编辑非常重要。Excel 2010的工作界面主要由快速访问工具栏、标题栏、"文件"菜单、功能选项卡、功能区、编辑栏、工作表编辑区、状态栏、视图栏等部分组成，如图1-9所示。

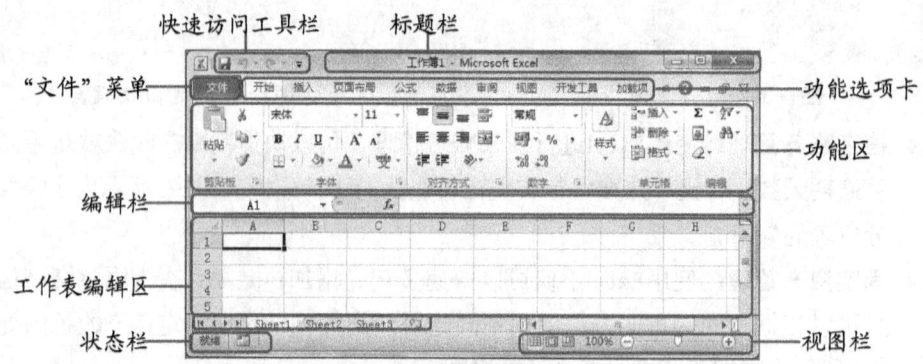

图1-9　Excel 2010工作界面

Excel 2010工作界面中各组成部分的作用介绍如下。

- **快速访问工具栏**：默认情况下，快速访问工具栏中只显示常用的"保存"按钮 、"撤销"按钮 、"恢复"按钮 ，单击相应的按钮可快速执行所需的操作。为了操作方便，用户还可单击快速访问工具栏右侧的 按钮，在打开的下拉列表中选择相应的选项，添加所需的按钮到快速访问工具栏中。
- **标题栏**：用来显示文档名 工作簿1 和程序名 Microsoft Excel 。在标题栏右侧有一个窗口控制按钮组，单击"最小化"按钮 可缩小窗口到任务栏并以图标按钮形式显示；单击"最大化"按钮 可满屏显示窗口，且按钮变为"向下还原"按钮 ，再次单击该按钮将恢复窗口到原始大小；单击"关闭"按钮 可关闭当前工作簿并退出Excel程序。
- **"文件"菜单**：与早期版本中的"文件"菜单基本相同（除Excel 2007工作界面中的Office按钮外），其中包含了对表格执行操作的命令集，如"保存""打开""关闭""新建""打印"等命令，选择相应的命令后，可打开对应的对话框执行所需的操作，也可在"文件"菜单右侧查看与命令相关的详细信息。
- **功能选项卡与功能区**：功能选项卡与功能区存在对应关系，单击某个选项卡即可展开对应的功能区，在功能区中有许多自动适应窗口大小的工具栏，每个工具栏中为用户提供了相应的组，每个组中包含了不同的命令、按钮、下拉列表等，如图1-10所示。有的组右下角还显示了一个"对话框启动器"按钮 ，单击该按钮可打开相应的对话框或任务窗格进行更详细的设置。

知识提示

　　双击某个功能选项卡，或单击功能选项卡右端的"功能区最小化"按钮 ，可将功能区最小化显示；再次双击某个功能选项卡，或单击功能选项卡右端的"功能区最小化"按钮 ，可将其显示为默认状态。

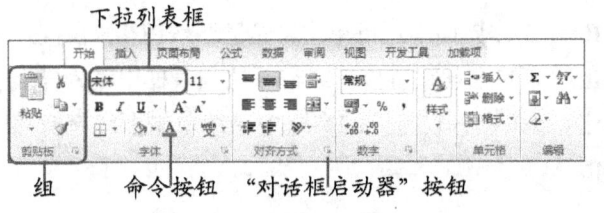

图 1-10　功能选项卡与功能区

- **编辑栏**：用来显示和编辑当前活动单元格中的数据或公式。默认情况下，编辑栏中包括名称框、"插入函数"按钮和编辑框，但在单元格中输入数据或插入公式与函数时，编辑栏中将显示出"取消"按钮和"输入"按钮，如图1-11所示。其中名称框用来显示当前单元格的地址或函数名称；编辑框用来显示输入的数据或公式；单击"插入函数"按钮可打开"插入函数"对话框执行所需的操作；单击"取消"按钮表示取消输入的内容；单击"输入"按钮表示确定输入的内容。

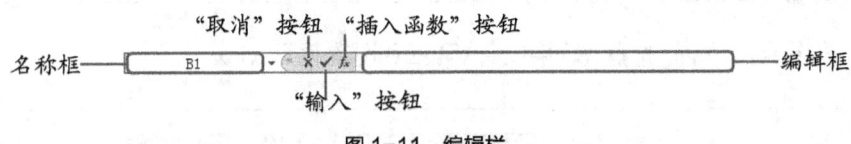

图 1-11　编辑栏

- **工作表编辑区**：是Excel编辑数据的主要场所。它包括行号与列标、单元格、工作表标签、滚动条等，如图1-12所示。其中行号用"1，2，3……"等阿拉伯数字表示；列标用"A，B，C……"等大写英文字母表示。一般情况下，"列标+行号"表示单元格地址，如位于A列1行的单元格可表示为A1单元格；工作表标签用来显示工作表的名称，如"Sheet1""Sheet2""Sheet3"等，单击相应的工作表标签可选择并切换到所需的工作表。在工作表标签左侧分别单击 ◂、◃、▹、▸ 工作表标签滚动显示按钮，当前工作表标签将返回到最左侧、向左、向右、最右侧的工作表标签。另外，当Excel窗口中上下或左右的内容不能完全显示时，可拖动垂直或水平滚动条。

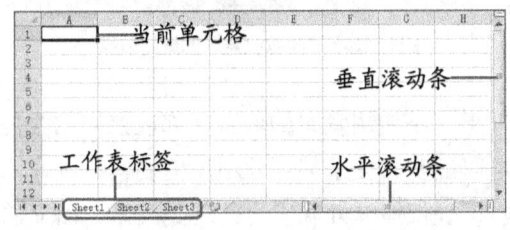

图 1-12　工作表编辑区

- **状态栏与视图栏**：状态栏与视图栏都位于窗口的最底端。状态栏用来显示当前工作表或单元格区域的相关信息；视图栏则用来切换视图模式和调整文档显示比例，方便用户查看文档内容。单击视图按钮组中的相应按钮可切换视图模式；单击当前显示比例按钮100%，可打开"显示比例"对话框调整显示比例；单击 ⊖ 按钮、⊕ 按钮或拖动滑块可调节页面显示比例。

  在Excel工作界面中还可单击"帮助"按钮◎,在打开的"Excel帮助"窗口中单击所需的主题超链接,或在下拉列表框中输入需要查找的帮助信息,然后单击 搜索 按钮,在打开的窗口中继续单击下级超链接,可详细查看相应的帮助信息。

1.2 制作收款收据

收据又称收条,它是收到个人或单位送到的钱物时写给对方的一种凭据性的应用文。由于收条是日常生活中常见的一种应用文样式,于是小白准备制作一张收款收据作为模板,以便需要时随时调用。要完成该任务首先应创建"收款收据"工作簿,在其中输入相应的数据、合并单元格、设置单元格格式、调整单元格行高与列宽等。本例完成后的参考效果如图1-13所示。

 效果所在位置　光盘:\效果文件\第1章\收款收据.xlsx

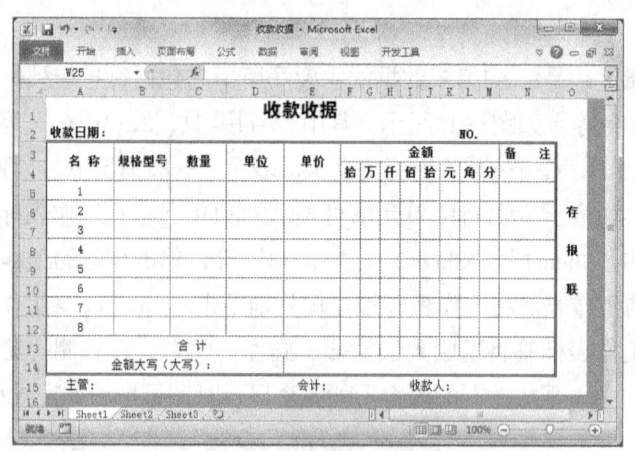

图1-13 "收款收据"的最终效果

 一般情况下,不使用发票的场合,都应该使用收据。发票和收据都是原始凭证,都可以证明收支了某项款项。但发票可以作为报销的凭证,列入成本费用,而收据仅仅能够证明发生的现金关系,而无法列入成本费用。如某人为企业办事后需要报销费用,这时就必须索要发票,否则不能报销,因为收据不能作为成本或费用的原始凭证。

1.2.1 收据的书写格式

要填制好收据,首先要点清收到东西的种类、数量,做到准确无误,不出差错。其次,要熟悉收据的书写格式。一个完整的收据,一般由标题、正文、署名、日期4部分组成。

- **标题**：写在正文上方中间位置，字体稍大。它有两种写法：一是直接由文种名构成，即写上"收条"或"收据"字样；二是把正文的前三个字作为标题，而正文从第二行顶格处接着往下写，如用"今收到""现收到""已收到"作标题。
- **正文**：一般在第二行空两格处开始写，但以"今收到"为标题的收条是不空格的。正文一般要写明下列内容：收到钱物的数量、物品的种类、规格等情况。
- **署名**：一般要求写上收钱物的单位名称或个人姓名，必要时加盖公章或按指印。署名通常写在正文下靠右边一点。另外，若是某人经手的应在姓名前署上"经手人："字样；若是代别人收的，则要在姓名前加上"代收人："字样。
- **日期**：即年月日，写在署名下方，独占一行。

1.2.2 新建"收款收据"工作簿

下面首先启动Excel，然后将新建的空白工作簿以"收款收据"为名进行保存，其具体操作如下。（🎬**微课**：光盘\微课视频\第1章\新建"收款收据"工作簿.swf）

STEP 1 在桌面左下角单击 按钮，选择【所有程序】/【Microsoft Office】/【Microsoft Excel 2010】菜单命令，启动Excel 2010，如图1-14所示。

多学一招　在桌面左下角单击 按钮，选择【所有程序】/【Microsoft Office】菜单命令，在其子菜单的"Microsoft Excel 2010"命令上单击鼠标右键，在弹出的快捷菜单中选择【发送到】/【桌面快捷方式】菜单命令，将Excel 2010快捷图标发送到桌面上，以后每次只需双击该图标即可启动Excel 2010。

STEP 2 此时将新建名为"工作簿1"的空白工作簿，在快速访问工具栏中单击"保存"按钮 ，如图1-15所示。

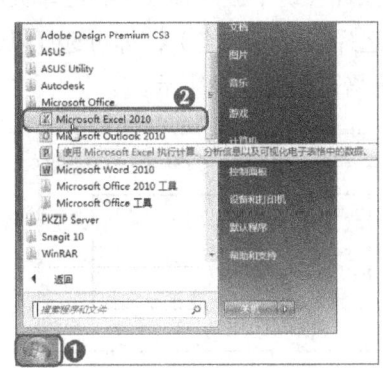

图1-14　启动Excel 2010

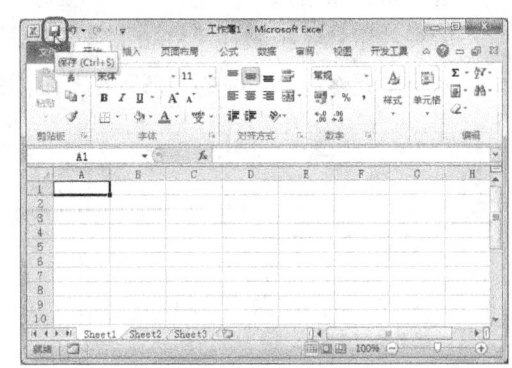

图1-15　单击"保存"按钮

多学一招　选择【文件】/【保存】菜单命令，或按【Ctrl+S】组合键也可保存工作簿。对已保存过的工作簿再次进行保存操作时，将不再打开"另存为"对话框，而是将修改结果直接保存到已保存过的工作簿中。

STEP 3 在打开的"另存为"对话框左侧的列表框中依次选择保存路径，在顶端左侧的下拉列表中可查看保存路径，然后在"文件名"下拉列表中输入文件名称"收款收据"，完成后单击 保存(S) 按钮。

STEP 4 返回Excel工作界面可看到标题栏中的标题变为"收款收据"，如图1-16所示。

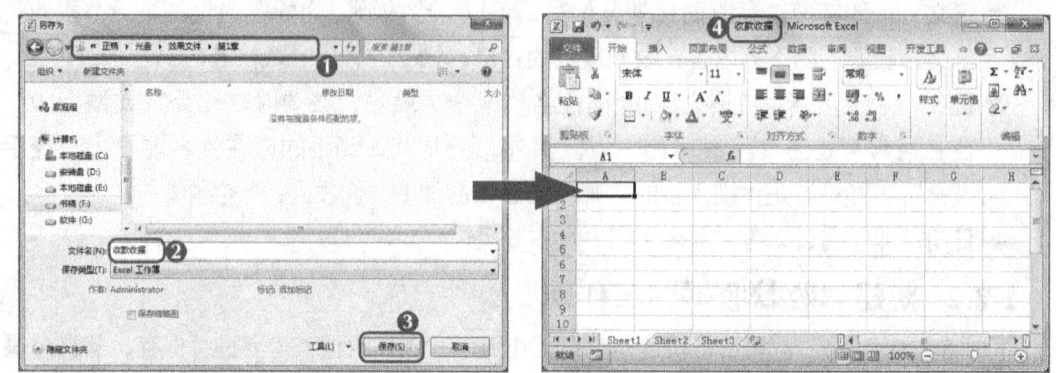

图1-16 保存工作簿

1.2.3 选择单元格

创建工作簿后，就需要在单元格中输入相应的数据，而在输入数据之前必须掌握单元格的选择方法。下面分别介绍选择单个单元格、选择单元格区域、选择不连续的多个单元格、选择所有单元格、选择整行、整列单元格的方法。

- **选择单个单元格**：用鼠标左键单击需要选择的单元格或在名称框中输入单元格的列标与行号后，按【Enter】键即可选择所需的单元格。被选择的单元格将被黑色方框包围，且名称框中也会显示该单元格的名称，其行号列标也会突出显示，如图1-17所示。
- **选择单元格区域**：先选择一个单元格，然后按住鼠标左键不放并拖动至目标单元格后释放鼠标（或按住【Shift】键不放，直接单击选择目标单元格），都可选择以这两个单元格为对角线的矩形所在范围内的所有单元格，如图1-18所示。

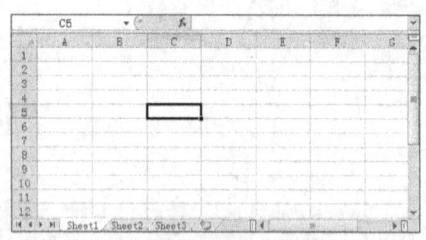

图1-17 选择单个单元格

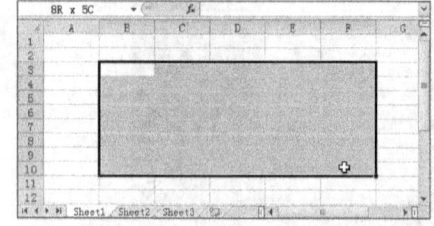

图1-18 选择单元格区域

- **选择不连续的多个单元格**：按住【Ctrl】键不放，然后依次选择所需的单元格或单元格区域，将同时选择多个不相邻的单元格或单元格区域，如图1-19所示。
- **选择所有单元格**：单击行标记和列标记左上角交叉处的"全选"按钮 ，或按【Ctrl+A】组合键，可选择工作表中所有单元格，如图1-20所示。

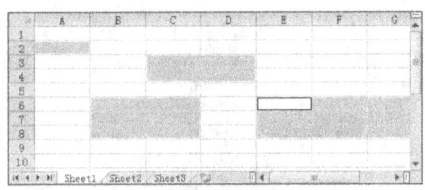
图1-19 选择不连续的多个单元格

图1-20 选择所有单元格

● **选择整行**：将鼠标光标移至需选择行的行号上，当鼠标光标变为→形状时，单击鼠标左键即可选择该行的所有单元格，如图1-21所示。
● **选择整列**：将鼠标光标移至需选择列的列标上，当鼠标光标变为↓形状时，单击鼠标左键即可选择该列的所有单元格，如图1-22所示。

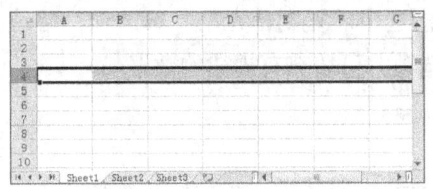
图1-21 选择整行

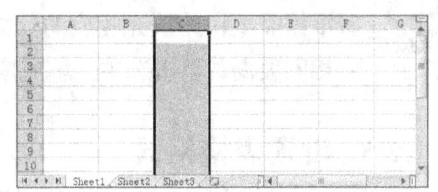
图1-22 选择整列

1.2.4 输入并填充数据

下面在前面创建的"收款收据"工作簿中选择所需的单元格，然后输入并填充相应的数据，其具体操作如下。（ 微课：光盘\微课视频\第1章\输入并填充数据.swf）

STEP 1 在"收款收据"工作簿中选择A1单元格，然后输入标题文本"收款收据"，完成后按【Enter】键或单击其他单元格即可。

STEP 2 用相同的方法依次选择相应的单元格，输入所需的数据，如图1-23所示。

图1-23 选择单元格并输入数据

多学一招 在单元格中输入数据后，按【Enter】键可完成输入，按【Tab】键可选择当前单元格右侧的单元格，按【Ctrl+Enter】组合键可在完成输入的同时保持当前输入数据单元格的选择状态。

STEP 3 分别在A5和A6单元格中输入数据"1"和"2"，然后选择A5:A6单元格区域，将鼠标光标移至该选区右下角的控制柄上，当鼠标光标变为+形状时，按住鼠标左键不放向下拖动到A12单元格，释放鼠标后即可在A5:A12单元格区域中填充序列数据，如图1-24所示。

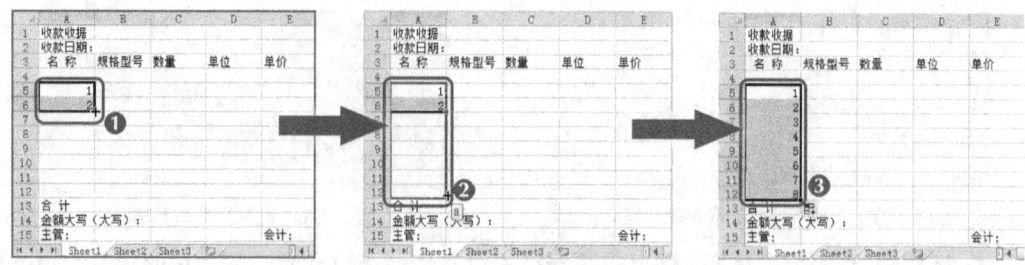

图1-24 填充序列数据

知识提示

按住鼠标左键拖动控制柄填充数据后，其右下角将出现"自动填充选项"按钮。单击该按钮，在打开的下拉列表中单击选中相应的单选项，可根据需要快速填充相应的数据：如单击选中"复制单元格"单选项，可填充相同数据；单击选中"填充序列"单选项，可填充有规律的数据。

1.2.5 设置表格格式

为了使Excel表格样式更美观，数据更专业，下面将在"收款收据"工作簿中合并单元格、调整单元格行高与列宽、设置字体格式、设置对齐方式、设置边框与底纹，完成后保存并关闭工作簿，其具体操作如下。（🎬微课：光盘\微课视频\第1章\设置表格格式.swf）

STEP 1 选择A1:N1单元格区域，在【开始】/【对齐方式】组中单击"合并后居中"按钮，合并并居中显示单元格数据。

STEP 2 用相同的方法分别合并A3:A4、B3:B4、C3:C4、D3:D4、E3:E4、F3:M3、A13:E13、A14:D14、E14:N14单元格区域，如图1-25所示。

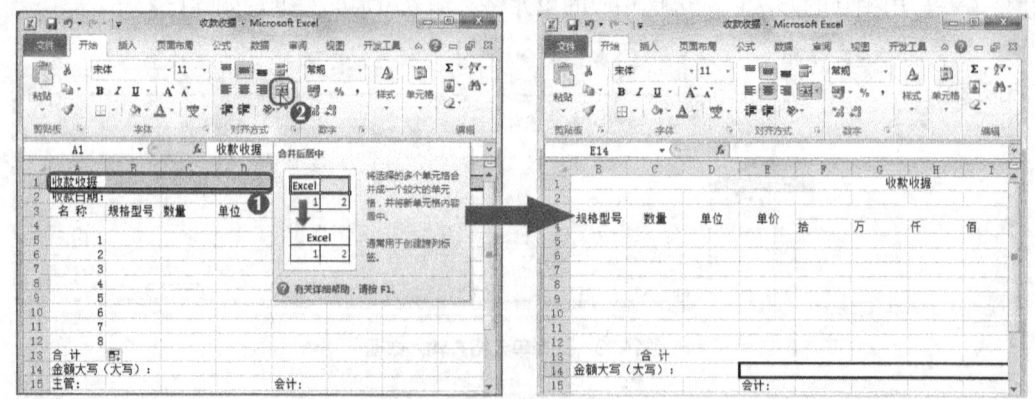

图1-25 合并单元格

知识提示

选择要合并的单元格区域，单击"合并后居中"按钮可快速合并单元格并居中显示数据。单击该按钮右侧的·按钮，在打开的下拉列表中可选择更多的合并选项，如跨越合并、合并单元格、取消单元格合并等。选择合并后的单元格，再次单击"合并后居中"按钮可拆分合并后的单元格。

STEP 3 选择F~M列，将鼠标光标移至列标间的间隔线处，此时鼠标光标变为形状，然后按住鼠标左键不放向左拖动至适合的距离，释放鼠标后调整单元格列宽到所需的大小，如图1-26所示。

STEP 4 选择合并后的A1单元格，在【开始】/【字体】组的"字体"下拉列表框中选择"方正大黑简体"选项，在"字号"下拉列表框中选择"18"选项，然后单击"下划线"按钮 U 右侧的 按钮，在打开的下拉列表中选择"双下划线"选项，如图1-27所示。

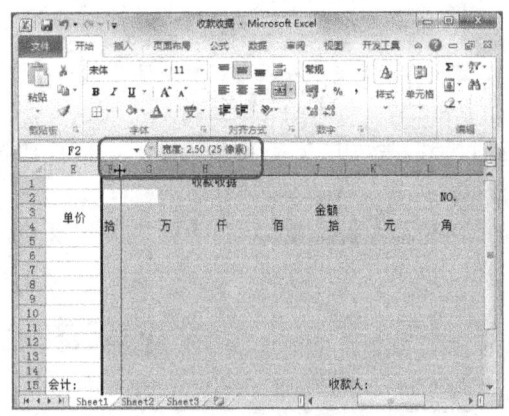

图1-26 调整单元格列宽

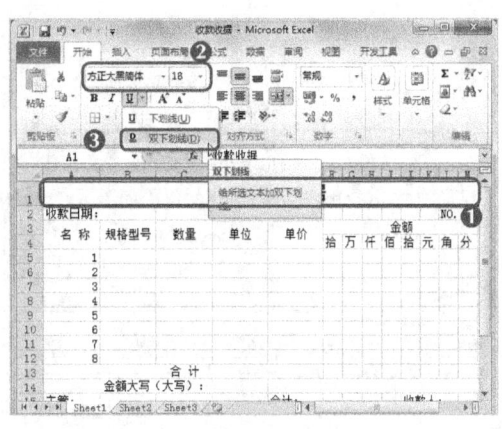

图1-27 设置字体格式

知识提示

双击需要设置字体格式的单元格，在其中拖动鼠标选择需要设置字体格式的数据，或直接选择需要设置字体格式的单元格或单元格区域，在其上单击鼠标右键，此时除了会弹出右键快捷菜单外，还将出现一个"浮动工具栏"，将鼠标指针移至浮动工具栏并执行相应的操作即可设置相应的单元格格式。

STEP 5 按住【Ctrl】键，同时选择A2:N4和O6:O10单元格区域，在【开始】/【字体】组中单击"加粗"按钮 B 设置单元格数据加粗显示，如图1-28所示。

STEP 6 选择A2:O15单元格区域，在【开始】/【对齐方式】组中单击"居中"按钮，设置对齐方式为居中显示，如图1-29所示。

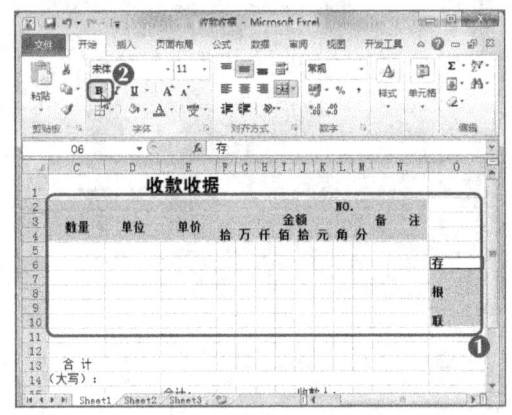

图1-28 加粗显示数据

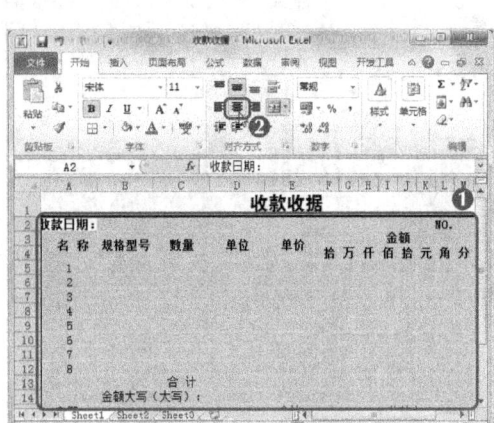

图1-29 居中对齐数据

STEP 7 选择A3:N14单元格区域,在"字体"组中单击田按钮右侧的 按钮,在打开的下拉列表中选择"其他边框"选项。

STEP 8 打开"设置单元格格式"对话框,单击"边框"选项卡,在"样式"列表框中选择"___"选项,在"预置"栏中单击"外边框"按钮田,继续在"样式"列表框中选择"……"选项,在"颜色"下拉列表框中选择"深蓝,文字2,深色25%"选项,在"预置"栏中单击"内部"按钮田,完成后单击 确定 按钮,如图1-30所示。

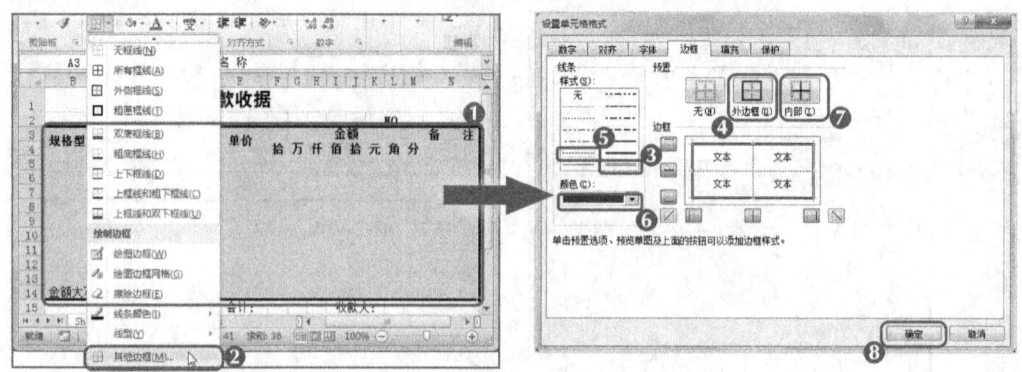

图1-30 设置单元格边框

> **知识提示** 单击田按钮可为所选单元格或单元格区域添加当前显示的边框样式;单击田按钮右侧的 按钮,在打开的下拉列表的"边框"栏中可选择任意一种边框样式快速设置边框,若选择"无边框"选项则可撤销边框样式的显示状态。

STEP 9 单击"全选"按钮 选择所有单元格,然后在"字体"组中单击 按钮右侧的 按钮,在打开的下拉列表中选择"白色,背景1,深色35%"选项,设置单元格的底纹,如图1-31所示,用相同的方法设置A1:O15单元格区域的底纹为"白色,背景1"。

STEP 10 选择2~15行,在【开始】/【单元格】组中单击"格式"按钮,在打开的下拉列表的"单元格大小"栏中选择"行高"选项,如图1-32所示。

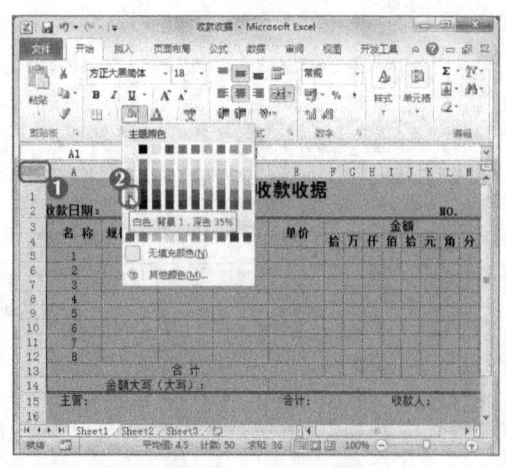

图1-31 设置底纹

图1-32 选择"行高"选项

多学一招 选择需调整行高或列宽的单元格，单击"格式"按钮，在打开的下拉列表的"单元格大小"栏中选择"自动调整行高"或"自动调整列宽"选项，系统可自动将单元格大小调整为刚好完全显示单元格中的内容。

STEP 11 在打开的"行高"对话框的文本框中输入精确数值"18"，然后单击 确定 按钮，返回工作表中可看到调整单元格行高后的效果，如图1-33所示，完成后继续调整其他单元格的行高与列宽到满意为止。

STEP 12 完成工作簿的制作与编辑后，单击 按钮保存工作簿数据，然后单击 按钮关闭当前编辑的工作簿并退出Excel程序，如图1-34所示。

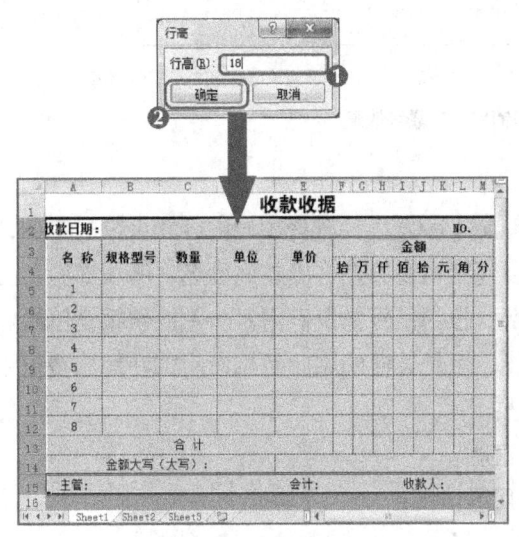

图1-33 精确调整单元格行高

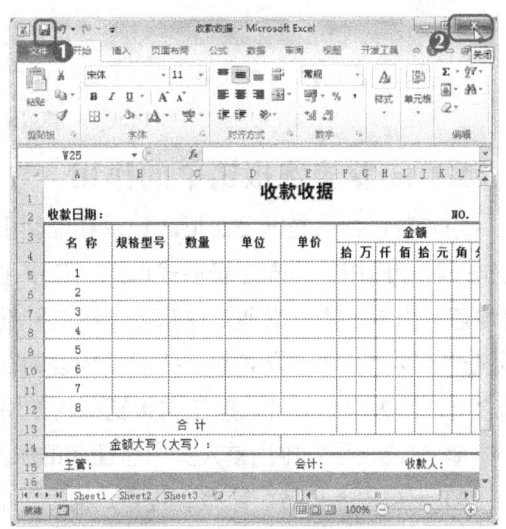

图1-34 保存并关闭工作簿

知识提示 选择【文件】/【退出】菜单命令或按【Alt+F4】组合键也可关闭当前打开的窗口并退出Excel程序；若只需关闭当前工作簿，而不退出Excel程序，可选择【文件】/【关闭】菜单命令或在功能选项卡右侧单击"关闭"按钮。

1.3 制作差旅费报销单

假设2015年5月20日超众有限责任公司的财务部小白因外出参加学习培训，需预借现金3000元，现需填制一张差旅费报销单。出差途中的交通费、住宿费及补助情况如下。5月20日22:35~次日15:28从成都出发到达武昌，空调特快硬卧车票一张，计342.5元。5月24日14:20~23:18从汉口出发返回成都，动车组二等座车票一张，计344元。住宿费合计1000元。出租车车费合计200元。另外，根据公司规定途中膳补费200元，住勤补助费320元。要完成该任务应先建立"差旅费报销单"框架，然后使用公式与函数计算数据，并保护表格数据，完成后根据提供的资料填制表格内容。本例完成后的参考效果如图1-35所示。

效果所在位置 光盘:\效果文件\第1章\差旅费报销单.xlsx

图1-35 "差旅费报销单"的最终效果

1.3.1 差旅费报销单的作用

差旅费报销单是以书面形式记录和证明出差员工所发生经济费用的内容和金额的单据，它是一种专门用途的固定表格式单据，其中主要包括填表日期、出差人姓名、所属部门、出差地点、出差事由、交通及住宿费、出差补助费、报销结算情况等内容。差旅费报销单虽然不能代替发票、车票及其他一些原始凭证的功能，但是其他的原始票据应附加在差旅费报销单之上，作为报销凭证。差旅费报销单的作用是：

● 单位领导安排出差人员出差任务的派出证明；
● 记载出差任务、路线、地点、时间、费用等情况；
● 计算出差补助的单据；
● 统计出差期间发生的飞机、车、船等各种费用票据的汇总表。

 根据公司规定，出差员工在出差途中因工作需要花费的相关费用，以及出差期间员工的补助费，必须由完成这项费用的相关人员填制差旅费报销单，经过部门管理人员的签名或盖章后连同原始凭证交由相关部门审核，审核无误后由财务部予以报销。

1.3.2 建立"差旅费报销单"框架

下面首先建立"差旅费报销单"框架，即在工作簿中输入项目数据，并设置表格格式，其具体操作如下。（ 微课：光盘\微课视频\第1章\建立"差旅费报销单"框架.swf）

STEP 1 启动Excel，将新建的工作簿以"差旅费报销单"为名进行保存，然后选择B2:R3单元格区域，单击"合并后居中"按钮 右侧的 按钮，在打开的下拉列表中选择"跨越合并"选项，如图1-36所示。

STEP 2 在合并后的B2单元格中输入文本"超众有限责任公司"，设置其单元格格式为"方正黑体简体，12，居中"，在C2单元格中输入"差旅费报销单"文本，设置其单元格格式为"18,加粗,居中",如图1-37所示。

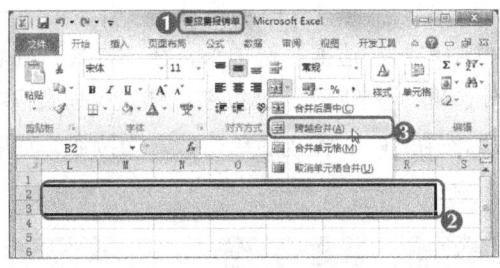

图1-36 创建工作簿

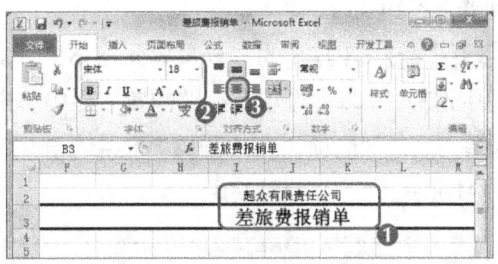

图1-37 输入并设置表题数据

STEP 3 继续在B5:R17单元格区域中输入相应的数据,并分别合并B5:C5、B6:C6、D5:F5、D6:F6、G5:H5、G6:H6、I5:J5、I6:J6、K5:K6、L5:N6、O5:P6、Q5:R6、B7:L7、M7:N8、O7:O8、P7:P8、P9:Q9、P10:Q10、P11:Q11、P12:Q12、P13:R16单元格区域,完成后调整单元格行高与列宽,如图1-38所示。

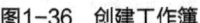

图1-38 输入并设置项目数据

STEP 4 选择B5:R17单元格区域,在【开始】/【对齐方式】组中单击两次"居中"按钮,然后选择P13单元格,在【开始】/【对齐方式】组中分别单击"顶端对齐"按钮和"文本左对齐"按钮,如图1-39所示。

STEP 5 按住【Ctrl】键,同时选择L9:L16、N9:N16、R8:R11单元格区域,在【开始】/【数字】组的"常规"下拉列表中选择"会计专用"选项,设置数字格式,如图1-40所示。

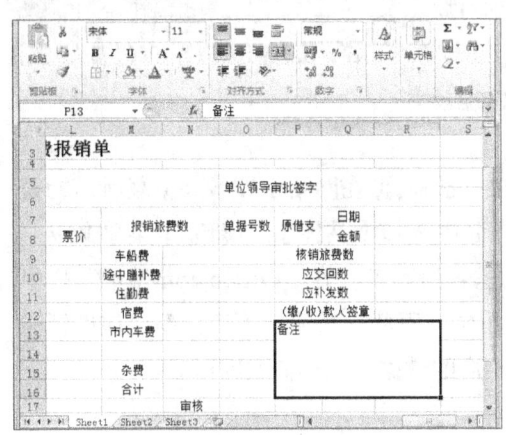

图1-39 设置对齐方式

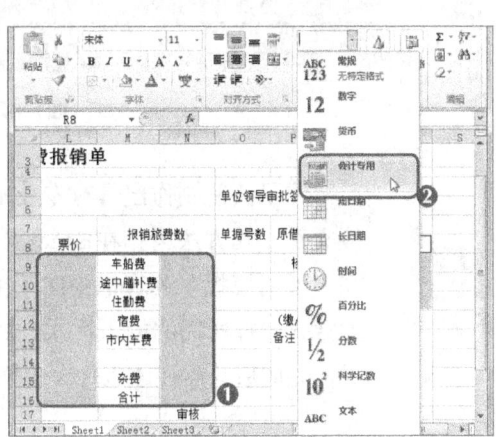

图1-40 设置数字格式

STEP 6 选择B5:R16单元格区域，在【开始】/【对齐方式】组的右下角单击"对话框启动器"按钮 。

STEP 7 在打开的"设置单元格格式"对话框中单击"边框"选项卡，在"样式"列表框中选择"———"选项，在"预置"栏中单击"外边框"按钮，继续在"样式"列表框中选择"………"选项，在"预置"栏中单击"内部"按钮，完成后单击 按钮，如图1-41所示。

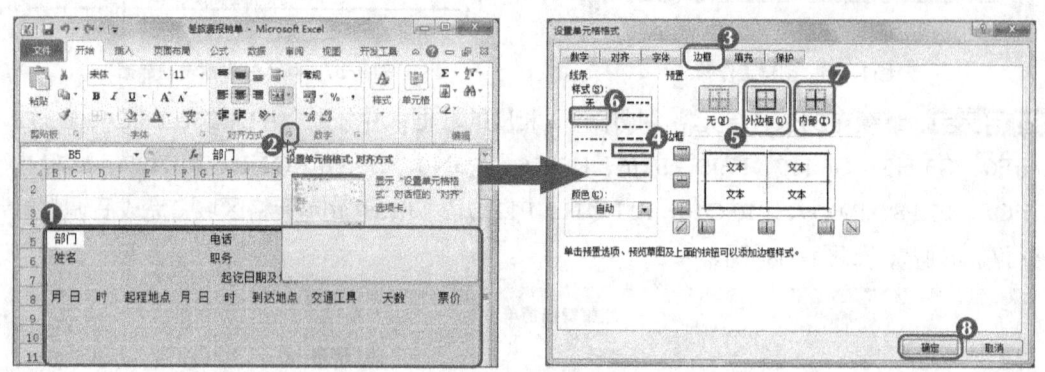

图1-41　设置边框

STEP 8 单击"全选"按钮 选择所有单元格，然后在"字体"组中单击 按钮右侧的 按钮，在打开的下拉列表中选择"白色，背景1，深色35%"选项，设置单元格的底纹。用相同的方法设置A1:S18单元格区域的底纹为"白色，背景1"，如图1-42所示。

图1-42　设置底纹

多学一招　　为了快速制作出具有专业水准的表格，可在网络中搜索并下载所需的模板文件，其方法为：在Excel工作界面中选择【文件】/【新建】菜单命令，在"可用模板"列表框中向下拖动垂直滚动条，在"Office.com模板"栏中搜索并选择所需的模板样式，然后单击"下载"按钮，下载并新建该模板样式，完成后只需在该工作簿中输入相应的数据或稍作修改即可。

1.3.3 使用公式与函数计算数据

为了提高工作效率，可事先在单元格中输入公式与函数，完成后只需在相应的单元格中输入所需的数据即可快速并自动计算出结果。下面在需计算差旅费用的单元格中输入所需的公式与函数，然后以不同的颜色进行显示，其具体操作如下。（微课：光盘\微课视频\第1章\使用公式与函数计算数据.swf）

STEP 1 选择N9单元格，在【开始】/【编辑】组中单击"自动求和"按钮Σ，系统将在所选的单元格中插入函数"=SUM()"，如图1-43所示。

STEP 2 选择L9:L16单元格区域，将其作为SUM函数的参数，此时所选单元格中的公式将变成"=SUM(L9:L16)"，如图1-44所示，完成后按【Ctrl+Enter】组合键。

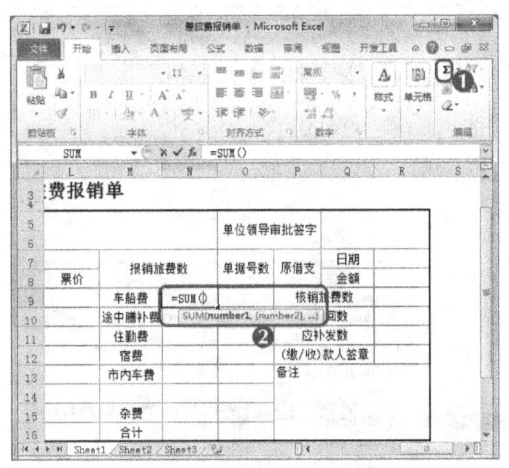
图1-43 插入SUM函数

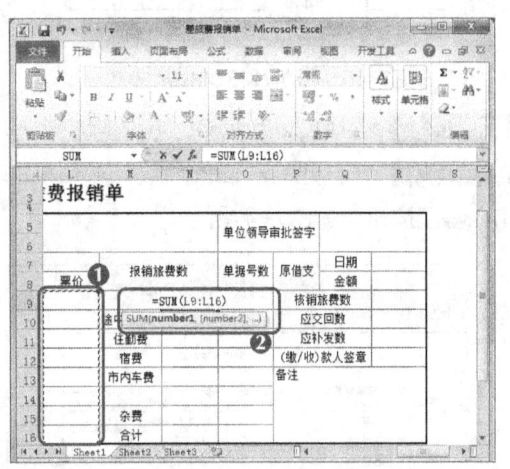
图1-44 设置SUM函数参数

知识提示 使用公式与函数时，其中的所有左括号和右括号必须成对出现。特别是在使用多层嵌套函数时，如果输入的括号不匹配，在确认公式时Excel将弹出提示信息说明公式存在问题，必须加以更正后才能执行公式。

STEP 3 选择N16单元格，在【开始】/【编辑】组中单击"自动求和"按钮Σ，系统将自动选择该列具有数据的连续单元格进行求和，即输入公式"=SUM(N9:N15)"，如图1-45所示，完成后按【Ctrl+Enter】组合键。

STEP 4 选择R9单元格，输入等号"="，然后选择N16单元格作为公式表达式，即输入公式"=N16"，如图1-46所示，完成后按【Ctrl+Enter】组合键。

知识提示 插入公式或函数时若涉及单元格数据的引用，可直接单击所需的单元格进行引用，也可手动输入所需单元格的名称，被引用到公式中的单元格边框将用不同的颜色显示，且公式中的单元格引用地址颜色与相应单元格边框颜色相同。

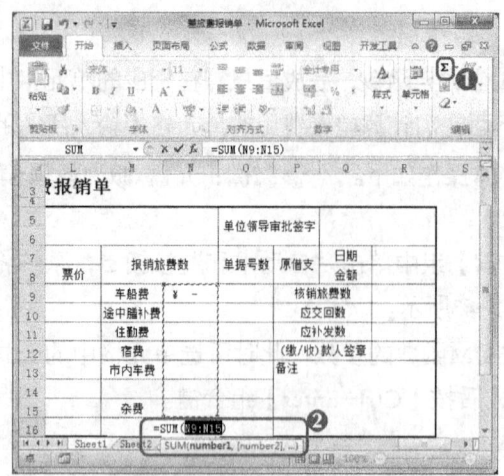
图1-45 自动设置SUM函数参数

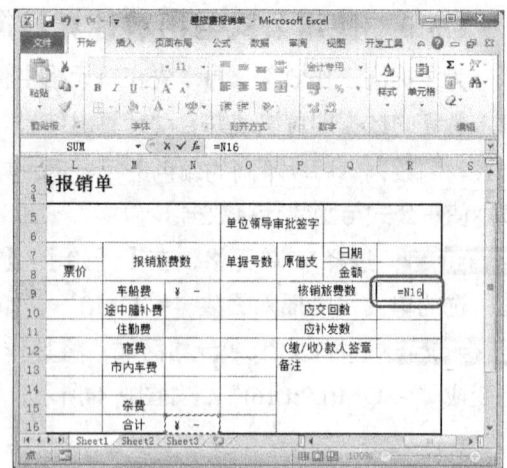
图1-46 输入公式

STEP 5 选择R10单元格，在编辑栏中单击"插入函数"按钮 fx。

STEP 6 在打开的"插入函数"对话框的"选择函数"列表框中选择"IF"函数，然后单击 确定 按钮，如图1-47所示。

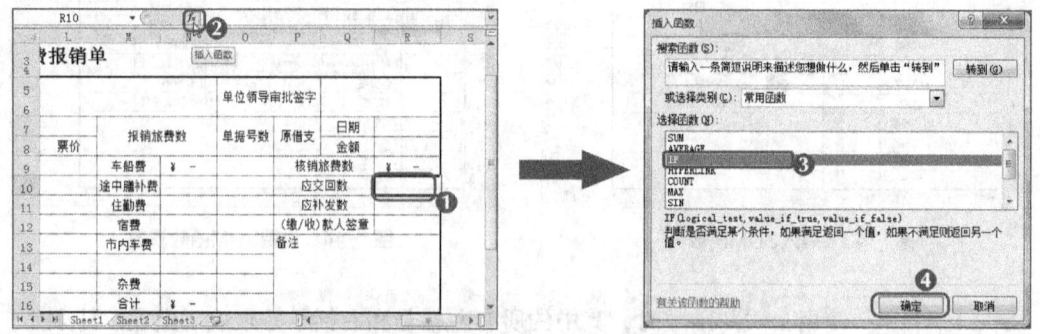
图1-47 插入并选择函数

STEP 7 在打开的"函数参数"对话框的"Logical_test"文本框中输入数据"R8>R9"，在"Value_if_true"文本框中输入数据"R8-R9"，在"Value_if_false"文本框中输入数据""""，完成后单击 确定 按钮。

STEP 8 返回工作表中可看到R10单元格中的公式为"=IF(R8>R9,R8-R9,"")"，如图1-48所示。

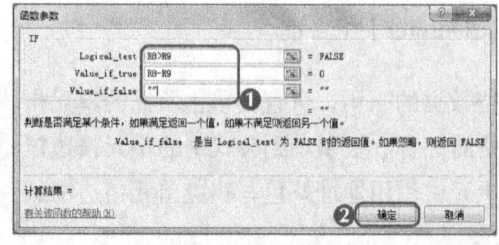
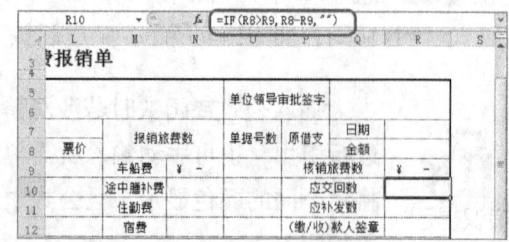
图1-48 设置函数参数

STEP 9 用相同的方法在R11单元格中输入并编辑公式"=IF(R9>R8,R9-R8,"")",如图1-49所示。

STEP 10 按住【Ctrl】键,同时选择N9和N16单元格,以及R9:R11单元格区域,在"字体"组中单击按钮右侧的按钮,在打开的下拉列表中选择"黄色"选项,突出显示单元格,如图1-50所示。

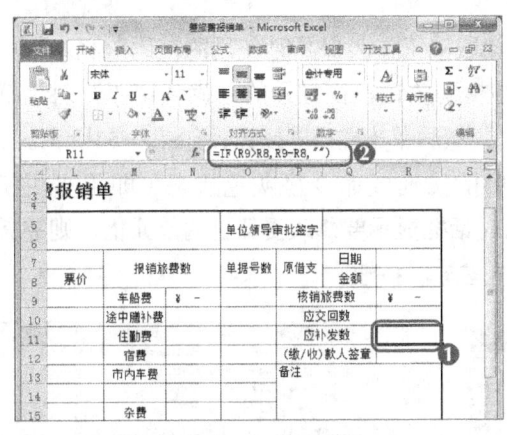
图1-49　输入函数

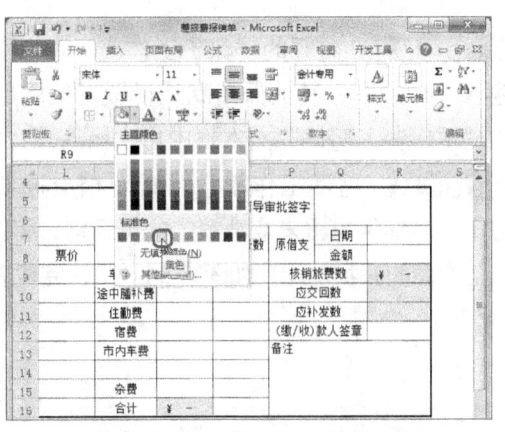
图1-50　突出显示输入了公式的单元格

1.3.4 保护表格数据

为了确保表格中数据的安全性,防止表格中的数据被随意更改或盗用,可设置表格的保护功能。下面将设置单元格和工作表的保护功能,其具体操作如下。(微课:光盘\微课视频\第1章\保护表格数据.swf)

STEP 1 按住【Ctrl】键,同时选择工作表中需要编辑的单元格数据,这里选择D5:F6、I5:J5、L5:N6、Q5:R5、B9:L16、N9:O16、R7:R12、P13:R16单元格区域,以及K17和O17单元格;然后在【开始】/【单元格】组中单击"格式"按钮,在打开的下拉列表的"保护"栏中选择"锁定单元格"选项,如图1-51所示,完成后取消所选单元格的锁定状态。

STEP 2 在【审阅】/【更改】组中单击保护工作表按钮,如图1-52所示。

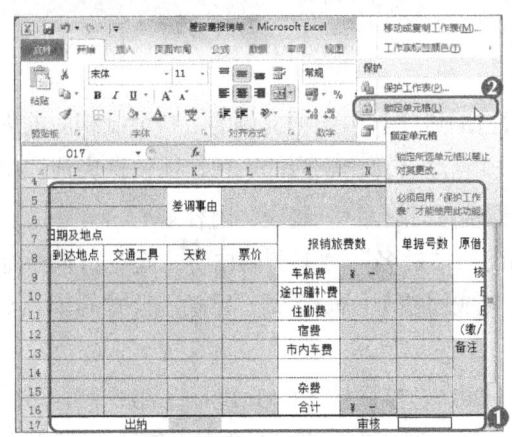
图1-51　取消需编辑单元格的锁定状态

图1-52　单击"保护工作表"按钮

多学一招

按【Ctrl+1】组合键，在打开的"设置单元格格式"对话框中单击"保护"选项卡，然后单击选中或撤销选中相应的复选框也可设置单元格的保护功能。其中"锁定"复选框用来设置单元格的锁定功能，"隐藏"复选框用来隐藏单元格中的公式。要使设置的锁定单元格或隐藏公式有效，还必须设置工作表的保护功能。

STEP 3 在打开的"保护工作表"对话框的"取消工作表保护时使用的密码"文本框中输入"1122"，其他保持默认设置，然后单击 确定 按钮，在打开的"确认密码"对话框的"重新输入密码"文本框中再次输入"1122"，然后单击 确定 按钮，如图1-53所示。

STEP 4 返回工作簿中可看到相应选项卡中的按钮或命令呈灰色状态（即不可用状态），若继续单击未取消锁定的单元格，将弹出对话框提示要修改受保护的单元格，则需撤销工作表的保护功能，如图1-54所示，完成后单击 确定 按钮。

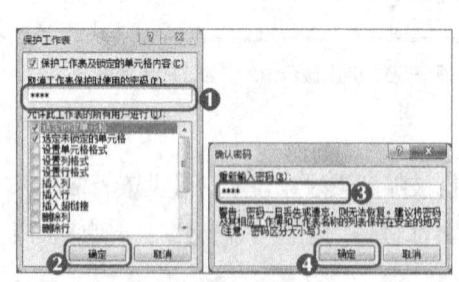

图1-53 输入保护密码

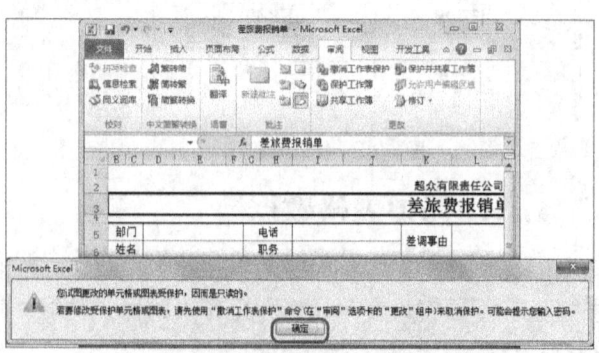

图1-54 查看设置保护功能后的效果

知识提示

设置的保护密码不能过于简单，可以将字母、数字和符号组合使用，而且一定要牢记设置的保护密码，否则将无法取消保护，不能对工作表进行操作。另外，输入密码时应注意大小写状态，否则以后可能会因为大小写不符而失去修改权限。

1.3.5 填制表格内容

创建出所需的"差旅费报销单"框架结构后，即可在其中根据提供的资料填制相应的内容。下面将在相应的单元格中输入所需的数据，并自动计算出相应的金额，以快速完成表格的制作，其具体操作如下。（微课：光盘\微课视频\第1章\填制表格内容.swf）

STEP 1 选择相应的单元格，分别输入"部门""姓名""差调事由""起讫日期及地点""报销旅费数"和"原借支金额"等数据，完成后按【Enter】键，已输入公式的单元格将自动计算出结果，如图1-55所示。

STEP 2 选择R7单元格，输入日期"2015-5-20"，然后按【Ctrl+Enter】组合键，系统自动将日期格式显示为"2015/5/20"，如图1-56所示。完成表格制作后保存并关闭工作簿。

图1-55 输入表格内容　　　　　　　　　图1-56 输入日期

在单元格中输入日期与时间时必须使用合法的日期与时间格式，否则不能被识别或显示不正确。默认情况下，单元格中的日期格式显示为"2015/5/20"，时间格式显示为"0:00"。

1.4 制作日常费用管理表

日常费用记录表记录了一定期间内企业各部门为组织和管理企业生产经营活动所发生的各项费用及其构成情况。为了加强公司的日常费用管理，严格控制费用开支，老张要求小白根据日常费用记录分析并管理费用的构成，考核各项费用计划的执行情况。要完成该任务首先应打开"日常费用记录表"工作簿将其以"日常费用管理表"为名进行另存，然后快速应用单元格样式，根据数据排序依据进行分类汇总，完成后引用汇总数据，并使用公式与函数计算相应的数据。本例完成后的参考效果如图1-57所示。

素材所在位置　光盘:\素材文件\第1章\课堂案例3\日常费用记录表.xlsx
效果所在位置　光盘:\效果文件\第1章\日常费用管理表.xlsx

图1-57 "日常费用管理表"的最终效果

1.4.1 打开并另存工作簿

下面首先打开"日常费用记录表"工作簿,为了方便保存在该工作簿中执行的相关操作,现将其另存为"日常费用管理表",其具体操作如下。(微课:光盘\微课视频\第1章\打开并另存工作簿.swf)

STEP 1 直接在电脑中找到并双击"日常费用记录表"工作簿,或在Excel工作界面中选择【文件】/【打开】菜单命令。

STEP 2 在打开的"打开"对话框左侧的列表框中选择保存路径,在中间的列表框中选择需打开的文件"日常费用记录表",然后单击 打开(O) 按钮,如图1-58所示。

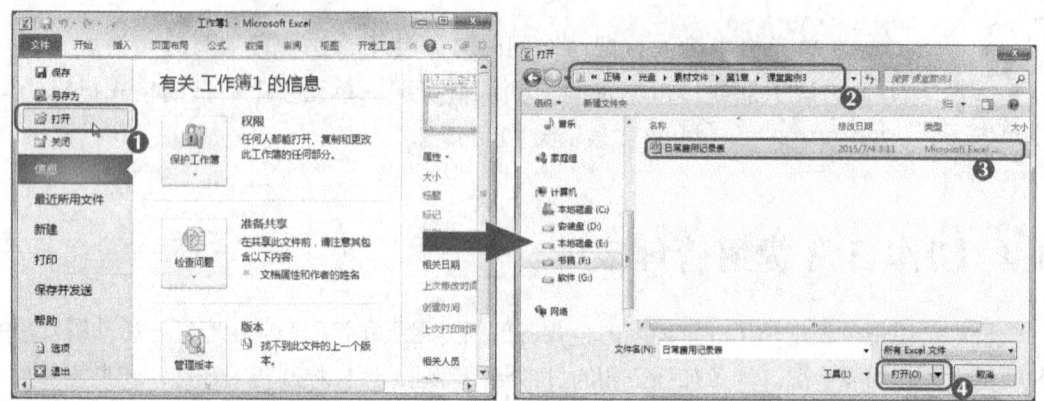

图1-58 打开工作簿

 单击 打开 按钮右侧的 按钮,在打开的下拉列表中可以选择相应的选项以不同的方式打开工作簿,如"以只读方式打开""以副本方式打开""在受保护的视图中打开"等。

STEP 3 双击"Sheet1"工作表标签,此时该工作表的名称自动呈黑底白字显示,直接在呈可编辑状态的工作表标签中输入名称"日常费用记录表",完成后按【Enter】键。用相同的方法将"Sheet2"工作表重命名为"日常费用管理表",如图1-59所示。

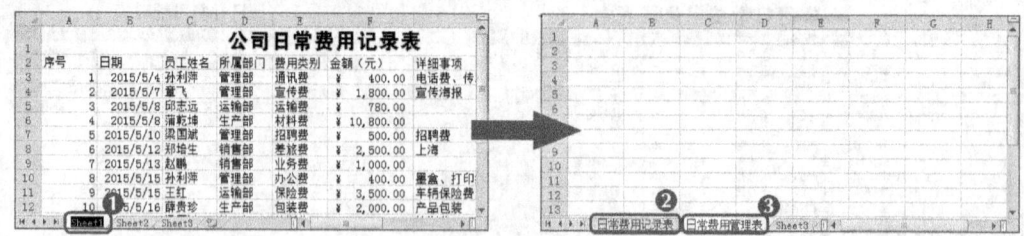

图1-59 重命名工作表

STEP 4 在"日常费用管理表"工作表中合并A1:D1单元格区域,并输入数据"日常费用管理表",完成后设置其字体格式为"方正大标宋简体,18"。

STEP 5 继续在相应的单元格中输入数据,然后选择B3:D7单元格区域,在【开始】/【数字】组的"常规"下拉列表中选择"会计专用"选项,设置数据格式,如图1-60所示。

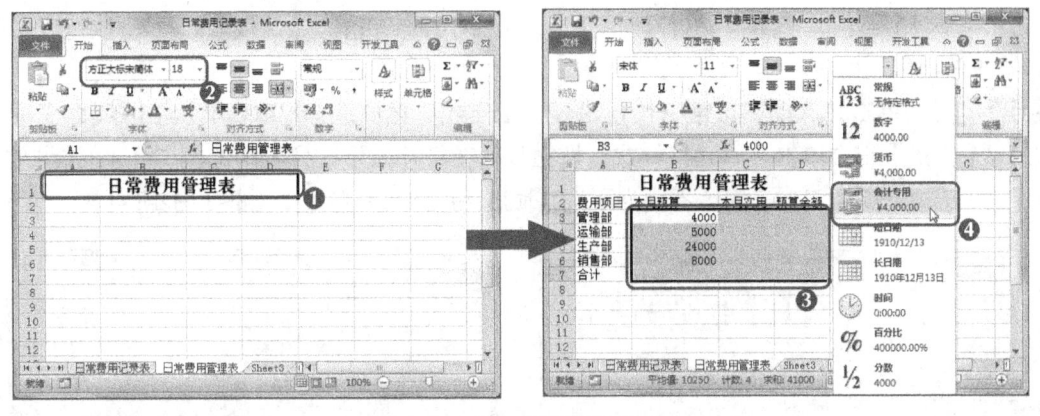

图1-60 输入并设置数据格式

STEP 6 为了方便保存所执行的操作,选择【文件】/【另存为】菜单命令。

STEP 7 在打开的"另存为"对话框左侧的列表框中依次选择保存路径,在"文件名"下拉列表中输入文件名称"日常费用管理表",完成后单击 按钮,如图1-61所示,返回Excel工作界面中可看到其标题名变为"日常费用管理表"。

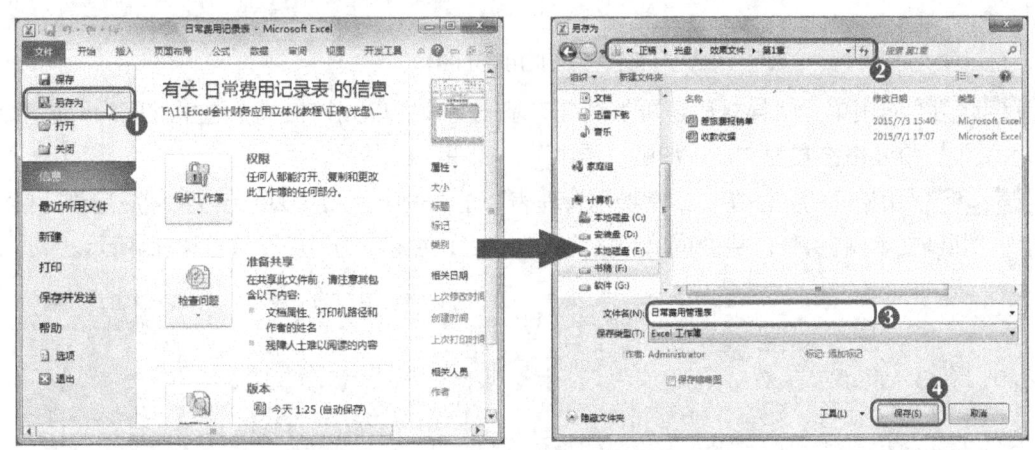

图1-61 另存工作簿

知识提示

对已保存过的工作簿进行编辑后,若不想影响原来工作簿中的内容,可以将编辑后的工作簿与原工作簿以相同的名称另存到不同的文件夹中,也可将其以不同的名称另存在同一文件夹中,否则另存的工作簿将覆盖原工作簿。

1.4.2 快速应用单元格样式

在Excel中不仅可以为整个数据区域套用表格格式,而且可以为所需的单元格应用单元格样式。套用表格格式和应用单元格样式的方法相似,都是选择所需的单元格区域后,在【开始】/【样式】组中单击"套用表格格式"按钮 或"单元格样式"按钮 ,在打开的下拉列表框中选择所需的格式,然后根据提示执行相应的操作。由于套用表格格式将影响整个数据区域的操作(如套用表格格式后不能执行分类汇总操作等),下面将在工作簿中为所需的单

元格区域应用单元格样式，其具体操作如下。（▶微课：光盘\微课视频\第1章\快速应用单元格样式.swf）

STEP 1 单击并选择"日常费用记录表"工作表，然后选择A2:G2单元格区域，在【开始】/【样式】组中单击"单元格样式"按钮，在打开的下拉列表中选择"40%-强调文字颜色2"选项，返回工作表后可看到为所选区域应用的单元格样式，如图1-62所示。

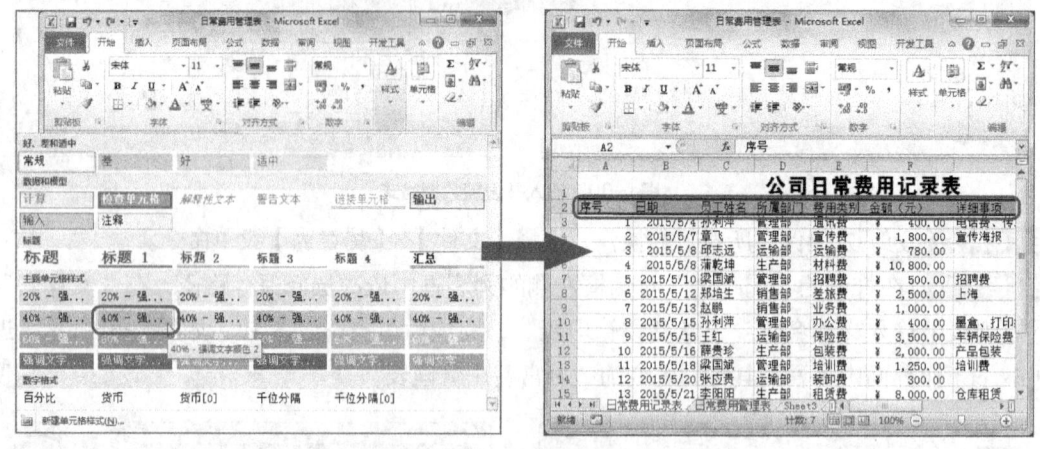

图1-62 应用单元格样式

STEP 2 应用单元格样式后还可继续在其基础上设置单元格格式，这里继续为所选单元格区域设置单元格格式为"12，加粗，居中"，如图1-63所示。

STEP 3 用相同的方法在"日常费用管理表"工作表中为A2:D2单元格区域应用单元格样式为"强调文字颜色4"，并设置单元格格式为"12，加粗，居中"，如图1-64所示。

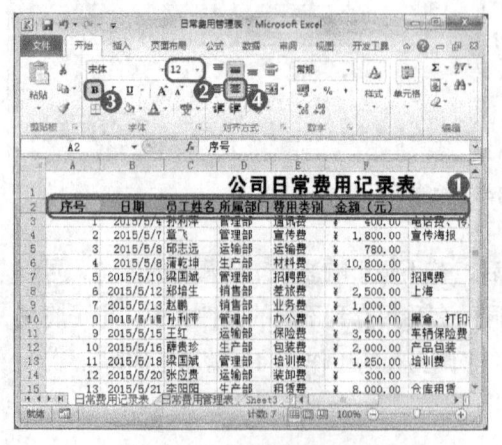

图1-63 设置单元格格式

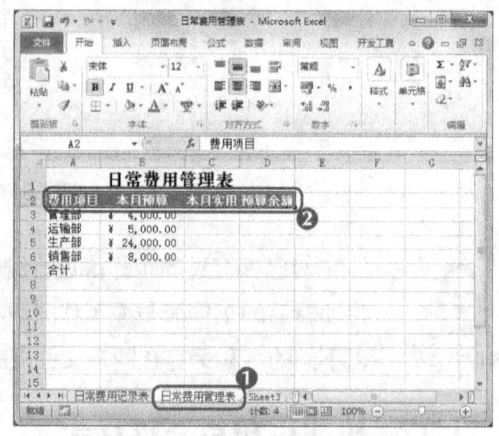

图1-64 继续应用单元格样式

 单击"单元格样式"按钮，在打开的下拉列表中选择左上角的"常规"选项，可撤销应用的单元格样式。选择"新建单元格样式"选项，可在打开的"样式"对话框中自定义样式名，单击 格式(O) 按钮，在打开的"设置单元格格式"对话框中可新建表格样式，完成后依次单击 确定 按钮应用设置。

1.4.3 数据的排序

数据排序是指按一定的方式将表格中的数据种类重新排列。在工作表中若需以某个关键字进行排序，可选择该关键字所在的单元格，在【数据】/【排序和筛选】组中直接单击"升序"按钮或"降序"按钮，系统将根据所选单元格对应列中的数据按首个字母的先后顺序进行排列，且其他与之对应的数据将自动进行排列。若需以多个关键字进行排序，则需打开"排序"对话框进行自定义排序。下面将以"所属部门"和"日期"为关键字进行自定义排序，其具体操作如下。（**微课**：光盘\微课视频\第1章\数据的排序.swf）

STEP 1 在"日常费用记录表"工作表中选择数据区域的任意单元格，在【数据】/【排序和筛选】组中单击"排序"按钮。

STEP 2 在打开的"排序"对话框中默认只有一个主要关键字，这里首先在"主要关键字"下拉列表框中选择"所属部门"选项，设置主要关键字，如图1-65所示。

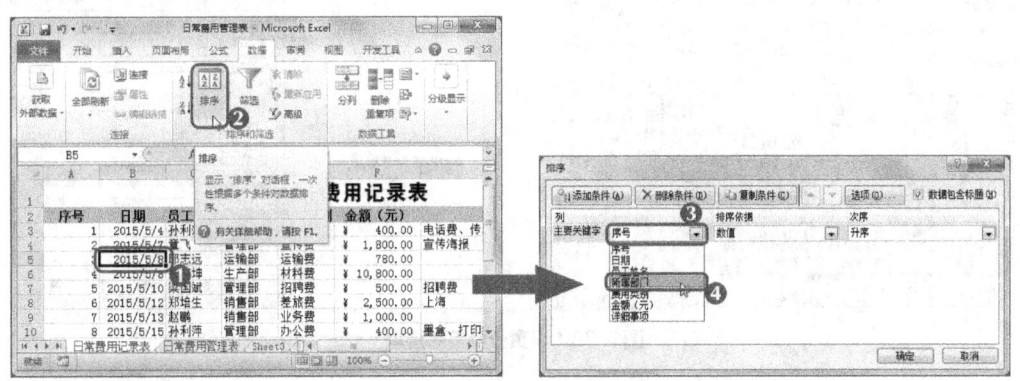

图1-65 设置主要关键字

STEP 3 单击"添加条件"按钮添加次要关键字，并在"次要关键字"下拉列表框中选择"日期"选项，设置次要关键字，如图1-66所示。

STEP 4 完成后单击"确定"按钮，工作表中的数据将根据设置的排序条件进行排序，如图1-67所示。

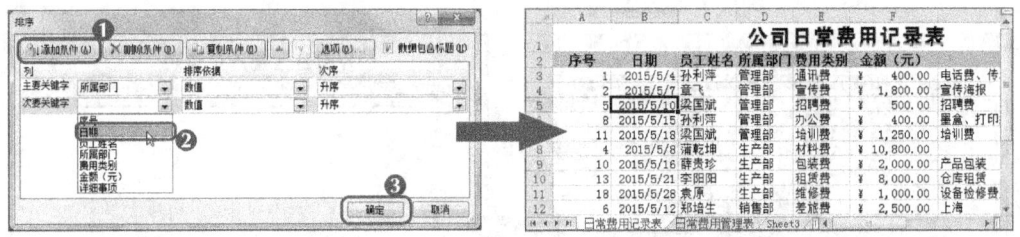

图1-66 设置次要关键字　　　　　　　　图1-67 查看排序后的效果

知识提示 在工作表中选择表头项目或某列数据下对应的单元格区域进行排序时，将打开"排序提醒"对话框，提示需要扩展选定区域或以当前选定区域进行排序。若只对当前选定区域进行排序，其他与之对应的数据将不自动进行排序。

1.4.4 数据的分类汇总

数据的分类汇总是指当表格中的记录越来越多，且出现相同类别的记录时，可按某一字段进行排序，然后将相同项目的记录集合在一起，分门别类地进行汇总。下面将在"日常费用记录表"工作表中对"所属部门"的"金额"数据进行分类汇总，其具体操作如下。

（微课：光盘\微课视频\第1章\数据的分类汇总.swf）

STEP 1 在"日常费用记录表"工作表中选择A2:G20单元格区域，在【数据】/【分级显示】组中单击"分类汇总"按钮 。

STEP 2 在打开的"分类汇总"对话框的"分类字段"下拉列表框中选择"所属部门"选项，在"汇总方式"下拉列表框中选择"求和"选项，在"选定汇总项"列表框中单击选中"金额（元）"复选框，完成后单击 确定 按钮，如图1-68所示。

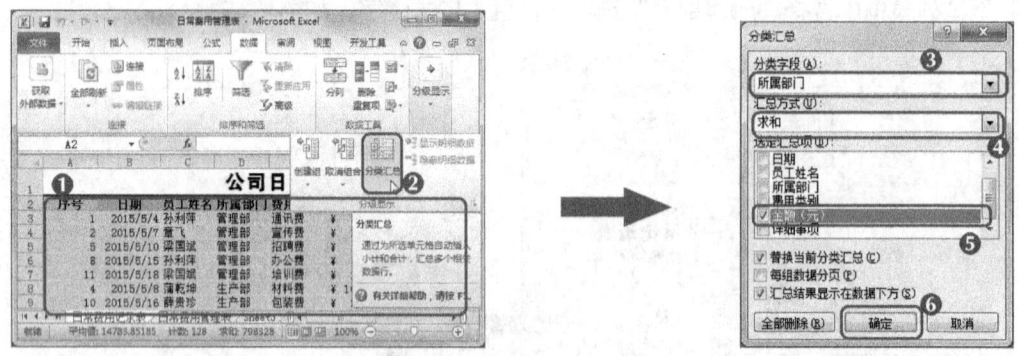

图1-68 设置分类汇总选项

> **知识提示** 在"分类汇总"对话框中单击选中"每组数据分页"复选框可按每个分类汇总自动分页；单击选中"汇总结果显示在数据下方"复选框可指定汇总行位于明细行的下面；单击 全部删除(R) 按钮可删除已创建好的分类汇总。

STEP 3 返回工作表中可看到表格数据按所属部门汇总了合计金额，继续在工作表的左上角单击 按钮，将只显示所有项目的合计数据，如图1-69所示。

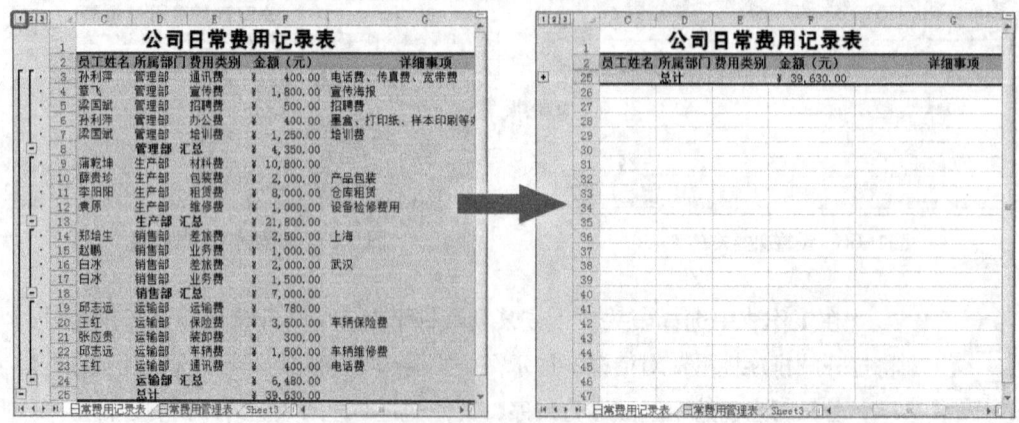

图1-69 隐藏数据明细

STEP 4 单击②按钮将显示出相应项目的汇总项，继续单击"管理部"汇总项左侧对应的 ⊞ 按钮，则显示出该项目的明细数据，如图1-70所示，完成后单击③按钮将返回分类汇总的初始效果，即显示各项目的明细数据和汇总项。

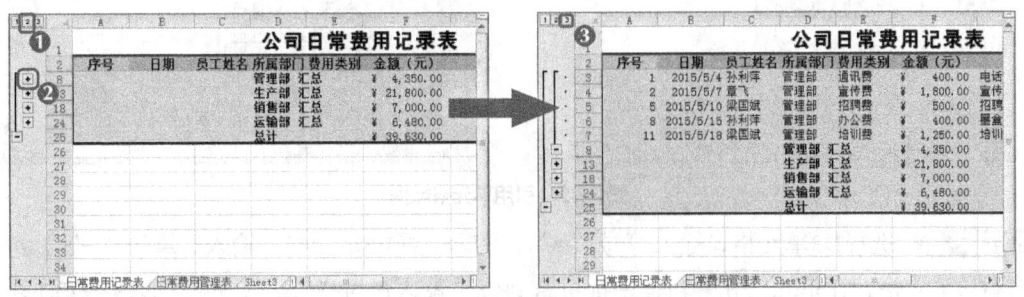

图1-70　显示各项目的明细数据和汇总项

1.4.5 输入并复制公式

下面将"日常费用记录表"工作表中各部门的汇总金额引用到"日常费用管理表"工作表中，然后分别使用公式与SUM函数计算"预算余额"和"合计"，其具体操作如下。

（●微课：光盘\微课视频\第1章\输入并复制公式.swf）

STEP 1 在"日常费用管理表"工作表中选择C3单元格，并输入等号"="。

STEP 2 切换到"日常费用记录表"工作表，选择管理部门的汇总数据，即选择F8单元格，如图1-71所示。

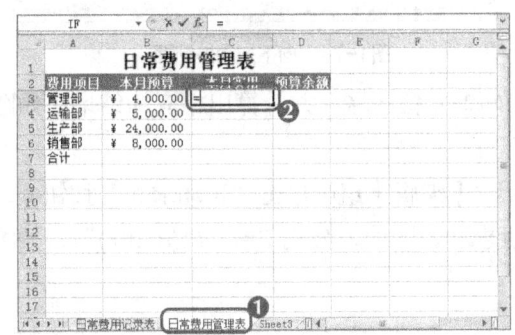 

图1-71　选择需引用的单元格数据

STEP 3 完成后按【Ctrl+Enter】组合键，在"日常费用管理表"工作表的C3单元格中将引用相应的数据，且在其编辑框中可看到引用格式为"=日常费用记录表!F8"。

单元格引用一般分为相对引用、绝对引用和混合引用。相对引用是指复制或移动引用的单元格公式后，公式中单元格的地址将相对于公式所在的位置而发生改变。如果不希望引用的单元格地址发生改变，则应使用绝对引用，即在单元格的列标和行号前分别加入符号"¥"。如果在一个单元格地址引用中同时存在相对引用与绝对引用，则为混合引用。如公式"=F8"表示相对引用，"=¥F¥8"表示绝对引用，"=F¥8"表示混合引用。

STEP 4 用相同的方法引用其他部门的汇总数据，如图1-72所示。

 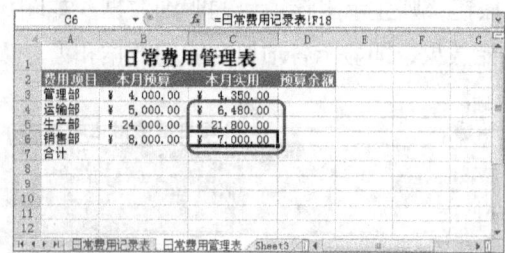

图1-72　引用单元格数据

STEP 5 选择D3单元格，输入等号"="，然后选择B3单元格，输入运算符"-"，继续选择C3单元格，在单元格和编辑框中都可看到公式表达式为"=B3-C3"，如图1-73所示，完成后按【Ctrl+Enter】组合键计算出公式结果。

STEP 6 选择D3单元格，将鼠标光标移至D3单元格右下角的控制柄上，按住鼠标左键不放向下拖动到D6单元格，如图1-74所示。

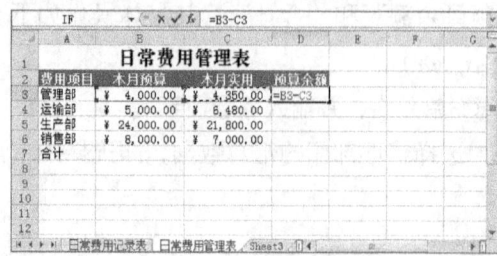 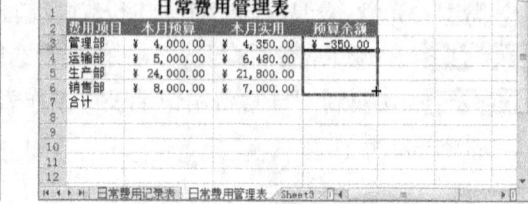

图1-73　输入公式　　　　　　　　　图1-74　向下拖动控制柄

STEP 7 释放鼠标后可快速复制公式到D3:D6单元格区域，并计算出相应的结果，如图1-75所示，完成后调整单元格列宽。

STEP 8 选择B7:D7单元格区域，在【开始】/【编辑】组中单击"自动求和"按钮Σ，系统将自动选择该列具有数据的连续单元格进行求和，即输入公式"=SUM(B3:B6)"，如图1-76所示，完成后保存工作簿并退出Excel。

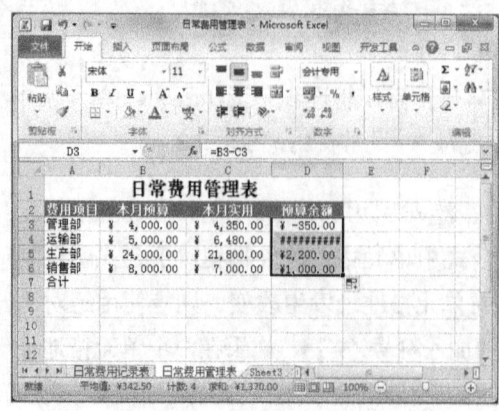 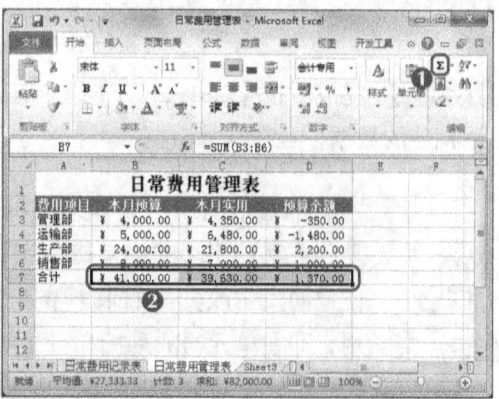

图1-75　复制公式　　　　　　　　　图1-76　计算合计金额

多学一招 选择包含公式的目标单元格,按【Ctrl+C】组合键复制公式,然后选择要复制公式的单元格或单元格区域,按【Ctrl+V】组合键粘贴公式也可快速复制公式。

1.5 实训——制作往来客户一览表

1.5.1 实训目标

本实训的目标是制作往来客户一览表。对于任何一个公司来说,往来客户信息的收集与管理都非常重要,它不仅可以稳固并拓展业务所需的市场和渠道,而且可以分析客户的信誉等级、竞争能力等,赋予最大化客户收益率。因此老张要求小白收集往来客户信息,并制作一张"往来客户一览表"。本实训的最终效果如图1-77所示。

效果所在位置 光盘:\效果文件\第1章\实训\往来客户一览表.xlsx

图1-77 "往来客户一览表"最终效果

1.5.2 专业背景

客户信息包括客户名称、客户喜好、客户需求、客户联系方式等基本情况。客户信息的采集是企业营销活动的一项系统性工作,它可以帮助企业了解客户的潜在消费需求,提高企业服务水平,促进企业经营有效性。不同企业获取客户信息的途径各不相同,下面从两个方面介绍获取客户信息的途径。

- **从企业内部获取客户信息**:包括企业内部已经登记的客户信息、客户销售记录、与客户服务接触过程中收集的信息,以及从外部获得的客户信息。目前,很多企业经常通过组织活动来采集客户信息,如有奖登记活动、折扣券、会员俱乐部、赠送礼品、利用电子邮件或网站来收集等,它们都是以各种方式让客户自愿登记,并填写客户姓名、电话和地址等信息,这样就可以在短时间内收集到大量的客户信息。

● **从外部获取潜在客户信息**：目前，越来越多的数据公司专门收集、整合和分析各类客户的数据和客户属性，如信用调查公司、消费者研究公司、相关服务行业、报纸和杂志、政府的人口普查数据和社会保险信息等，这些数据具有信息量大、真实可靠等特点，因此许多企业都愿意通过购买、租用或合作的方式来获取。

1.5.3 操作思路

完成本实训需要创建"往来客户一览表"工作簿，在其中录入获取的客户信息，完成后设置单元格格式，并保护表格数据，其操作思路如图1-78所示。

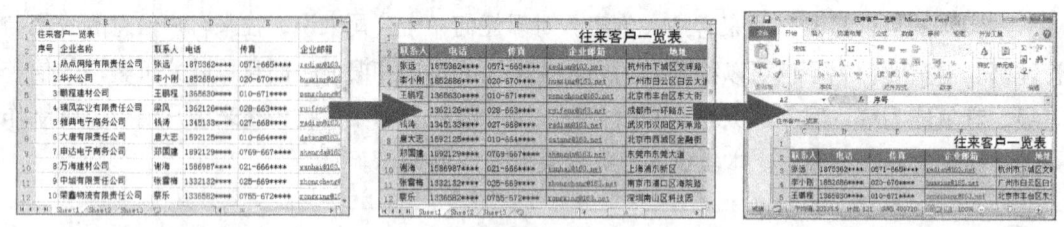

①录入客户信息　　　　②设置单元格格式　　　　③保护表格数据

图1-78　"往来客户一览表"的制作思路

【步骤提示】

STEP 1 启动Excel，将新建的空白工作簿以"往来客户一览表"为名进行保存，然后在相应的单元格中输入并填充所需的数据，完成后调整单元格行高与列宽。

STEP 2 合并A1:K1单元格区域，设置其字体格式为"方正黑体简体，20"，然后为A2:K2单元格区域应用单元格样式为"强调文字颜色1"，并设置其格式为"12，加粗，居中"。

STEP 3 选择A2:K12单元格区域，依次设置其边框样式为"所有框线"和"粗匣框线"。

STEP 4 在【审阅】/【更改】组中单击 保护工作表 按钮，在打开的"保护工作表"对话框的文本框中输入密码"123456"，并单击 确定 按钮，在打开的"确认密码"对话框中再次输入密码"123456"，并单击 确定 按钮，完成工作表保护功能的设置。

STEP 5 继续在【审阅】/【更改】组中单击 保护工作簿 按钮，在打开的"保护工作簿"对话框中单击选中"结构"和"窗口"复选框，并在"密码"文本框中输入密码"123456"，然后单击 确定 按钮，在打开的"确认密码"对话框中再次输入密码"123456"，然后单击 确定 按钮，完成工作簿保护功能的设置。

STEP 6 保存并关闭工作簿，当再次打开该工作簿时，其工作簿窗口将缩小，且不能修改工作表中的数据。

1.6 疑难解析

问：要在多个单元格中输入相同的数据，该怎么办？

答：按【Ctrl】键，同时选择多个单元格或单元格区域，然后输入相应的数据，完成后按【Ctrl+Enter】组合键即可同时在所选的多个单元格或单元格区域中输入相同的数据。

问：如何换行显示单元格数据？

答：当单元格中输入的数据较长，默认的单元格列宽不能完整显示其内容时，可执行换行显示操作。其方法有两种：一是选择需换行的单元格或单元格区域，在【开始】/【对齐方式】组中单击 自动换行 按钮，自动进行换行；二是选择需换行的单元格，将文本插入点定位到需进行换行显示的位置处，然后按【Alt+Enter】组合键，则可在指定的位置处进行换行。

问：要输入以"0"开头的编号，该怎么办？

答：要在单元格中输入形如"001"的编号，可在输入以"0"开头的数字前先输入一个英文符号"'"，将其转换成文本类型后再输入所需的数据；也可选择单元格和单元格区域，在【开始】/【数字】组的右下角单击"对话框启动器"按钮，在打开的"设置单元格格式"对话框的"数字"选项卡的"分类"列表框中选择"自定义"选项，在右侧的"类型"栏下的列表框中选择所需的数字格式，或在其文本框中输入自定义的数字格式"000"后，单击 确定 按钮返回工作表中，在设置后的单元格中输入所需的数据，即可显示出所需的效果。

问：要输入15位或18位的身份证号码，该怎么办？

答：当在单元格中输入11位以上的数字时，如输入15位和18位的身份证号码，单元格中将显示形如"1.23457E+11"的格式。要使输入的数字完整显示，其方法有两种：一是在输入11位以上的数字前先输入一个英文符号"'"，将其转换成文本类型数据；二是选择要输入身份证号码的单元格区域，打开"设置单元格格式"对话框，在"数字"选项卡的"分类"列表框中选择"文本"选项，然后单击 确定 按钮，返回工作表中，在设置后的单元格中输入所需的数据即可显示出所需的效果。

问：怎样快速输入系统的当前日期与时间？

答：在工作表中选择需输入当前日期与时间的单元格，按【Ctrl+:】组合键系统将自动输入当天日期，按【Ctrl+Shift+:】组合键系统将自动输入当前时间。

问：如何修复已损坏的工作簿并将其打开？

答：单击 打开(O) 按钮右侧的 按钮，在打开的下拉列表中可以选择相应的选项以不同的方式打开工作簿，若选择"打开并修复"选项，在打开的对话框中单击 修复(R) 按钮可修复损坏的工作簿，若不能修复，可单击 提取数据(E) 按钮提取表格中的数据。

1.7 习题

本章主要介绍了使用Excel制作收款收据、差旅费报销单、日常费用管理表的方法，主要用到的Excel知识有：工作簿的基本操作、输入并填充数据、设置单元格格式、使用公式与函数计算数据、保护表格数据、应用单元格样式、数据的排序与分类汇总等。读者应加强该部分内容的练习与应用。

效果所在位置　光盘:\效果文件\第1章\习题\产品报价单.xlsx

创建“产品报价单”工作簿，在其中输入并填充相应的数据，然后设置单元格格式，并使用公式与函数计算数据，完成后的效果如图1-79所示。具体要求如下。

- 启动Excel，将新建的空白工作簿以“产品报价单”为名进行保存，然后输入相应的数据，并快速填充“货号”数据，完成后调整单元格行高与列宽。
- 合并A1:H1单元格区域，设置其字体格式为“方正粗宋简体，18，深蓝”，然后为A2:H16单元格区域套用表格格式为“表样式中等深浅 12”。
- 选择G3:G16单元格区域，输入公式“=E3*F3”，并按【Ctrl+Enter】组合键计算出“金额”数据，完成后设置“单价”和“金额”列的数据格式为“会计专用”。

产品报价单

货号	产品名称	净含量	包装规格	数量	单价（元）	金额（元）	备注
MR001	水润面贴膜	6片	120片/件	3	¥ 99.00	¥ 297.00	
MR002	活肤面贴膜	6片	120片/件	20	¥ 99.00	¥ 1,980.00	
MR003	控油面贴膜	6片	120片/件	9	¥ 99.00	¥ 891.00	
MR004	防晒露	60g	72支/件	5	¥ 88.00	¥ 440.00	
MR005	活肤紧致眼贴膜	12片	120片/件	10	¥ 120.00	¥ 1,200.00	
MR006	晒后修护露	50g	72支/件	6	¥ 88.00	¥ 528.00	
MR007	保湿防护喷雾	70g	72支/件	9	¥ 69.00	¥ 621.00	
MR008	珍珠莹亮精华露	12片	120片/件	7	¥ 120.00	¥ 840.00	
MR009	即时补水活肤露	30g	48瓶/件	12	¥ 120.00	¥ 1,440.00	
MR010	润白晶莹粉底液	100g	48瓶/件	5	¥ 68.00	¥ 340.00	
MR011	亮白洁肤乳	30g	48瓶/件	6	¥ 128.00	¥ 768.00	
MR012	亮白柔肤水	30g	48瓶/件	28	¥ 99.00	¥ 2,772.00	
MR013	保湿乳液	100g	48支/件	11	¥ 88.00	¥ 968.00	
MR014	眼部修护素	110g	48瓶/件	16	¥ 68.00	¥ 1,088.00	

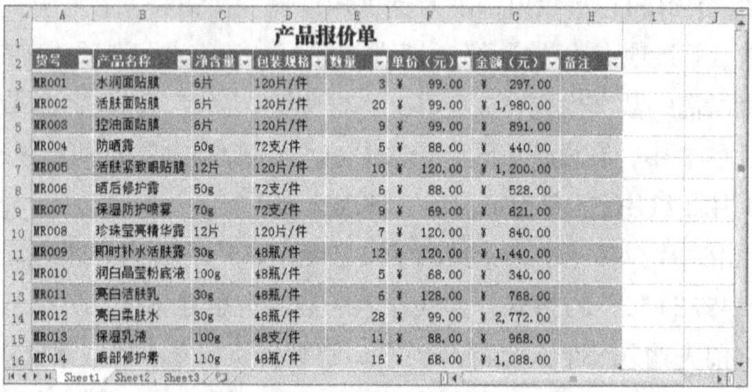

图1-79 “产品报价单”的最终效果

课后拓展知识

为了避免在编辑表格数据时遇到停电或死机等突发事件造成数据丢失的情况，可以设置自动保存工作簿，即每隔一段时间后，Excel将自动保存所编辑的数据。设置工作簿的自动保存时间间隔不宜太长，这样容易因各种原因造成不能及时保存数据，也不宜太短，这样又可能因频繁的保存影响数据的编辑，因此一般以10～15分钟为宜。设置自动保存工作簿的具体操作如下。

STEP 1 在Excel工作界面中选择【文件】/【选项】菜单命令。

STEP 2 在打开的“Excel选项”对话框中单击“保存”选项卡，在右侧单击选中“保存自动恢复信息时间间隔”复选框，在其后的数值框中输入时间，如图1-80所示，完成后单击 确定 按钮应用设置。

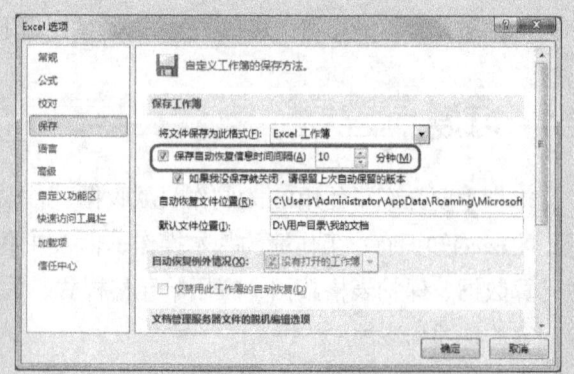

图1-80 设置自动保存时间间隔

第2章
填制会计凭证

情景导入

填制会计凭证是会计工作的起点和基础，因此小白希望老张能帮助他一起使用Excel快速并准确地建立会计科目表、填制并打印会计凭证等。

知识技能目标

- 掌握使用记录单、定义单元格区域名称、冻结与拆分窗格的方法。
- 掌握输入并设置数据格式、使用自动求和功能计算数据的方法。
- 掌握引用数据、插入形状、设置页面、预览并打印表格的方法。

- 能够使用Excel快速并准确地建立会计科目表。
- 能够使用Excel填制并打印会计凭证，包括自制原始凭证——收料单、填制并打印通用记账凭证。

课堂案例展示

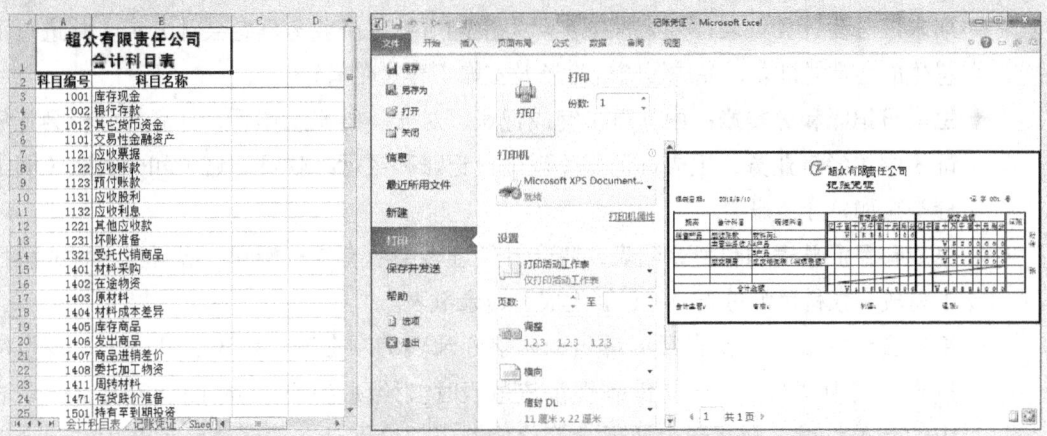

"会计科目表"的表格效果　　　　"填制并打印记账凭证"的表格效果

2.1 Excel记账会计核算流程

Excel是一款非常实用的电子表格处理软件，它提供了强大的数据计算和处理功能，使用Excel进行会计核算的主要优势在于：除了初次创建和设置表格时需要花费一些时间，以后就可直接使用该模版进行编辑，这样大大提高了工作效率，减少并避免了手工记账遗漏、重复、计算错误等问题，只要设定好公式和函数，就可以快速并准确地计算结果，不像手工记账每次都需手动计算；存储方便，且具有加密功能，可以有效地避免他人查阅并恶意篡改数据。

与手工记账会计核算流程相比，使用Excel进行会计核算时无需遵循传统的登账环节，即平时无需登记现金日记账、银行存款日记账、明细分类账、总账，只需将经济业务以会计分录（记账凭证）的形式保存在会计凭证表（记账凭证表）中，当需要时再对记账凭证按会计科目、日期等条件进行检索、编辑和直接输出日记账、明细账、总账和会计报表。为了更直观、清晰地认识会计相关表格的具体编制方法，下面介绍会计核算工作的整体流程，如图2-1所示。

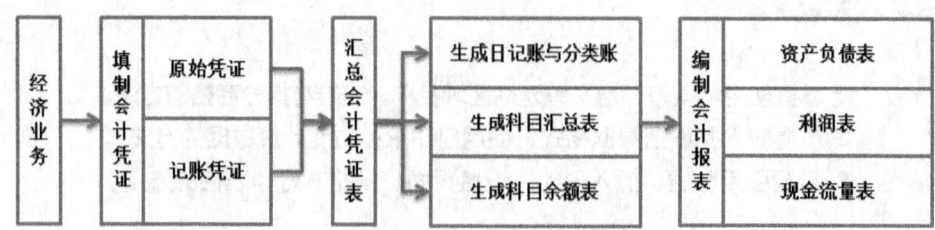

图 2-1　Excel 记账会计核算流程图

Excel记账会计核算流程的步骤如下。

- **填制并审核会计凭证**：发生经济业务后，会计人员首先应取得或编制原始凭证，并审核其合法性、合规性等。其次，对每笔经济业务列出其应借和应贷的账户及金额，并填制记账凭证。
- **期末汇总会计凭证表**：期末根据实际发生的所有经济业务确定会计分录，并进行汇总生成会计凭证表，完成后验证分录及记账工作是否有错。
- **生成日记账和分类账**：由计算机完成记账、对账、结账工作后，计算并分析会计凭证表中的经济业务，生成日记账（现金日记账和银行存款日记账）和分类账（明细分类账和总分类账）。
- **生成科目汇总表和科目余额表**：将会计凭证表中所有具有相同一级科目名称的科目汇总成一张科目汇总表，并计算生成科目余额表。
- **编制会计报表**：根据科目汇总表和调整分录表编制资产负债表、利润表、现金流量表。其中调整分录表是编制现金流量表时按照现金产生的原因调整会计分录表中的有关科目，即将现金及现金等价物的事项分别计入"经营活动产生的现金流量""投资活动产生的现金流量""筹资活动产生的现金流量"等项目。

2.2 建立会计科目表

使用Excel进行会计账务处理时，常常涉及会计科目的录入，因此为了提高工作效率，小白决定先建立一张会计科目表，在其中输入会计科目编号和科目名称。要完成该任务首先应根据需要使用记录单添加并编辑会计科目，然后定义单元格名称，以便填制会计凭证表时只需输入科目编号即可录入会计科目，完成后冻结并拆分窗格。本例完成后的参考效果如图2-2所示。

 效果所在位置　光盘:\效果文件\第2章\会计科目表.xlsx

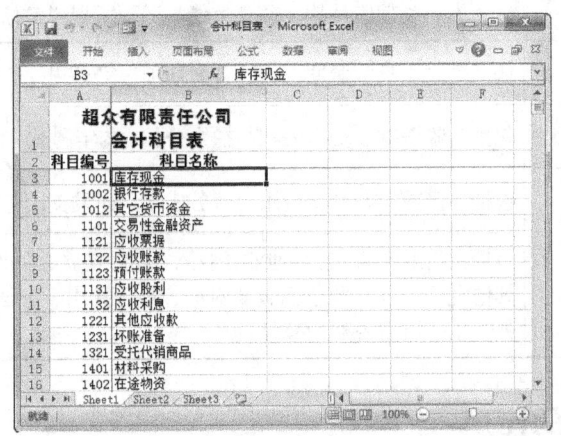

图2-2 "会计科目表"最终效果

 建立会计科目表，是为了帮助会计人员全面掌握和正确运用会计科目，规范账户的开设和会计分录的编制，解决会计科目的名称确定、分类排列、科目编号等问题。各企业在建立会计科目表时，应根据实际情况设计并列出全部一级科目及其所属的全部明细科目名称及编号。

2.2.1 设置会计科目

会计科目是为了满足会计确认、计量、报告的需要，根据企业内部管理和外部信息的需要，对会计要素进行细分的项目。它是进行各项会计记录和提供各项会计信息的基础。通过设置会计科目可以为会计信息使用者提供科学、详细的分类指标体系。

企业会计科目按其所归属的会计要素不同分为6大类：资产类、负债类、共同类、所有者权益类、成本类、损益类。每个会计科目都有固定的编号，会计科目的编号一般采用4位数编号法，首位数是大类，第2位数是小类，第3、4位数是具体的会计科目名称，如：银行存款的科目编号为1002。根据不同的银行还可细化会计科目，如：中国建设银行的科目编号为100201、中国工商银行的科目编号为100202。

下面参照现行国家统一会计制度的规定，了解国家最新颁布的6大类会计科目及其具体内容，如表2-1所示。

表2-1 会计科目类别表

科目代码	科目总类	包含的会计科目
1	资产类	包括库存现金、银行存款、其他货币资金、交易性金融资产、应收票据、应收账款、预付账款、应收股利、应收利息、其他应收款、坏账准备、材料采购、在途物资、原材料、材料成本差异、库存商品、存货跌价准备、持有至到期投资、长期股权投资、固定资产、累计折旧、无形资产、长期待摊费用等科目
2	负债类	包括短期借款、交易性金融负债、应付票据、应付账款、预收账款、应付职工薪酬、应交税费、应付股利、应付利息、其他应付款、长期借款、应付债券、长期应付款、预计负债、递延所得税负债等科目
3	共同类	包括衍生工具、套期工具、被套期项目等科目
4	所有者权益类	包括实收资本、资本公积、盈余公积、本年利润、利润分配等科目
5	成本类	包括生产成本、制造费用、劳务成本、研发支出等科目
6	损益类	包括主营业务收入、其他业务收入、投资收益、营业外收入、主营业务成本、其他业务成本、营业税金及附加、销售费用、管理费用、财务费用、营业外支出、所得税费用等科目

2.2.2 记录单的使用

在Excel中若需向数据量较大的表格中插入一行新记录，可手动逐行逐列地输入相应的数据，但是为了更准确、快速地输入相应的数据，可使用Excel的记录单功能帮助用户在一个小窗口中完成数据的录入工作。下面首先添加"记录单"按钮到"快速访问工具栏"中，然后使用记录单添加并编辑会计科目。

1. 添加"记录单"按钮

默认情况下，在Excel功能选项卡中将不显示"记录单"按钮。要使用记录单功能，必须将其手动添加到"快速访问工具栏"中，然后单击该按钮执行相应的操作。添加"记录单"按钮的具体操作如下。（ 微课：光盘\微课视频\第2章\添加"记录单"按钮.swf）

STEP 1 启动Excel，将新建的空白工作簿以"会计科目表"为名进行保存，然后选择【文件】/【选项】菜单命令。

STEP 2 在打开的"Excel选项"对话框中单击"快速访问工具栏"选项卡，在"从下列位置选择命令"下拉列表框中选择"不在功能区中的命令"选项，在"自定义快速访问工具栏"下拉列表框中选择"用于'会计科目表.xlsx'"选项，在中间的列表框中选择"记录单"选项，单击 添加(A)>> 按钮将其添加到右侧的列表框中，如图2-3所示，完成后单击 确定 按钮即可在"快速访问工具栏"中看到添加的"记录单"按钮 。

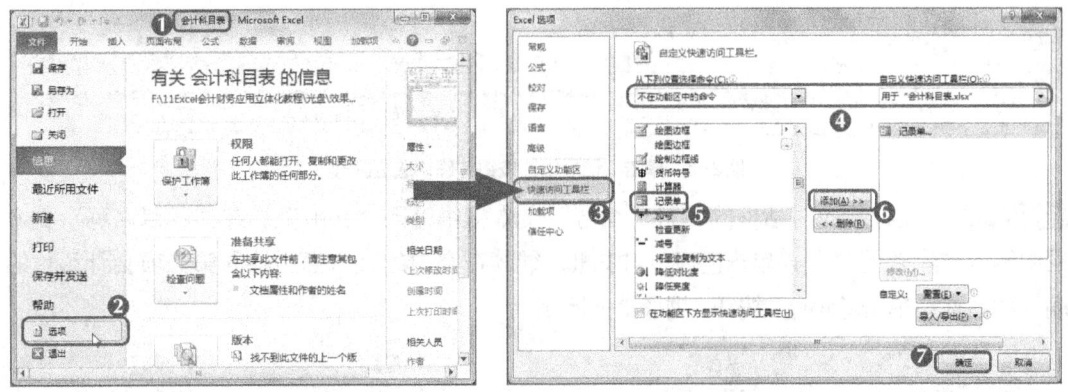

图2-3 添加"记录单"按钮

知识提示　在"自定义快速访问工具栏"下拉列表框中默认选择"用于所有文档"选项，表示打开任意Excel文档后都可显示出添加的"记录单"按钮。若只需在当前工作簿中使用记录单，可在"自定义快速访问工具栏"下拉列表框中选择需使用记录单的工作簿选项。

2. 添加会计科目

Excel提供的记录单就是用来管理表格中每一条记录的对话框，其中详细地记录了所需资料的单据。下面将在创建的会计科目表中使用记录单添加会计科目记录，其具体操作如下。

（ 微课：光盘\微课视频\第2章\添加会计科目.swf）

STEP 1　选择A1:B1单元格区域，在【开始】/【对齐方式】组中单击 按钮合并并居中显示单元格数据，然后输入标题"超众有限责任公司会计科目表"，并在"公司"文本后按【Alt+Enter】组合键换行显示数据，完成后设置其字体格式为"方正大黑简体，16"，并向右调整B列单元格的列宽和向下调整第一行单元格的行高至适合的距离。

STEP 2　分别选择A2和B2单元格，输入表头数据"科目编号"和"科目名称"，然后选择A2:B2单元格区域，设置其单元格格式为"12，加粗，居中"，如图2-4所示。

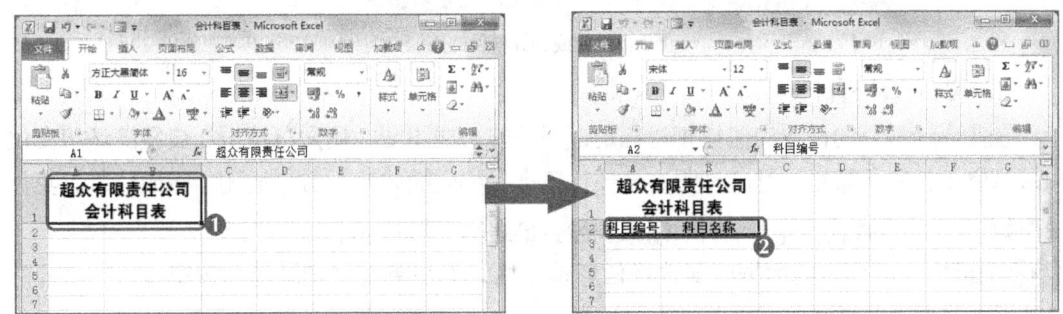

图2-4 输入并设置数据格式

STEP 3　在"快速访问工具栏"中单击添加的"记录单"按钮 ，然后在打开的提示对话框中单击 按钮，取消将选定区域的上一行包含进选定区域，如图2-5所示。

图2-5 单击"记录单"按钮并确认选定区域

STEP 4 在打开的对话框的"科目编号"文本框中输入"1001",在"科目名称"文本框中输入"库存现金",单击 新建(W) 按钮,继续在空白的文本框中输入第二项会计科目的编号和名称,单击 新建(W) 按钮,如图2-6所示。

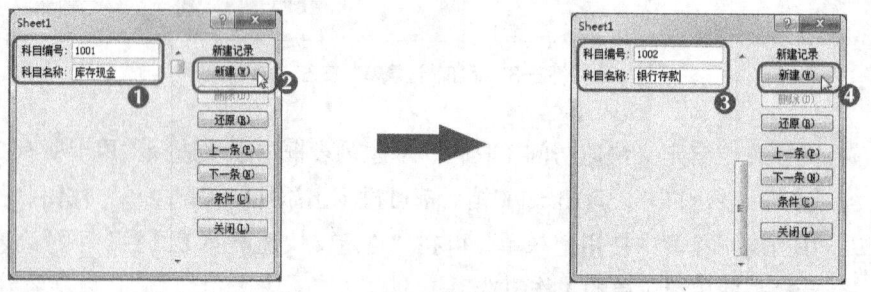

图2-6 使用记录单输入会计科目

STEP 5 用相同的方法输入其他会计科目编号和名称,完成会计科目输入后在记录单对话框中单击 关闭(L) 按钮。

STEP 6 返回工作表中可看到输入的会计科目记录,完成后调整B列列宽到适合的大小,使单元格大小能完整显示单元格数据,如图2-7所示。

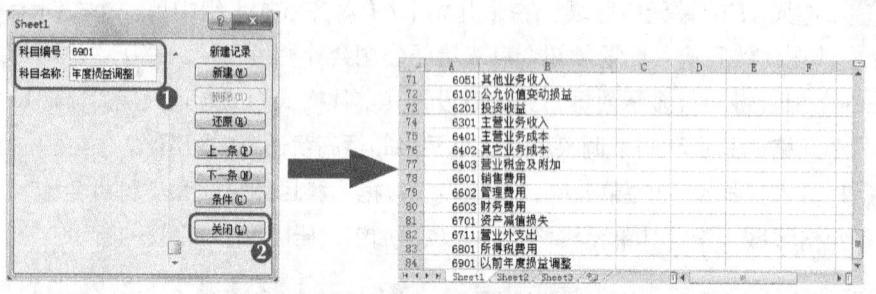

图2-7 完成会计科目的添加

3. 编辑会计科目

企业会计科目的设置应保持相对稳定,但并非一成不变,用户可根据社会经济环境变化和本单位业务发展需要,对已设置的会计科目进行相应的修改、查询或删除等操作,其具体操作如下。(📀微课:光盘\微课视频\第2章\编辑会计科目.swf)

STEP 1 在工作表的数据区域选择任意单元格,然后单击"记录单"按钮,在打开的对话框中拖动垂直滚动条至需要修改的记录处。

STEP 2 对查找到的记录进行修改,如将科目编号"6301"的科目名称"主营业务收入"修改为"营业外收入",完成后按【Enter】键,如图2-8所示。

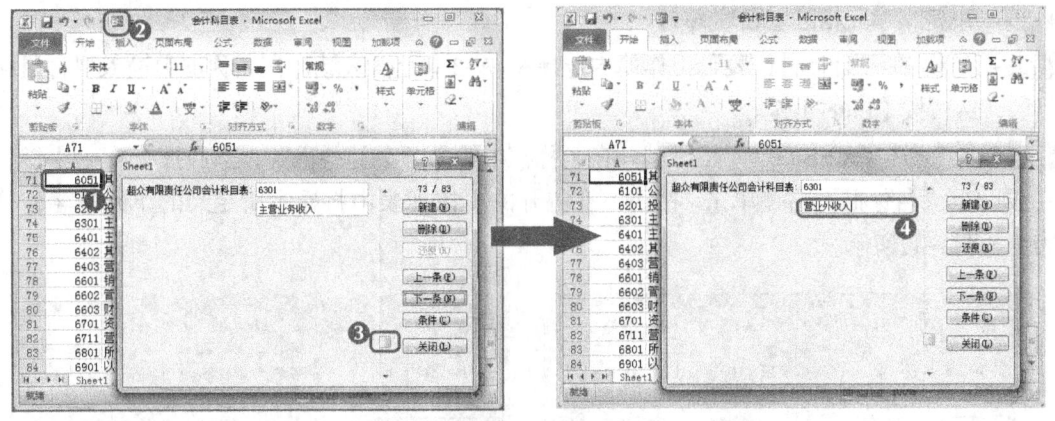

图2-8 修改记录

STEP 3 单击 条件(C) 按钮，继续在打开的对话框中输入查找条件，如输入科目编号"1711"，完成后按【Enter】键即可在对话框中查找出符合条件的记录，如图2-9所示。

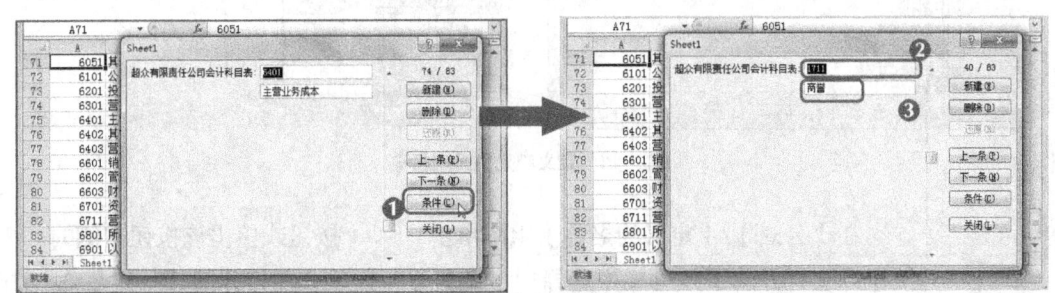

图2-9 查找记录

STEP 4 查找到需要删除的记录后单击 删除(D) 按钮，系统将打开提示记录将被删除的对话框，单击 确定 按钮确定删除该记录，然后单击 关闭(L) 按钮关闭记录单对话框，完成会计科目的编辑，如图2-10所示。

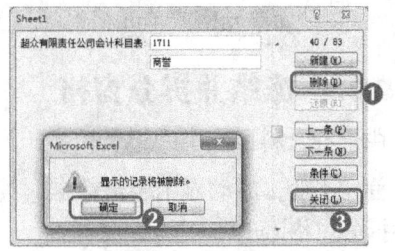

图2-10 删除记录

知识提示

利用记录单查找记录时，输入的查找条件越多，查找到符合条件的记录就越准确。另外，在打开的记录单对话框中单击 上一条(P) 或 下一条(N) 按钮，可查看当前记录的上一条或下一条记录。

2.2.3 定义单元格区域名称

在Excel中除了用行号与列标来表示单元格名称外，还可为单元格或单元格区域定义一个通俗易懂的名称，如需要引用单元格区域数据时即可使用定义的名称代替，这样可以使操作更简单，更容易理解。下面在"会计科目表"工作簿中定义"科目编号"和"科目名称"区域，以备填制会计凭证表时快速引用相应的会计科目，其具体操作如下。（🎬微课：光盘\微课视

频\第2章\定义单元格区域名称.swf）

STEP 1 在"会计科目表"工作簿中选择A3:A83单元格区域，在名称框中输入"科目编号"，然后按【Enter】键。

STEP 2 选择A2:B83单元格区域，在名称框中输入"会计科目"，然后按【Enter】键，完成后在"名称框"右侧单击 按钮，在打开的下拉列表中将显示所定义的单元格名称列表，如图2-11所示。

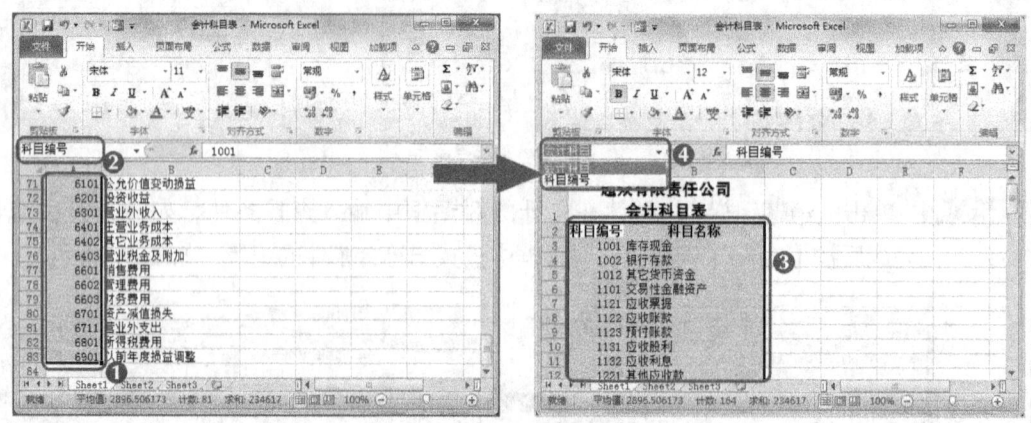

图2-11 定义单元格区域名称

多学一招 在【公式】/【定义的名称】组中单击 定义名称 按钮或单击该按钮右侧的 按钮，在打开的下拉列表中选择"定义名称"选项，在打开的"新建名称"对话框的"名称"文本框中输入定义后的名称，完成后单击 确定 按钮也可为单元格或单元格区域定义名称。

2.2.4 冻结并拆分窗格

由于会计科目表中的记录较多，为了方便查阅，可使用Excel的冻结并拆分窗格功能保持首行首列不变，滚动显示表格数据，其具体操作如下。（ 微课：光盘\微课视频\第2章\冻结并拆分窗格.swf）

STEP 1 在"会计科目表"工作簿中选择B3单元格，在【视图】/【窗口】组中单击 冻结窗格 按钮，在打开的下拉列表中选择"冻结拆分窗格"选项。

知识提示 单击 冻结窗格 按钮，在打开的下拉列表中选择"冻结首行"选项，表示将保持工作表的首行位置不变；选择"冻结首列"选项，表示将保持工作表的首列位置不变。另外，要撤销已冻结的窗格，可再次单击 冻结窗格 按钮，在打开的下拉列表中选择"取消冻结窗格"选项。

STEP 2 返回工作表中将保持B3单元格以上或左侧的行和列的位置不变，然后拖动水平或垂直滚动条，可查看工作表的其他部分而不移动设置的表头所在的行或列，如图2-12所示，完成会计科目表的制作后，保存并关闭工作簿。

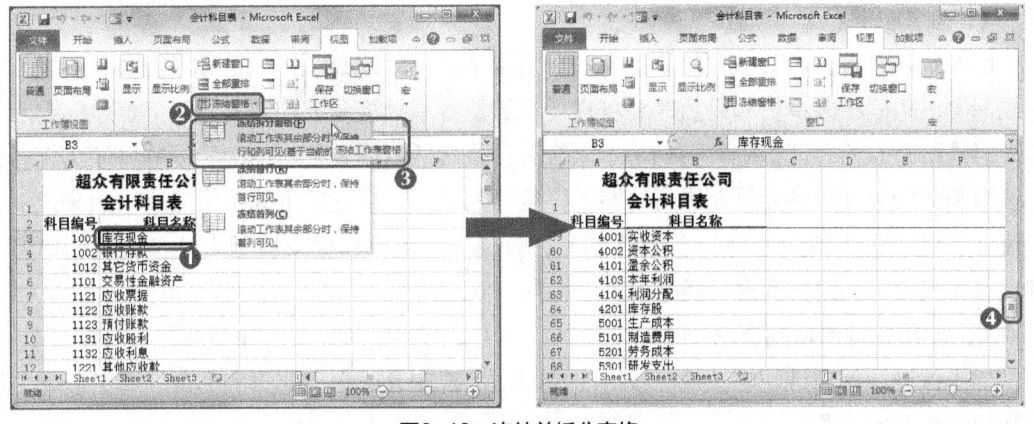

图2-12　冻结并拆分窗格

2.3 自制原始凭证——收料单

假设2015年5月8日从阳光大地公司购入10mm圆钢1 000公斤，单价4元/公斤，价款4 000元，另支付运杂费280元，材料已验收入库。现老张希望小白将发生的经济业务填制到原始凭证中，即填制一张收料单。要完成该任务应先创建“收料单”工作簿框架，然后根据实际情况登记经济业务并计算相应的数据。本例完成后的参考效果如图2-13所示。

效果所在位置　**光盘:\效果文件\第2章\收料单.xlsx**

收料单

2015年5月8日

供货单位：阳光大地公司　　收料单编号：1425008

发票号码：3230508　　收料仓库：A仓库

材料编号	材料名称	规格	计量单位	数量 应收	数量 实收	金额（元） 单价	买价	运杂费	其他	合计
001	圆钢	10mm	公斤	1000	1000	¥ 4.00	¥ 4,000.00	¥ 280.00	¥ -	¥ 4,280.00
合计							¥ 4,000.00	¥ 280.00	¥ -	¥ 4,280.00

财会部门主管：　记账：　保管部门主管：　收料：　制单：

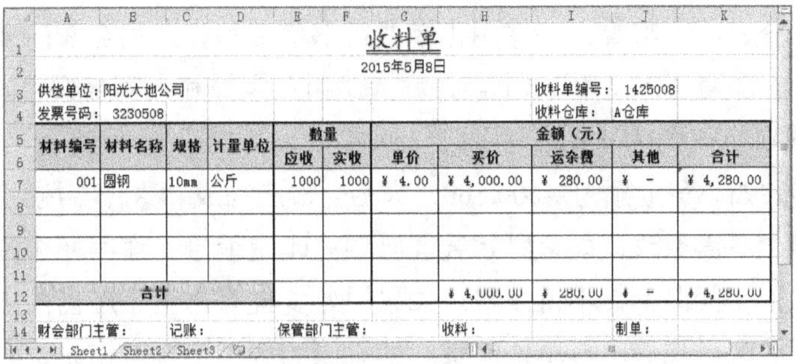

图2-13　“收料单”最终效果

2.3.1 原始凭证的内容与填制要求

原始凭证（又称单据）是在经济业务发生或完成时取得或填制的，用以记录或证明经济业务的发生或完成情况，明确有关经济责任的一种文字凭据。按其取得的来源不同分为自制原始凭证和外来原始凭证：自制原始凭证是指在经济业务执行或完成时由本单位经办部门或人员自行填制的、仅供内部使用的原始凭证，如收料单、领料单、产品入库单等；外来原始凭证是指在经济业务发生或完成时从其他单位或个人直接取得的原始凭证，如增值税发票、飞机票、车船票等。

1. 原始凭证的基本内容

原始凭证是进行会计核算的原始资料和重要依据，因此必须详细记载经济业务的发生或完成情况，明确经办单位和人员的经济责任。虽然各项经济业务的内容和经济管理的要求不同，但是所有原始凭证都应具备的基本内容有：原始凭证的名称、填制凭证的日期（年月日应按填制原始凭证的实际日期进行填写）、凭证的编号、接受凭证的单位名称（抬头人）、经济业务内容（含数量、单价、金额等）、填制凭证单位名称或填制人姓名、填制单位签章、有关人员（部门负责人、经办人员）签章、凭证附件。

2. 原始凭证的填制要求

为了保证原始凭证能够正确、及时、清晰地反映交易或事项的真实情况，填制原始凭证时必须符合下列要求。

- **填制及时、记录真实**：各种原始凭证应在经济业务发生或完成时及时填制，并按规定的程序及时送交会计机构或会计人员进行审核。填制原始凭证时，所填列的经济业务内容和数字，必须真实可靠，符合实际情况，不得弄虚作假。

- **内容完整、手续完备**：原始凭证所要求填列的项目必须逐项填列齐全，不得遗漏和省略，同时，凭证填写的手续必须完备。

- **书写规范、字迹清楚**：原始凭证要按规定填写，文字要简要，字迹要清楚，易于辨认，不得使用未经国务院公布的简化汉字。大小写金额必须相符且填写规范，小写金额用阿拉伯数字逐个书写，不得写连笔字，在金额前要填写人民币符号"￥"，人民币符号"￥"与阿拉伯数字之间不得留有空白，金额数字一律填写到角分，无角分的，写"00"或符号"－"，有角无分的，分位写"0"，不得用符号"－"。大写金额用汉字壹、贰、叁、肆、伍、陆、柒、捌、玖、拾、佰、仟、万、亿、元、角、分、零、整等，一律用正楷或行书字书写。大写金额前未印有"人民币"字样的，应加写"人民币"3个字，"人民币"字样和大写金额之间不得留有空白，大写金额到元或角为止的，后面要写"整"或"正"字，有分的，不写"整"或"正"字。如小写金额为￥1008.00，大写金额应写成"壹仟零捌元整"。

- **编号连续、不得涂改**：如果原始凭证已预先印定编号，在写坏作废时，应加盖"作废"戳记，妥善保管，不得撕毁。如果原始凭证有错误，应当由出具单位重开或更正，更正处应当加盖出具单位印章。如果原始凭证金额有错误，应当由出具单位重开，不得在原始凭证上更正。

2.3.2 创建"收料单"工作簿

收料单是用来记录购货方对供应商送料或送检时提供的货品名称、数量、来源等的单据，以便于购货方后期对货物分拣、入库、上架管理。收料单的主要项目有：供货单位、单据编号、材料编号、材料名称、规格、单位、数量、单价、总价等。下面根据需要创建"收料单"的框架结构，其具体操作如下。（🎦 微课：光盘\微课视频\第2章\创建"收料单"工作簿.swf）

STEP 1 启动Excel，将新建的空白工作簿以"收料单"为名进行保存，然后选择相应的单元格输入项目数据，并合并A1:K1单元格区域，完成后设置其字体格式为"方正楷体简体，20，双下划线"，如图2-14所示。

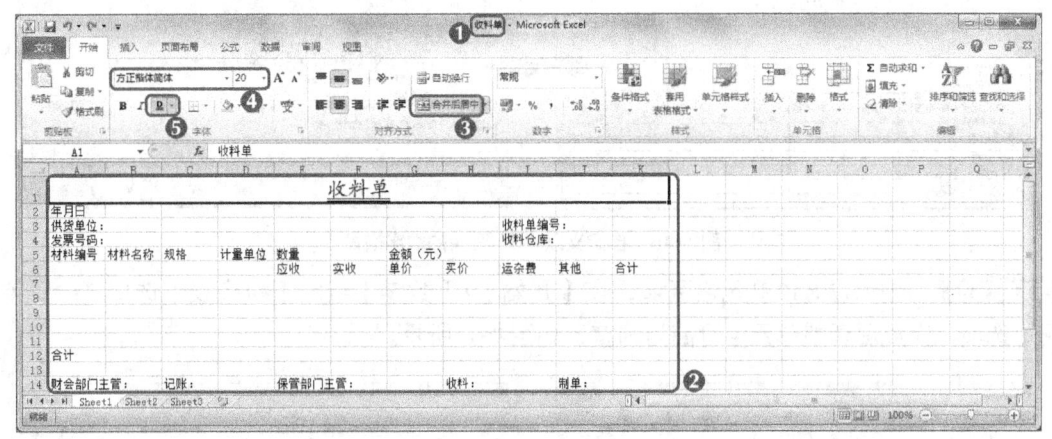

图2-14 输入数据并设置表题数据格式

STEP 2 分别合并A2:K2、A5:A6、B5:B6、C5:C6、D5:D6、E5:F5、G5:K5、A12:D12单元格区域，然后按住【Ctrl】键，同时选择A5:K6单元格区域和合并后的A12单元格，设置其单元格格式为"加粗，居中"，并单击 按钮右侧的·按钮，在打开的下拉列表中选择"白色，背景1，深色15%"选项，设置单元格的填充颜色。

STEP 3 选择A5:K12单元格区域，依次设置其边框样式为"所有框线"和"粗匣框线"，然后选择E5:F12单元格区域，设置其边框样式为"粗匣框线"，如图2-15所示。

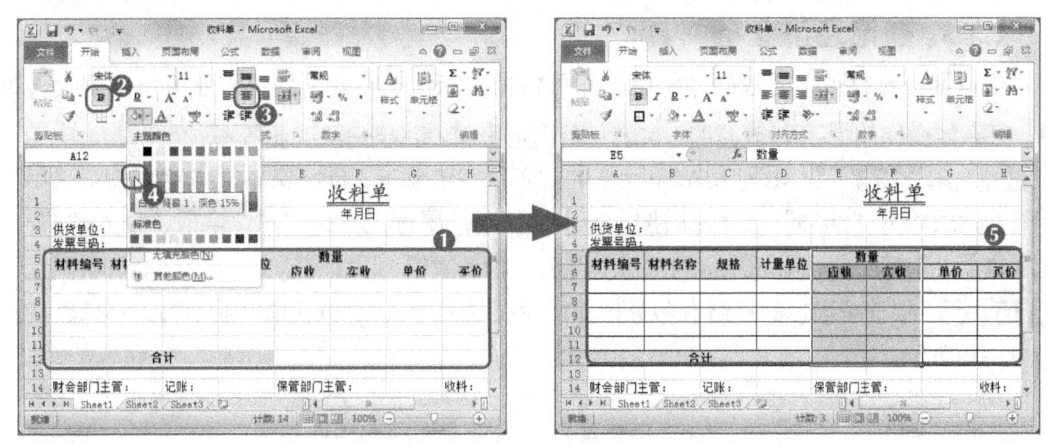

图2-15 设置表格格式

STEP 4 选择A7:A11单元格区域，在【开始】/【数字】组的右下角单击"对话框启动器"按钮，在打开的"设置单元格格式"对话框的"数字"选项卡的"分类"列表框中选择"自定义"选项，在右侧的"类型"列表框中选择"0"选项，将该"0"选项设置为"000"，完成后单击 确定 按钮，如图2-16所示。

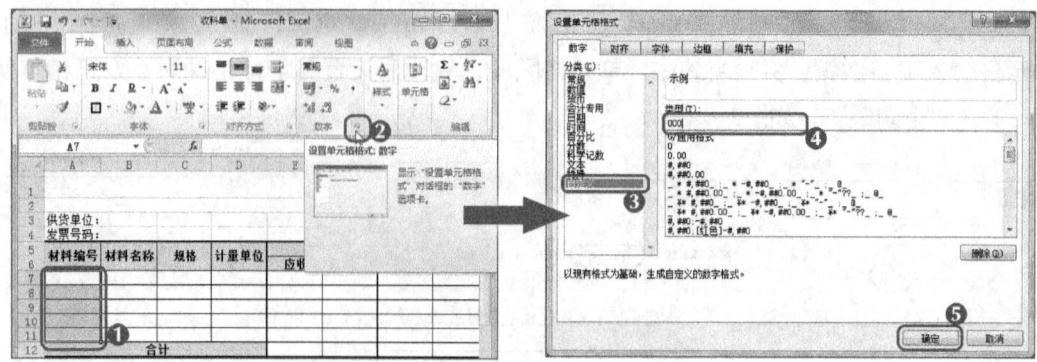

图2-16 自定义以"0"开头的数字格式

STEP 5 选择G7:K12单元格区域,在【开始】/【数字】组的下拉列表中选择"会计专用"选项,完成后调整单元格行高与列宽,如图2-17所示。

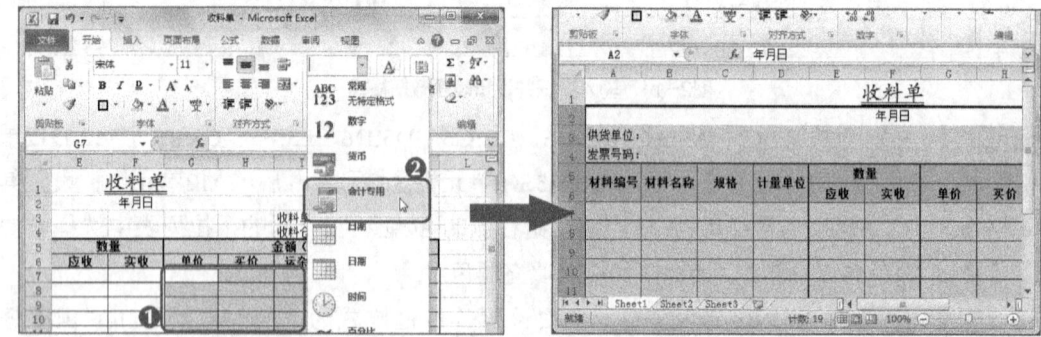

图2-17 设置"会计专用"数字格式

2.3.3 登记经济业务

创建好"收料单"的框架结构后,即可根据实际情况将发生的经济业务填制到收料单中,其具体操作如下。(微课:光盘\微课视频\第2章\登记经济业务.swf)

STEP 1 将鼠标光标移动到A2单元格的"年"字前双击,即将文本插入点定位到"年"字前,然后输入"2015",完成后按【→】键,移动鼠标光标到"月"字前,输入"5",继续按【→】键,移动鼠标光标到"日"字前,输入"8"。

STEP 2 根据所描述的经济业务分别在B3:B4、J3:J4、A7:J7单元格区域中输入具体数据,如图2-18所示。

图2-18 登记经济业务

2.3.4 计算相应数据

在会计表格中通常需要对多个数据进行汇总，即计算"合计"数据，如合计数量、合计金额等，此时可用Excel的公式或求和函数快速并准确地计算相应的数据。下面在"收料单"中计算合计金额，其具体操作如下。（▶微课：光盘\微课视频\第2章\计算相应数据.swf）

STEP 1 选择K7单元格，在【开始】/【编辑】组中单击"自动求和"按钮Σ，系统将自动选择该行具有数据的连续单元格进行求和，即输入公式"=SUM(E7:J7)"，这里只需计算买价、运杂费、其他项目的合计金额，因此需编辑SUM函数的参数，可直接选择H7:J7单元格区域，即输入公式"=SUM(H7:J7)"，如图2-19所示，完成后按【Ctrl+Enter】组合键。

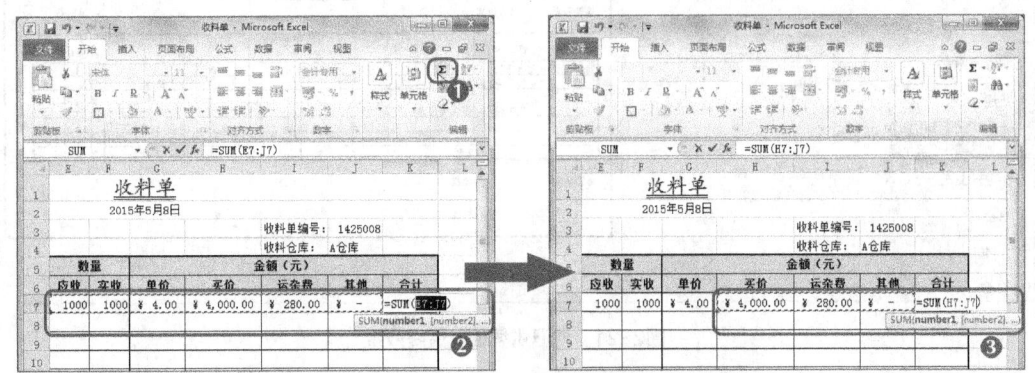

图2-19　输入并编辑SUM函数

STEP 2 继续在H12:K12单元格区域中使用自动求和功能计算合计数据，如图2-20所示，完成后保存并关闭工作簿。

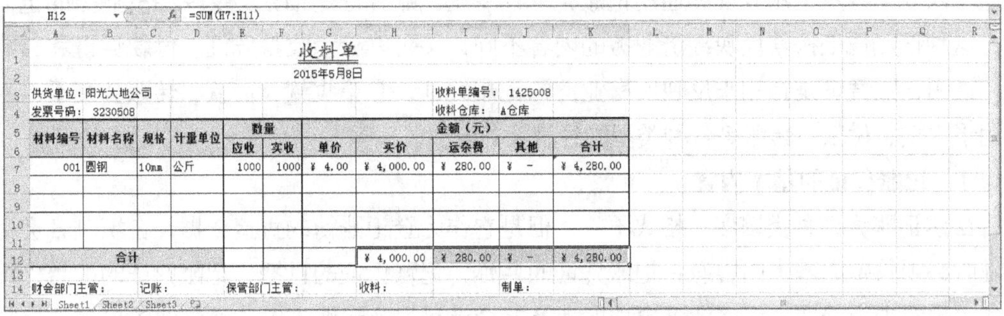

图2-20　使用自动求和功能计算合计数据

2.4 填制并打印通用记账凭证

假设2015年5月10日向材料商1销售A产品80件，每件售价650元，B产品90件，每件售价900元，共计应收取增值税22610元，产品对方已提走，但款项尚未收到。现需要小白将发生的经济业务填制到记账凭证中，并将其打印到纸张上。要完成该任务首先应创建"记账凭证"框架结构，然后将发生的经济业务填制到其中，完成后设置页面并打印记账凭证。本例完成后的参考效果如图2-21所示。

素材所在位置　光盘:\素材文件\第2章\课堂案例3\会计科目表.xlsx、公司图标.png

效果所在位置　光盘:\效果文件\第2章\记账凭证.xlsx

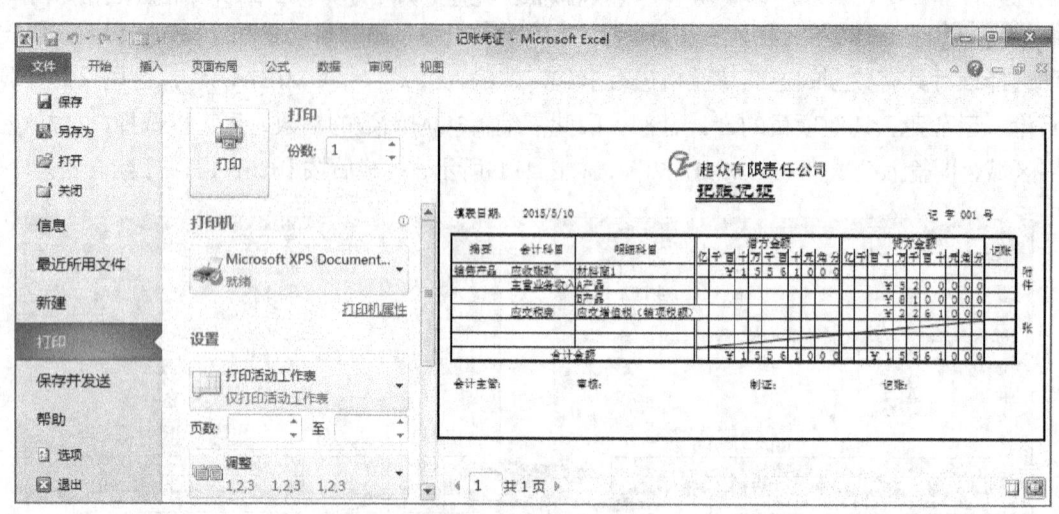

图2-21　"记账凭证"最终效果

2.4.1 记账凭证的内容与填制要求

记账凭证（又称记账凭单）是会计人员根据审核无误的原始凭证或汇总原始凭证，按照经济业务事项的内容加以归类，并据以确定会计分录后所填制的会计凭证。记账凭证按其用途可以分为专用记账凭证和通用记账凭证：专用记账凭证是指分类反映经济业务的记账凭证，这种记账凭证按其反映经济业务的内容不同，又可以分为收款凭证、付款凭证和转账凭证；通用记账凭证是指用来反映所有业务的记账凭证，它集收款、付款、转账凭证于一身，通用于收款、付款、转账等各种类型的经济业务。

1. 记账凭证的基本内容

虽然记账凭证种类繁多、格式不一，但是它作为登记账簿的直接依据，在填制各类记账凭证时必须具备的基本内容有：记账凭证的名称，记账凭证的日期，记账凭证的编号，经济业务事项的内容摘要，经济业务事项所涉及的会计科目及记账方向，经济业务事项的金额，记账标记，所附原始凭证的张数，会计主管、记账、审核、出纳、制单等有关人员的签章。

2. 记账凭证的填制要求

填制记账凭证有助于使记账更为条理化，保证记账工作的质量，也能简化记账工作，提高核算效率。与原始凭证的填制要求相比，记账凭证除了各项内容必须完整、编号应连续、书写应规范、字迹应清楚外，还应具备以下几点要求。

● 填制记账凭证，必须以审核无误的原始凭证为依据。记账凭证可以根据每一张原始凭证填制，或根据若干张同类原始凭证汇总编制，也可以根据原始凭证汇总表填制，但不得将不同内容和类别的原始凭证汇总填制在一张记账凭证上。

- 除结账和更正错误的记账凭证可以不附原始凭证外，其他记账凭证必须附有原始凭证。记账凭证上应注明所附原始凭证的张数，以便核查。
- 填制记账凭证时，若发生错误应当重新填制，对于已登记入账的记账凭证则需进行错误更正。
- 记账凭证填制完经济业务事项后，如有空行，应当自金额栏最后一笔金额数字下的空行处至合计数上的空行处划线注销。

2.4.2 创建"记账凭证"工作簿

在账务处理中记账凭证既要概括地反映经济业务的基本情况，又要满足登记账簿的需要，所以记账凭证的主要项目有：记账凭证名称、填制记账凭证单位名称、凭证的填制日期和编码表示号、经济业务内容、会计科目、金额、附单据数和有关人员签章等内容。下面首先创建"记账凭证"的框架结构，其具体操作如下。（**微课**：光盘\微课视频\第2章\创建"记账凭证"工作簿.swf）

STEP 1 打开"会计科目表"工作簿，将其以"记账凭证"为名进行另存，然后将"Sheet1"和"Sheet2"工作表分别重命名为"会计科目表"和"记账凭证"。

STEP 2 在"记账凭证"工作表中输入相应的数据，合并A1:Z1单元格区域，设置其字体格式为"华文隶书，20，双下划线"，如图2-22所示。

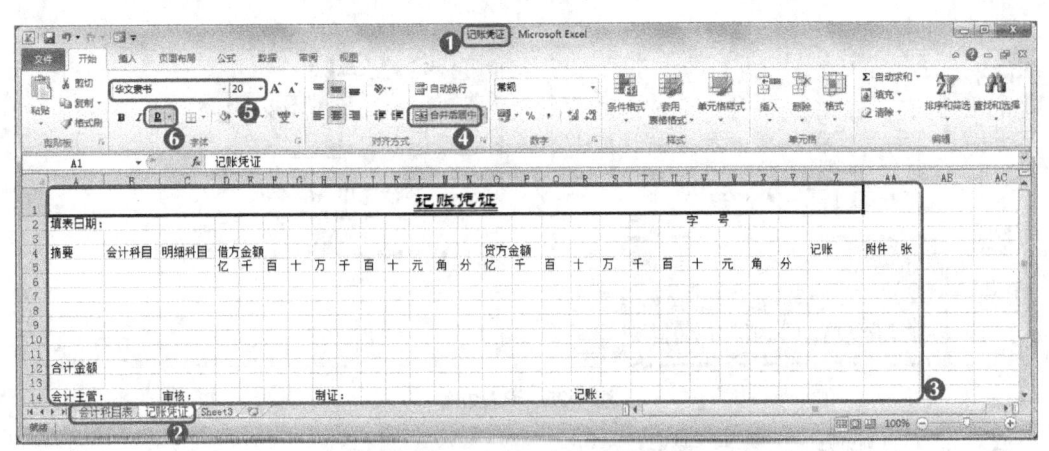

图2-22 输入数据并设置表题数据格式

STEP 3 分别合并A4:A5、B4:B5、C4:C5、D4:N4、O4:Y4、Z4:Z5、AA4:AA12、A12:C12单元格区域，然后选择合并后的AA4单元格，在【开始】/【对齐方式】组中单击"方向"按钮，在打开的下拉列表中选择"竖排文字"选项，如图2-23所示，完成后调整单元格列宽。

STEP 4 单击工作表左上角行号与列标的交叉处的"全选"按钮选择整个工作表，然后单击按钮右侧的·按钮，在打开的下拉列表中选择"白色，背景1"选项，设置其填充颜色，如图2-24所示。

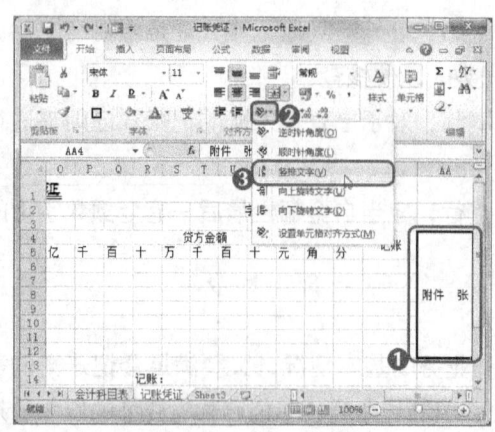
图2-23 设置文字排列方向

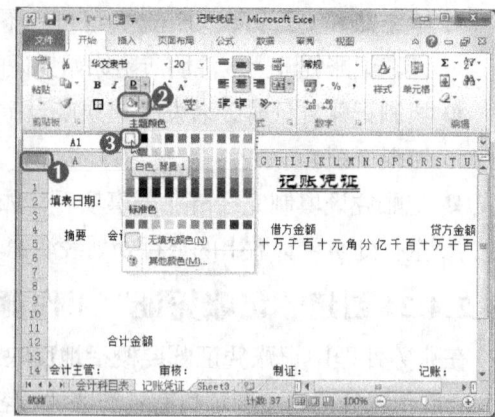
图2-24 填充单元格颜色

STEP 5 选择A4:Z12单元格区域,依次设置其边框样式为"所有框线"和"粗匣框线",然后按住【Ctrl】键,同时选择D4:N12和O4:Y12单元格区域,在【开始】/【字体】组的右下角单击"对话框启动器"按钮。

STEP 6 在打开的"设置单元格格式"对话框中单击"边框"选项卡,在"样式"栏中选择"———"选项,然后在"边框"栏中分别单击▤和▤按钮,完成后单击 确定 按钮,如图2-25所示。

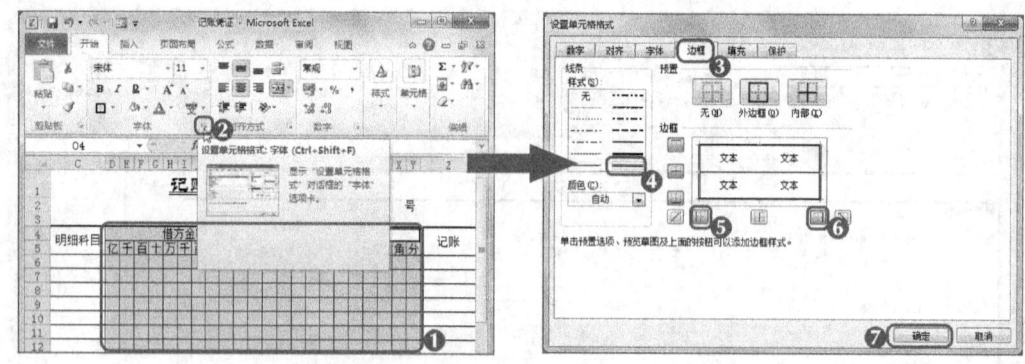
图2-25 设置边框

2.4.3 根据经济业务填制凭证

下面在填制记账凭证时,只需将发生的经济业务登记到记账凭证的相应项目中,然后插入直线形状和货币符号,完成后输入合计金额即可,其具体操作如下。(🎬**微课**:光盘\微课视频\第2章\根据经济业务填制凭证.swf)

STEP 1 在"记账凭证"工作表的B2单元格中输入日期"2015-5-10",在U2单元格的"字"字前输入"记",在"号"字前输入"001",在A6单元格中输入摘要"销售产品",然后选择B6单元格,输入"="。

STEP 2 切换到"会计科目表"工作表,选择B8单元格,如图2-26所示,完成后按【Ctrl+Enter】组合键,返回"记账凭证"工作表中可看到引用数据后的效果。

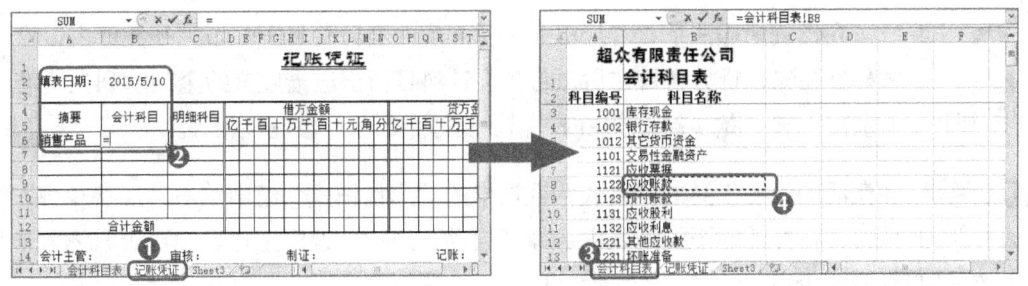

图2-26　输入并引用数据

STEP 3 使用相同的方法将"会计科目表"工作表中B69和B50单元格中的数据分别引用到"记账凭证"工作表的B7和B9单元格中,完成后在C6:C9单元格区域中输入相应的明细科目,并调整单元格列宽。

STEP 4 分别在G6:N6、S7:Y9、G12:N12和R12:Y12单元格区域中输入对应科目的借方金额、贷方金额,以及借方科目和贷方科目的合计金额(注意在金额前应填写人民币符号"¥",且人民币符号"¥"与阿拉伯数字之间不得留有空白),如图2-27所示。

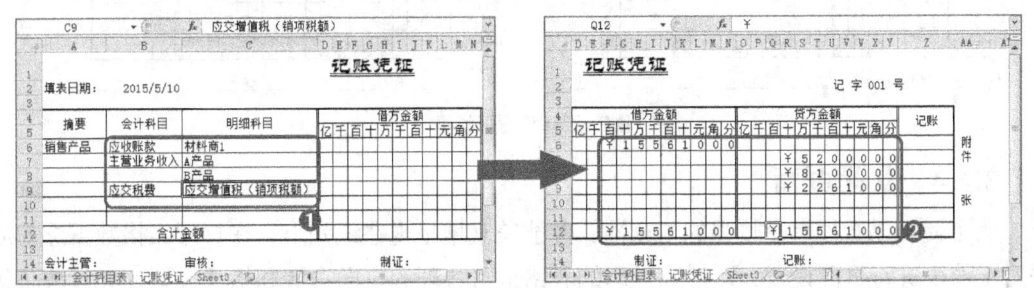

图2-27　引用并输入数据

STEP 5 在【插入】/【插图】组中单击"形状"按钮,在打开的下拉列表中选择"直线"选项。

STEP 6 返回工作表中,鼠标光标变成+形状,然后将鼠标光标移到D11单元格的左下角,按住鼠标左键不放,拖动至Y10单元格的右上角释放鼠标,如图2-28所示。

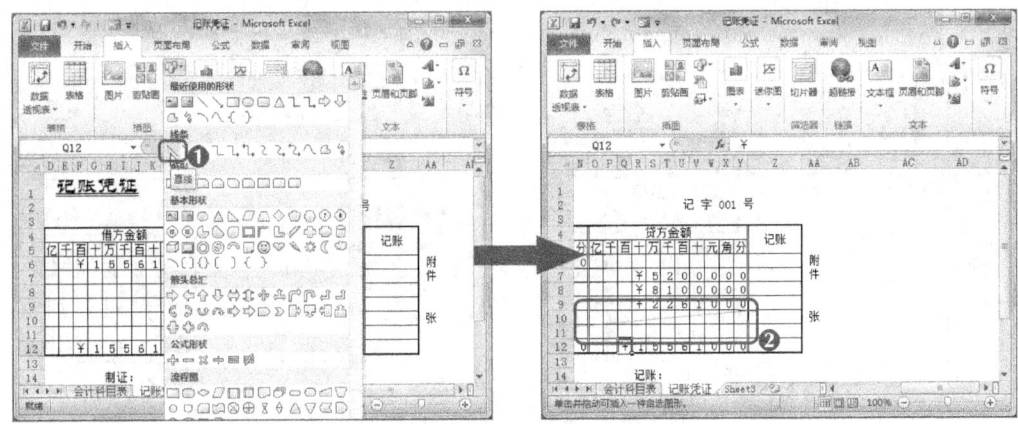

图2-28　绘制"直线"形状

 **知识提示** 在借贷记账法下，将经济业务所涉及的会计科目全部填列在凭证内，借方科目在先，贷方科目在后，将各会计科目所记应借应贷的金额填列在"借方金额"或"贷方金额"栏内，借、贷方金额合计数应该相等。

STEP 7 在激活的绘图工具的"格式"选项卡的"形状样式"组中单击"形状轮廓"按钮右侧的 按钮，在打开的下拉列表中选择"自动"选项，返回工作表中可查看插入形状后的效果如图2-29所示。

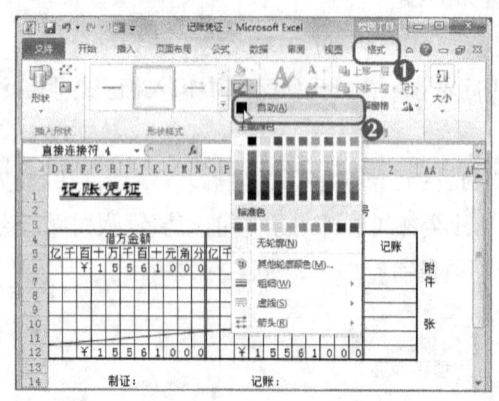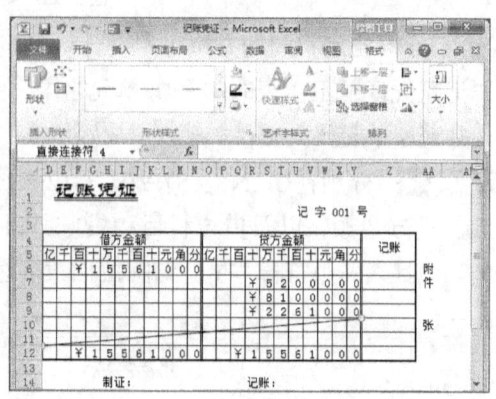

图2-29 设置形状格式

2.4.4 设置页面

为了使表格数据具有较强的可读性，并能美观地呈现在纸张上，在打印表格数据之前应先对工作表进行页面设置，即对需打印的表格进行合理的页面布局和格式设置，如设置页边距、纸张方向、纸张大小、页眉/页脚等。下面将在"记账凭证"工作表中设置页面，其具体操作如下。（**微课**：光盘\微课视频\第2章\设置页面.swf）

STEP 1 在"记账凭证"工作表中选择A1:AA14单元格区域，在【页面布局】/【页面设置】组中单击"页边距"按钮，在打开的下拉列表中选择"窄"选项，如图2-30所示。

STEP 2 单击 纸张方向 按钮，在打开的下拉列表中选择"横向"选项，如图2-31所示。

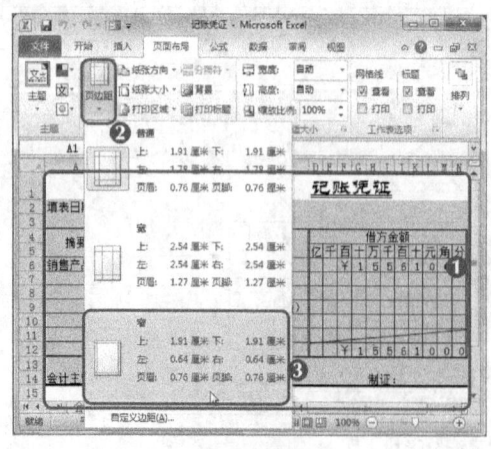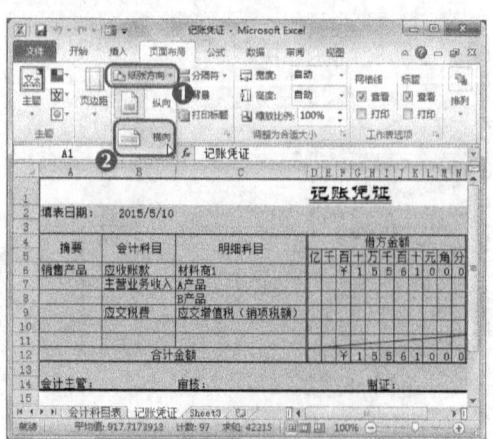

图2-30 设置页边距　　　　　　　　　图2-31 设置纸张方向

STEP 3 凭证的纸张大小一般为110mm*220mm，用户也可根据需要自行设置纸张大小，这里单击 纸张大小 按钮，在打开的下拉列表中选择"信封DL"选项，如图2-32所示。

STEP 4 在【页面布局】/【页面设置】组右下角单击"对话框启动器"按钮 ，在打开的"页面设置"对话框中单击"页边距"选项卡，在"居中方式"栏中单击选中"水平"和"垂直"复选框，如图2-33所示。

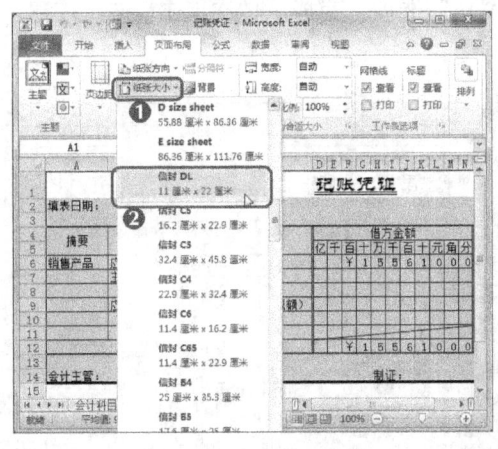
图2-32 设置纸张大小

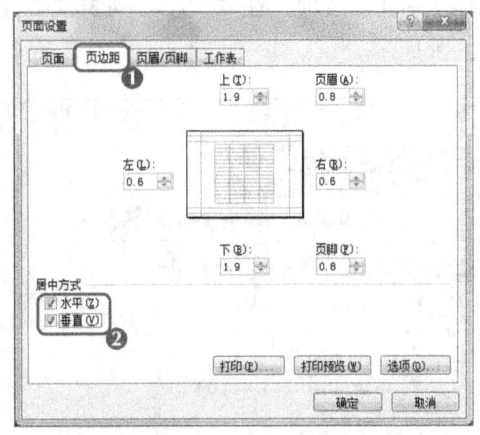
图2-33 设置居中方式

知识提示

在"页面设置"对话框的各选项卡中分别单击 打印(P)... 按钮或 打印预览(W) 按钮，可打开打印页面预览并重新设置打印效果，单击 选项(O)... 按钮可打开"属性"对话框，设置布局和高级选项等。

STEP 5 单击"页眉/页脚"选项卡，然后单击 自定义页眉(C)... 按钮，在打开的"页眉"对话框中将文本插入点定位到"中"文本框中，然后单击 按钮。

STEP 6 在打开的"插入图片"对话框中选择"公司图标"图片的路径，然后选择该图片，并单击 插入(S) 按钮，如图2-34所示。

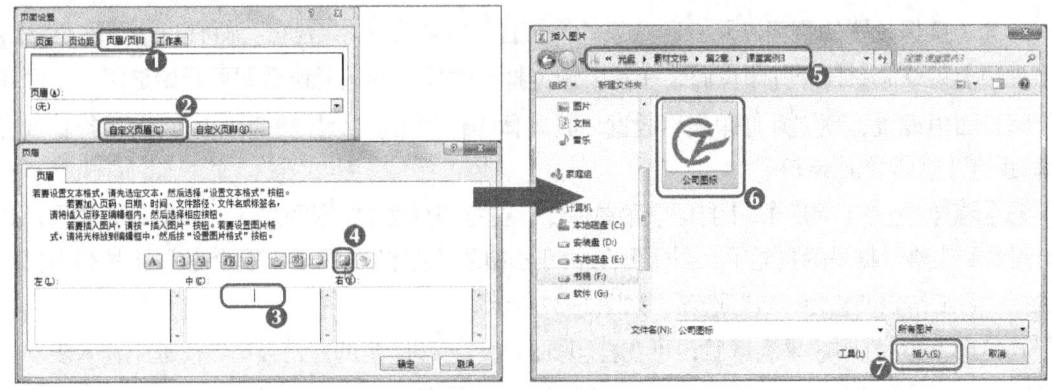
图2-34 在页眉中插入图片

STEP 7 返回"页眉"对话框，将文本插入点继续定位到"中"文本框中，然后单击 按钮，在打开的"设置图片格式"对话框的"大小"选项卡的"比例"栏的"高度"数值框中输入"20%"，完成后单击 按钮，如图2-35所示。

STEP 8 返回"页眉"对话框，在插入的图片后输入文本"超众有限责任公司"，然后选择输入的文本，单击 按钮，在打开的"字体"对话框的"字体"列表框中选择"Adobe 黑体 Std R"选项，在"大小"列表框中选择"16"选项，完成后依次单击 按钮，如图2-36所示。

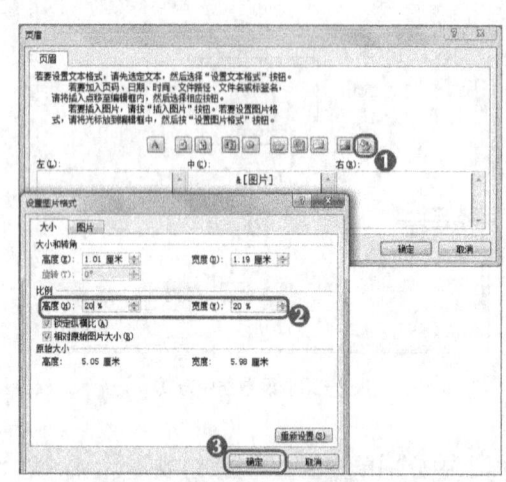
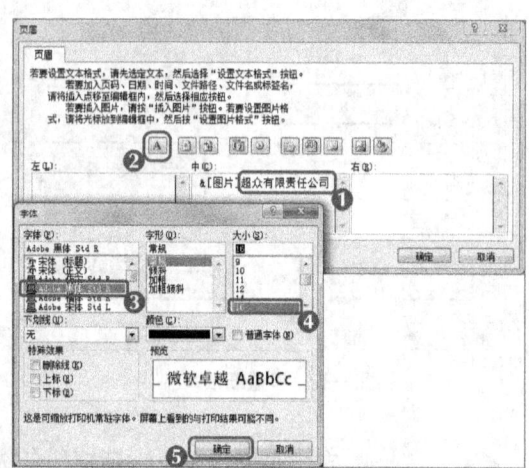

图2-35　设置页眉中的图片格式　　　　　图2-36　设置页眉中的字体格式

多学一招　在"页面设置"对话框的"页眉/页脚"选项卡的"页眉"或"页脚"下拉列表框中，用户可根据需要快速应用预定义的页眉或页脚样式。若要删除已应用的页眉或页脚样式，可在"页眉"或"页脚"下拉列表框中选择"无"选项。

2.4.5 预览并打印凭证

为了确保设置的页面以及打印效果的准确性，在打印表格数据之前可以选择【文件】/【打印】菜单命令打开打印页面，在其中预览打印效果，确认无误后即可开始打印。下面在打印页面中设置、预览并打印表格数据，其具体操作如下。（ 微课：光盘\微课视频\第2章\预览并打印凭证.swf）

STEP 1 选择【文件】/【打印】菜单命令，在打印页面的右侧预览工作表的打印效果，此时可看到表格数据呈两页显示，因此可在中间区域的"设置"栏下的"无缩放"下拉列表框中选择"将工作表调整为一页"选项，如图2-37所示。

STEP 2 对打印效果满意后，可在打印页面的"打印"栏的"份数"数值框中输入表格的打印份数（通常情况下，记账凭证只有一联），完成后单击"打印"按钮 开始打印表格，如图2-38所示。

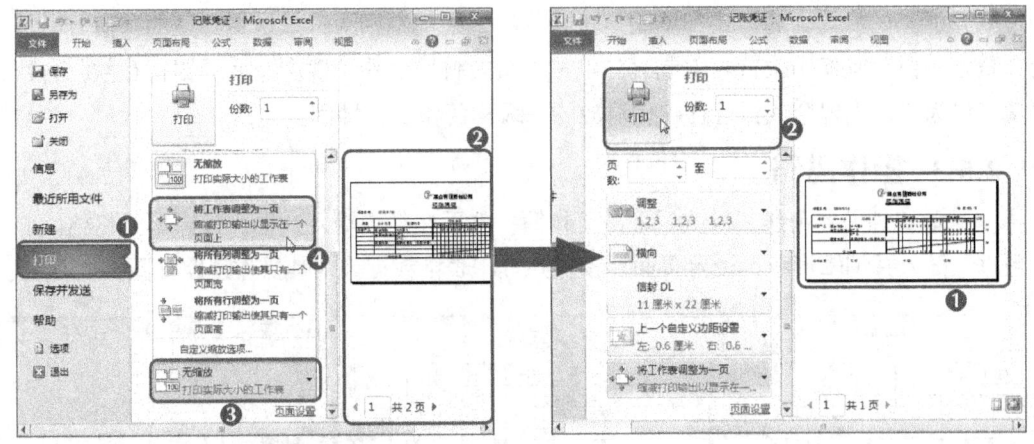

图2-37 预览并设置页面　　　　　　图2-38 开始打印

2.5 实训——填制并打印付款凭证

2.5.1 实训目标

本实训的目标是填制并打印付款凭证。下面假设启明公司2015年5月20日以银行存款支付本月水电费10 100元,其中:生产产品耗用8 000元,生产车间照明耗用600元,行政管理部门耗用1 500元。现需要将发生的付款业务填制到付款凭证中,并将其打印到纸张上。本实训的最终效果如图2-39所示。

 素材所在位置　光盘:\素材文件\第2章\实训\会计科目表.xlsx
效果所在位置　光盘:\效果文件\第2章\付款凭证.xlsx

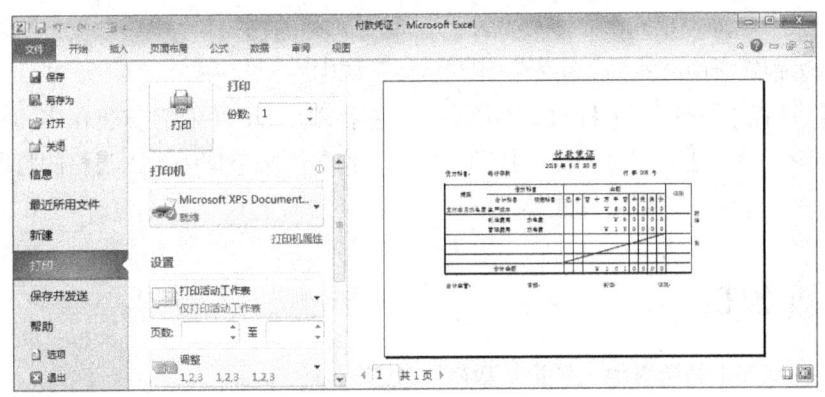

图2-39 "付款凭证"最终效果

2.5.2 专业背景

付款凭证是根据现金和银行存款付出业务的原始凭证编制的专门用来填列付款业务会计分录的记账凭证。对于现金和银行存款之间及各种银行存款之间相互划转业务的,一般只填制付款凭证。付款凭证的格式和填制方法与收款凭证基本相同,只是将凭证的"借方科目"与"贷方科目"互换了位置。填制时先填写"贷方科目"的"现金"或"银行存款"科目,再填写作为与付出现金或银行存款相对应的一级科目和二级科目。

2.5.3 操作思路

完成本实训需要创建"付款凭证"工作簿,然后在其中输入数据、设置单元格格式、引用数据、插入并编辑形状、设置页面、预览并打印表格数据等,其操作思路如图2-40所示。

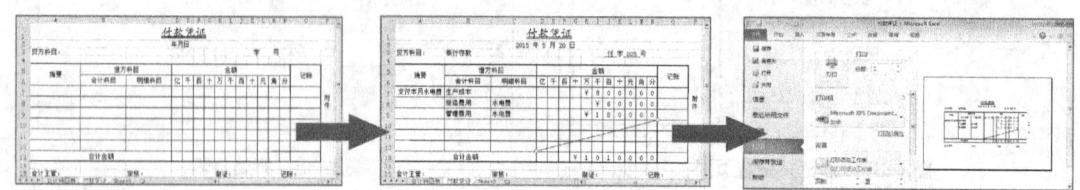

①创建"付款凭证"工作簿　　②根据付款业务填列凭证　　③设置页面并打印凭证

图2-40　填制并打印付款凭证的制作思路

【步骤提示】

STEP 1　打开"会计科目表"工作簿,将其以"付款凭证"为名进行另存,然后将"Sheet1"和"Sheet2"工作表分别重命名为"会计科目表"和"付款凭证",完成后在"付款凭证"工作表中输入相应的数据并设置单元格格式。

STEP 2　根据提供的付款业务填制付款凭证,其中借方科目可直接引用会计科目表中的相关数据,在H7:N9和G13:N13单元格区域中输入金额时应在金额前输入货币符号。

STEP 3　在【插入】/【插图】组中单击"形状"按钮,在打开的下拉列表中选择"直线"选项,将鼠标光标移动到D12单元格的左下角,按住鼠标左键不放拖动到N10单元格的右上角释放鼠标绘制出所需的直线,并设置形状样式为"细线-深色1"。

STEP 4　选择A1:P15单元格区域,在【页面布局】/【页面设置】组中设置页边距为"宽",纸张方向为"横向",纸张大小为"信封 C6",并打开"页面设置"对话框,在其中设置页边距的居中方式为"水平"和"垂直"居中。

STEP 5　选择【文件】/【打印】菜单命令,在打印页面的右侧预览工作表的打印效果,对打印效果满意后,在打印页面的"打印"栏的"份数"数值框中输入表格的打印张数,然后单击"打印"按钮开始打印表格。

2.6 疑难解析

问:在工作表中若重复输入了记录数据,该怎么办?

答:此时可执行删除重复项操作,其方法为:在工作表中选择任意一个有数据的单元格,在【数据】/【数据工具】组中单击"删除重复项"按钮,在打开的"删除重复项"对话框中设置一个或多个包含重复值的列,完成后单击 按钮,在打开的提示对话框中将提示发现了重复值,并将其删除,保留了唯一值,单击 按钮完成操作。

问：原始凭证与记账凭证有什么区别？

答：虽然原始凭证和记账凭证都是会计凭证，但它们之间主要差别在于：原始凭证由经办人员填制，而记账凭证一律由会计人员填制；原始凭证根据发生或完成的经济业务填制，而记账凭证根据审核后的原始凭证填制；原始凭证仅用以记录、证明经济业务已经发生或完成，而记账凭证则依据会计科目对已经发生或完成的经济业务进行分类、整理；原始凭证是填制记账凭证的依据，而记账凭证是登记账簿的依据。

问：当打印的工作表有多页时，如何指定需打印的页面？

答：默认情况下，打印表格数据只打印当前工作表，若要打印整个工作簿，可在打印页面的中间区域的"设置"栏下的第一个下拉列表框中选择"打印整个工作簿"选项；若要打印的工作表有多页，则可在其下的"页数"栏的数值框中进行设置，即指定打印的起始页面和结束页面。

问：如何才能使打印表格数据时只打印网格线而不打印表格底纹？

答：为了使表格更美观，通常在工作表中设置了不同颜色的表格底纹。若需将表格中的内容以黑白方式打印时，打印出的表格底纹将显得很生硬，此时可只打印网格线而不打印表格底纹，其方法为：在【页面布局】/【页面设置】组的右下角单击"对话框启动器"按钮，在打开的"页面设置"对话框中单击"工作表"选项卡，在"打印"栏中单击选中"网格线"和"单色打印"复选框，然后单击 确定 按钮即可。

2.7 习题

本章介绍了使用Excel填制会计凭证的方法，主要用到的Excel知识有：记录单的使用、定义单元格区域名称、插入并编辑形状、设置页面、预览并打印表格数据等，读者应加强该部分内容的练习与应用。

效果所在位置 光盘:\效果文件\第2章\习题\领料单.xlsx

（1）假设启明公司2015年5月20日第一车间生产A产品领用25mm圆钢1000公斤，10mm圆钢1500公斤，每公斤单价5元。现需要将发生的经济业务填制到"领料单"中。自制原始凭证"领料单"后的效果如图2-41所示，具体要求如下。

● 将新建的空白工作簿以"领料单"为名进行保存，然后输入数据并设置单元格格式。
● 将发生的经济业务填列到"领料单"中。

（2）设置自制原始凭证"领料单"的页面，完成后预览并打印表格数据到纸张上，效果如图2-42所示，具体要求如下。

● 设置页边距为"窄"，纸张方向为"横向"，纸张大小为"B6（JIS）"，页边距的居中方式为"水平"和"垂直"居中。

- 预览打印效果，并设置打印份数为"3"，完成后开始打印表格。

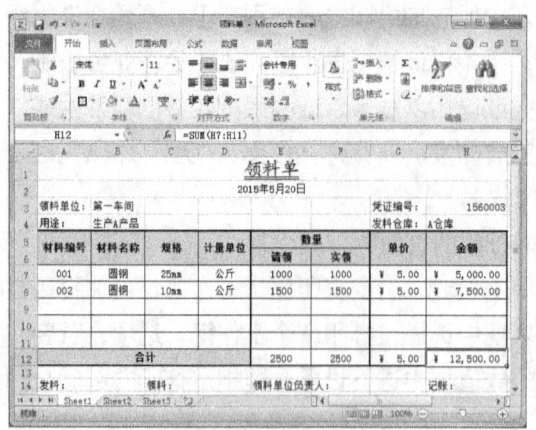
图2-41 自制原始凭证"领料单"

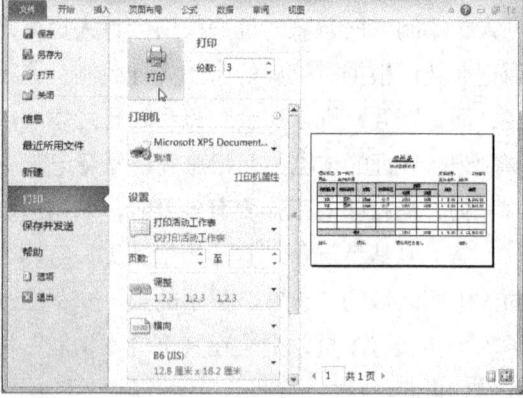
图2-42 预览并打印"领料单"

课后拓展知识

在实际工作中当只需要打印表格中的部分数据时，可设置工作表的打印区域，当设置的打印区域不符合要求时，可取消打印区域并重新设置。设置并取消打印区域的方法如下。

- **设置打印区域**：在工作表中选择需打印的单元格或单元格区域，在【页面布局】/【页面设置】组中单击 打印区域 按钮，在打开的下拉列表中选择"设置打印区域"选项，所选区域四周将出现虚线框表示该区域将被打印，完成后选择【文件】/【打印】菜单命令，在打开的打印页面中预览打印效果，对打印效果满意后单击"打印"按钮 即可打印设置的打印区域数据，如图2-43所示。

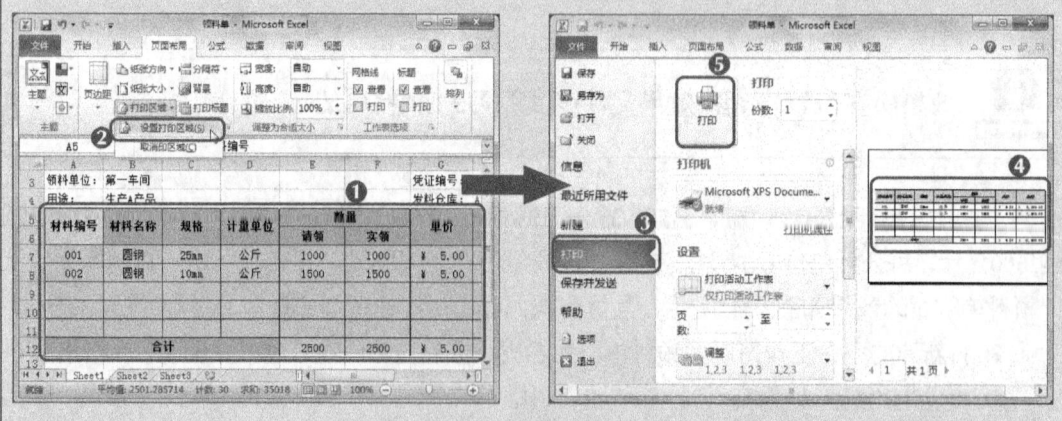
图2-43 设置打印区域

- **取消打印区域**：若对设置的打印区域不满意，可在【页面布局】/【页面设置】组中再次单击 打印区域 按钮，在打开的下拉列表中选择"取消打印区域"选项，取消已设置的打印区域。

第3章
员工薪酬管理

情景导入

每到月底员工薪酬的核算和管理成了财务人员最烦琐的一项工作，为了提高薪酬管理的准确性和及时性，小白准备使用Excel进行薪酬管理。

知识技能目标

- 熟练掌握使用公式与函数计算工资项目的方法。
- 掌握数据的筛选方法，并使用VLOOKUP函数查询员工工资情况。
- 掌握复制与粘贴数据、使用定位功能、使用VBA宏代码、插入分页符、设置打印标题的方法。

- 能够使用Excel设置员工工资项目，并计算与查询员工工资数据。
- 能够使用不同的方法生成并打印工资条，如通过复制粘贴生成工资条、通过定位功能生成工资条、通过VBA宏代码生成工资条。

课堂案例展示

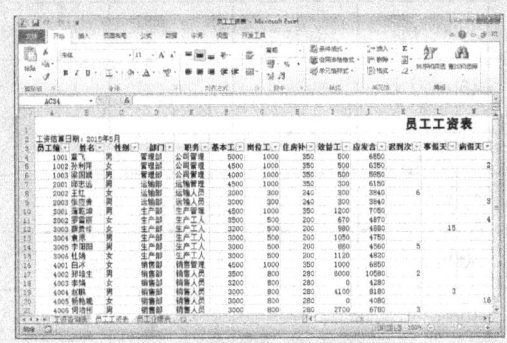

"员工工资表"的表格效果

"打印工资条"的表格效果

3.1 工资管理的相关资料

要使用 Excel 核算并管理公司员工工资，老张希望小白先收集并了解公司的基本资料，如公司部门的设置、职务类别的设置、员工的基本信息、员工的工作业绩等，这样有助于确定公司内部的工资结构，并准确核算员工的工资总额。

3.1.1 公司基本资料

下面假设超众有限责任公司是一家小型企业，其部门分为管理部、运输部、生产部、销售部，其职务类别分为公司管理、运输管理、运输人员、生产管理、生产工人、销售管理、销售人员。2015 年 5 月公司在职员工有 18 名，每个员工的基本信息和出勤情况如表 3-1 所示。

表 3-1　2015 年 5 月员工的基本信息与出勤情况

员工编号	姓名	性别	部门	职务	基本工资	迟到次数	事假天数	病假天数
1001	章飞	男	管理部	公司管理	5000			
1002	孙利萍	女	管理部	公司管理	4500			2
1003	梁国斌	男	管理部	公司管理	4000			
2001	邱志远	男	运输部	运输管理	4500			
2002	王红	女	运输部	运输人员	3000	6		
2003	张应贵	男	运输部	运输人员	3000			3
3001	蒲乾坤	男	生产部	生产管理	4500			
3002	罗雪丽	女	生产部	生产工人	3500			4
3003	薛贵珍	女	生产部	生产工人	3200		15	
3004	袁原	男	生产部	生产工人	3000			
3005	李阳阳	男	生产部	生产工人	3000	5		
3006	杜娟	女	生产部	生产工人	3000			
4001	白冰	女	销售部	销售管理	4500			
4002	郑培生	男	销售部	销售人员	3500	2		
4003	李娟	女	销售部	销售人员	3200			
4004	赵鹏	男	销售部	销售人员	3000		3	
4005	杨艳妮	女	销售部	销售人员	3000			16
4006	何治彬	男	销售部	销售人员	3000	3		

假设本月员工的生产与销售情况如表 3-2 所示。

表 3-2 生产与销售情况

员工编号	姓名	职务	生产数量（件）	销售总额（万元）
3001	蒲乾坤	生产管理	120	
3002	罗雪丽	生产工人	67	
3003	薛贵珍	生产工人	98	
3004	袁原	生产工人	105	
3005	李阳阳	生产工人	86	
3006	杜娟	生产工人	112	
4001	白冰	销售管理		55
4002	郑培生	销售人员		105
4003	李娟	销售人员		42
4004	赵鹏	销售人员		86
4005	杨艳妮	销售人员		38
4006	何治彬	销售人员		72

3.1.2 设置工资项目

工资结构是指员工工资的各构成项目及各自所占的比例。一个合理的工资结构主要包括固定薪酬部分（基本工资、岗位技能工资、年功工资等）和浮动薪酬部分（效益工资、业绩工资、奖金等）。另外，福利也是薪酬的一部分，它是间接地通过福利（养老保险、医疗保险等）及服务（带薪休假等）支付的薪酬。一般情况下，员工的薪酬福利体系如图 3-1 所示。

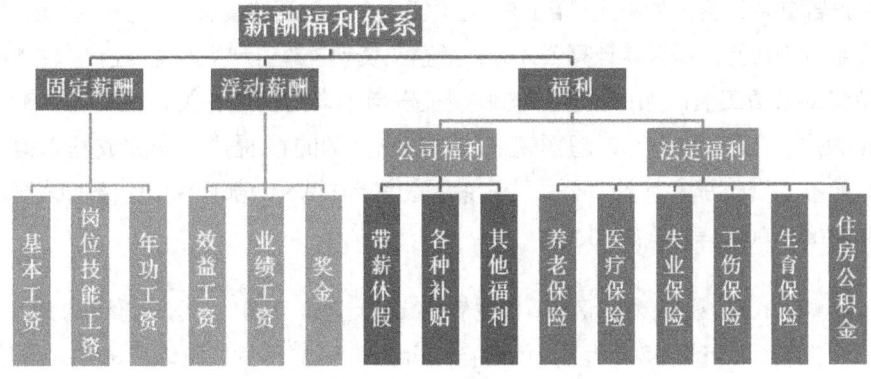

图 3-1 员工的薪酬福利体系

由于不同的公司其工资项目的设置各不相同，下面根据超众有限责任公司的实际情况设置每个员工的工资项目为：基本工资、岗位工资、住房补贴、效益工资、迟到扣款、事假扣款、病假扣款、养老保险扣款、医疗保险扣款、失业保险扣款等,其中相应工资项目的发放情况和计算公式如下。

1. 岗位工资

岗位工资是根据员工职务类别不同进行发放,其中管理人员(包括公司管理、运输管理、生产管理、销售管理)为1000元,运输人员为300元,生产工人为500元,销售人员为800元。那么其计算公式为:岗位工资=IF(员工职务="运输人员",300,IF(员工职务="生产工人",500,IF(员工职务="销售人员",800,1000)))。

使用IF函数可以对数值和公式进行条件检测,即根据逻辑计算的真假值返回不同结果。其语法结构为:IF(logical_test,value_if_true,value_if_false),"logical_test"表示计算结果为True或False的任意值或表达式;"value_if_true"表示当logical_test为True时返回的值;"value_if_false"表示当logical_test为False时返回的值。通常,IF函数可理解为"IF(条件,真值,假值)",表示当"条件"成立时,返回"真值",否则返回"假值"。

2. 住房补贴

住房补贴是根据员工职务类别不同进行发放的,其中管理人员为350元,运输人员为240元,生产工人为200元,销售人员为280元。那么其计算公式为:住房补贴=IF(员工职务="运输人员",240,IF(员工职务="生产工人",200,IF(员工职务="销售人员",280,350)))。

3. 效益工资

效益工资是根据员工的贡献多少给予分配,而企业中个人劳动贡献大小同经济效益水平挂钩,因此按经济效益状况支付员工效益工资将有利于促进企业经济效益和提高个人劳动积极性。不同的部门,其效益工资的计算依据也各不相同。

- **管理部与运输部效益工资**:如果管理部的效益工资为500元,运输部的效益工资为300元,那么其计算公式为:效益工资=IF(部门="管理部",500,300)。
- **生产部效益工资**:如果生产部的效益工资与个人生产数量有关,按件计提,每件的提成金额为10元,那么其计算公式为:效益工资=IF(部门="生产部",生产数量*10,0)。
- **销售部效益工资**:如果销售部的效益工资与个人销售额有关,完成基本销售额50万元的效益工资为500元,超额完成的按超出金额的1%提成,未完成基本销售额的没有效益工资,那么其计算公式为:效益工资=IF(AND(部门="销售部",销售总额>=50),500+100*(销售总额-50),0)。

AND函数用于对多个逻辑值进行交集计算,其语法结构为:AND(logical1,logical2,…),logical1、logical2、…表示待检测的1~30个条件值,各条件值可为True或False。在效益工资的公式表达式中AND函数将作为IF函数的logical_test参数,用来检验多个不同的条件。

4. 出勤扣款

根据公司规定，出勤扣款将根据员工的出勤情况决定，主要分为迟到扣款、事假扣款、病假扣款3种情况。

- **迟到扣款**：如果每月迟到1次扣款20元；迟到2次每次扣款40元；迟到3次以上每次扣款80元。那么其计算公式为：迟到扣款=IF(迟到次数=1,20,IF(迟到次数=2,迟到次数*40,迟到次数*80))。
- **事假扣款**：如果事假少于14天，将应发工资平均到每天（每月按22天计算），按天扣钱；如果事假多于14天，扣除应发工资的80%。那么其计算公式为：事假扣款=IF(事假天数<=14,应发合计/22×事假天数,应发合计×0.8)。
- **病假扣款**：如果病假少于14天，生产工人扣款300元，非生产工人扣款500元；如果病假多于14天，生产工人扣款500元，非生产工人扣款800元。那么其计算公式为：病假扣款=IF(病假天数=0,0,IF(病假天数<=14,IF(职务="生产工人",300,500),IF(职务="生产工人",500,800)))。

5. 保险扣款

根据国家规定，由企业和个人共同缴纳的保险项目有养老保险、医疗保险、失业保险，其中个人缴纳的养老保险占社保缴费总额的8%，医疗保险占社保缴费总额的2%，失业保险占社保缴费总额的1%，因此根据个人的缴费数额所占社保缴费总额的百分比可以计算个人缴纳的保险扣款项目。

- **养老保险扣款**：按基本工资+岗位工资之和的8%扣除。
- **医疗保险扣款**：按基本工资+岗位工资之和的2%扣除。
- **失业保险扣款**：按基本工资+岗位工资之和的1%扣除。

> 社会保险基数是指职工在一个社保年度的社会保险缴费基数，一般以上一年度本人工资收入为缴费基数，且月缴费工资最低不低于社会月平均工资的60%，最高不高于社会月平均工资的300%。如社会平均工资是1000元，缴纳的基数可以是600~3000元。

3.2 录入相关工资项目数据

在员工工资表中公司全体员工人数、基本工资、职务、工作业绩、出勤情况等数据是工资结算的基础，有了这些基础数据，就可以使用Excel进行工资核算与管理。因此，为了做好准确计算员工工资的准备，小白决定先录入相关工资项目的基础数据。要完成该任务应根据实际情况依次输入员工基本信息、出勤情况、工作业绩等。本例完成后的参考效果如图3-2所示。

效果所在位置　光盘:\效果文件\第3章\工资基础数据表.xlsx

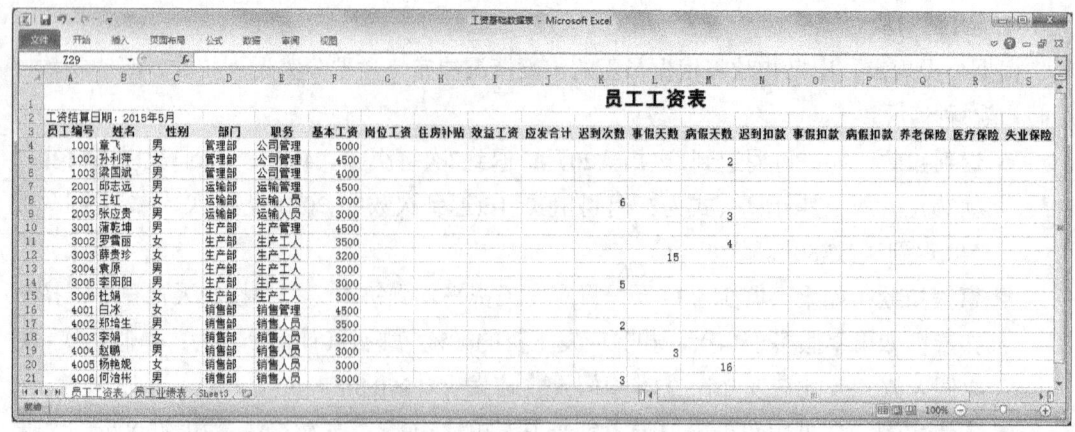

图3-2 录入员工工资的基础数据

3.2.1 输入员工基本信息

下面首先创建"工资基础数据表"工作簿，然后使用不同的方法输入员工的基本信息和工资项目，如使用快速填充序列数据的方法输入"员工编号"项目，使用设置有效性序列数据的方法输入"性别""部门""职务"项目，其具体操作如下。（微课：光盘\微课视频\第3章\输入员工基本信息.swf）

STEP 1 启动Excel，将新建的工作簿以"工资基础数据表"为名进行保存，然后输入工资表表题和工资结算日期，以及各工资项目：员工编号、姓名、性别、部门、职务、基本工资、岗位工资、住房补贴、效益工资、应发合计、迟到次数、事假天数、病假天数、迟到扣款、事假扣款、病假扣款、养老保险、医疗保险、失业保险、应扣合计、应发工资、代扣税、实发工资。

STEP 2 合并A1:W1单元格区域，设置其字体格式为"方正大黑简体，20"，然后选择A3:W3单元格区域，设置单元格格式为"加粗，居中"，其填充颜色为"橙色，强调文字颜色6，淡色80%"，如图3-3所示。

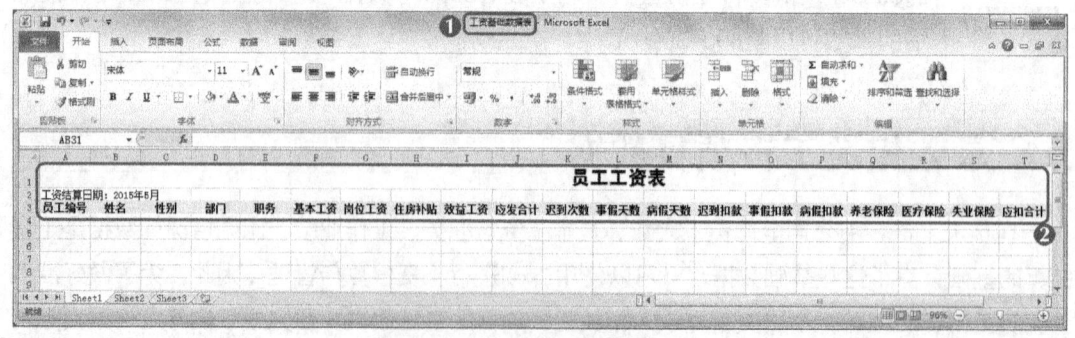

图3-3 输入数据并设置单元格格式

STEP 3 在A4单元格中输入员工编号"1001"，然后选择该单元格，向下拖动至A6单元格后释放鼠标，此时所选的单元格区域中将填充相同的数据，继续单击"自动填充选项"按钮，在打开的下拉列表中单击选中"填充序列"单选项，即可使其自动填充序列数据。

STEP 4 用相同的方法填充其他部门的员工编号，如图3-4所示。

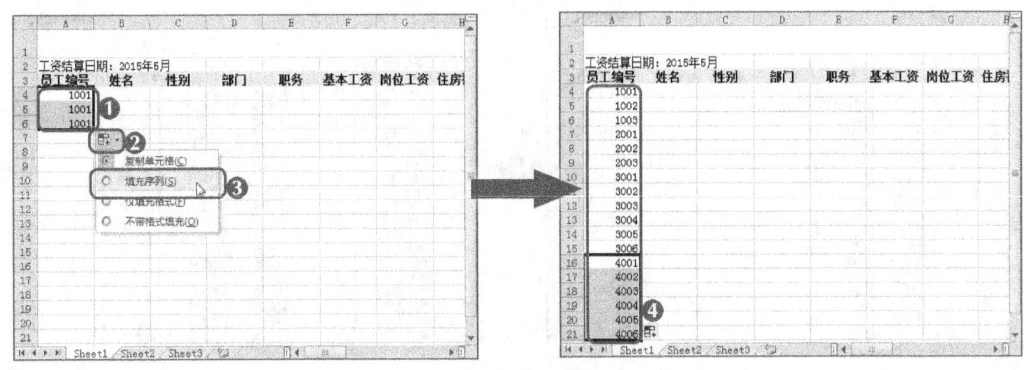

图3-4　填充序列数据

STEP 5 在B4:B21单元格区域中输入员工姓名，然后选择C4:C21单元格区域，在【数据】/【数据工具】组中单击"数据有效性"按钮。

STEP 6 在打开的"数据有效性"对话框中单击"设置"选项卡，在"允许"下拉列表框中选择"序列"选项，在"来源"参数框中输入"男,女"，完成后单击 确定 按钮，如图3-5所示。

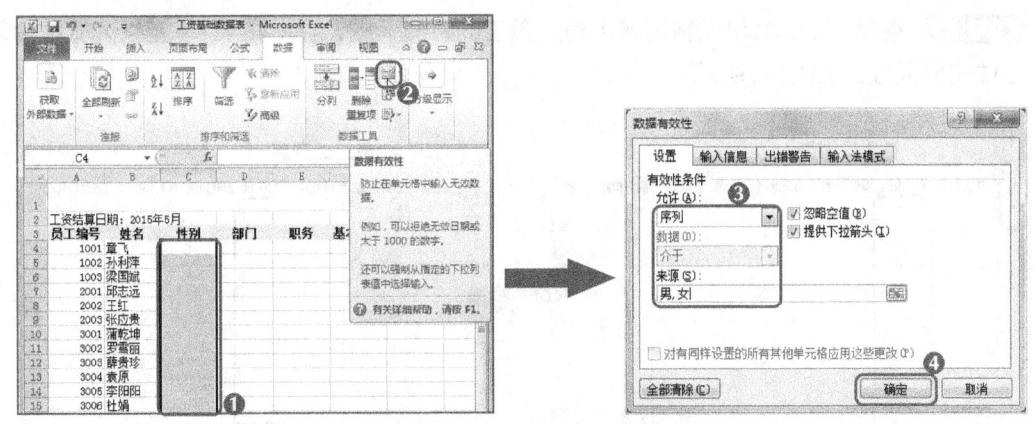

图3-5　设置有效性序列数据

　　选择设置了数据有效性的单元格区域，在【数据】/【数据工具】组中单击"数据有效性"按钮，在打开的"数据有效性"对话框的左下角单击 全部清除(C) 按钮，可将所选单元格区域中设置的数据有效性全部清除。

STEP 7 在设置了数据有效性的单元格右侧单击 按钮，在打开的下拉列表中可选择所需的选项，如选择"男"选项即可快速输入性别到相应的单元格中。

STEP 8 用相同的方法设置"部门"的有效性序列数据为"管理部,运输部,生产部,销售部"，"职务"的有效性序列数据为"公司管理,运输管理,运输人员,生产管理,生产工人,销售管理,销售人员"，然后选择输入各员工的部门和职务，如图3-6所示。

STEP 9 完成后在F4:F21单元格区域中输入各员工的"基本工资"项目。

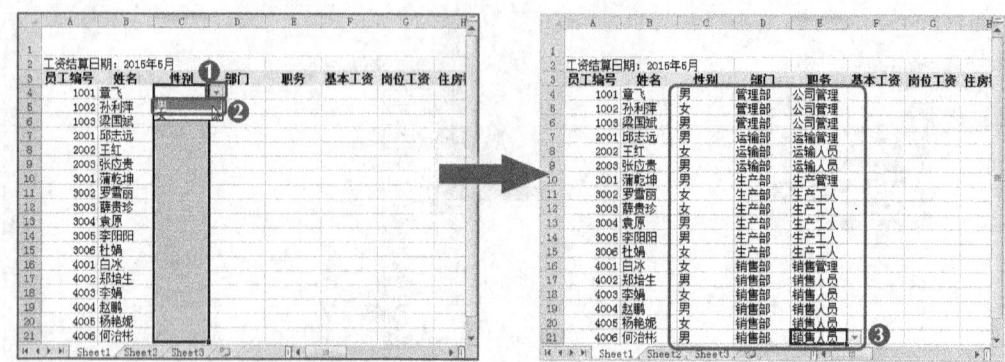

图3-6 选择输入设置的有效性序列数据

3.2.2 登记员工出勤情况

由于员工的考勤记录可以作为月底核算工资的出勤依据，因此每到月底需要统计员工的出勤情况，以便于计算员工出勤扣款。下面直接将前面提供的员工出勤情况登记到"员工工资表"中，其具体操作如下。（微课：光盘\微课视频\第3章\登记员工出勤情况.swf）

STEP 1 在工作表的K4:K21单元格区域中根据实际情况依次输入员工的迟到次数。

STEP 2 继续在L4:L21单元格区域中输入员工的事假天数，在M4:M21单元格区域中输入员工的病假天数，如图3-7所示。

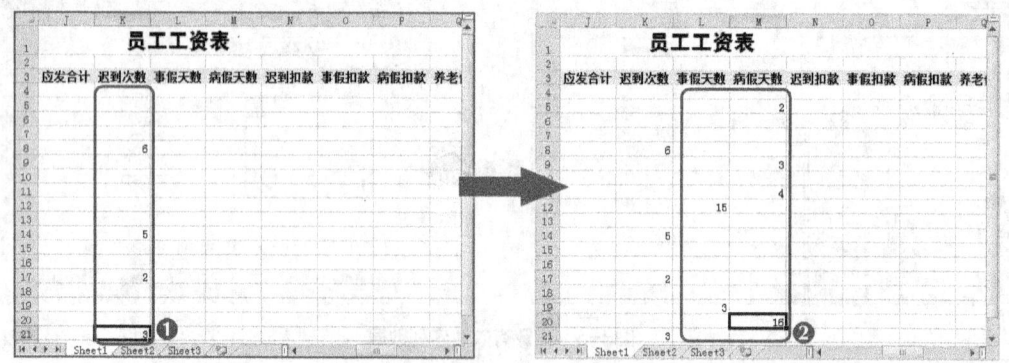

图3-7 登记员工出勤情况

3.2.3 统计员工工作业绩

员工的效益工资是根据企业的经济效益和职工实际完成的劳动数量和质量进行发放的，效益工资没有固定的工资标准，一般采取奖金或计件工资的形式全额浮动。下面将前面提供的员工生产与销售情况统计到"员工业绩表"工作表中，以便于计算员工效益工资时引用相关的数据，其具体操作如下。（微课：光盘\微课视频\第3章\统计员工工作业绩.swf）

STEP 1 双击"Sheet1"工作表标签，直接在呈可编辑状态的工作表标签中输入名称"员工工资表"，完成后按【Enter】键。用相同的方法将"Sheet2"工作表重命名为"员工业绩表"。

STEP 2 将提供的员工生产与销售数据输入到"员工业绩表"的A1:E14单元格区域中,完成后设置单元格格式,如图3-8所示。

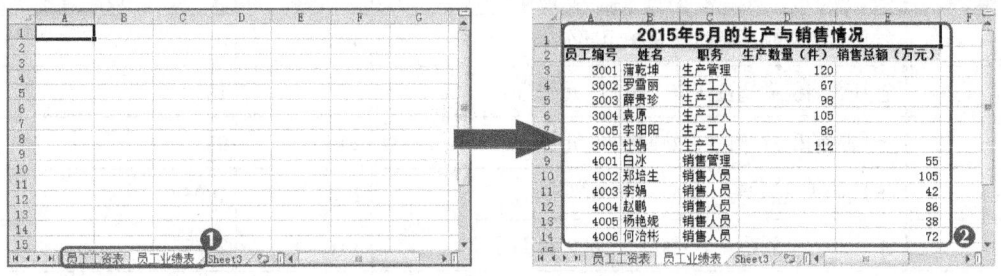

图3-8 统计员工工作业绩

3.3 统计月末员工工资

录入了各员工的工资项目数据后,在老张的引导下小白准备根据各工资项目的计算方法计算并查询工资项目数据。要完成该任务应先了解个人所得税税率,然后根据各工资项目的计算方法计算工资项目,完成后使用不同的方法查询工资数据。本例完成后的参考效果如图3-9和图3-10所示。

素材所在位置 光盘:\素材文件\第3章\课堂案例2\员工工资表.xlsx
效果所在位置 光盘:\效果文件\第3章\员工工资表.xlsx

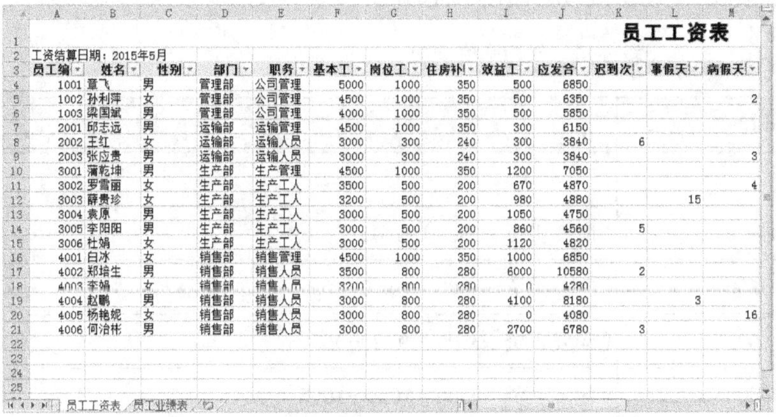

图3-9 员工工资表   图3-10 工资查询表

3.3.1 了解个人所得税税率

根据国家规定,个人月收入超出规定的金额后,应依法缴纳一定数量的个人收入所得税。个人所得税的计算并不是按照一个固定的金额进行扣除,而是根据不同的应纳税所得额、税率、速算扣除数进行超额累进税率。按个人月工资、薪金所得,适用的7级超额累进税率表如表3-3所示。

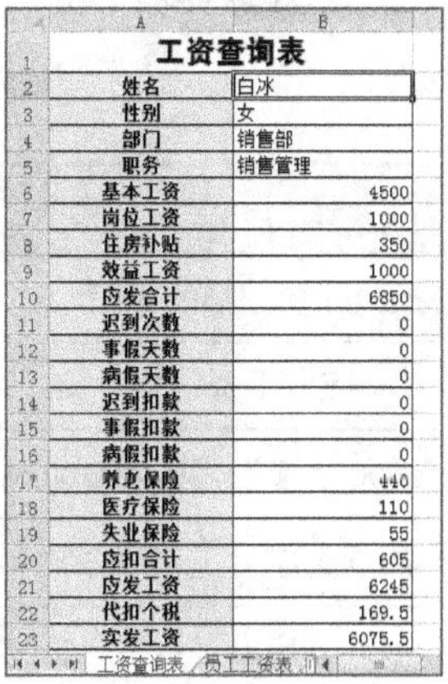

表 3-3　7 级超额累进税率表

级数	全月应纳税所得额	税率	速算扣除数（元）
1	全月应纳税额不超过 1 500 元部分	3%	0
2	全月应纳税额超过 1 500~4 500 元部分	10%	105
3	全月应纳税额超过 4 500~9 000 元部分	20%	555
4	全月应纳税额超过 9 000~35 000 元部分	25%	1005
5	全月应纳税额超过 35 000~55 000 元部分	30%	2755
6	全月应纳税额超过 55 000~80 000 元部分	35%	5505
7	全月应纳税额超过 80 000 元	45%	13505

前面已经介绍了相关工资项目的设置与计算方法，下面主要讲解应发工资、代扣个税、实发工资项目的计算方法。

- **计算应发工资**：应发工资=应发合计-应扣合计，其中应发合计=基本工资+岗位工资+住房补贴+效益工资，而应扣合计=迟到扣款+事假扣款+病假扣款+养老保险+医疗保险+失业保险。
- **计算代扣个税**：个人所得税=（应发工资-免征额）×税率-速算扣除数。由于个人所得税的免征额一般为3 500元，超过3 500元的则根据超出额的多少按现行工资、薪金所得适用的个税税率进行计算，因此代扣个税的具体情况如表3-4所示。
- **计算实发工资**：实发工资=应发工资-代扣个税。

表 3-4　代扣个税情况

应发工资 −3500	代扣个税
应发工资 −3500 ≤ 0	0
0 < 应发工资 −3500 ≤ 1500	（应发工资 −3500）*0.03
1500 < 应发工资 −3500 ≤ 4500	（应发工资 −3500）*0.10−105
4500 < 应发工资 −3500 ≤ 9000	（应发工资 −3500）*0.20−555
9000 < 应发工资 −3500 ≤ 35000	（应发工资 −3500）*0.25−1005
35000 < 应发工资 −3500 ≤ 55000	（应发工资 −3500）*0.30−2755
55000 < 应发工资 −3500 ≤ 80000	（应发工资 −3500）*0.35−5505
80000 < 应发工资 −3500	复核应发工资

3.3.2　计算并汇总工资项目

结合员工的工资项目数据和各工资项目的计算方法，即可开始计算并汇总工资总额。

1. 计算应发合计相关项目

要计算应发合计的相关项目，首先应计算"岗位工资""住房补贴""效益工资"项目，然后求和计算应发合计金额，其具体操作如下。（**微课**：光盘\微课视频\第3章\计算应发合计相关项目.swf）

STEP 1 打开"员工工资表"工作簿，在"员工工资表"工作表中选择G4:G21单元格区域，在编辑栏中输入公式"=IF(E4="运输人员",300,IF(E4="生产工人",500,IF(E4="销售人员",800,1000)))"，完成后按【Ctrl+Enter】组合键计算出每位员工的岗位工资，如图3-11所示。

STEP 2 选择H4:H21单元格区域，在编辑栏中输入公式"=IF(E4="运输人员",240,IF(E4="生产工人",200,IF(E4="销售人员",280,350)))"，完成后按【Ctrl+Enter】组合键计算出每位员工的住房补贴，如图3-12所示。

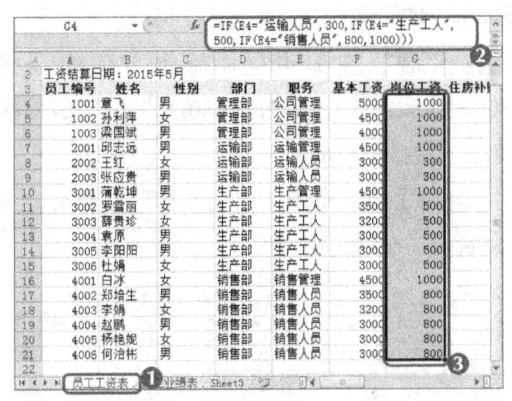

图3-11　计算岗位工资

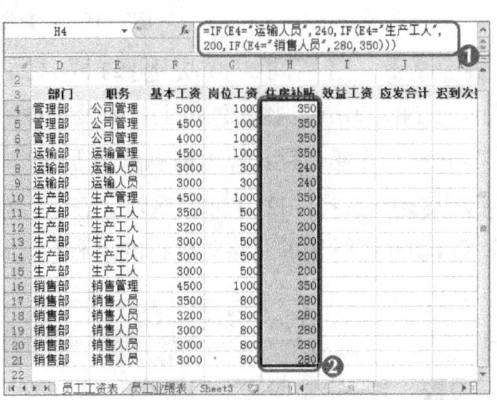

图3-12　计算住房补贴

STEP 3 选择I4:I9单元格区域，在编辑栏中输入公式"=IF(D4="管理部",500,300)"，完成后按【Ctrl+Enter】组合键，计算出管理部与运输部员工的效益工资，如图3-13所示。

STEP 4 选择I10:I15单元格区域，在编辑栏中输入公式"=IF(D10="生产部",生产数量*10,0)"，然后选择公式中的"生产数量"数据，如图3-14所示。

图3-13　计算管理部与运输部员工的效益工资

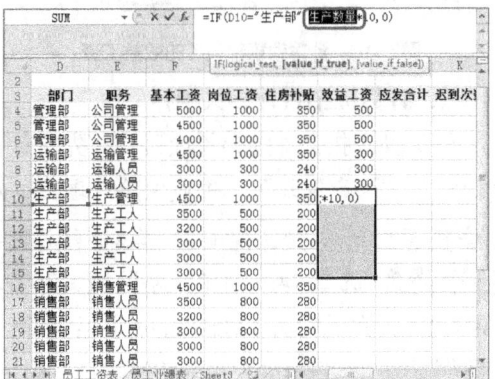

图3-14　选择公式中需编辑的数据

STEP 5 切换到"员工业绩表"工作表中选择D3单元格，此时编辑栏中的"生产数量"

数据自动变为"员工业绩表!D3",完成后按【Ctrl+Enter】组合键在"员工工资表"工作表的I10:I15单元格区域中计算出生产部员工的效益工资,如图3-15所示。

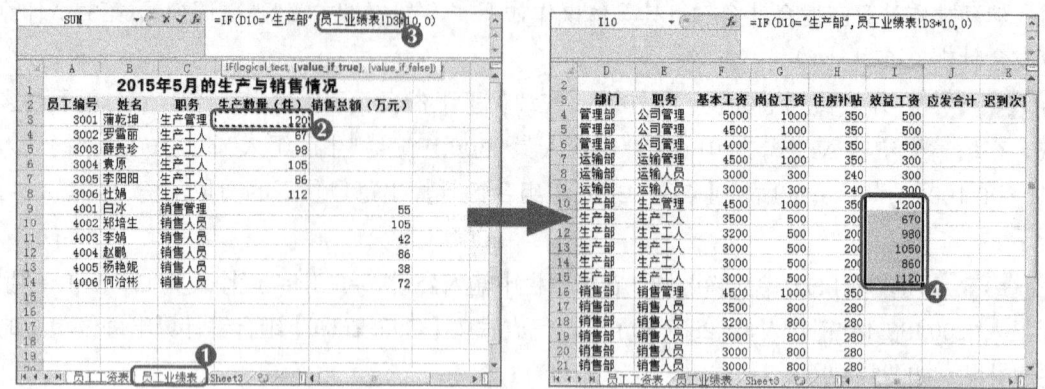

图3-15 计算生产部员工的效益工资

STEP 6 用相同的方法选择I16:I21单元格区域,在编辑栏中输入并编辑公式"=IF(AND(D16="销售部",员工业绩表!E9>=50),500+100*(员工业绩表!E9-50),0)",完成后按【Ctrl+Enter】组合键计算出销售部员工的效益工资,如图3-16所示。

STEP 7 选择J4:J21单元格区域,在【开始】/【编辑】组中单击"自动求和"按钮Σ,系统将自动计算所选单元格对应行的求和数,即应发合计,如图3-17所示。

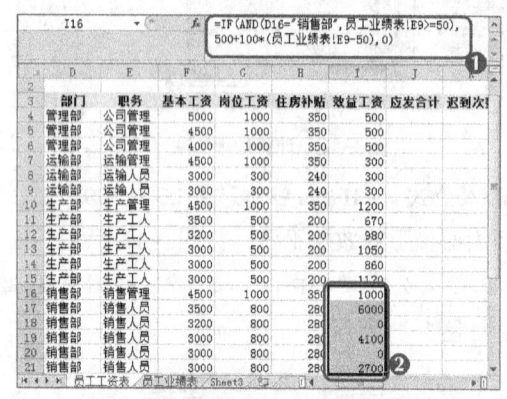

图3-16 计算销售部员工的效益工资

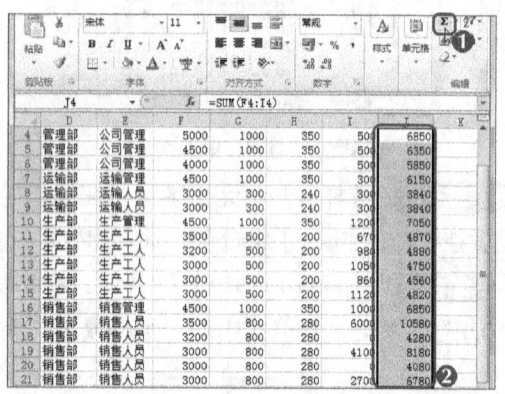

图3-17 计算应发合计

2. 计算应扣合计相关项目

要计算应扣合计的相关项目,首先应计算"迟到扣款""事假扣款""病假扣款""养老保险""医疗保险""失业保险"项目,然后求和计算应扣合计金额,其具体操作如下。

（🎬微课:光盘\微课视频\第3章\计算应扣合计相关项目.swf）

STEP 1 选择N4:N21单元格区域,在编辑栏中输入公式"=IF(K4=1,20,IF(K4=2,K4*40,K4*80))",完成后按【Ctrl+Enter】组合键计算出每位员工的迟到扣款,如图3-18所示。

STEP 2 选择O4:O21单元格区域,在编辑栏中输入公式"=IF(L4<=14,J4/22*L4,J4*0.8)",完成后按【Ctrl+Enter】组合键计算出每位员工的事假扣款,如图3-19所示。

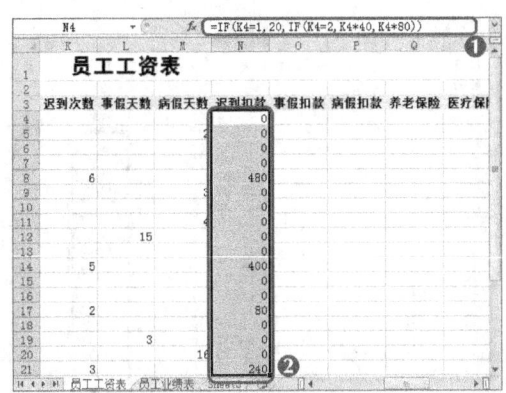

图3-18 计算迟到扣款

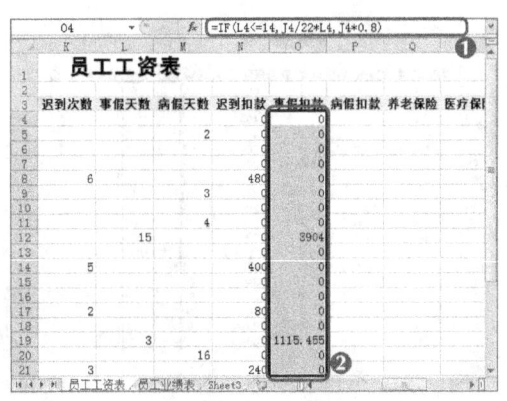

图3-19 计算事假扣款

STEP 3 选择P4:P21单元格区域,在编辑栏中输入公式"=IF(M4=0,0,IF(M4<=14,IF(E4="生产工人",300,500),IF(E4="生产工人",500,800)))",完成后按【Ctrl+Enter】组合键计算出每位员工的病假扣款,如图3-20所示。

STEP 4 选择Q4:Q21单元格区域,在编辑栏中输入公式"=(F4+G4)*0.08",完成后按【Ctrl+Enter】组合键计算出每位员工的养老保险扣款,如图3-21所示。

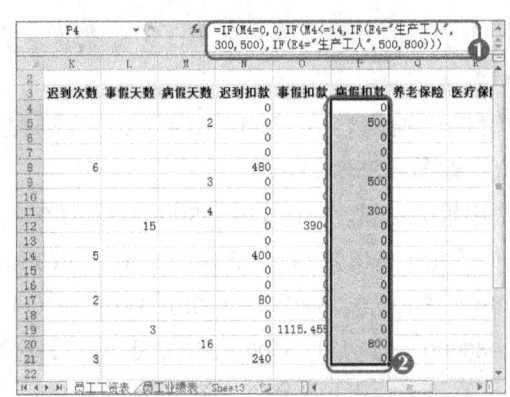

图3-20 计算病假扣款

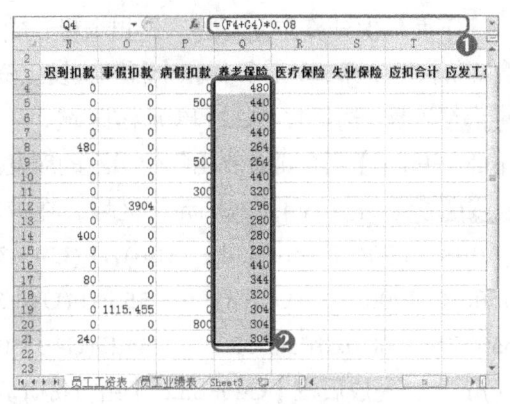

图3-21 计算养老保险扣款

STEP 5 选择R4:R21单元格区域,在编辑栏中输入公式"=(F4+G4)*0.02",完成后按【Ctrl+Enter】组合键计算出每位员工的医疗保险扣款,如图3-22所示。

STEP 6 选择S4:S21单元格区域,在编辑栏中输入公式"=(F4+G4)*0.01",完成后按【Ctrl+Enter】组合键计算出每位员工的失业保险扣款,如图3-23所示。

STEP 7 选择T4:T21单元格区域,在【开始】/【编辑】组中单击"自动求和"按钮Σ,系统将自动计算所选单元格对应行的求和数,即应扣合计,如图3-24所示。

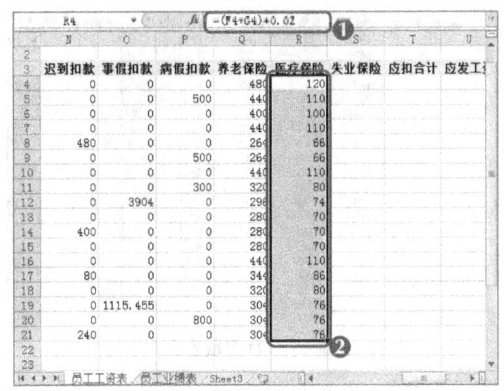

图3-22 计算医疗保险扣款

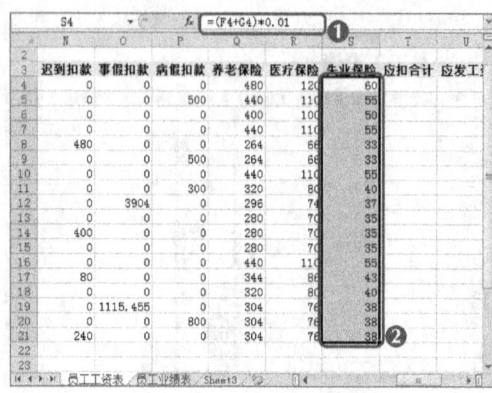

图3-23 计算失业保险扣款

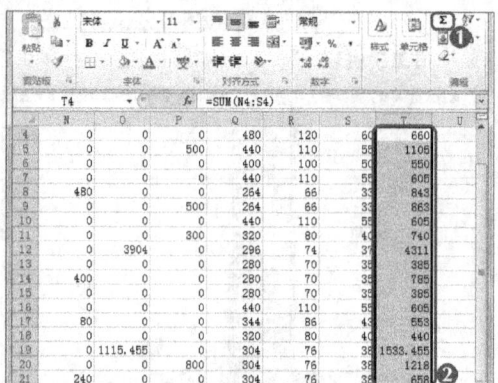

图3-24 计算应扣合计

 在【公式】/【函数库】组中单击"自动求和"按钮Σ，也可自动计算所选单元格对应行或列的求和数。另外，单击"自动求和"按钮Σ下方的按钮▼，还可选择相应的选项快速计算平均值、计数、最大值、最小值。

3. 计算代扣个税和实发工资

下面依次计算应发工资、代扣个税、实发工资项目，其具体操作如下。（微课：光盘\微课视频\第3章\计算代扣个税和实发工资.swf）

STEP 1 选择U4:U21单元格区域，在编辑栏中输入公式"=J4-T4"，完成后按【Ctrl+Enter】组合键计算出每位员工的应发工资，如图3-25所示。

STEP 2 选择V4:V21单元格区域，在编辑栏中输入公式"=IF(U4-3500<=0,0,IF(U4-3500<=1500,0.03*(U4-3500),IF(U4-3500<=4500,0.1*(U4-3500)-105,IF(U4-3500<=9000,0.2*(U4-3500)-555,IF(U4-3500<=35000,0.25*(U4-3500)-1005,IF(U4-3500<=55000,0.3*(U4-3500)-2755,IF(U4-3500<=80000,0.35*(U4-3500)-5505,"复核应发工资")))))))"，完成后按【Ctrl+Enter】组合键计算出每位员工的代扣个税，如图3-26所示。

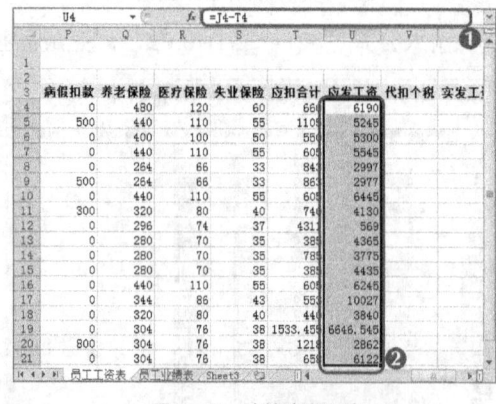

图3-25 计算应发工资

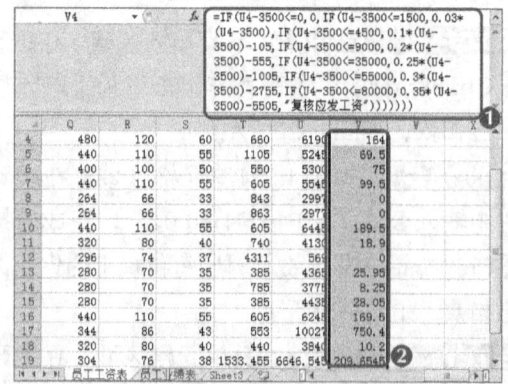

图3-26 计算代扣个税

STEP 3 选择W4:W21单元格区域，在编辑栏中输入公式"=U4-V4"，完成后按【Ctrl+Enter】组合键计算出每位员工的实发工资，如图3-27所示。

	职务	基本工资	岗位工资	住房补贴	效益工资	应发合计	迟到次数	事假天数	病假天数	迟到扣款	事假扣款	病假扣款	养老保险	医疗保险	失业保险	应扣合计	应发工资	代扣个税	实发工资
4	公司管理	5000	1000	350	500	6850				0	0	0	480	120	60	660	6190	164	6026
5	公司管理	4500	1000	350	500	6350			2	0	0	500	440	110	55	1105	5245	69.5	5175.5
6	公司管理	4000	1000	350	500	5850				0	0	0	400	100	50	550	5300	75	5225
7	运输管理	4500	1000	350	300	6150				0	0	0	440	110	55	605	5545	99.5	5445.5
8	运输人员	3000	300	240	300	3840	6			480	0	0	264	66	33	843	2997	0	2997
9	运输人员	3000	300	240	300	3840			3	0	0	500	264	66	33	863	2977	0	2977
10	生产管理	4500	1000	350	1200	7050				0	0	0	440	110	55	605	6445	189.5	6255.5
11	生产工人	3500	500	200	670	4870			4	0	0	300	320	80	40	740	4130	18.9	4111.1
12	生产工人	3200	500	200	980	4880		15		0	3904	0	296	74	37	4311	569	0	569
13	生产工人	3000	500	200	1050	4750				0	0	0	280	70	35	385	4365	25.95	4339.05
14	生产工人	3000	500	200	860	4560	5			400	0	0	280	70	35	785	3775	8.25	3766.75
15	生产工人	3000	500	200	1120	4820				0	0	0	280	70	35	385	4435	28.05	4406.95
16	销售管理	4500	1000	350	1000	6850				0	0	0	440	110	55	605	6245	169.5	6075.5
17	销售人员	3500	800	280	6000	10580	2			80	0	0	344	86	43	553	10027	750.4	9276.6
18	销售人员	3200	800	280	0	4280				0	0	0	320	80	40	440	3840	10.2	3829.8
19	销售人员	3000	800	280	4100	8180		3		0	1115.455	0	304	76	38	1533.455	6646.545	209.6545	6436.891
20	销售人员	3000	800	280	0	4080			16	0	0	800	304	76	38	1218	2862	0	2862
21	销售人员	3000	800	280	2700	6780	3			240	0	0	304	76	38	658	6122	157.2	5964.8

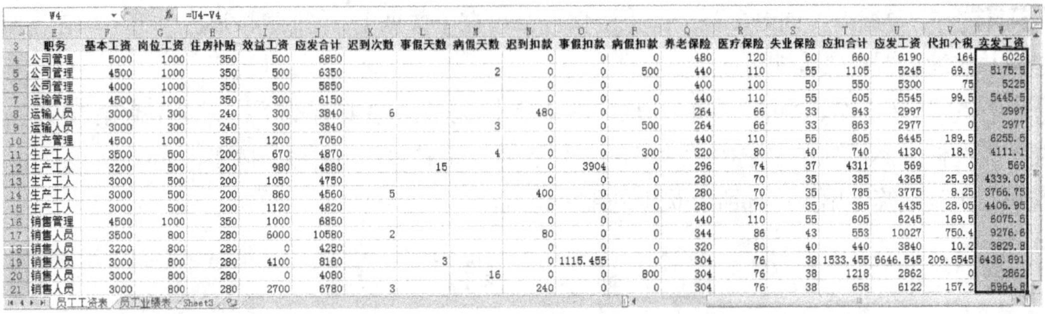

图3-27 计算实发工资

3.3.3 查询工资数据

由于员工工资表中的工资项目繁多，当需要查询所需员工的工资情况时，可使用数据筛选功能或VLOOKUP函数查询工资情况。

1．使用数据筛选功能查询

使用数据筛选功能可以快速在数据清单中查询符合条件的数据。下面首先使用数据筛选功能查询员工姓名为“罗雪丽”的工资情况，然后清除已设置的筛选条件，查询更多员工的工资情况，如生产部所有员工的工资情况、所有管理人员（包括公司管理、生产管理、销售管理、运输管理）的工资情况，其具体操作如下。（**微课**：光盘\微课视频\第3章\使用数据筛选功能查询.swf）

STEP 1 在“员工工资表”工作表中选择A3:W3单元格区域，在【数据】/【排序和筛选】组中单击“筛选”按钮。

STEP 2 在工作表中的“姓名”项目右侧单击按钮，在打开的下拉列表中撤销选中“全选”复选框，然后只单击选中“罗雪丽”复选框，完成后单击确定按钮，如图3-28所示，返回工作表中可看到只筛选出员工“罗雪丽”的工资情况。

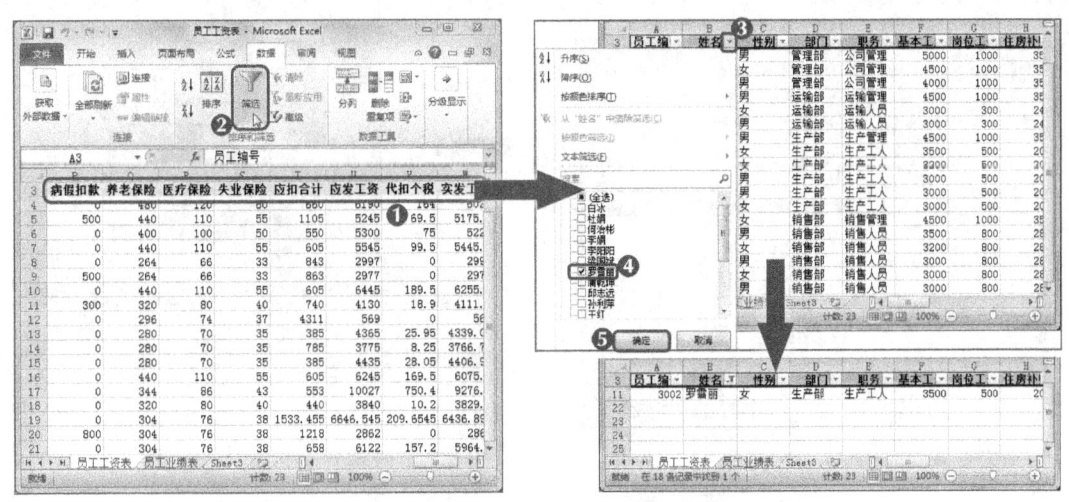

图3-28 根据“姓名”筛选员工工资情况

STEP 3 要继续查询更多员工的工资情况，可在【数据】/【排序和筛选】组中单击 清除 按钮并继续设置和查询即可。

STEP 4 在工作表中的"部门"项目右侧单击 按钮，在打开的下拉列表中撤销选中"全选"复选框，然后只单击选中"生产部"复选框，完成后单击 确定 按钮，如图3-29所示，返回工作表中筛选出生产部所有员工的工资情况。

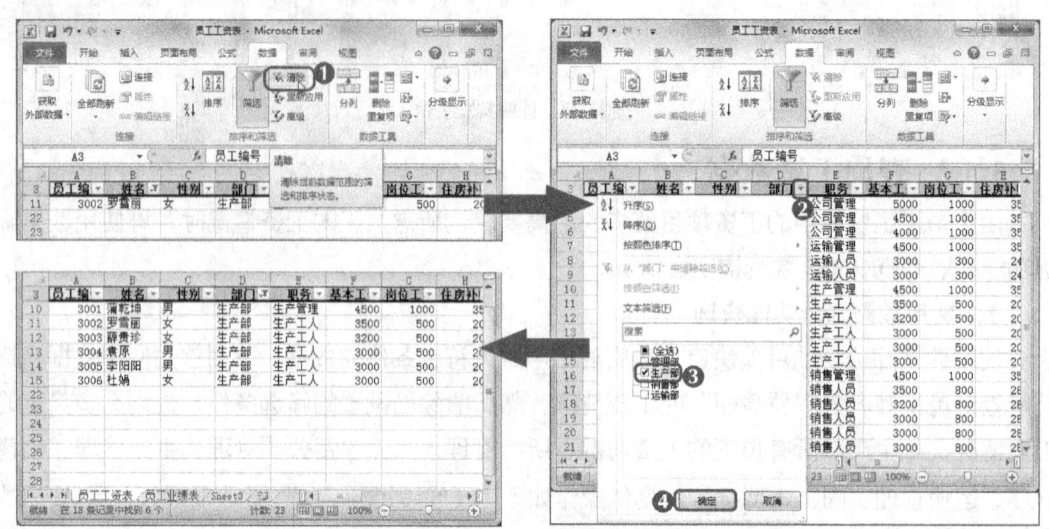

图3-29 根据"部门"筛选员工工资情况

STEP 5 在【数据】/【排序和筛选】组中单击 清除 按钮，然后在"职务"项目右侧单击 按钮，在打开的下拉列表中选择【文本筛选】/【包含】选项。

STEP 6 在打开的"自定义自动筛选方式"对话框的"包含"下拉列表框右侧的下拉列表框中输入文本"管理"，完成后单击 确定 按钮，如图3-30所示，返回工作表中筛选出所有管理人员的工资情况。

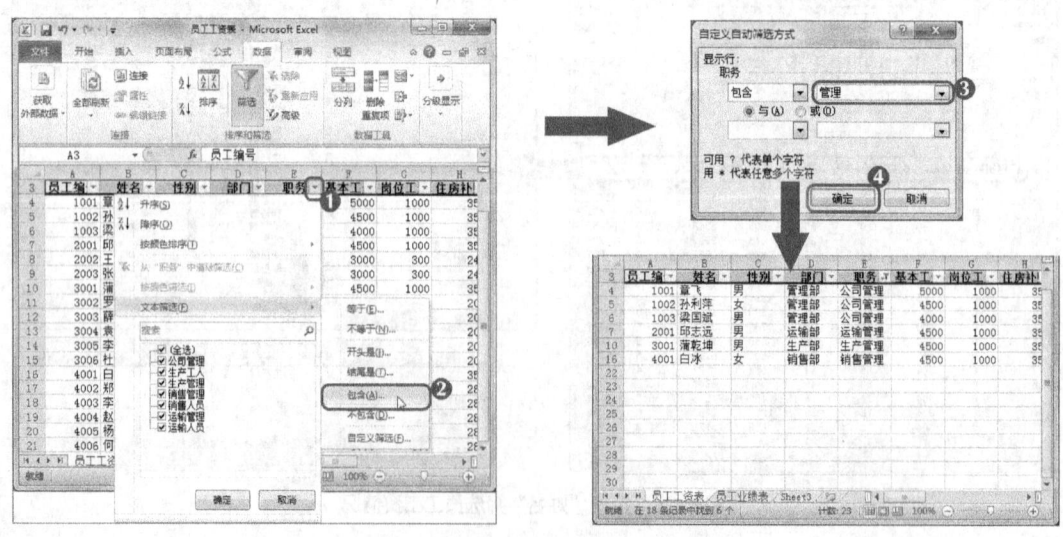

图3-30 根据"职务"筛选员工工资情况

多学一招 在工作表中的相应表头项目右侧单击▼按钮后，该按钮将变成▼效果，再次单击该按钮，在打开的下拉列表中选择"从'表头项目（如：姓名）'中清除筛选"选项也可清除筛选条件。

2. 使用VLOOKUP函数查询

要使用VLOOKUP函数查询员工的工资情况，首先应创建工资查询表输入各个工资项目，然后使用VLOOKUP函数查询并引用工资表中与工资项目对应的数据，完成后输入员工姓名即可，其具体操作如下。（⚙**微课**：光盘\微课视频\第3章\使用VLOOKUP函数查询.swf）

STEP 1 将"Sheet3"工作表重命名为"工资查询表"，然后将鼠标指针移到该工作表标签上，按住鼠标左键不放，向左拖动到"员工工资表"之前释放鼠标，即可将"工资查询表"工作表移动到"员工工资表"之前。

STEP 2 在"员工工资表"工作表中选择B3:W3单元格区域，按【Ctrl+C】组合键，然后在"工资查询表"工作表中选择A2单元格，在【开始】/【剪贴板】组中单击"粘贴"按钮下方的▼按钮，在打开的下拉列表中单击"转置"按钮，如图3-31所示。

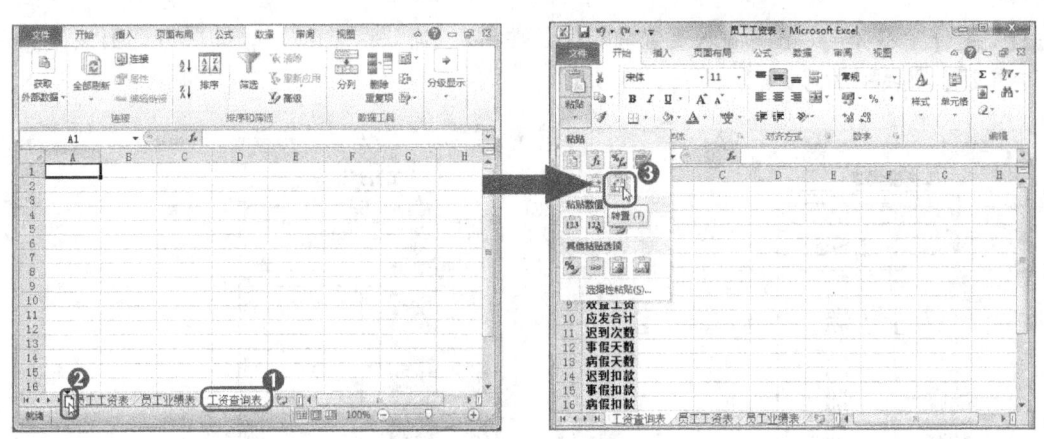

图3-31 创建工资查询表

STEP 3 在"工资查询表"工作表中合并A1:B1单元格区域，并输入数据"工资查询表"，设置其字体格式"方正大黑简体，18"，然后选择A2:B23单元格区域，设置其边框样式为"所有框线"，完成后调整单元格列宽，如图3-32所示。

STEP 4 在"员工工资表"工作表中选择B4:W21单元格区域，在编辑栏的"名称框"中输入数据"GZ"，然后按【Enter】键为所选单元格区域定义名称，如图3-33所示。

STEP 5 在"工资查询表"工作表中选择B3单元格，输入公式"=VLOOKUP($B$2,GZ,

图3-32 设置单元格格式

2,FALSE)", 然后按【Ctrl+Enter】组合键, 如图3-34所示。

图3-33 定义单元格区域名称

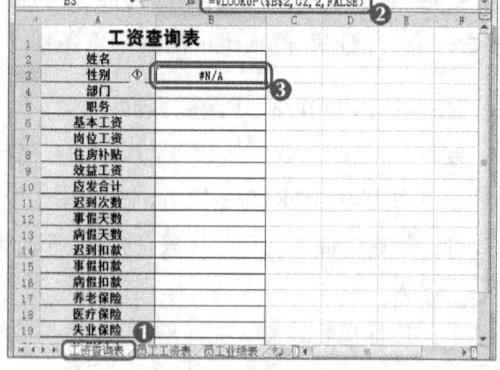
图3-34 输入公式

STEP 6 将B3单元格的公式复制到B4:B23单元格区域, 然后依次修改B4:B23单元格区域中各函数的col_index_num参数值（即该值与定义的名称GZ中对应项目的列数相等）, 如图3-35所示。

STEP 7 在B2单元格中输入要查询的员工姓名, 如输入"白冰", 即可查询出该员工的工资情况, 如图3-36所示。

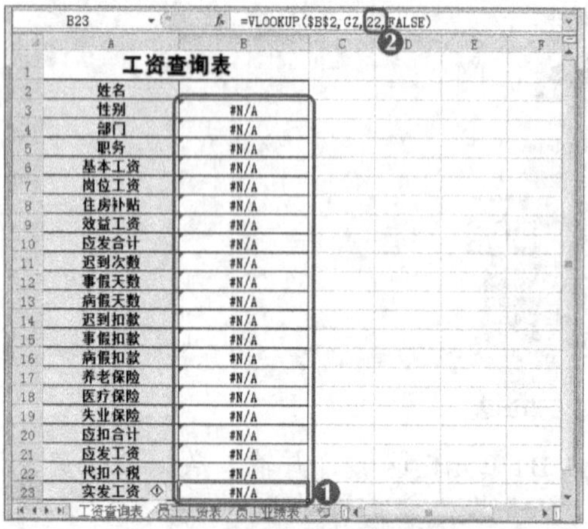

图3-35 复制并修改公式

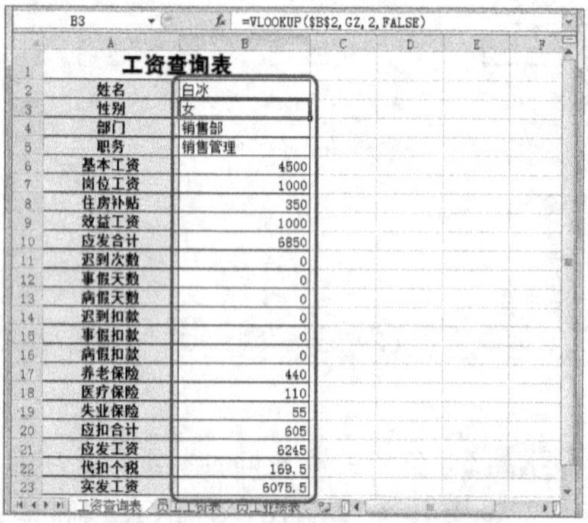

图3-36 查询员工"白冰"的工资情况

知识提示

VLOOKUP函数可搜索某单元格区域的第一列, 返回该区域相同行上任何单元格的值。其语法结构为：VLOOKUP(lookup_value,table_array,col_index_num,[range_lookup]), "lookup_value"表示在单元格区域的第一列中搜索的值; "table_array"表示包含数据的单元格区域; "col_index_num"表示"table_array"参数中必须返回的匹配值的列号, 当"col_index_num"为1时, 返回"table_array"第一列中的值, 当"col_index_num"为2时, 返回"table_array"第二列中的值, 依此类推; "range_lookup"用来指定VLOOKUP函数是查找精确匹配值还是近似匹配值。

3.4 打印员工工资条

工资发放条需要每月打印出来发放给员工,每个员工的工资条上都需要打印标题,即一行工资明细项目数据,一行员工工资记录。为了避免在生成每月的工资发放条时都进行烦琐的操作,小白准备在打印前先设置所需格式的工资条,然后将其打印到纸张上。本例完成后的参考效果如图3-37所示。

素材所在位置　光盘:\素材文件\第3章\课堂案例3\打印工资条.xlsx
效果所在位置　光盘:\效果文件\第3章\打印工资条.xlsx、打印工资条.xlsm

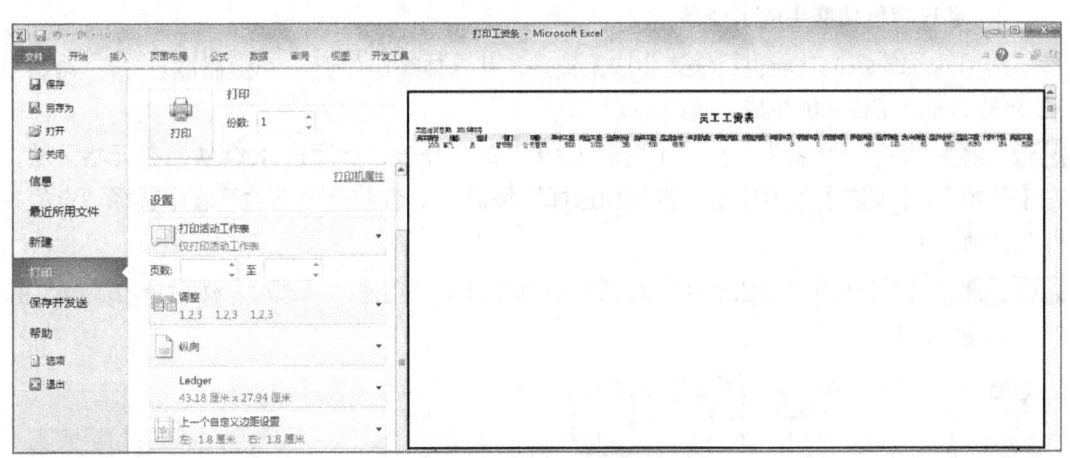

图3-37　预览并打印工资条的最终效果

3.4.1 使用不同的方法生成工资条

要实现每行员工工资记录对应一行工资明细项目数据,即生成所需的工资发放条,其方法有以下几种。

1. 通过复制粘贴生成工资条

在Excel中通过复制粘贴生成工资条的方法非常简单,其具体操作如下。(　微课:光盘\微课视频\第3章\通过复制粘贴生成工资条.swf)

STEP 1 打开"打印工资条"工作簿,将鼠标指针移到"员工工资表"工作表标签上,按住【Ctrl】键,同时按住鼠标左键不放,向右拖动到"员工业绩表"工作表标签之后释放鼠标,即可复制一张名为"员工工资表(2)"的工作表。

STEP 2 在"员工工资表(2)"工作表中选择第5行,并单击鼠标右键,在弹出的快捷菜单中选择"插入"命令,即可在第5行上方插入一空行,完成后继续用相同的方法在各员工的工资记录上方插入一空行。

STEP 3 选择A3:W3单元格区域,按【Ctrl+C】组合键复制工资明细项目数据,然后选择A5单元格,按【Ctrl+V】组合键粘贴工资明细项目数据,完成后继续用相同的方法将其分别粘贴到相应的工资记录上方,即可生成工资发放条,如图3-38所示。

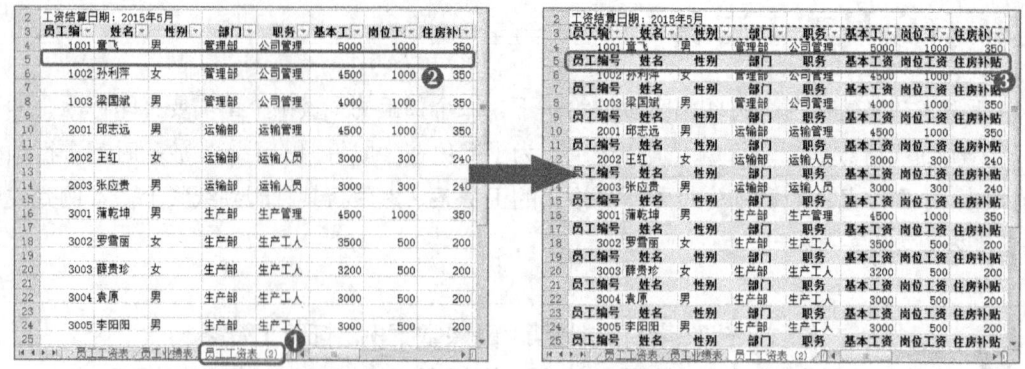

图3-38 通过复制粘贴生成工资发放条

2. 通过定位功能生成工资条

利用Excel的定位功能也可快速生成工资条，其具体操作如下。（▶微课：光盘\微课视频\第3章\通过定位功能生成工资条.swf）

STEP 1 复制一张名为"员工工资表（3）"的工作表，然后选择A4:W21单元格区域，在【开始】/【编辑】组中单击"查找和选择"按钮，在打开的下拉列表中选择"定位条件"选项。

STEP 2 在打开的"定位条件"对话框中单击选中"空值"单选项，然后单击 确定 按钮，如图3-39所示。

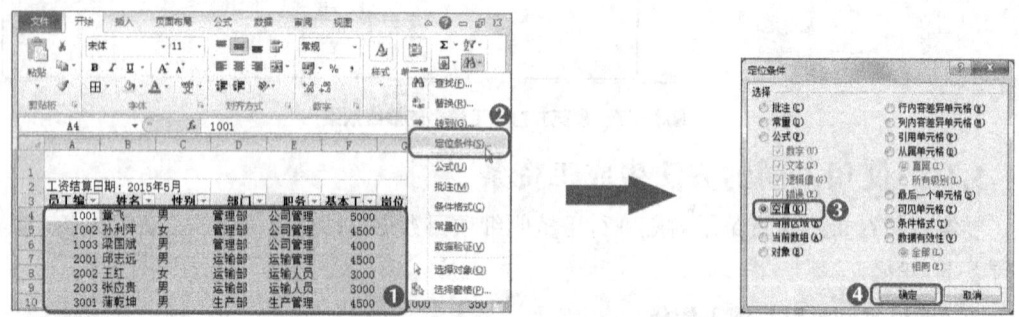

图3-39 设置定位条件

STEP 3 返回工作表中可看到所选区域内的空值单元格均被选中，然后直接输入数据"0"，完成后按【Ctrl+Enter】组合键确定工资表区域中没有空值单元格，如图3-40所示。

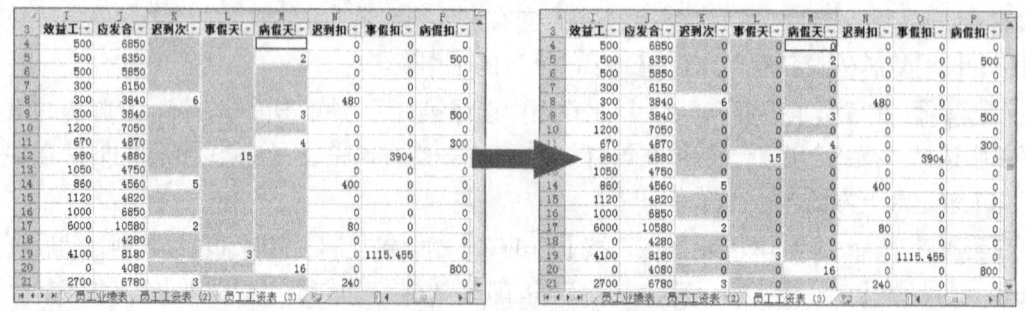

图3-40 使用零值填充空白单元格

STEP 4 分别在X4和Y5单元格中交叉输入任意数字（为了方便后面定位空值），然后选择X4:Y5单元格区域，向下拖动控制柄到工资明细表的结束行以复制数据，完成后在工资明细项目右侧的两列中定位选择多个空值单元格，如图3-41所示。

STEP 5 在所选的多个空值单元格上方单击鼠标右键，在弹出的快捷菜单中选择"插入"命令，在打开的"插入"对话框中单击选中"整行"单选项，然后单击 确定 按钮，如图3-42所示，插入多个空行。

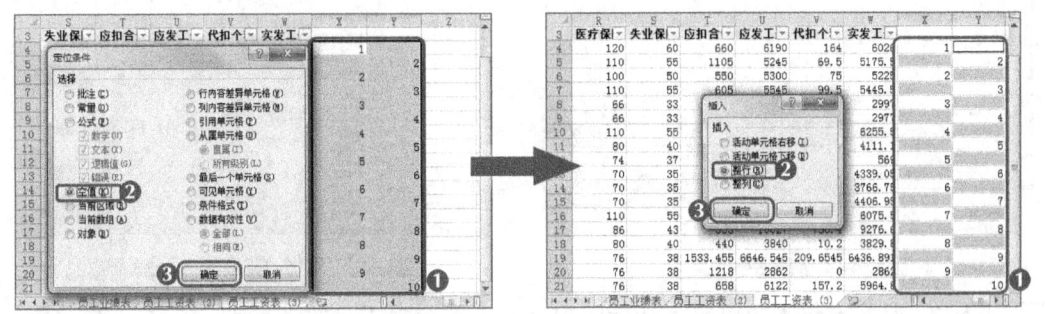

图3-41 输入数据并定位空值　　　　图3-42 通过定位空值插入多个空行

STEP 6 复制表头的工资明细项目数据，然后定位选择工作表中刚插入的空行，并在其中粘贴工资明细项目行，即可生成工资发放条，如图3-43所示。

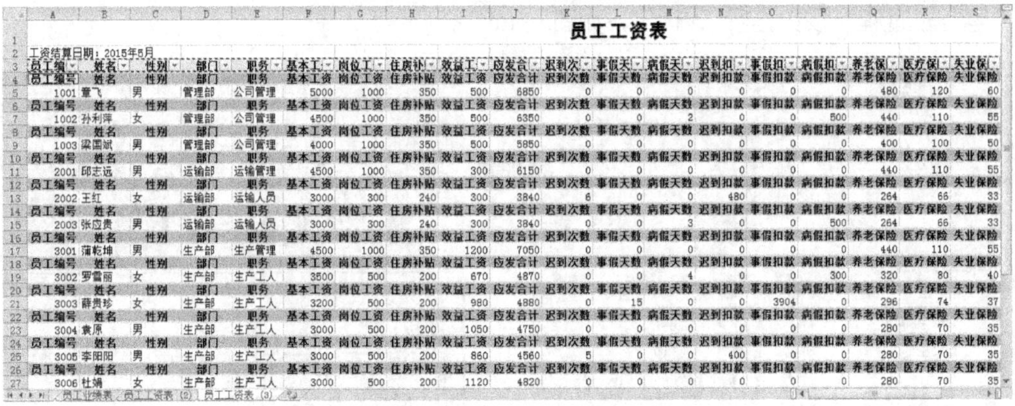

图3-43 定位选择空行并复制粘贴数据

3. 通过VBA宏代码生成工资条

在Excel中要使用VBA代码，首先应创建启用宏的工作簿，否则不能保存使用VBA代码后的效果。其次VBA代码的相关命令默认并没有显示在功能区中，因此还需添加"开发工具"选项卡到功能区中，完成后即可执行相应的VBA代码命令，实现工资条的自动生成，其具体操作如下。（ 微课：光盘\微课视频\第3章\通过VBA宏代码生成工资条.swf）

STEP 1 打开"打印工资条"工作簿，选择【文件】/【另存为】菜单命令，在打开的"另存为"对话框中选择保存路径，在"保存类型"下拉列表框中选择"Excel启用宏的工作簿（*.xlsm）"选项，然后单击 保存(S) 按钮，如图3-44所示，即可将其保存为Excel启用宏的工作簿，且文件的后缀名变为".xlsm"。

STEP 2 选择【文件】/【选项】菜单命令，在打开的"Excel选项"对话框中单击"自定义功能区"选项卡，在右侧的列表框中单击选中"开发工具"复选框，完成后单击 按钮，如图3-45所示。

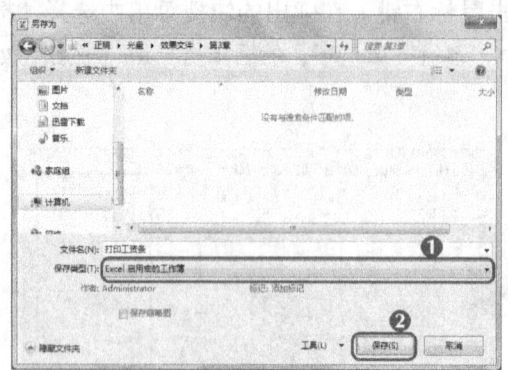
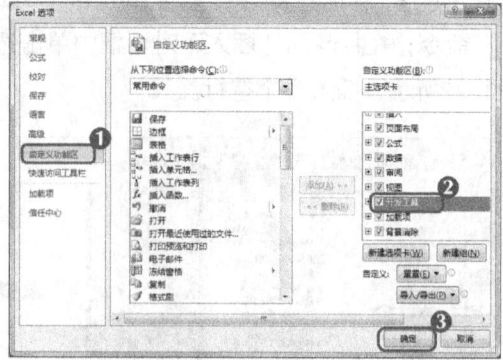

图3-44 选择另存类型　　　　　图3-45 添加"开发工具"选项卡

STEP 3 返回工作表中可看到功能区中显示出"开发工具"选项卡，在【开发工具】/【代码】组中单击"Visual Basic"按钮。

STEP 4 在打开的VBA编辑窗口中选择【插入】/【模块】菜单命令，然后在打开的模块窗口中输入相应的代码（该代码可以根据实际情况进行修改），完成后在VBA编辑窗口中单击"运行子过程"按钮运行该代码，如图3-46所示。

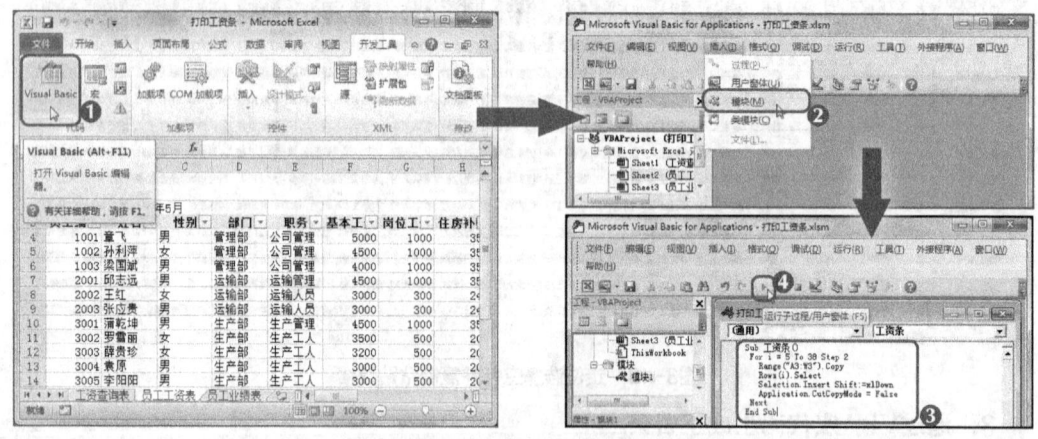

图3-46 打开模块窗口并输入代码

知识提示　执行VBA宏代码后，将不能通过快速访问工具栏的"撤销"按钮撤销操作，此时若要使表格恢复到原来的状态，只有在没有保存VBA宏代码前关闭工作簿后重新启动。

STEP 5 返回员工工资表中可看到每个工资记录行上方添加了标题行，如图3-47所示，完成后在VBA编辑窗口中单击 按钮进行保存，并单击 按钮关闭VBA编辑窗口。

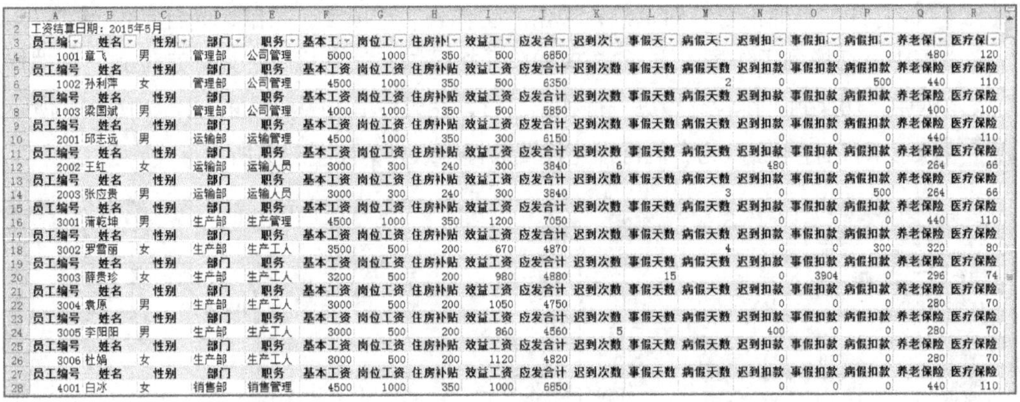

	A	B	C	D	E	F	G	H	I	J	K	L	M	N	O	P	Q	R
2	工资结算日期：2015年5月																	
3	员工编	姓名	性别	部门	职务	基本工	岗位工	住房补	效益工	应发合	迟到次	事假天	病假天	迟到扣	事假扣	病假扣	养老保	医疗保
4	1001	章飞	男	管理部	公司管理	5000	1000	350	500	6850				0	0	0	480	120
5	员工编号	姓名	性别	部门	职务	基本工资	岗位工资	住房补贴	效益工资	应发合计	迟到次数	事假天数	病假天数	迟到扣款	事假扣款	病假扣款	养老保险	医疗保险
6	1002	孙利萍	女	管理部	公司管理	4500	1000	350	500	6350			2	0	0	500	440	110
7	员工编号	姓名	性别	部门	职务	基本工资	岗位工资	住房补贴	效益工资	应发合计	迟到次数	事假天数	病假天数	迟到扣款	事假扣款	病假扣款	养老保险	医疗保险
8	1003	梁国斌	男	管理部	公司管理	4000	1000	350	500	5850				0	0	0	400	100
9	员工编号	姓名	性别	部门	职务	基本工资	岗位工资	住房补贴	效益工资	应发合计	迟到次数	事假天数	病假天数	迟到扣款	事假扣款	病假扣款	养老保险	医疗保险
10	2001	邱志远	男	运输部	运输管理	4500	1000	350	300	6150				0	0	0	440	110
11	员工编号	姓名	性别	部门	职务	基本工资	岗位工资	住房补贴	效益工资	应发合计	迟到次数	事假天数	病假天数	迟到扣款	事假扣款	病假扣款	养老保险	医疗保险
12	2002	王红	女	运输部	运输人员	3000	300	240	300	3840	6			480	0	0	264	66
13	员工编号	姓名	性别	部门	职务	基本工资	岗位工资	住房补贴	效益工资	应发合计	迟到次数	事假天数	病假天数	迟到扣款	事假扣款	病假扣款	养老保险	医疗保险
14	2003	张应贵	男	运输部	运输人员	3000	300	240	300	3840			3	0	0	500	264	66
15	员工编号	姓名	性别	部门	职务	基本工资	岗位工资	住房补贴	效益工资	应发合计	迟到次数	事假天数	病假天数	迟到扣款	事假扣款	病假扣款	养老保险	医疗保险
16	3001	蒲乾坤	男	生产部	生产管理	4500	1000	350	1200	7050				0	0	0	440	110
17	员工编号	姓名	性别	部门	职务	基本工资	岗位工资	住房补贴	效益工资	应发合计	迟到次数	事假天数	病假天数	迟到扣款	事假扣款	病假扣款	养老保险	医疗保险
18	3002	罗雪丽	女	生产部	生产工人	3500	500	200	670	4870			4	0	0	300	320	80
19	员工编号	姓名	性别	部门	职务	基本工资	岗位工资	住房补贴	效益工资	应发合计	迟到次数	事假天数	病假天数	迟到扣款	事假扣款	病假扣款	养老保险	医疗保险
20	3003	薛贵珍	女	生产部	生产工人	3200	500	200	980	4880		15		0	3904	0	296	74
21	员工编号	姓名	性别	部门	职务	基本工资	岗位工资	住房补贴	效益工资	应发合计	迟到次数	事假天数	病假天数	迟到扣款	事假扣款	病假扣款	养老保险	医疗保险
22	3004	袁原	男	生产部	生产工人	3000	500	200	1050	4750				0	0	0	280	70
23	员工编号	姓名	性别	部门	职务	基本工资	岗位工资	住房补贴	效益工资	应发合计	迟到次数	事假天数	病假天数	迟到扣款	事假扣款	病假扣款	养老保险	医疗保险
24	3005	李阳阳	男	生产部	生产工人	3000	500	200	860	4560	5			400	0	0	280	70
25	员工编号	姓名	性别	部门	职务	基本工资	岗位工资	住房补贴	效益工资	应发合计	迟到次数	事假天数	病假天数	迟到扣款	事假扣款	病假扣款	养老保险	医疗保险
26	3006	杜娟	女	生产部	生产工人	3000	500	200	1120	4820				0	0	0	280	70
27	员工编号	姓名	性别	部门	职务	基本工资	岗位工资	住房补贴	效益工资	应发合计	迟到次数	事假天数	病假天数	迟到扣款	事假扣款	病假扣款	养老保险	医疗保险
28	4001	白冰	女	销售部	销售管理	4500	1000	350	1000	6850				0	0	0	440	110

图3-47　自动生成工资条

多学一招　在工作表中按【Alt+F11】组合键，也可打开VBA编辑窗口，在该窗口中若单击⏸按钮将中断当前正在运行的代码程序，单击■按钮可以停止正在运行的代码程序。

3.4.2 预览并开始打印

生成工资发放条后，会计人员需要对工资发放条中每一个员工所在的行进行分页，并且工资发放条的每个员工的工资所在页都需要打印出标题和工资项目，因此还需要设置打印标题和区域，完成后即可预览并打印工资发放条，以便向员工发放工资条，其具体操作如下。

（微课：光盘\微课视频\第3章\预览并开始打印.swf）

STEP 1 在生成工资条的工作表中选择第5行，在【页面布局】/【页面设置】组中单击分隔符按钮，在打开的下拉列表中选择"插入分页符"选项，如图3-48所示，即可在第一个员工下方插入行分页符进行强制分页。

STEP 2 用相同的方法依次在每个员工下方插入行分页符，然后在【页面布局】/【页面设置】组中单击打印标题按钮，如图3-49所示。

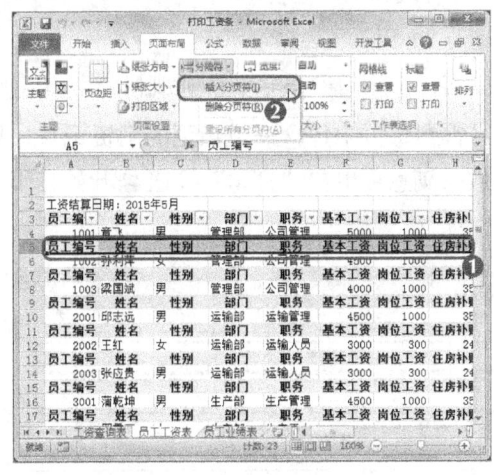

图3-48　插入分页符

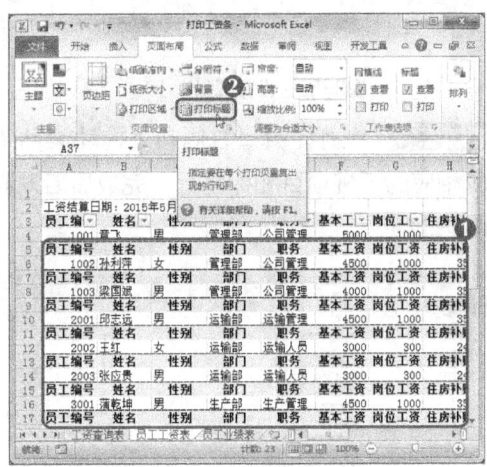

图3-49　单击"打印标题"按钮

STEP 3 打开"页面设置"对话框,单击"工作表"选项卡,将鼠标光标定位到"打印区域"文本框中,切换到工作表,选择A3:W38单元格区域,然后将鼠标光标定位到"顶端标题行"文本框中,切换到工作表选择每一行和第二行,完成后单击 打印预览(W) 按钮,如图3-50所示。

STEP 4 此时在打印窗口的右侧可预览设置的打印效果,如图3-51所示。

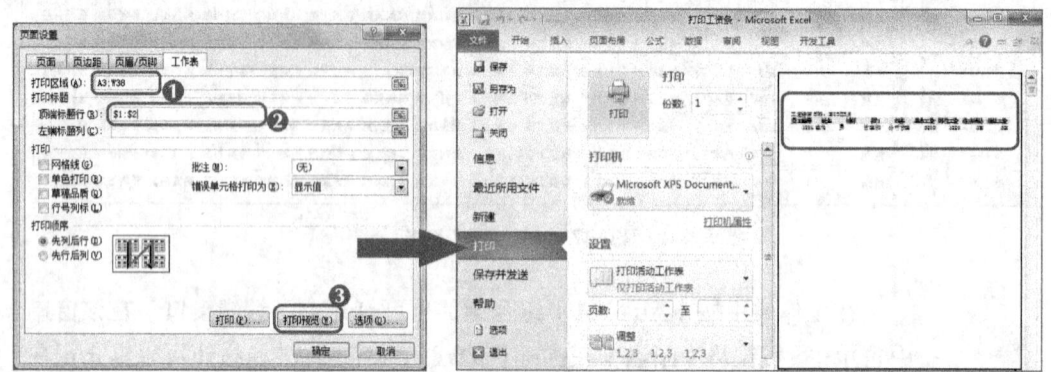

图3-50 设置打印标题　　　　　图3-51 预览打印效果

STEP 5 在打印窗口中间区域的"A4"栏下设置纸张大小为"Ledger",如图3-52所示。

STEP 6 在"无缩放"栏中设置缩放大小为"将所有列调整为一页",如图3-53所示。

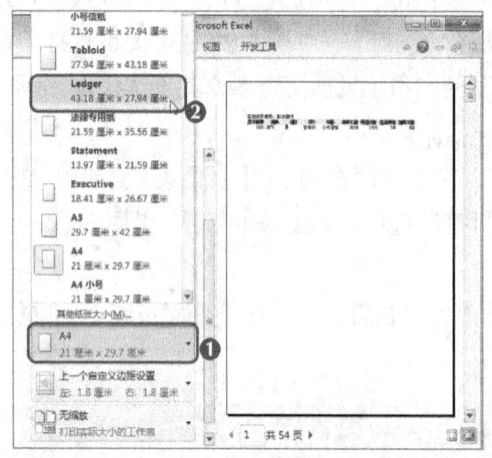 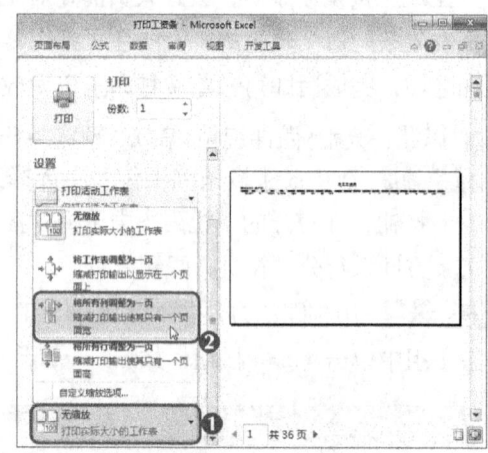

图3-52 设置纸张大小　　　　　图3-53 设置缩放比例

STEP 7 在打印窗口右侧向下拖动滚动条,可看到每页中包含一位员工的工资记录,且对应相应的工资项目和标题行,完成后若对打印效果满意可单击"打印"按钮 开始打印,如图3-54所示。

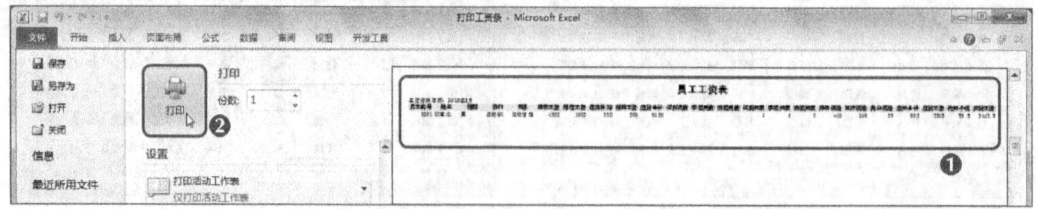

图3-54 预览并打印工资条

3.5 实训——制作银行代发工资表

3.5.1 实训目标

本实训的目标是制作银行代发工资表。由于大部分公司已将传统的财务人员发放现金工资，转换成银行按月将工资发放到员工的银行卡上。因此老张要求小白制作一张"银行代发工资表"交付银行，以方便银行按月发放工资。本实训的最终效果如图3-55所示。

素材所在位置　光盘:\素材文件\第3章\实训\员工工资表.xlsx
效果所在位置　光盘:\效果文件\第3章\实训\银行代发工资表.xlsx

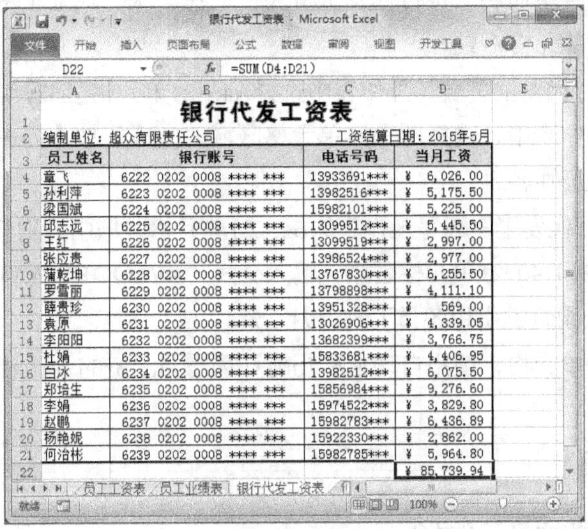

图3-55　"银行代发工资表"最终效果

3.5.2 专业背景

为了方便简化企事业单位发放工资的手续，企事业单位可与银行协商，并委托银行代发其单位员工工资。为了保证该项工作的顺利进行，首先银行负责为本单位参加代发工资的员工开立个人银行结算账户，然后企事业单位则应按照银行提供的相关数据和要求，制作代发工资数据，银行将企事业单位提供的代发工资数据入账后，即打印代发工资明细清单，企事业单位可在代发工资后到银行指定的网点进行核对。

3.5.3 操作思路

完成本实训需要将"员工工资表"工作簿另存为"银行代发工资表"工作簿，然后在"银行代发工资表"工作表中输入相应的数据，并使用不同的方法引用和计算数据，其操作思路如图3-56所示。

①创建"银行代发工资表"工作簿　　②使用数组公式引用数据　　③使用VLOOKUP函数引用数据

图3-56　"银行代发工资表"的制作思路

【步骤提示】

STEP 1　打开"员工工资表"工作簿，将其以"银行代发工资表"为名进行另存，然后插入空白工作表，将其重命名"银行代发工资表"，在"银行代发工资表"工作表中输入数据并设置相应数据的单元格格式。

STEP 2　在"银行代发工资表"工作表中选择A4:A21单元格区域，输入"="，然后切换到"员工工资表"工作表中，选择B4:B21单元格区域，完成后按【Ctrl+Shift+Enter】组合键使用数组公式引用员工姓名。

STEP 3　在"银行代发工资表"工作表的B4:C21单元格区域中分别输入各员工的银行账号和电话号码，然后选择D4:D21单元格区域，输入公式"=VLOOKUP(A4,GZ,22,FALSE)"，完成后按【Ctrl+Enter】组合键引用各员工的当月工资。

STEP 4　选择D22单元格，使用自动求和功能计算当月工资的合计金额。

3.6　疑难解析

问：如何在单元格中显示公式？

答：默认情况下，在单元格中将只显示公式计算的结果。为了方便用户检查公式的正确性，可选择【文件】/【选项】菜单命令，在打开的"Excel选项"对话框中单击"高级"选项卡，在"此工作表的显示选项"栏中单击选中"在单元格中显示公式而非其计算结果"复选框，完成后单击 按钮，或在【公式】/【公式审核】组中单击 显示公式 按钮，返回工作表中，含有公式的单元格中将只显示公式而不显示计算结果。

问：要将公式转换为数值，该怎么办？

答：要使单元格中引用的公式结果不发生改变，可使用选择性粘贴功能将公式结果转化为数值，这样即使改变单元格中引用公式的数据，其结果也不会发生变化。要将公式转换为数值，首先应选择包含公式的单元格，在【开始】/【剪贴板】组中单击"复制"按钮 或按【Ctrl+C】组合键执行复制操作，然后单击"粘贴"按钮 下方的 按钮，在打开的下拉列表的"粘贴数值"栏中单击"值"按钮 ，或选择"选择性粘贴"选项，在打开的对话框的"粘贴"栏中单击选中"数值"单选项，完成后单击 按钮即可。

问：如何快速搜索所需函数？

答：使用函数计算数据时，若对所使用的函数及其参数类型非常熟悉时，可直接手动输入，否则可单击编辑栏中的 f_x 按钮或在【公式】/【函数库】组中单击"插入函数"按钮 f_x，在打开的"插入函数"对话框的"搜索函数"文本框中输入需要的计算目标，然后单击其右侧的 转到(G) 按钮，Excel会自动推荐相应的函数供用户使用。

3.7 习题

本章介绍了使用Excel录入工资项目数据、统计月末员工工资、打印员工工资条的方法，主要用到的Excel知识有：使用公式与函数计算数据、数据的筛选功能、VBA宏代码、插入分页符、设置打印标题等，读者应加强该部分内容的练习与应用。

素材所在位置　光盘:\素材文件\第3章\习题\数据库资料.xlsx
效果所在位置　光盘:\效果文件\第3章\习题\外聘教师工资表.xlsx

（1）打开"数据库资料"工作簿，根据提供的相关资料设置工资项目，然后利用函数制作外聘教师工资表，完成后的效果如图3-57所示。具体要求如下。

● 创建"外聘教师工资表"工作表，在其中输入工资项目，并设置单元格格式。
● 利用函数和公式，结合已知数据库资料设置工资项目，完成工资表的制作。

教师编号	教师姓名	职称	基本工资	基本课时	课时费标准	实际课时	超课时数	超课时费	应发工资	应扣税金	实发工资
101	王琪	教授	4000	3	50	5	2	100	4100	18	4082
102	张辉明	副教授	3500	5	45	10	5	225	3725	6.75	3718.25
103	王国刚	讲师	3000	8	40	15	7	280	3280	0	3280
104	孙靖	实习教师	2500	6	35	7	1	35	2535	0	2535
105	梁豊	实习教师	2500	6	35	8	2	70	2570	0	2570
106	兰多多	讲师	3000	8	40	12	4	160	3160	0	3160
107	周菲	教授	4000	3	50	8	5	250	4250	22.5	4227.5
108	霍少阳	副教授	3500	5	45	12	7	315	3815	9.45	3805.55

图3-57 "聘教师工资表"的效果

（2）在已制作的"外聘教师工资表"工作簿中使用数据筛选功能查询工资数据，完成后的效果如图3-58所示，具体要求如下。

● 根据"教师姓名"筛选工资情况，如"兰多多"。
● 根据"职称"筛选工资情况，如"教授"。

教师编号	教师姓名	职称	基本工资	基本课时	课时费标准	实际课时	超课时数	超课时费	应发工资	应扣税金	实发工资
101	王琪	教授	4000	3	50	5	2	100	4100	18	4082
107	周菲	教授	4000	3	50	8	5	250	4250	22.5	4227.5

图3-58 查询工资情况后的效果

课后拓展知识

在单元格中常见的错误值有：####、#NUM!、#REF!、#NULL!、#N/A、#NAME?、#VALUE!、#DIV/0!等。下面分别解析显示各错误值的原因，并提出解决方案。

- **####错误**：当单元格中所含的数字、日期、时间超过单元格宽度或单元格的日期时间产生了一个负值，就会出现错误值####。解决方法是：增加单元格列宽、应用不同的数字格式、保证日期与时间公式的正确性。

- **#N/A错误**：当公式中没有可用数值时，将出现错误值#N/A。解决方法是：当工作表中某些单元格暂没有数值，可以在单元格中输入#N/A，公式在引用这些单元格时，将不进行数值计算，而是返回#N/A。

- **#NUM!错误**：通常公式或函数中使用无效数字值时，将出现错误值#NUM!，出错原因是在需要数字参数的函数中使用了无法接受的参数。解决方法是：确保函数中使用的参数是数字，如需要输入的值是$5,000，在公式中也应输入5000。

- **#REF!错误**：当单元格的引用无效时将出现错误值#REF!，出错原因是删除了其他公式所引用的单元格，或将已移动的单元格粘贴到其他公式所引用的单元格中。解决方法是：更改公式，在删除或粘贴单元格之后恢复工作表中的单元格。

- **#NAME?错误**：在公式中使用了Excel不能识别的文本时将出现错误值#NAME?。解决方法是：当公式中使用的名称不存在时，可在【公式】/【定义的名称】组中单击"名称管理器"按钮，在打开的对话框中确认使用的名称是否存在，如果所需名称没有被列出，可单击 按钮添加相应的名称；在公式中输入文本时没有使用双引号，Excel将其解释为名称，并将公式中的文本放置在双引号中；如果公式中引用了其他工作表或工作簿中的值或单元格，且工作簿或工作表的名称中包含非字母字符或空格，则该字符必须放置在单引号"'"中。

- **#VALUE!错误**：当使用的参数或操作数类型错误，或当公式自动更正功能不能更正公式时，将出现#VALUE!。解决方法是：确认公式或函数所需的运算符或参数是否正确，公式引用的单元格中是否包含有效的数值，如A1单元格包含一个数字，A2单元格包含文本"单位"，则公式=A1+A2将出现#VALUE!错误。

- **#DIV/0!错误——是否使用了0作除数？**：当公式中使用了0作除数时，将出现错误值#DIV/0!。解决方法是：将除数更改为非零值；如果参数是一个空白单元格，则Excel会认为其值为0；修改单元格引用，或在用作除数的单元格中输入不为零的值；确认公式或函数中的除数不为零或不为空。

- **#NULL!错误——可能有空交点**：当指定并不相交的两个区域的交点时，将出现错误值#NULL!，出错原因是使用了不正确的区域运算符。解决方法是：若引用连续的单元格区域，一定使用冒号":"分隔引用区域中的第一个单元格和最后一个单元格；若引用不相交的两个区域，则一定使用联合运算符，即逗号","。

第4章
进销存管理

情景导入

为了解决企业账目混乱、库存不准、信息反馈不及时等问题,老张建议小白根据企业需要对采购、销售、存储等环节的日常进销存业务进行管理。

知识技能目标

- 掌握新建空白工作簿、删除多余工作表、套用表格格式等基础知识,并巩固数据的排序与分类汇总的操作方法。
- 熟练掌握创建图表、编辑与美化图表的操作方法。

- 掌握批注的使用,并巩固定义单元格名称、公式与函数的使用等操作方法。
- 能够使用Excel填制请购单,并制作采购记录表汇总并管理采购数据。

- 能够使用Excel制作销售记录表和销售数据分析表,分析并管理销售数据。
- 能够使用Excel制作产品出入库明细表和库存统计表,汇总产品库存情况。

课堂案例展示

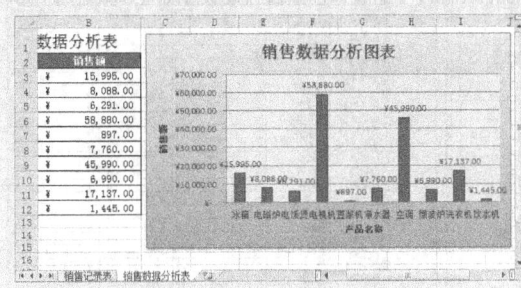

"销售数据分析表"的表格效果

"产品库存统计表"的表格效果

4.1 了解进销存管理

进销存管理又称为购销链管理，它是指在企业管理过程中从采购（进）到入库（存）到销售（销）的动态管理过程。

- **进**：指询价、采购到入库与付款的过程。
- **销**：指报价、销售到出库与收款的过程。
- **存**：指出入库之外，包括领料、退货、盘点、报损报益、借出、调拨等影响库存数量的动作。

随着信息技术的飞速发展，目前市场上的进销存管理软件越来越多，且具有功能强大、专业性强、成本较高等特点，但是不适用非财务人员。因此为了适合各行各业的管理人员使用，节省人力、时间和支出，并提高办事效率，本章将介绍使用Excel轻松搞定采购、销售、库存等日常进销存业务的方法。

4.2 管理采购数据

采购管理在企业管理中占据着非常重要的地位，采购作业内容首先从“请购物件”开始，由采购经办人员核对请购内容，查阅厂商资料和采购记录等信息，进行询价、报价、议价后依核决权限呈核订购。因此小白准备分别制作“请购单”和“采购记录表”对采购数据进行管理。要完成该任务首先应根据材料耗用状况、库存情况、用料预算等填制“请购单”，填写材料品名、规格、数量、需求日期及用途等内容，每到月底再核对采购数据，并将其所有采购信息登记汇总到“采购记录表”工作表中，以方便部门领导查阅与管理。本例完成后的参考效果如图4-1和图4-2所示。

素材所在位置 光盘:\素材文件\第4章\课堂案例1\请购单.xlsx
效果所在位置 光盘:\效果文件\第4章\请购单.xlsx、采购记录表.xlsx

请购单

管理部　　请购时间：2015/6/15

物品名称	规格	单位	库存数量	请购数量	预计单价	预计总价	需用时间	用途
工作服	\	套	10	20	¥ 120.00	¥ 2,400.00	2015/6/25	夏季工作服
棉手套	\	双	20	60	¥ 1.00	¥ 60.00	2015/6/25	一次性棉手套
计算器	\	个	5	30	¥ 15.00	¥ 450.00	2015/6/25	财务部
打印机	\	台	1	1	¥ 980.00	¥ 980.00	2015/6/25	销售人员
电脑	\	台	2	2	¥ 4,999.00	¥ 9,998.00	2015/6/25	办公人员
合计						¥ 13,888.00		

财务部意见：　项目负责人：　采购人：

图4-1 “请购单”的最终效果

采购记录表

供货商	产品名称	单位	进货数量	进货单价	进货金额
华彩文具	文件夹	个	200	¥ 2.00	¥ 400.00
华彩文具	档案袋	个	100	¥ 1.00	¥ 100.00
华彩文具	计算器	个	30	¥ 15.00	¥ 450.00
华彩文具	传真纸	件	2	¥ 84.00	¥ 168.00
华彩文具	中性笔	盒	10	¥ 18.00	¥ 180.00
华彩文具 汇总			342		¥ 1,298.00
乐百氏水业	饮水机	台	2	¥ 399.00	¥ 798.00
乐百氏水业	纯净水	桶	4	¥ 15.00	¥ 60.00
乐百氏水业	纯净水	桶	4	¥ 15.00	¥ 60.00
乐百氏水业	纯净水	桶	4	¥ 15.00	¥ 60.00
乐百氏水业 汇总			14		¥ 978.00
五行电器	打印机	台	1	¥ 980.00	¥ 980.00
五行电器	传真机	台	2	¥ 1,080.00	¥ 2,160.00
五行电器	扫描仪	台	1	¥ 1,800.00	¥ 1,800.00
五行电器	空调	台	2	¥ 3,999.00	¥ 7,998.00
五行电器 汇总			6		¥ 12,938.00
杨帆电脑	电脑	台	2	¥ 4,999.00	¥ 9,998.00
杨帆电脑	网卡	个	5	¥ 32.00	¥ 160.00
杨帆电脑	笔记本电脑	台	5	¥ 5,699.00	¥ 28,495.00
杨帆电脑 汇总			12		¥ 38,653.00
衣恋服饰	工作服	套	20	¥ 120.00	¥ 2,400.00
衣恋服饰	棉手套	双	60	¥ 1.00	¥ 60.00
衣恋服饰 汇总			80		¥ 2,460.00
总计			454		¥ 56,327.00

图4-2 “采购记录表”的最终效果

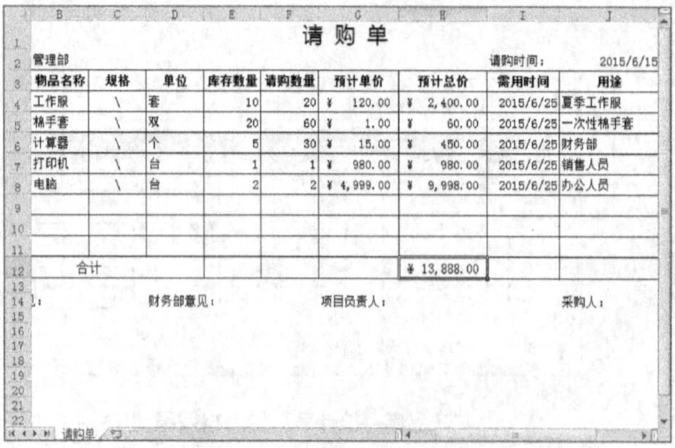

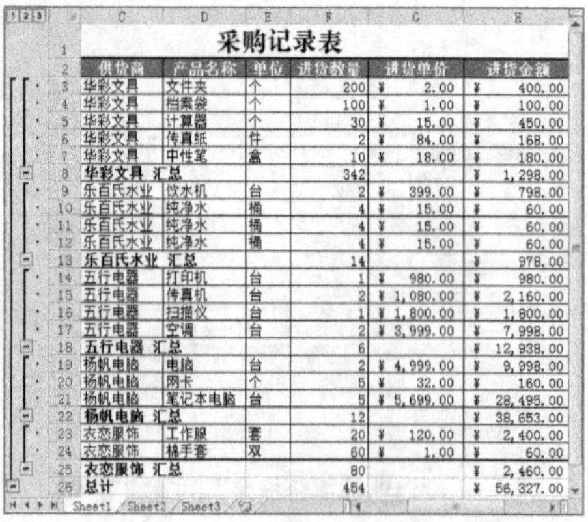

职业素养 请购单是企业为了方便采购管理而制作的一种请示单据，由请购人或部门填写该单位需购买的材料或物资后交由采购部门登记，采购经办人必须凭核批的请购单及时办理采购事宜，报账时请购单需附在发票和入库单后。

4.2.1 填制请购单

下面在"请购单"工作簿中填写请购内容，然后根据"预计总价=请购数量×预计单价"计算预计总价，并假设需用时间为采购材料的10天后，因此可根据"需用时间=请购时间+10"计算需用时间，其具体操作如下。（ 微课：光盘\微课视频\第4章\填制请购单.swf）

STEP 1 打开"请购单"工作簿，将"Sheet1"工作表重命名为"请购单"，然后按【Ctrl】键，同时选择"Sheet2"和"Sheet3"工作表，并在其上单击鼠标右键，在弹出的快捷菜单中选择"删除"命令删除所选的工作表，如图4-3所示。

STEP 2 在"请购单"工作表的相应单元格中输入请购项目，如图4-4所示。

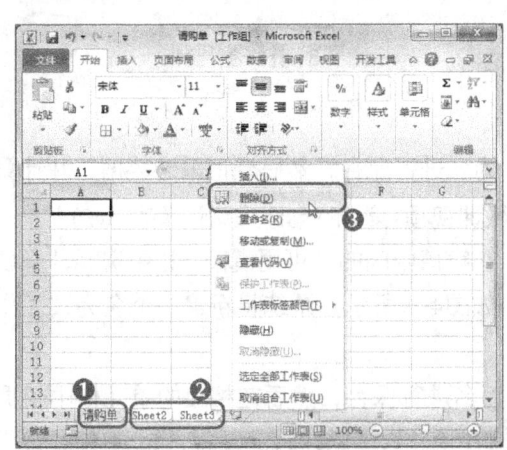

图4-3 删除多余的工作表 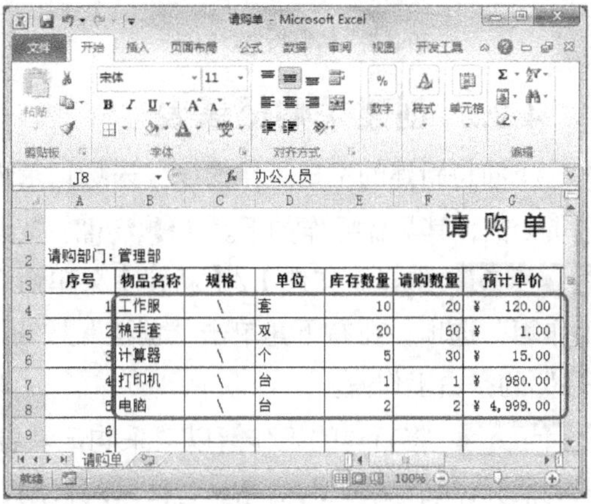　　　　　　　图4-4 输入请购项目

STEP 3 选择H4:H8单元格区域，在编辑栏中输入公式"=F4*G4"，按【Ctrl+Enter】组合键计算出预计总价，如图4-5所示。

STEP 4 选择I4:I8单元格区域，在编辑栏中输入公式"=J2+10"，如图4-6所示，然后将鼠标光标移动到编辑栏的"J2"数据后单击，定位鼠标光标到相应的位置。

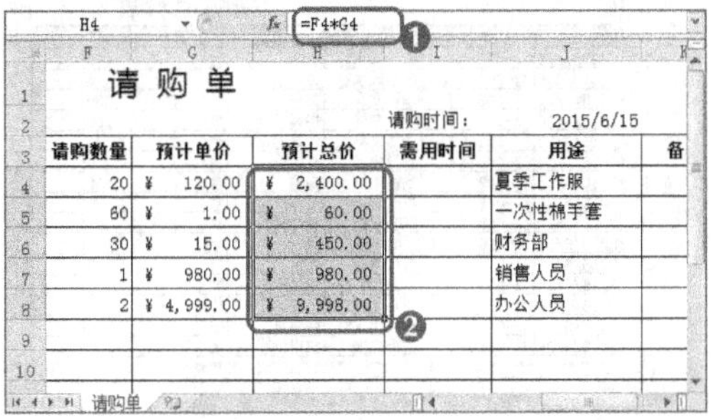

图4-5 计算预计总价 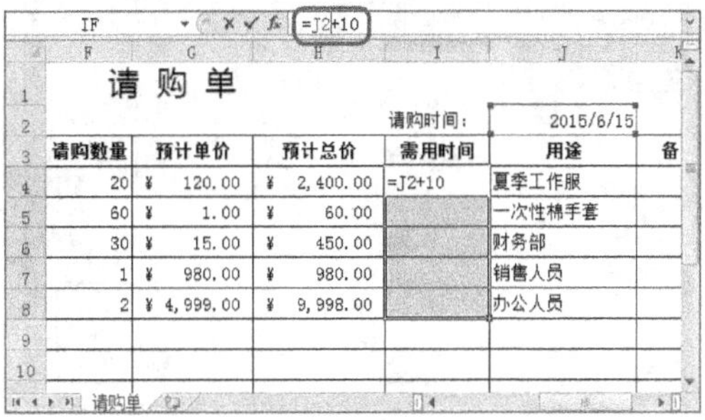　　　　　　　　图4-6 编辑公式

STEP 5 按【F4】键将引用的单元格数据转换为绝对引用，然后按【Ctrl+Enter】组合键，如图4-7所示。

STEP 6 选择H12单元格，在【开始】/【编辑】组中单击"自动求和"按钮Σ，系统将在所选的单元格中自动输入"=SUM(H4:H11)"，然后按【Ctrl+Enter】组合键计算合计金额，如图4-8所示，完成请购单的填制后，保存并关闭工作簿。

图4-7　转换为绝对引用　　　　　　　图4-8　计算合计金额

4.2.2 创建采购记录表

下面将新建的空白工作簿以"采购记录表"为名进行保存，然后登记采购数据，并计算进货金额，其具体操作如下。（◎微课：光盘\微课视频\第4章\创建采购记录表.swf）

STEP 1 选择【文件】/【新建】菜单命令，在窗口中间的"可用模板"栏中选择"空白工作簿"选项，在右下角单击"创建"按钮，如图4-9所示，系统将新建一个名为"工作簿2"的空白工作簿。

STEP 2 将新建的工作簿以"采购记录表"为名进行保存，然后在相应的单元格中根据采购情况详细记录采购信息，包括采购日期、采购单编号、供货商、产品名称、单位、进货数量、进货单价、进货金额、验收日期，完成后设置单元格格式，如图4-10所示。

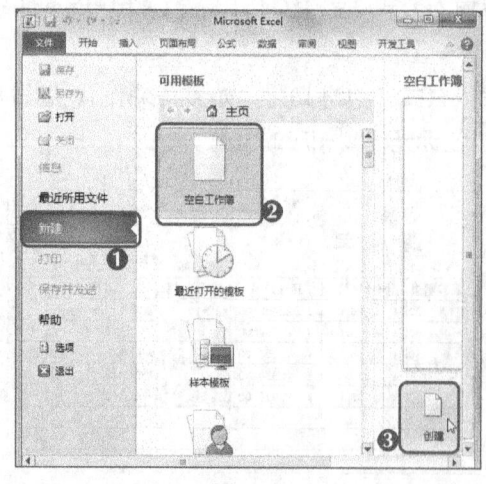 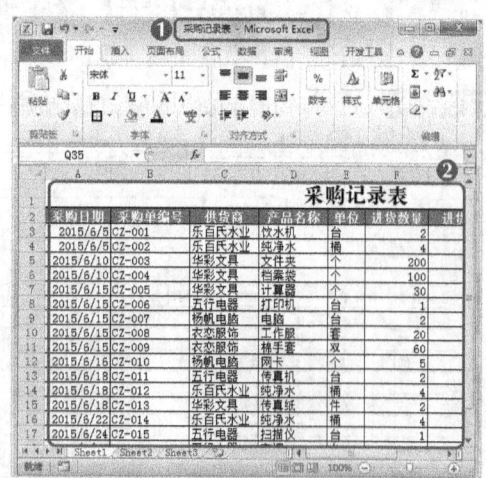

图4-9　新建空白工作簿　　　　　　　图4-10　输入数据并设置单元格格式

多学一招
选择【文件】/【新建】菜单命令，在"可用模板"栏中选择"样本模板"选项，在展开的列表框中选择所需的模板，然后单击"创建"按钮，可新建所选模板样式的工作簿。另外，在Excel工作界面中按【Ctrl+N】组合键可快速新建空白工作簿。

STEP 3 选择H3:H20单元格区域，在编辑栏中输入公式"=F4*G4"，完成后按【Ctrl+Enter】组合键计算出进货金额，如图4-11所示。

STEP 4 选择G3:H20单元格区域，在【开始】/【数字】组的下拉列表框中选择"会计专用"选项，设置货币格式，如图4-12所示。

| 图4-11 计算进货金额 | 图4-12 设置货币格式 |

4.2.3 排序并汇总采购数据

下面首先以供货商为依据进行排序，然后分类汇总供货商的进货数量和进货金额，其具体操作如下。（微课：光盘\微课视频\第4章\排序并汇总采购数据.swf）

STEP 1 在"供货商"列的数据区域选择任意单元格，这里选择C5单元格，然后在【开始】/【编辑】组中单击"排序和筛选"按钮，在打开的下拉列表中选择"升序"选项，即可将数据区域中的数据以供货商为依据进行升序排列，如图4-13所示。

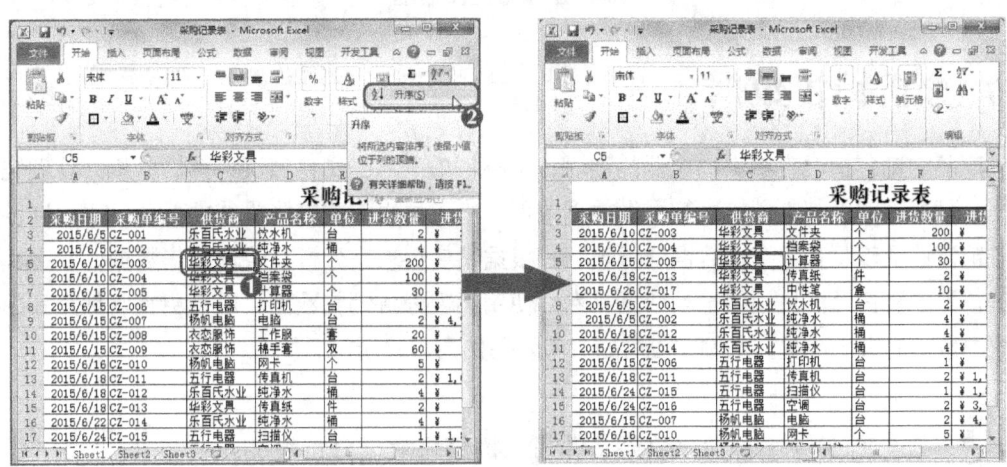

图4-13 以供货商为依据进行排序

STEP 2 选择A2:I20单元格区域，在【数据】/【分级显示】组中单击"分类汇总"按钮 。

STEP 3 在打开的"分类汇总"对话框的"分类字段"下拉列表框中选择"供货商"选项，在"选定汇总项"列表框中只单击选中"进货数量"和"进货金额"复选框，完成后单击 确定 按钮，如图4-14所示。

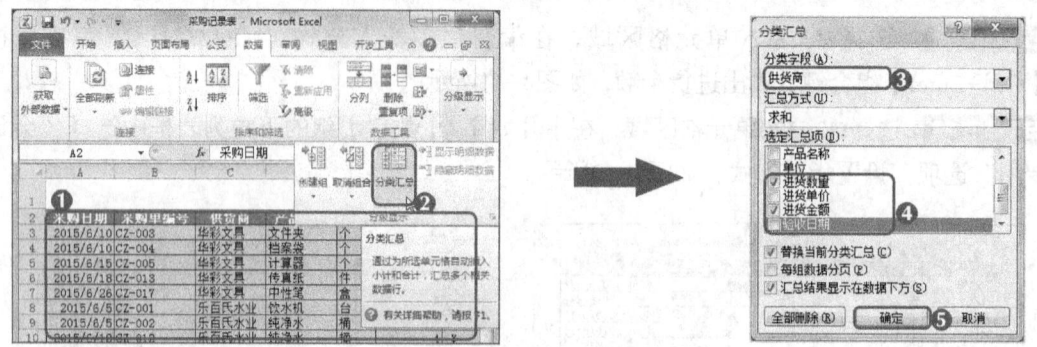

图4-14 设置分类汇总选项

STEP 4 返回工作表中可看到根据供货商汇总的"进货数量"和"进货金额"，然后单击 按钮可详细查看各供货商的汇总项和合计汇总项，如图4-15所示。

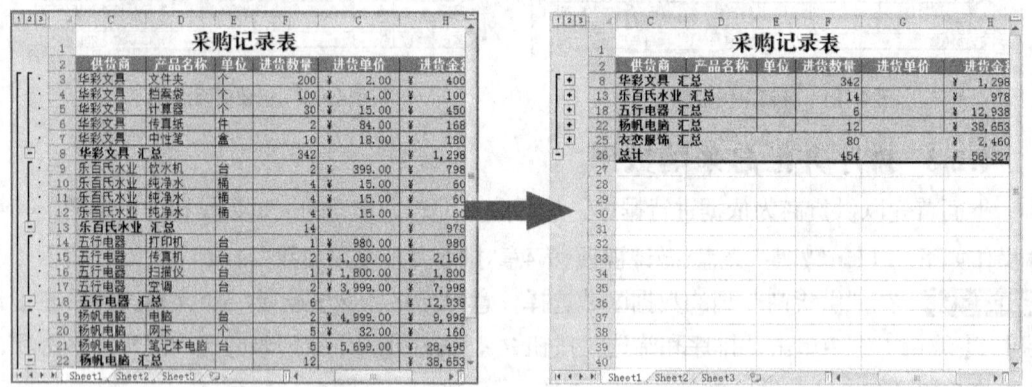

图4-15 查看汇总项数据

4.3 分析销售数据

产品的销售情况直接影响企业的利润，了解每项产品的销售情况，然后分析并管理销售数据，可为管理者制定销售决策提供数据依据。为了尽快完成老张交待的任务，小白准备制作"销售记录表"和"销售数据分析表"，根据销售记录来分析与管理销售数据。要完成该任务首先应登记并汇总销售记录数据，然后使用图表分析销售数据，以便更直观地查看数据区域中数值的大小情况。本例完成后的参考效果如图4-16所示。

 效果所在位置 光盘:\效果文件\第4章\销售数据分析表.xlsx

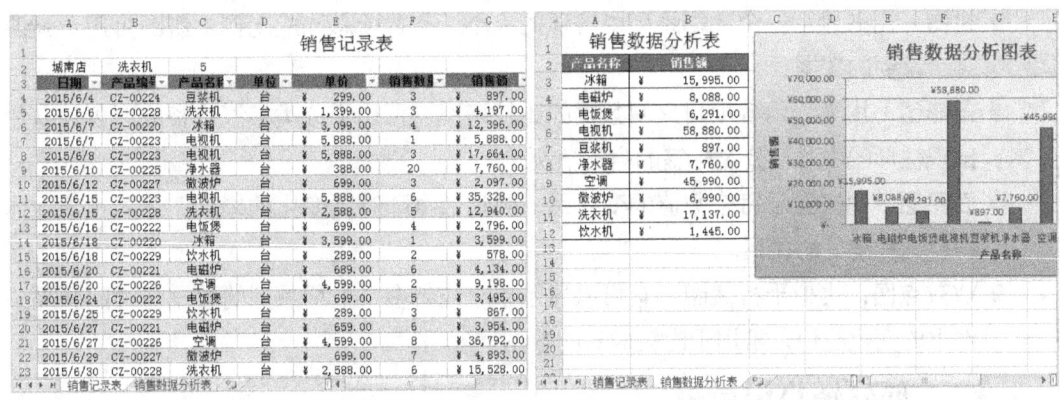

图4-16 "销售数据分析表"的最终效果

4.3.1 认识图表及图表类型

图表是Excel的重要数据分析工具，通过它可清楚地显示出各个数据的大小和变化情况，以帮助用户分析数据，查看数据的差异、走势，预测发展趋势等。在使用图表之前，应先认识图表及图表类型，以帮助用户选择适合的图表类型创建所需的图表。

1. 图表的组成部分

利用图表可以使工作表中枯燥的数据具有良好的视觉效果，让数据更清楚、更容易理解。一张完整的图表主要由图表标题、图表区、坐标轴（分类轴和数值轴）、绘图区、数据系列、网格线、图例等部分组成。图4-17所示为柱形图。

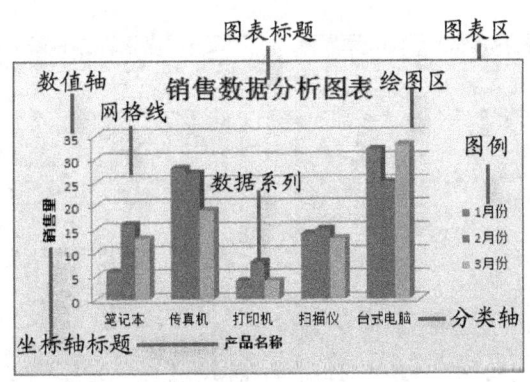

图4-17 图表的组成部分

2. 不同图表类型的使用

在Excel中提供了多种图表类型，不同的图表类型所使用的场合各不相同，下面介绍几种常用图表类型的作用及应用场合。

- **柱形图**：用来显示一段时间内的数据变化或描述各项目之间数据的比较情况。它强调的是一段时间内数据值的变化，常用于进行多个项目之间数据的对比。
- **折线图**：用来显示等时间间隔数据的变化趋势，它强调的是数据的时间性和变动率。常用于描绘连续的数据，它还可以使用任意个数据系列，用不同颜色、线型或标志来区别这些折线。

- **饼图**：用来显示一个数据系列中各项的大小，与各项总和成比例。饼图可用于强调某个重要的数据。
- **条形图**：用来显示各项目之间数据的比较情况，可用于分类标签较长的图表，以免出现柱形图中对长分类标签的省略情况。
- **面积图**：用来显示每个数值的变化量，强调数据随时间变化的幅度，还能直观地体现整体和部分的关系。
- **XY散点图**：类似于折线图，它可以显示单个或者多个数据系列的数据在时间间隔条件下的变化趋势，常用于比较成对的数据。

4.3.2 创建销售记录表

为了有效地管理产品销售数据，下面首先创建"销售数据分析表"工作簿，然后在"销售记录表"工作表中输入产品的销售情况，并计算产品销售额，完成后统计并查询所需的销售情况，其具体操作如下。（**微课**：光盘\微课视频\第4章\创建销售记录表.swf）

STEP 1 启动Excel，将新建的工作簿以"销售数据分析表"为名进行保存，然后将"Sheet1"和"Sheet2"工作表分别重命名为"销售记录表"和"销售数据分析表"，并删除"Sheet3"工作表，如图4-18所示。

STEP 2 在"销售记录表"工作表中根据销售情况详细记录销售信息：日期、产品编号、产品名称、单位、单价、销售数量、销售额、销售门店、销售员，完成后设置单元格格式，如图4-19所示。

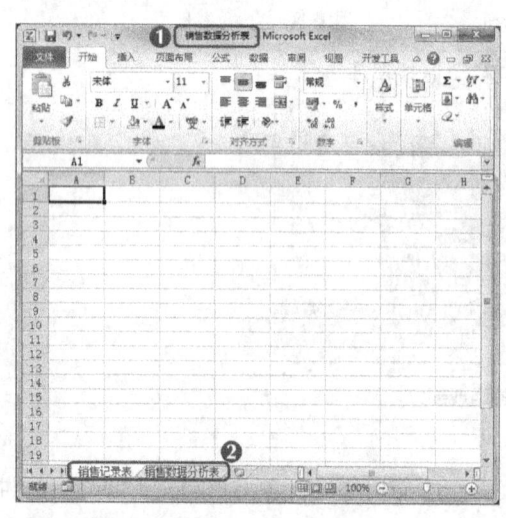

图4-18 创建工作簿

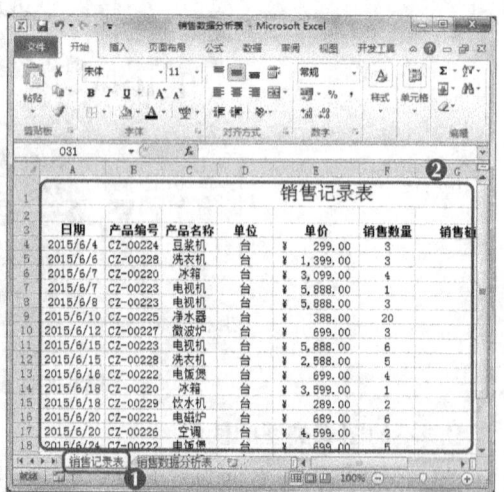

图4-19 输入并设置数据格式

STEP 3 选择A3:I23单元格区域，在【开始】/【样式】组中单击"套用表格格式"按钮，在打开的下拉列表中选择"表样式中等深浅3"选项。

STEP 4 在打开的"套用表格式"对话框的文本框中确定表格套用格式的区域后，保持其他默认设置，然后单击 确定 按钮为所选的区域套用表格样式，如图4-20所示。

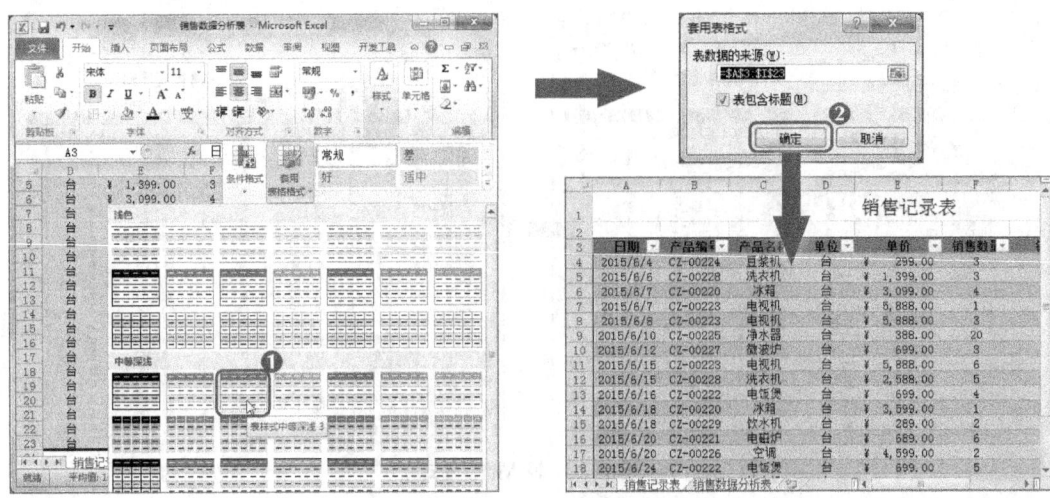

图4-20 套用表格格式

STEP 5 选择G4单元格，在编辑栏中输入公式"=E4*F4"，完成后按【Ctrl+Enter】组合键，系统自动将该公式引用到该列套用了表格格式的数据区域中计算销售额，如图4-21所示。

图4-21 计算销售额

STEP 6 在A2:B2单元格区域中输入查询条件，这里假设查询城南店"洗衣机"的销售数量，因此可在A2单元格中输入文本"城南店"，在B2单元格中输入文本"洗衣机"，然后在C2单元格中输入公式"=SUM(IF($H$4:$H$23=A2,IF($C$4:$C$23=B2,$F$4:$F$23,0),0))"。

STEP 7 按【Ctrl+Shift+Enter】组合键输入数组公式，系统将计算出城南店"洗衣机"的销售数量，如图4-22所示，完成后若需查询其他销售门店的产品销售数量，只需在A2:B2单元格区域中重新输入所需的查询条件即可。

数组公式可以执行多项计算并返回一个或多个结果。数组公式对两组或多组名为数组参数的值执行运算。每个数组参数都必须有相同数量的行和列。要输入数组公式，只需在输入公式后按【Ctrl+Shift+Enter】组合键即可，此时Excel将在公式两边自动加上大括号"{}"。

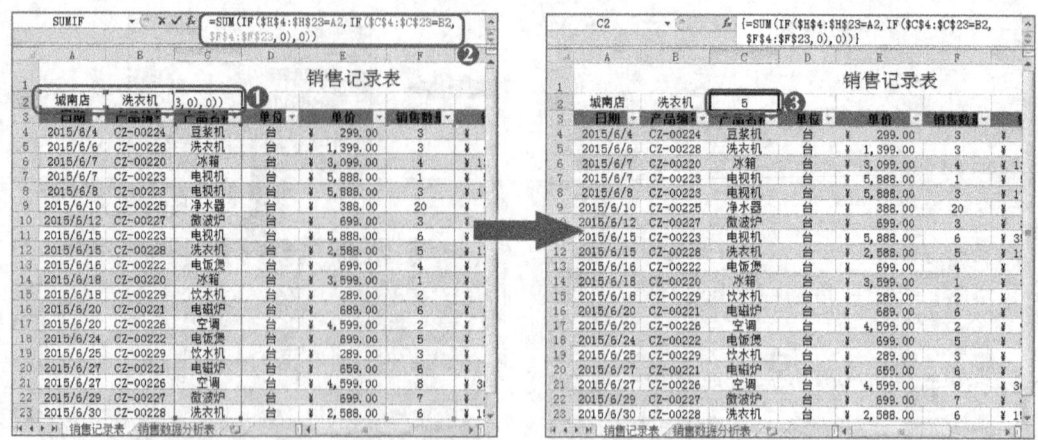

图4-22 输入数组公式

4.3.3 创建图表分析数据

在创建图表前，应先制作或打开一个创建图表所需的数据区域。因此下面首先在"销售数据分析表"工作表中汇总销售数据，然后根据汇总数据创建销售数据分析图表，其具体操作如下。（🎬微课：光盘\微课视频\第4章\创建图表分析数据.swf）

STEP 1 在"销售数据分析表"工作表中根据销售记录情况输入相应的数据并设置单元格格式，如图4-23所示。

STEP 2 选择B3:B12单元格区域，输入公式"=SUMIF(销售记录表!$C$3:$C$22,A3,销售记录表!$G$3:$G$22)"，完成后按【Ctrl+Enter】组合键汇总"销售记录表"工作表中相同产品的销售额，如图4-24所示。

图4-23 输入数据并设置数据格式

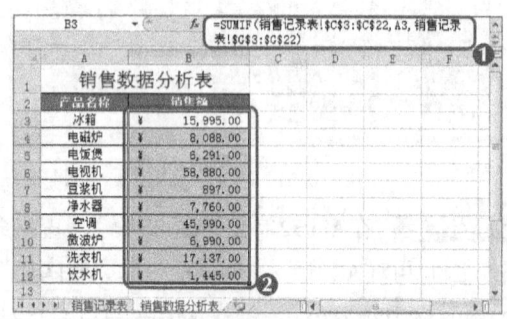

图4-24 汇总产品销售额

知识提示

SUMIF函数可根据指定条件对若干单元格进行求和。它与SUM函数相比，除了具有SUM函数的求和功能之外，还可按条件求和。其语法结构为：SUMIF(range,criteria,sum_range)，其中"range"表示要用条件判断的单元格区域；"criteria"表示要进行求和的条件，其形式可以为数字、表达式、单元格引用、文本或函数；"sum_range"表示需要求和的实际单元格。

STEP 3 选择A2:B12单元格区域，然后在【插入】/【图表】组中单击"柱形图"按钮, 在打开的下拉列表中选择"簇状柱形图"选项，如图4-25所示。

STEP 4 在工作表中即可创建出"簇状柱形图"图表，并激活图表工具的"设计""布局"和"格式"选项卡，如图4-26所示。

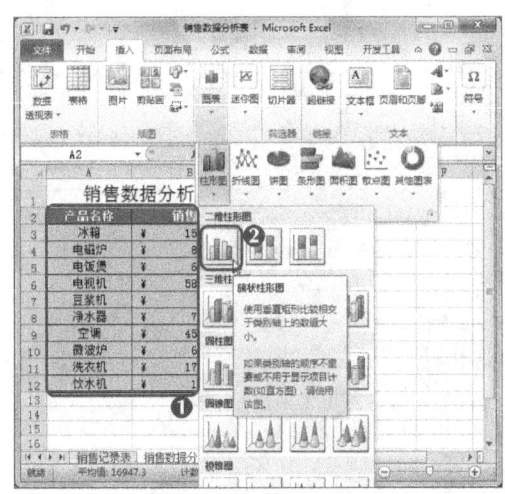
图4-25 选择图表类型

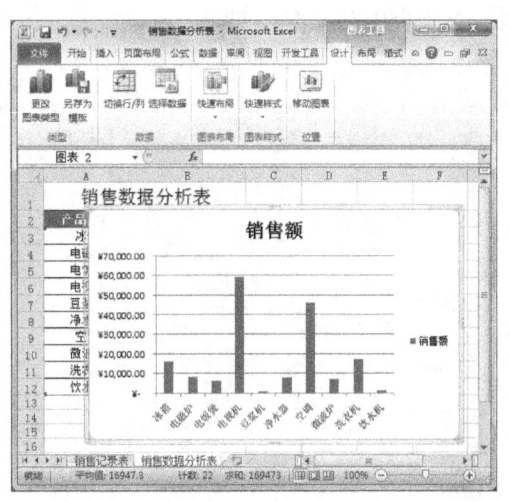
图4-26 创建图表

4.3.4 编辑并美化图表

创建好图表后，为了使图表更美观，可以根据需要对图表进行编辑和美化，其具体操作如下。（微课：光盘\微课视频\第4章\编辑并美化图表.swf）

STEP 1 将鼠标光标移动到创建的图表区上，按住鼠标左键不放，拖动图表到数据区域右侧，释放鼠标后可移动图表到所需位置，如图4-27所示。

STEP 2 将鼠标光标移动到图表区右下角的控制点上，按住鼠标左键不放向右下角拖动到合适的位置，释放鼠标后可调整图表大小，如图4-28所示。

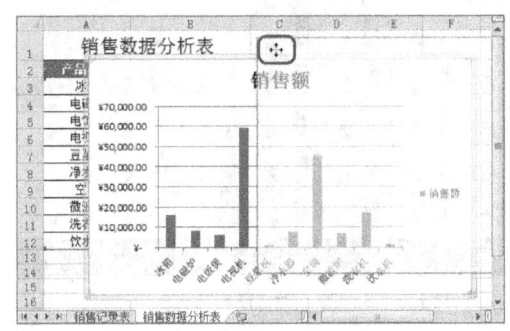
图4-27 移动图表位置

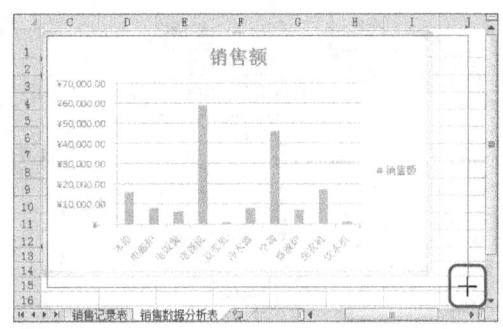
图4-28 调整图表大小

多学一招

在图表工具的【设计】/【位置】组中单击"移动图表"按钮，在打开的对话框中指定存放图表的位置，完成后单击 确定 按钮也可移动图表位置。在图表工具的【格式】/【大小】组的"高度"和"宽度"数值框中，可输入具体的数值精确设置图表大小。

STEP 3 选择图表区,在图表工具的【设计】/【图表布局】组中单击"快速布局"按钮,在打开的下拉列表中选择"布局9"选项,如图4-29所示。

STEP 4 为图表快速布局后,将出现两个"坐标轴标题"文本框,选择左侧"坐标轴标题"文本框中的文本,如图4-30所示。

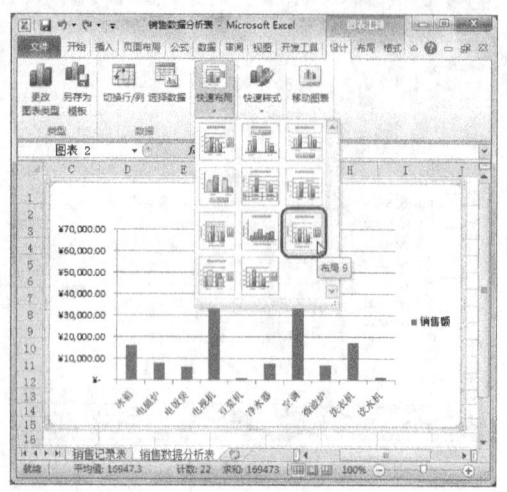

图4-29 为图表快速布局　　　　　图4-30 选择文本框中的文本

STEP 5 直接输入文本"销售额",完成后用相同的方法将图表标题和下方的坐标轴标题修改为"销售数据分析图表"和"产品名称",如图4-31所示。

STEP 6 选择图表区,在图表工具的【设计】/【图表样式】组中单击"快速样式"按钮,在打开的下拉列表中选择"样式36"选项,如图4-32所示。

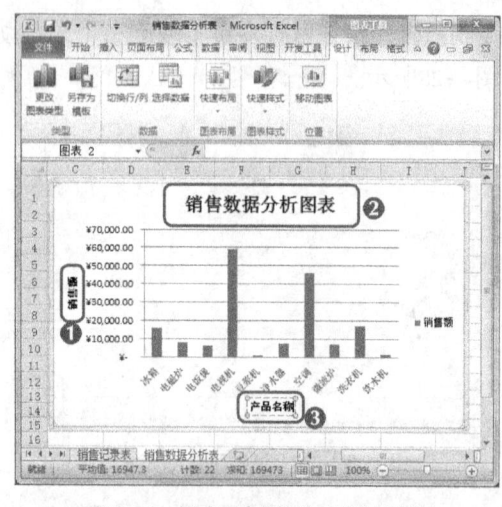 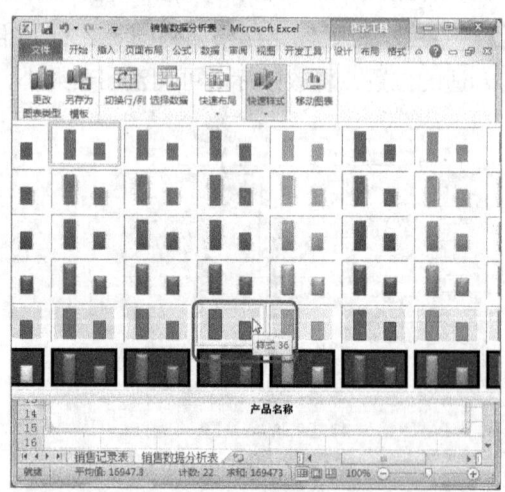

图4-31 修改图表标题和坐标轴标题　　　　图4-32 快速应用图表样式

STEP 7 在图表工具的【布局】/【标签】组中单击 图例 · 按钮,在打开的下拉列表中选择"无"选项,关闭图例,如图4-33所示。

STEP 8 在图表工具的【布局】/【标签】组中单击 数据标签 · 按钮,在打开的下拉列表中选择"数据标签外"选项，显示数据标签，如图4-34所示。

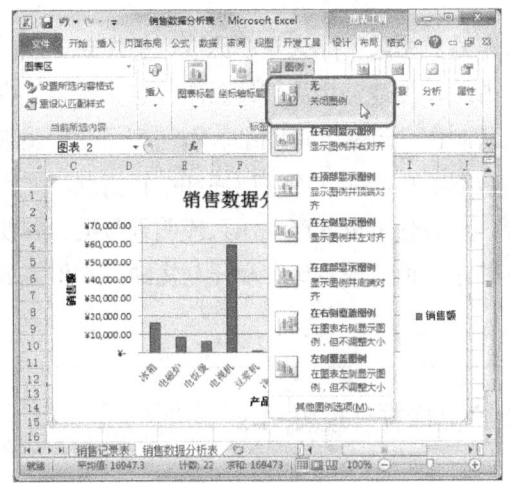

图4-33 关闭图例

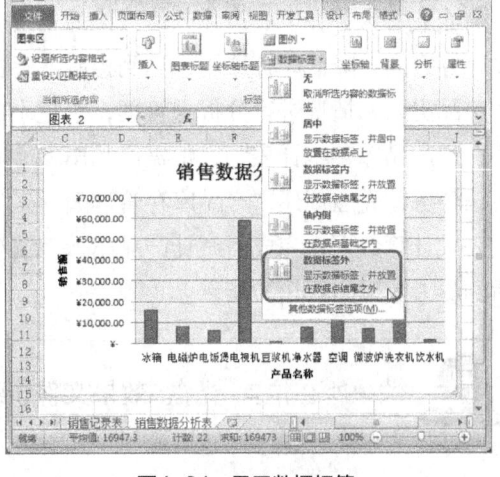

图4-34 显示数据标签

STEP 9 在图表工具的【格式】/【形状样式】组的列表框中选择"细微效果-红色，强调颜色2"选项，设置形状样式，如图4-35所示。

STEP 10 在图表工具的【格式】/【艺术字样式】组中单击 A 按钮右侧的 ▾ 按钮，在打开的下拉列表中选择"紫色"选项，设置文本填充颜色，如图4-36所示，完成图表的编辑与美化后保存并关闭工作簿。

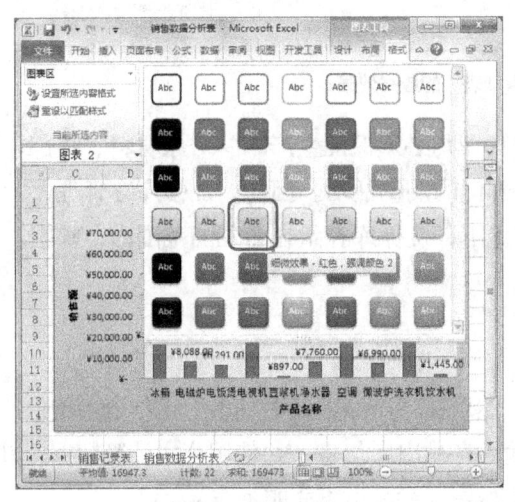

图4-35 设置形状样式

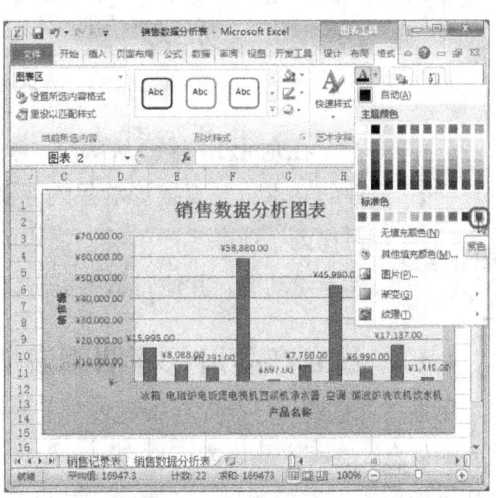

图4-36 设置文本填充颜色

多学一招

在创建的图表上单击鼠标右键，在弹出的快捷菜单中选择"更改图表类型"命令，在打开的"更改图表类型"对话框中可重新选择所需的图表类型；选择"选择数据"命令，在打开的"选择数据源"对话框中可重新编辑数据区域；选择"设置图表区域格式"命令，在打开的"设置图表区格式"对话框中可分别设置图表的填充颜色、边框样式、三维格式、大小等。

4.4 汇总库存数据

企业每天都在发生产品入库或出库情况，为了避免引起产品大量积压或产品短缺，以减少库存空间，降低库存费用，达到控制库存资金占用，加速资金周转的目的，老张希望小白对产品出入库情况进行分析与管理，于是小白准备制作"产品入库明细表""产品出库明细表""产品库存统计表"，根据产品出入库明细数据汇总产品入库、出库和结存情况。要完成该任务首先应创建"产品库存管理表"工作簿，然后分别录入产品出入库明细数据，并使用公式计算数据，完成后统计产品出入库情况，并添加批注提示库存积压与短缺。本例完成后的参考效果如图4-37所示。

 效果所在位置 光盘:\效果文件\第4章\产品库存管理表.xlsx

图4-37 "产品库存管理表"的最终效果

 在企业生产经营活动中，库存管理既必须保证生产车间对原材料、零部件的需求，又直接影响采购、销售部门的购销活动。因此，加强库存管理，可保证企业在生产、经营需求的前提下，确保库存量在合理的范围内，掌握库存量动态，并适时适量提出订货。

4.4.1 建立产品出入库明细表

下面首先创建"产品库存管理表"工作簿，然后在"产品入库明细表"工作表中输入产品入库信息，在"产品出库明细表"工作表中输入产品出库信息，并使用公式计算数据，其具体操作如下。（**微课**：光盘\微课视频\第4章\建立产品出入库明细表.swf）

STEP 1 新建空白工作簿，将其以"产品库存管理表"为名进行保存，然后将"Sheet1""Sheet2""Sheet3"工作表分别重命名为"产品入库明细表""产品出库明细表""产品库存统计表"，如图4-38所示。

STEP 2 在"产品入库明细表"工作表中根据产品入库情况详细记录入库信息：单号、入库日期、供应商、产品编码、产品名称、单位、单价、数量、金额，完成后设置单元格格式，如图4-39所示。

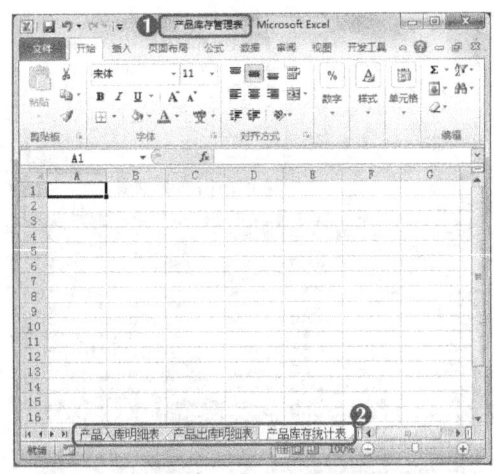

图4-38 重命名工作表　　　　　　　　　图4-39 输入产品入库信息

STEP 3 选择I4:I23单元格区域，输入公式"=G4*H4"，完成后按【Ctrl+Enter】组合键计算金额，如图4-40所示。

STEP 4 选择A3:I23单元格区域，在【开始】/【样式】组中单击"套用表格格式"按钮，在打开的下拉列表中选择"表样式中等深浅10"选项，如图4-41所示。

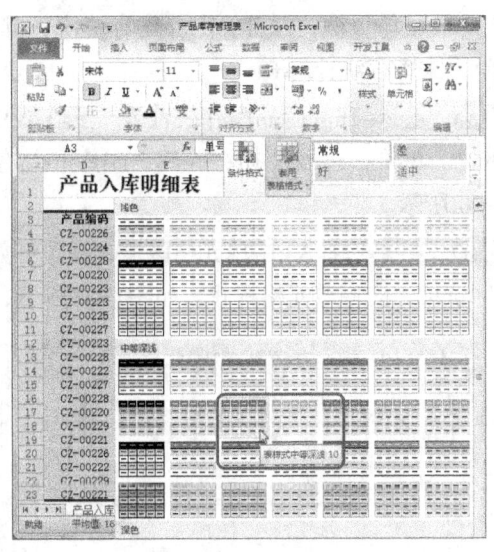

图4-40 计算金额　　　　　　　　　图4-41 选择套用的表格格式

STEP 5 在打开的"套用表格格式"对话框的文本框中确定套用格式的区域后，保持其他默认设置，然后单击 确定 按钮为所选的区域套用表格样式，如图4-42所示。

STEP 6 用相同的方法在"产品出库明细表"工作表中输入产品出库信息：单号、日期、部门、产品编码、产品名称、单位、单价、数量、金额，然后设置单元格格式并计算金额，完成后套用表格格式，如图4-43所示。

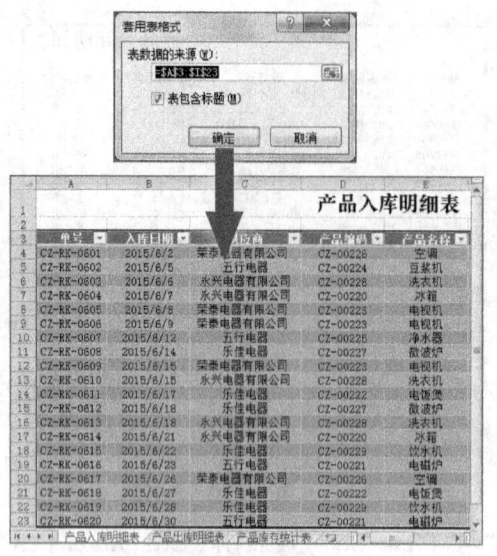
图4-42 套用表格格式

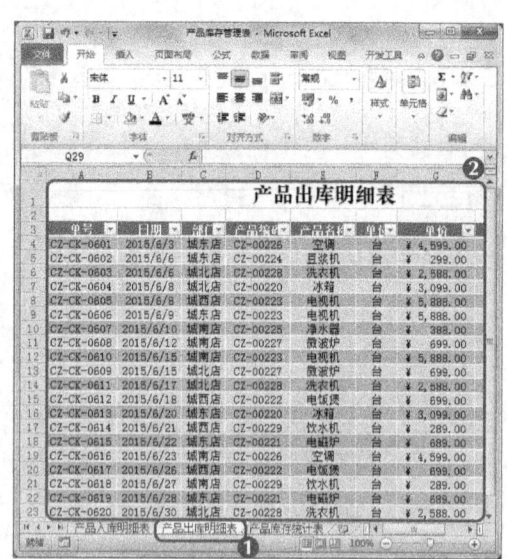
图4-43 输入产品出库信息

4.4.2 月末库存统计

下面将引用"产品入库明细表"和"产品出库明细表"中的相应数据统计月末产品的出入库数量与金额，并计算产品结存情况，其具体操作如下。（ 微课：光盘\微课视频\第4章\月末库存统计.swf）

STEP 1 在"产品库存统计表"工作表中输入产品的库存信息：产品编码、产品名称、单位、单价，以及期初、入库、出库和结存的数量和金额，完成后设置单元格格式，如图4-44所示。

STEP 2 选择A3:L4单元格区域，在【开始】/【样式】组的列表框中选择"强调文字颜色2"选项，应用单元格样式，如图4-45所示，完成后继续设置单元格格式为"12，加粗"。

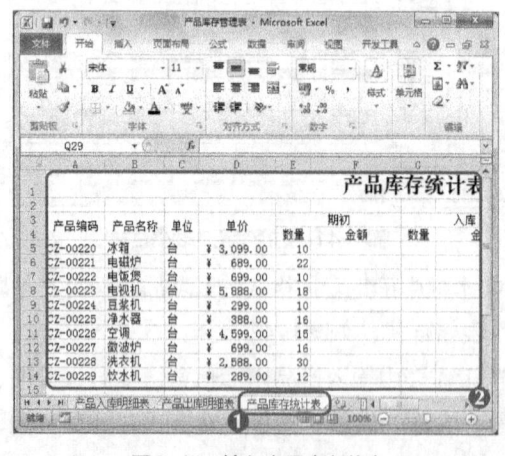
图4-44 输入产品库存信息

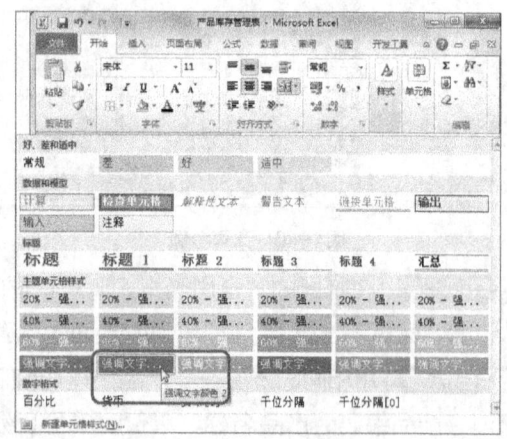
图4-45 应用单元格样式

STEP 3 选择F5:F14单元格区域，在编辑栏中输入公式"=D5*E5"，按【Ctrl+Enter】组合键计算出期初金额，如图4-46所示。

STEP 4 在"产品入库明细表"工作表中选择D4:I23单元格区域,在编辑栏的名称框中输入文本"入库信息",按【Enter】键,如图4-47所示。

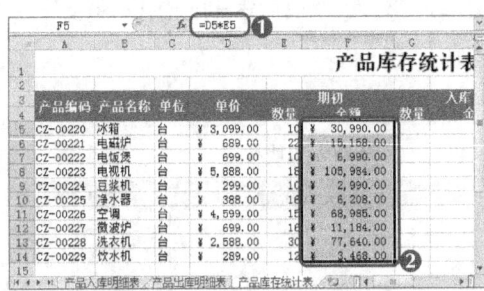

图4-46 计算期初金额　　　　　　　　　图4-47 定义单元格区域名称

STEP 5 在"产品入库明细表"工作表中选择H4:H23单元格区域,在编辑栏的名称框中输入文本"入库数量",按【Enter】键。

STEP 6 用相同的方法在"产品出库明细表"工作表中将D4:I23单元格区域命名为"出库信息",将H4:H23单元格区域命名为"出库数量",然后在名称框后单击▼按钮,在打开的下拉列表中可查看定义的单元格区域名称,如图4-48所示。

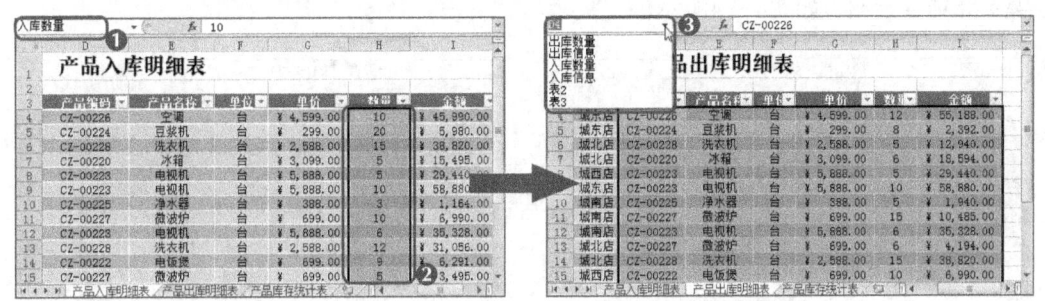

图4-48 定义单元格区域名称

STEP 7 在"产品库存统计表"工作表中选择G5:G14单元格区域,在编辑栏中输入"=SUMIF(入库信息,A5,入库数量)",然后按【Ctrl+Enter】组合键计算入库数量,如图4-49所示。

STEP 8 选择I5:I14单元格区域,在编辑栏中输入公式"=SUMIF(出库信息,A5,出库数量)",然后按【Ctrl+Enter】组合键计算出库数量,如图4-50所示。

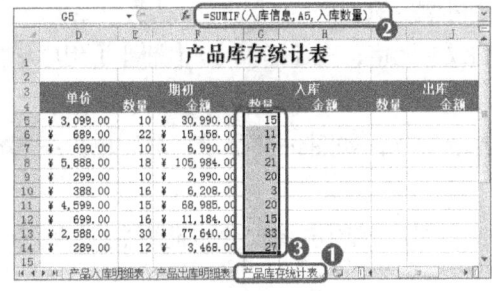 

图4-49 计算入库数量　　　　　　　　　图4-50 计算出库数量

STEP 9 选择H5:H14单元格区域，在编辑栏中输入公式"=IF(G5="","",D5*G5)"，按【Ctrl+Enter】组合键计算入库金额，如图4-51所示。

STEP 10 选择J5:J14单元格区域，在编辑栏中输入公式"=IF(I5="","",D5*I5)"，按【Ctrl+Enter】组合键计算出库金额，如图4-52所示。

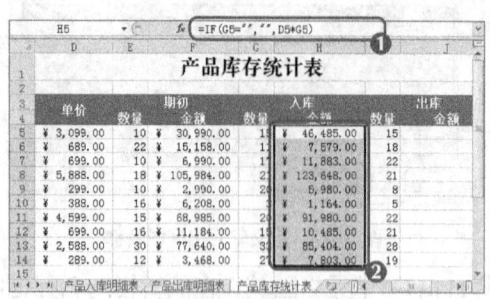
图4-51 计算入库金额

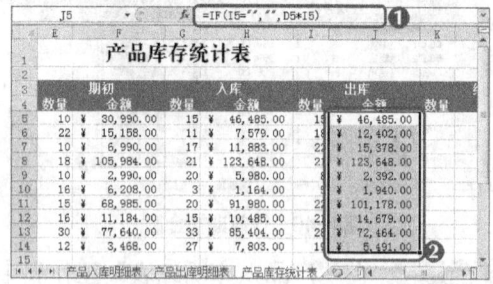
图4-52 计算出库金额

STEP 11 选择K5:K14单元格区域，在编辑栏中输入公式"=E5+G5-I5"，按【Ctrl+Enter】组合键计算结存数量，如图4-53所示。

STEP 12 选择L5:L14单元格区域，在编辑栏中输入公式"=D5*K5"，按【Ctrl+Enter】组合键计算结存金额，如图4-54所示。

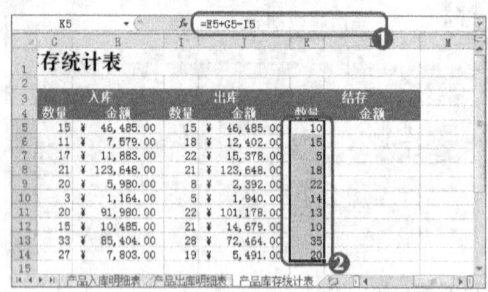
图4-53 计算结存数量

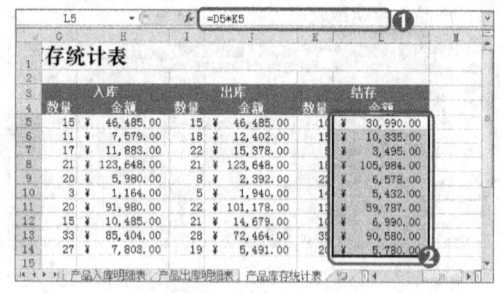
图4-54 计算结存金额

4.4.3 添加批注

批注是以一种弹出说明信息的界面来提示用户。在Excel中通过插入批注可以对单元格添加注释，有助于更好的理解数据。下面在"产品库存统计表"工作表中对产品结存数量大于30的提示库存积压，请及时制定处理方案，对小于5的提示库存短缺，请及时补货，其具体操作如下。（◉微课：光盘\微课视频\第4章\添加批注.swf）

STEP 1 在"产品库存统计表"工作表中选择K7单元格，在【审阅】/【批注】组中单击"新建批注"按钮 。

STEP 2 在打开的批注编辑框中输入所需的提示信息，如图4-55所示，然后单击编辑框以外的位置完成批注的插入。

STEP 3 在批注编辑框上单击鼠标右键，在弹出的快捷菜单中选择"设置批注格式"命令。

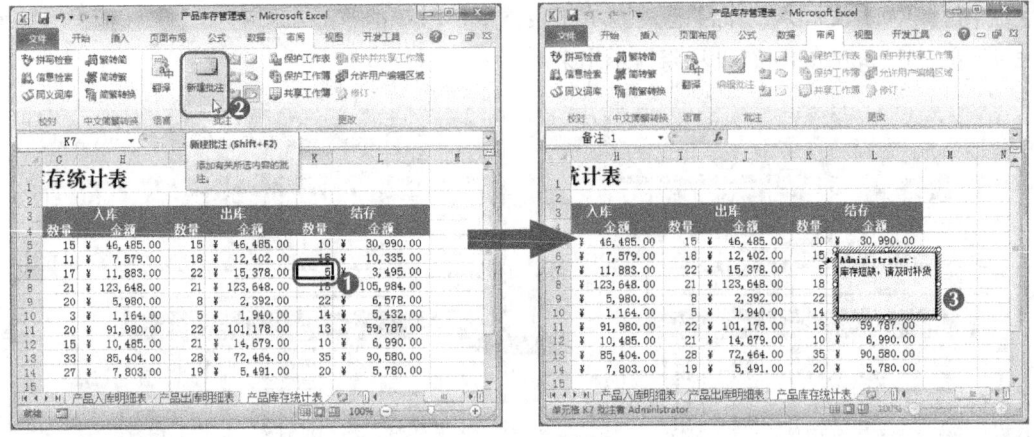

图4-55 插入批注

STEP 4 在打开的"设置批注格式"对话框的"字体"选项卡中设置批注字体格式为"隶书,加粗,10,红色",完成后单击 确定 按钮,如图4-56所示。

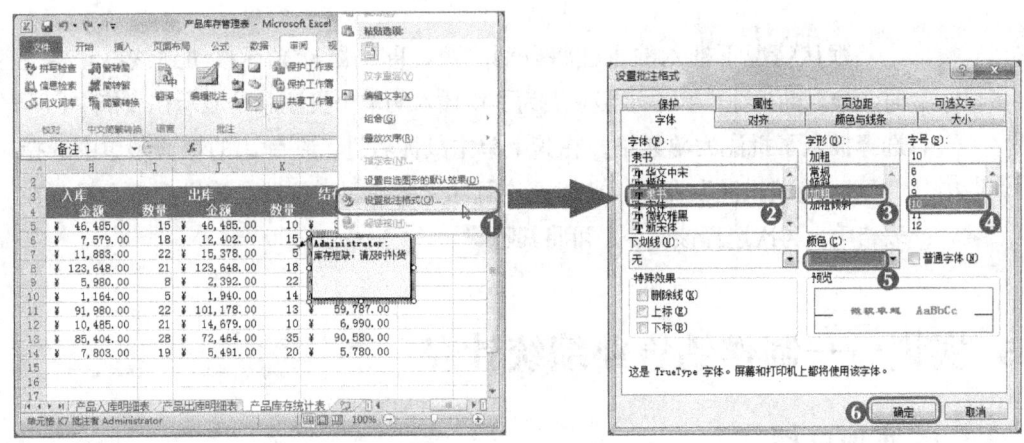

图4-56 设置批注格式

STEP 5 将鼠标光标移动到批注框右下角,按住鼠标左键不放,向上拖动到适合批注框中数据的大小后释放鼠标,如图4-57所示。

STEP 6 用相同的方法在K13单元格中插入批注并设置批注格式,完成后调整批注框大小,如图4-58所示。

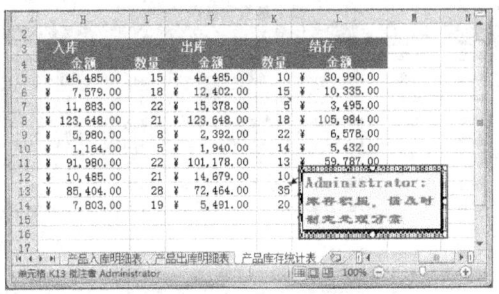

图4-57 调整批注框大小　　　　图4-58 插入并编辑批注

STEP 7 为了使插入的批注总是显示在表格中，可单击"显示所有批注"按钮，如图4-59所示，工作表中的所有批注将显示出来。

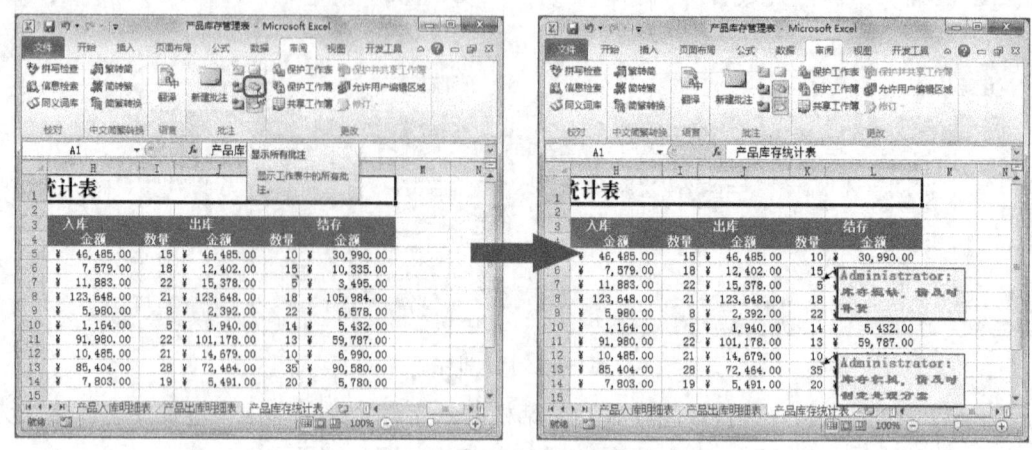

图4-59 显示所有批注

 默认情况下插入的批注将自动隐藏，即当鼠标光标移动到该单元格上时，插入的批注才会显示出来。为了使插入的单个批注总是显示在表格中，可选择插入了批注的单元格，在其上单击鼠标右键，在弹出的快捷菜单中选择"显示/隐藏批注"命令，此时无论鼠标光标在哪个位置，该批注都会显示在表格中，再次选择该命令，可将其隐藏。

4.5 实训——制作销售业绩统计表

4.5.1 实训目标

本实训的目标是制作销售业绩统计表，对销售业绩进行统计并分析，及时了解销售情况，管理销售进程，鼓励销售人员发挥工作潜能，促进公司产品的营销。因此老张要求小白统计各季度的销售业绩，并使用图表分析销售数据，使阅读更直观，更易于理解。本实训的最终效果如图4-60所示。

图4-60 "销售业绩统计表"最终效果

效果所在位置 光盘:\效果文件\第4章\实训\销售业绩统计表.xlsx

4.5.2 专业背景

随着市场竞争日趋激烈，市场营销活动在企业活动中的核心地位日渐明显，销售人员作为企业经济效益的直接创造者和实现者，在企业中的地位和作用越来越重要，销售人才目前已成为企业的宝贵财富。要想留住核心销售人才，除了加强薪酬的竞争力，还应加强销售人员的绩效考核管理。销售人员的绩效管理主要是根据销售额衡量销售人员业绩。

销售业绩管理的意义主要体现在以下几个方面。

- 有助于企业做出正确的晋升或工资调整方面的决策，促进销售队伍的良性竞争。
- 使管理者与销售人员有机会通过制定计划来克服考核过程中揭示出来的低效率行为，还可以帮助管理者强化销售人员已有的正确行为并将其推广，从而改进整个销售队伍的绩效。
- 为企业根据销售人员表现出来的优点和缺点，制定销售人员的职业发展规划提供了一个绝好的机会。

4.5.3 操作思路

完成本实训需要创建"销售业绩统计表"工作簿，在其中根据销售业绩统计并录入各季度的销售额，然后计算合计金额，完成后使用折线图分析员工每季度的销售业绩，其操作思路如图4-61所示。

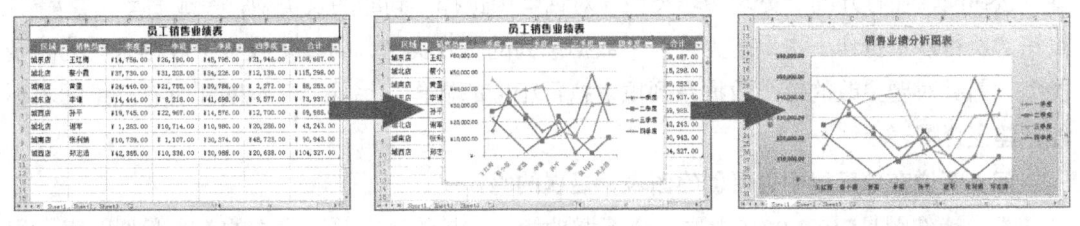

① 输入员工销售业绩　　② 创建折线图　　③ 编辑并美化图表

图4-61 "销售业绩统计表"的制作思路

【步骤提示】

STEP 1 启动Excel，将新建的空白工作簿以"销售业绩统计表"为名进行保存，然后输入所需的数据，并设置单元格格式。

STEP 2 选择G3:G10单元格区域，使用自动求和功能计算合计金额，然后为A2:G10单元格区域套用表格格式"表样式浅色9"。

STEP 3 选择B2:F10单元格区域，在【插入】/【图表】组中单击"折线图"按钮，在打开的下拉列表中选择"带数据标记的折线图"选项创建所需的图表。

STEP 4 移动图表到数据区域下方，并调整图表大小，然后将图表快速布局为"布局1"，再修改图表标题和坐标轴标题为"销售业绩分析图表"和"销售额"。

STEP 5 设置图表形状样式为"细微效果-蓝色，强调颜色1"，艺术字样式为"渐变填充-紫色，强调文字颜色4，映像"，完成后保存并关闭工作簿。

4.6 疑难解析

问：请购单与采购单有何区别？

答：请购单与采购单都是需采购物品的清单，但请购单是需向上级申报，并得到批准方可进行采购的申请单。而采购单具有请购单的同等功能，但是它也可是无需批准、自主采购的物品计划单。不同的单位可根据需要确定其作用。

问：能否将工作表中的图表隐藏起来？

答：要在工作表中隐藏图表，首先应选择需隐藏的图表，然后按【Ctrl+6】组合键隐藏图表，再次按【Ctrl+6】组合键则可显示图表。

问：如何快速并准确地选择图表的组成部分？

答：在图表工具的【布局】/【当前所选内容】或【格式】/【当前所选内容】组的下拉列表框中可准确选择图表中的某个组成部分，然后单击 设置所选内容格式 按钮可详细设置所选内容的格式。

问：如何创建组合图表？

答：在Excel中创建图表后，不仅可以根据需要重新选择并更改图表类型，也可以为单个数据系列选择另一种图表类型，使图表转换为组合图表。创建组合图表的方法为：在图表区中单击并选择某个数据系列，然后在图表工具的【设计】/【类型】组中单击"更改图表类型"按钮 ，在打开的"更改图表类型"对话框中选择不同的图表类型，完成后单击 确定 按钮。执行以上操作一次只能更改一个数据系列的图表类型，若要更改多个数据系列的图表类型，需针对要更改的每个数据系列重复执行相应的操作。另外，气泡图和所有三维图表不能创建组合图表。

问：听说在单元格中也可创建图表，是真的吗？

答：迷你图是Excel 2010中的一个新增功能，它是绘制在单元格中的一个微型图表，用迷你图可以直观地反映数据系列的变化趋势。与图表不同的是，当打印工作表时，单元格中的迷你图会与数据一起进行打印。创建迷你图的方法为：打开要创建迷你图的工作簿后，在【插入】/【迷你图】组中选择并单击所需的迷你图类型，在打开的"创建迷你图"对话框中的"数据范围"参数框中选择所需的数据区域，在"位置范围"参数框中选择存放迷你图的位置，完成后单击 确定 按钮即可在所选的区域创建一组迷你图。

问：如何编辑批注？

答：在单元格中添加批注后，选择该单元格，在其上单击鼠标右键，在弹出的快捷菜单中选择"编辑批注"命令可编辑批注，选择"删除批注"命令可删除批注。另外，无论当前单元格位于工作表中的什么位置，按【Ctrl+Shift+O】组合键可快速选择所有已插入批注的单元格。

4.7 习题

本章主要介绍了使用Excel管理并分析采购数据、销售数据和库存数据的方法,主要用到的Excel知识有:套用表格格式、公式与函数的使用、数据的排序与分类汇总、图表的使用、批注的使用等。读者应加强该部分内容的练习与应用。

  效果所在位置 光盘:\效果文件\第4章\习题\销售费用支出表.xlsx、月度库存管理表.xlsx

(1)制作"销售费用支出表"工作表,其参考效果如图4-62所示,相关要求及操作如下。
- 创建"销售费用支出图表"工作簿,在其中输入销售费用项目和相应的金额,然后选择A2:G3单元格区域,创建"分离型三维饼图"图表。
- 修改图表标题,并在图表工具的【布局】/【标签】组中设置数据标签为"居中"。
- 设置形状样式为"细微效果-紫色,强调颜色4",然后调整图表位置与大小。
- 在绘图区单击并选择数据标签,然后在【开始】/【字体】组中设置字体格式为"12,加粗,白色"。

(2)制作"月度库存管理表"工作表,其参考效果如图4-63所示,相关要求及操作如下。
- 创建"月度库存管理表"工作簿,输入各项目数据,并设置单元格格式,然后套用表格格式为"表样式浅色9"。
- 选择F3:F19单元格区域,在编辑栏中输入公式"=C3+D3-E3",然后按【Ctrl+Enter】组合键。由于溢短等于标准库存量减去当前数目,所以选择H3:H19单元格区域,在编辑栏中输入公式"=F3-G3",完成后按【Ctrl+Enter】组合键。
- 假设溢短的数目为负数时,表示出现存货短缺,为正数时则表示存货足够,所以在H3单元格中插入批注提示存货短缺,请及时补货。

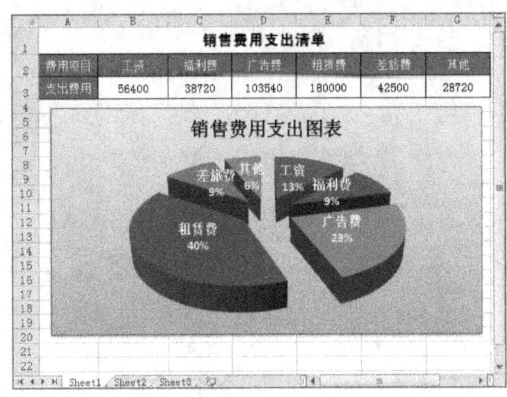

图4-62 "销售费用支出表"最终效果   图4-63 "月度库存管理表"最终效果

课后拓展知识

Excel中的趋势线是用图形的方式显示数据系列的预测趋势并可用于预测分析。在图表中要查看某一系列数据的变化趋势,可以为相应的数据系列添加趋势线,这样就可以清楚地观察到图表的变化趋势。添加趋势线的具体操作如下。

STEP 1 在图表中选择要为其添加趋势线的数据系列,在其上单击鼠标右键,在弹出的快捷菜单中选择"添加趋势线"命令,如图4-64所示。

STEP 2 在打开的"设置趋势线格式"对话框的"趋势线选项"选项卡中设置趋势线选项,这里单击选中"显示公式"复选框,其他各项保持默认设置,完成后单击 关闭 按钮,如图4-65所示。

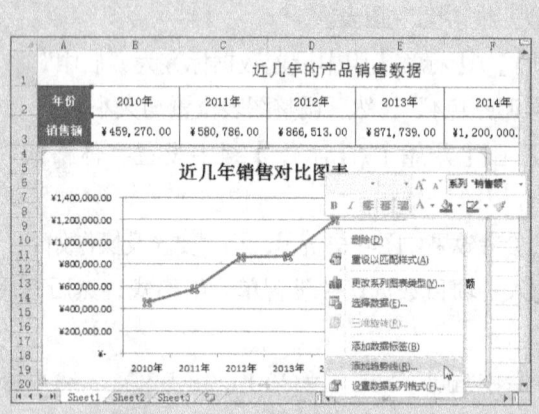

图4-64 选择"添加趋势线"命令

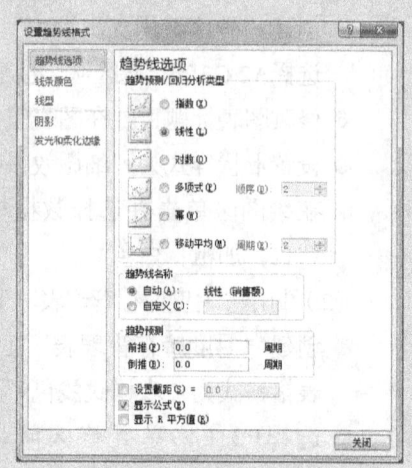

图4-65 设置趋势线选项

STEP 3 返回工作表中可看到添加的趋势线和方程表达式,如图4-66所示。

STEP 4 根据方程表达式"y = 177241x + 263938"即可预测出2015年的销售量为"1327384",如图4-67所示。

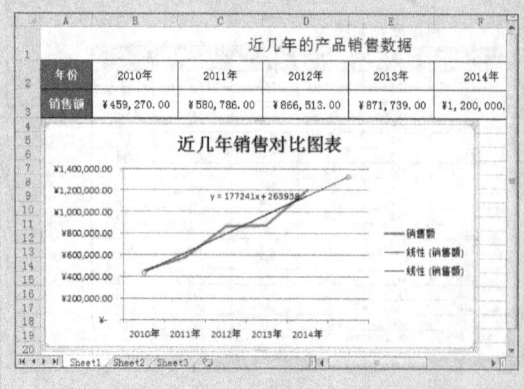

图4-66 添加趋势线

图4-67 预测销售量

第5章 应收账款管理

情景导入

应收账款管理是企业流动资产管理中的一个重要项目。为了加强应收账款管理,小白将使用Excel进行应收账款的账龄分析和计提坏账准备等。

知识技能目标

- 了解定位条件的使用方法,并巩固数据的排序与分类汇总,以及使用图表分析数据的操作方法。
- 掌握进行应收账款账龄分析的相关公式与函数的使用方法。

- 能够使用Excel建立应收账款明细账,并使用饼图分析应收账款。
- 能够使用Excel进行应收账款账龄分析,并计提坏账准备。

课堂案例展示

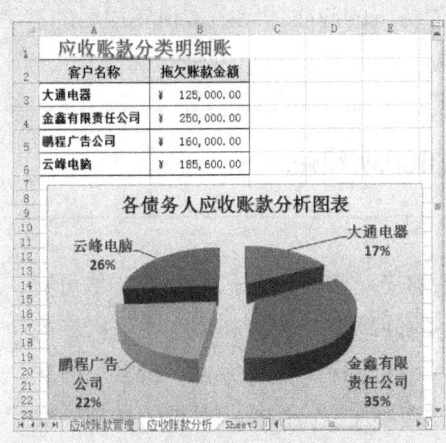

"应收账款明细账"的表格效果　　　　"应收账款账龄分析表"的表格效果

5.1 了解应收账款管理

为了促进产品销售、增加企业经营成本、减少坏账损失、保证企业持续经营，应加强应收账款的管理。应收账款管理是指在赊销业务中从授信方（销售商）将货物或服务提供给受信方（购买商），债权成立开始到款项实际收回或作为坏账处理结束，授信企业采用系统的方法和科学的手段对应收账款回收全过程所进行的管理。应收账款管理的目的是保证足额、及时收回应收账款，降低和避免信用风险。

通常情况下，应收账款管理分为以下两个阶段。

- **拖欠前的账款管理**：是指从债权开始成立到应收账款到期这段时间的管理。为了区分这两个阶段的管理，信用管理机构往往将账款被拖欠前的管理称为应收账款管理。该阶段的具体内容是对现有债务人的还款情况进行分析，做好客户的甄别筛选工作，尽可能防范和降低交易风险。
- **拖欠后的账款管理**：是指应收账款到期日后的账款管理，即逾期后的账款管理（也可称为商账追收）。该阶段的具体内容是进行应收账款账龄分析，即根据应收账款入账时间的长短来估计坏账损失。一般来说，账款拖欠的时间越长，发生坏账的可能性就越大，因此对产生的应收账款进行分析，更为计提坏账准备提供了可靠的依据。

企业应收账款管理的重点是根据企业的实际经营情况和客户的信誉情况制定企业合理的信用政策，努力降低成本，争取获得最大效益，从而保证应收账款的安全性，最大限度地降低应收账款的风险。

5.2 建立应收账款明细账

拖欠前的应收账款管理主要是登记应收账款信息并分析应收账款数据。于是小白准备先建立"应收账款明细账"工作簿登记企业现有应收账款信息，然后分析应收账款数据。要完成该任务首先应输入应收账款的详细信息，并使用公式计算数据，然后使用数据排序和分类汇总功能管理应收账款数据，完成后使用图表分析各债务人的应收账款。本例完成后的参考效果如图5-1所示。

效果所在位置　光盘:\效果文件\第5章\应收账款明细账.xlsx

职业素养　为了加强应收账款管理，企业在赊销前应对客户进行资信调查，尽可能防范和降低交易风险。资信调查需要解决的问题有：能否和该客户进行商品交易？每次信用额应控制在多少为宜？采用什么样的交易方式、付款期限和保障措施？通常情况下，客户的资信程度取决于5个方面：客户的品德、能力、资本、担保、条件。

赊销日期	客户名称	应收账款	已收账款	结余金额
2015/1/16	大通电器	¥ 120,000.00	¥ 45,000.00	¥ 75,000.00
2015/3/6	大通电器	¥ 40,000.00	¥ 40,000.00	¥ -
2015/4/2	大通电器	¥ 20,000.00	¥ -	¥ 20,000.00
2015/5/2	大通电器	¥ 80,000.00	¥ 50,000.00	¥ 30,000.00
	大通电器 汇总	¥ 260,000.00	¥ 135,000.00	¥ 125,000.00
2015/1/18	金鑫有限责任公司	¥ 50,000.00	¥ 30,000.00	¥ 20,000.00
2015/3/8	金鑫有限责任公司	¥ 35,000.00	¥ -	¥ 35,000.00
2015/4/10	金鑫有限责任公司	¥ 10,000.00	¥ 10,000.00	¥ -
2015/5/27	金鑫有限责任公司	¥ 45,000.00	¥ -	¥ 45,000.00
2015/6/25	金鑫有限责任公司	¥ 150,000.00	¥ -	¥ 150,000.00
	金鑫有限责任公司	¥ 290,000.00	¥ 40,000.00	¥ 250,000.00
2015/1/26	鹏程广告公司	¥ 20,000.00	¥ 20,000.00	¥ -
2015/3/25	鹏程广告公司	¥ 158,000.00	¥ 58,000.00	¥ 100,000.00
2015/4/15	鹏程广告公司	¥ 10,000.00	¥ -	¥ 10,000.00
2015/5/29	鹏程广告公司	¥ 30,000.00	¥ -	¥ 30,000.00
2015/6/18	鹏程广告公司	¥ 30,000.00	¥ 10,000.00	¥ 20,000.00
	鹏程广告公司 汇总	¥ 248,000.00	¥ 88,000.00	¥ 160,000.00
2015/1/15	云峰电脑	¥ 28,000.00	¥ -	¥ 28,000.00
2015/2/5	云峰电脑	¥ 68,500.00	¥ 42,500.00	¥ 26,000.00
2015/3/29	云峰电脑	¥ 38,600.00	¥ 10,000.00	¥ 28,600.00
2015/4/24	云峰电脑	¥ 50,000.00	¥ 32,000.00	¥ 18,000.00
2015/6/10	云峰电脑	¥ 105,000.00	¥ 20,000.00	¥ 85,000.00
	云峰电脑 汇总	¥ 290,100.00	¥ 104,500.00	¥ 185,600.00
	总计	¥1,088,100.00	¥ 367,500.00	¥ 720,600.00

客户名称	拖欠账款金额
大通电器	¥ 125,000.00
金鑫有限责任公司	¥ 250,000.00
鹏程广告公司	¥ 160,000.00
云峰电脑	¥ 185,600.00

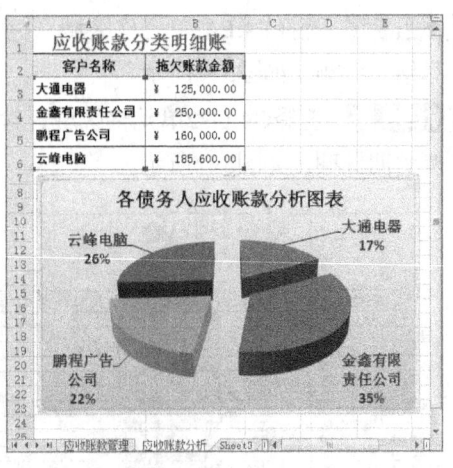

图5-1 “应收账款明细账”的最终效果

5.2.1 登记应收账款基本信息

下面将在创建的“应收账款明细账”工作簿中登记应收账款信息：赊销日期、客户名称、应收账款、已收账款、结余金额、付款期限、到期日期，然后使用公式计算结余金额和到期日期，其中结余金额是指购货单位或个人没有全额付款或已支付部分货款后余下的货款金额，其计算公式为“结余金额=应收账款-已收账款”；到期日期是指信用期满后的最后一日，其计算公式为“到期日期＝开票日期+收款期”，其具体操作如下。（微课：光盘\微课视频\第5章\登记应收账款基本信息.swf）

STEP 1 启动Excel，将新建的工作簿以“应收账款明细账”为名进行保存，然后输入应收账款基本信息：赊销日期、客户名称、应收账款、已收账款、结余金额、付款期限、到期日期，并设置单元格格式。

STEP 2 选择B2单元格，输入当前日期“2015-6-28”，并分别在A4:D22和F4:F22单元格区域中输入应收账款管理信息，如图5-2所示。

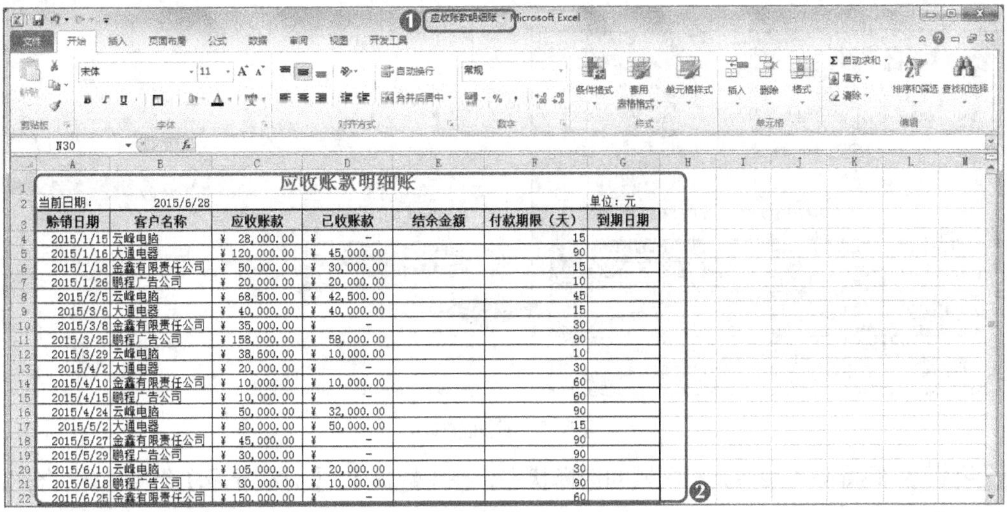

赊销日期	客户名称	应收账款	已收账款	结余金额	付款期限（天）	到期日期
2015/1/15	云峰电脑	¥ 28,000.00	¥ -		15	
2015/1/16	大通电器	¥ 120,000.00	¥ 45,000.00		90	
2015/1/18	金鑫有限责任公司	¥ 50,000.00	¥ 30,000.00		15	
2015/1/26	鹏程广告公司	¥ 20,000.00	¥ 20,000.00		10	
2015/2/5	云峰电脑	¥ 68,500.00	¥ 42,500.00		45	
2015/3/6	大通电器	¥ 40,000.00	¥ 40,000.00		15	
2015/3/8	金鑫有限责任公司	¥ 35,000.00	¥ -		30	
2015/3/25	鹏程广告公司	¥ 158,000.00	¥ 58,000.00		90	
2015/3/29	云峰电脑	¥ 38,600.00	¥ 10,000.00		10	
2015/4/2	大通电器	¥ 20,000.00	¥ -		30	
2015/4/10	金鑫有限责任公司	¥ 10,000.00	¥ 10,000.00		60	
2015/4/15	鹏程广告公司	¥ 10,000.00	¥ -		60	
2015/4/24	云峰电脑	¥ 50,000.00	¥ 32,000.00		90	
2015/5/2	大通电器	¥ 80,000.00	¥ 50,000.00		15	
2015/5/27	金鑫有限责任公司	¥ 45,000.00	¥ -		90	
2015/5/29	鹏程广告公司	¥ 30,000.00	¥ -		90	
2015/6/10	云峰电脑	¥ 105,000.00	¥ 20,000.00		30	
2015/6/18	鹏程广告公司	¥ 30,000.00	¥ 10,000.00		90	
2015/6/25	金鑫有限责任公司	¥ 150,000.00	¥ -		60	

图5-2 输入应收账款信息

STEP 3 选择E4:E22单元格区域,输入公式"=C4-D4",然后按【Ctrl+Enter】组合键计算结余金额,如图5-3所示。

STEP 4 选择G4:G22单元格区域,输入公式"=A4+F4",然后按【Ctrl+Enter】组合键计算到期日期,如图5-4所示。

图5-3 计算结余金额 　　　　图5-4 计算到期日期

5.2.2 排序并汇总各债务人账款

登记应收账款管理信息后,由于债务人较多,为了方便查看某一债务人所欠本公司款项的总额,可利用Excel的数据排序和分类汇总功能针对不同债权人所欠金额进行汇总,其具体操作如下。（微课:光盘\微课视频\第5章\排序并汇总各债务人账款.swf）

STEP 1 在"应收账款明细账"工作簿中选择A3:G22单元格区域,在【数据】/【排序和筛选】组中单击"排序"按钮。

STEP 2 在打开的"排序"对话框的"主要关键字"下拉列表框中选择"客户名称"选项,然后单击 按钮,在"次要关键字"下拉列表框中选择"赊销日期"选项,完成后单击 按钮,如图5-5所示。

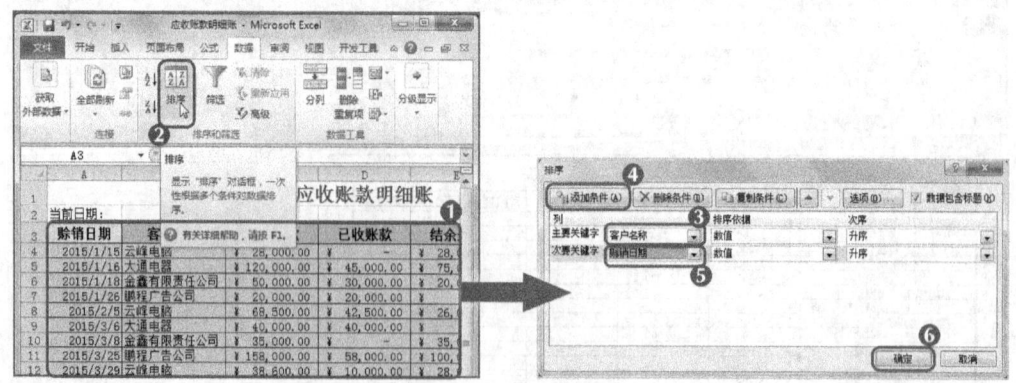

图5-5 数据的排序

STEP 3 保持A3:G22单元格区域的选择状态,在【数据】/【分级显示】组中单击"分类汇总"按钮。

STEP 4 在打开的"分类汇总"对话框的"分类字段"下拉列表框中选择"客户名称"选项,在"选定汇总项"列表框中单击选中"应收账款""已收账款""结余金额"复选框,其他各项保持默认设置,完成后单击 确定 按钮,如图5-6所示。

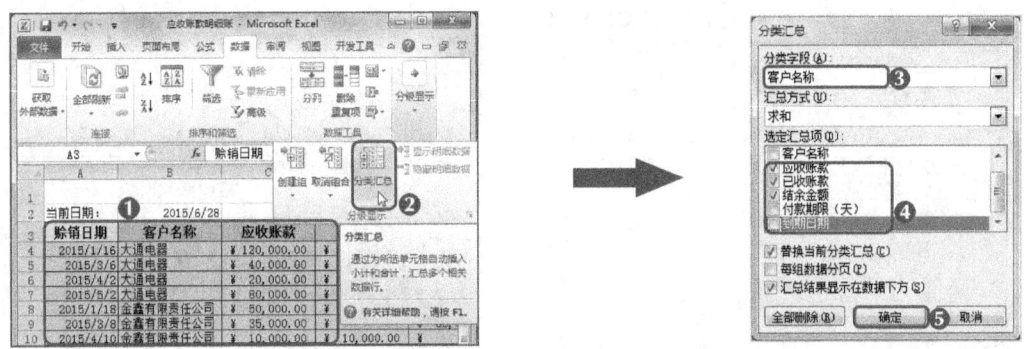

图5-6 设置分类汇总选项

STEP 5 返回工作表中可看到根据客户名称汇总后的应收账款、已收账款、结余金额数据,完成后在工作表编辑区左上角单击 2 按钮,将只显示各客户名称对应的汇总项和所有客户名称的合计数据,如图5-7所示。

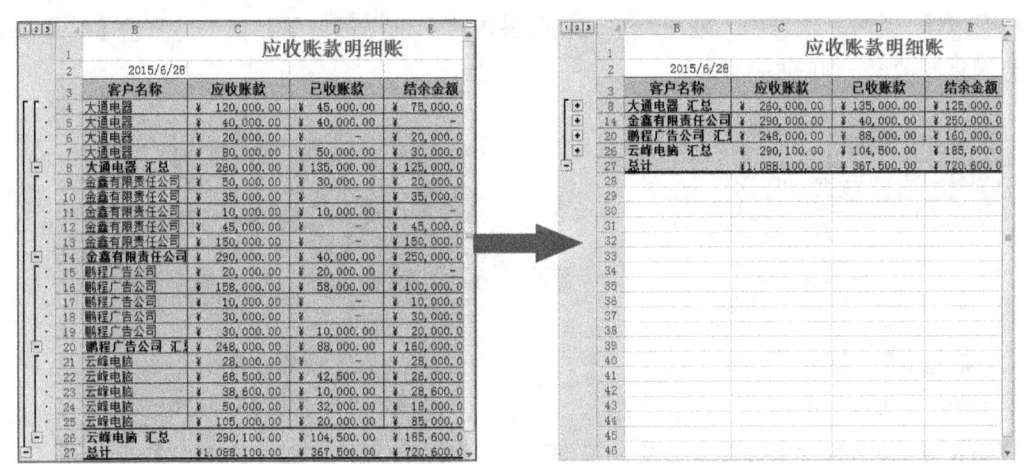

图5-7 查看分类汇总后的效果

5.2.3 使用饼图分析应收账款

为了更直观地显示各债务人拖欠的应收账款占拖欠账款总额的百分比,下面将使用饼图分析各债务人的应收账款。

1. 建立图表数据区域

下面使用定位条件功能复制各债务人的应收账款合计金额,即建立图表数据区域,其具体操作如下。(🎬微课:光盘\微课视频\第5章\建立图表数据区域.swf)

STEP 1 在"应收账款明细账"工作簿中将"Sheet1"和"Sheet2"工作表分别重命名为"应收账款管理"和"应收账款分析",然后在"应收账款分析"工作表中建立客户名称和拖欠账款金额项目,如图5-8所示。

STEP 2 在"应收账款管理"工作表中同时选择B8:B26和E8:E26单元格区域，然后在【开始】/【编辑】组中单击"查找和选择"按钮，在打开的下拉列表中选择"定位条件"选项，如图5-9所示。

图5-8 输入并设置数据格式

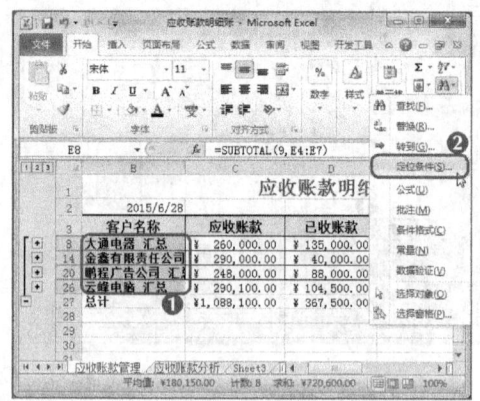

图5-9 选择"定位条件"选项

STEP 3 在打开的"定位条件"对话框中单击选中"可见单元格"单选项，然后单击 确定 按钮，如图5-10所示。

STEP 4 返回工作表中，在所选单元格区域内将只选择可见单元格，然后按【Ctrl+C】组合键复制数据，如图5-11所示。

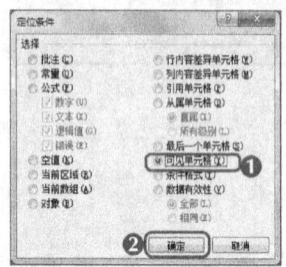

图5-10 设置定位条件

图5-11 复制可见单元格数据

STEP 5 切换到"应收账款分析"工作表中选择A3单元格，按【Ctrl+V】组合键粘贴数据，如图5-12所示。

STEP 6 在A3:A6单元格区域中删除数据"汇总"，完成后设置单元格格式并调整单元格行高与列宽，如图5-13所示。

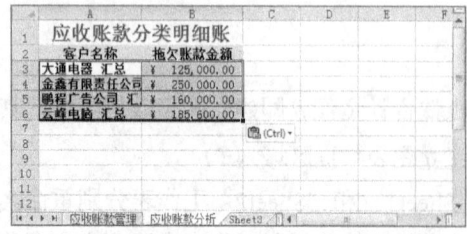

图5-12 粘贴数据

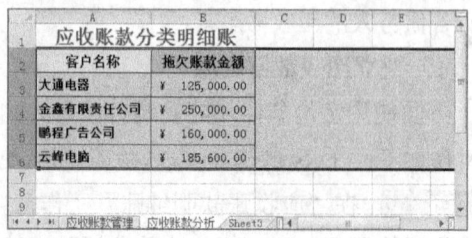

图5-13 编辑数据

2. 创建并编辑饼图

建立好图表的数据区域后，即可根据需要选择适合的图表类型分析数据。下面通过创建并编辑饼图分析各债务人的应收账款，其具体操作如下。（**微课**：光盘\微课视频\第5章\创建并编辑饼图.swf）

STEP 1 在"应收账款分析"工作表中选择A3:B6单元格区域，在【插入】/【图表】组中单击"饼图"按钮，在打开的下拉列表中选择"分离型三维饼图"选项，如图5-14所示。

STEP 2 选择创建的饼图，将鼠标光标移动到图表区，按住鼠标左键不放，拖动图表到数据区域下方，完成后释放鼠标即可将图表移动到数据区域下方，如图5-15所示。

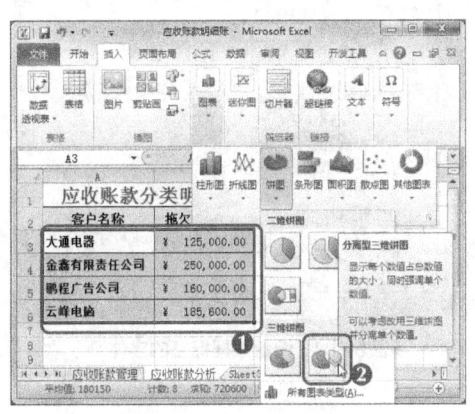

图5-14 选择图表类型

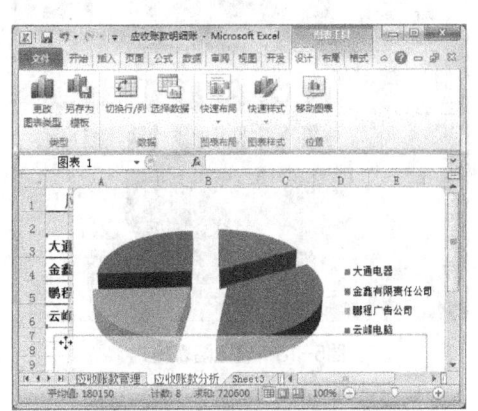

图5-15 移动图表位置

STEP 3 在图表工具的【设计】/【图表布局】组中单击"快速布局"按钮，在打开的下拉列表中选择"布局1"选项，如图5-16所示。

STEP 4 删除"图表标题"文本框中的文本，然后输入图表标题"各债务人应收账款分析图表"，如图5-17所示。

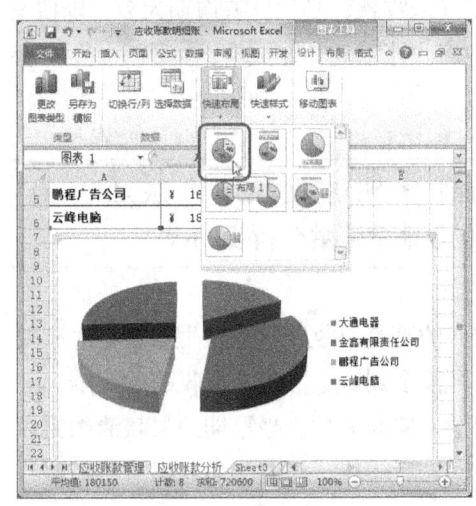

图5-16 快速布局图表

图5-17 修改图表标题

STEP 5 在图表工具的【格式】/【形状样式】组的列表框中单击按钮，在打开的下拉列表中选择"细微效果-橙色，强调颜色6"选项，如图5-18所示。

STEP 6 在绘图区单击并选择数据标签，然后在【开始】/【字体】组中设置字体格式为"14，加粗，深蓝"，完成后在图表中可清楚地看出拖欠账款金额最多的是金鑫有限责任公司，占所有拖欠账款总额的35%（因此需加强该公司的账款催收），如图5-19所示。

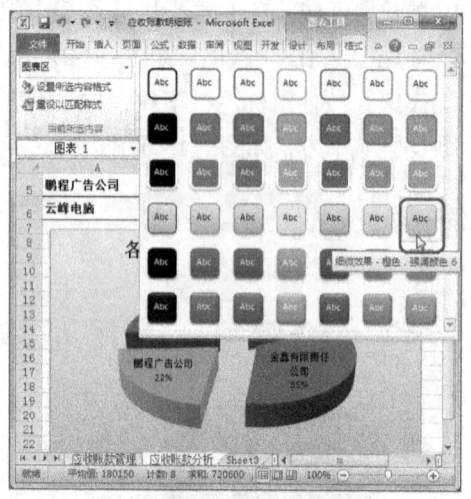
图5-18 设置图表格式

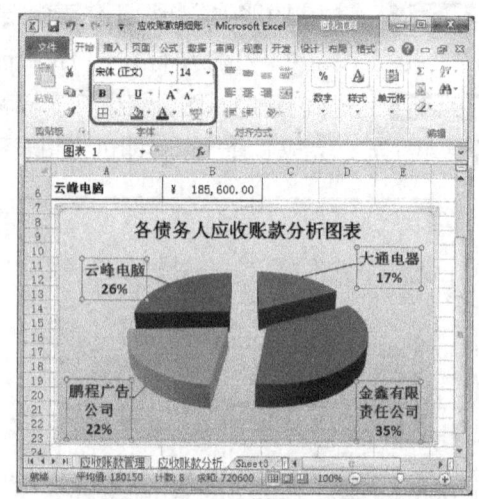
图5-19 设置数据标签的字体

5.3 应收账款账龄分析

赊销合同到期后，客户仍然没有还款，则应收账款变为逾期应收账款。为了及时控制和处理逾期应收账款，减少企业面临的损失。老张要求小白尽快对逾期应收账款进行分析，于是小白准备在"应收账款明细账"的基础上对应收账款进行账龄分析。要完成该任务首先应判断本期是否有应收账款到期，如果到期应收账款尚未收款，必须反映逾期天数，以便及时采取催收措施，减少坏账发生的可能性，降低企业应收账款的坏账成本。本例完成后的参考效果如图5-20和图5-21所示。

素材所在位置　光盘:\素材文件\第5章\课堂案例2\应收账款明细账.xlsx
效果所在位置　光盘:\效果文件\第5章\应收账款账龄分析表.xlsx

职业素养　进行应收账款账龄分析时，若收回的某笔应收账款与发生数存在对应关系或未明确归属于某笔应收账款时，可按个别认定法确定应收账款账龄。一般情况下，收回的应收款首先用于清偿早期的欠款，当早期的欠款清偿完成后，再用于清偿随后的欠款，即依时间先后顺序，先清偿旧账再清偿新账，即先发生先收回的原则。

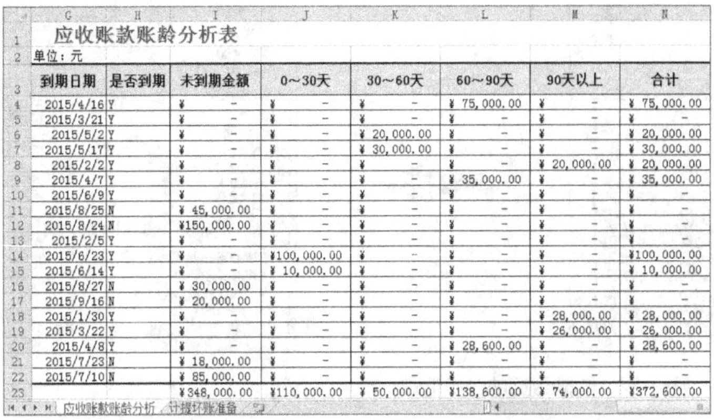

应收账款账龄分析表

单位：元

到期日期	是否到期	未到期金额	0~30天	30~60天	60~90天	90天以上	合计
2015/4/16	Y	¥ -	¥ -	¥ -	¥ 75,000.00	¥ -	¥ 75,000.00
2015/3/21	Y	¥ -	¥ -	¥ -	¥ -	¥ -	¥ -
2015/5/2	Y	¥ -	¥ -	¥ 20,000.00	¥ -	¥ -	¥ 20,000.00
2015/5/17	Y	¥ -	¥ -	¥ 30,000.00	¥ -	¥ -	¥ 30,000.00
2015/2/2	Y	¥ -	¥ -	¥ -	¥ -	¥ 20,000.00	¥ 20,000.00
2015/4/7	Y	¥ -	¥ -	¥ -	¥ 35,000.00	¥ -	¥ 35,000.00
2015/6/9	Y	¥ -	¥ -	¥ -	¥ -	¥ -	¥ -
2015/8/25	N	¥ 45,000.00	¥ -	¥ -	¥ -	¥ -	¥ -
2015/8/24	N	¥150,000.00	¥ -	¥ -	¥ -	¥ -	¥ -
2015/2/5	Y	¥ -	¥ -	¥ -	¥ -	¥ -	¥ -
2015/6/23	Y	¥ -	¥100,000.00	¥ -	¥ -	¥ -	¥100,000.00
2015/6/14	Y	¥ -	¥ 10,000.00	¥ -	¥ -	¥ -	¥ 10,000.00
2015/8/27	N	¥ 30,000.00	¥ -	¥ -	¥ -	¥ -	¥ -
2015/9/16	N	¥ 20,000.00	¥ -	¥ -	¥ -	¥ -	¥ -
2015/1/30	Y	¥ -	¥ -	¥ -	¥ -	¥ 28,000.00	¥ 28,000.00
2015/3/22	Y	¥ -	¥ -	¥ -	¥ -	¥ 26,000.00	¥ 26,000.00
2015/4/8	Y	¥ -	¥ -	¥ -	¥ 28,600.00	¥ -	¥ 28,600.00
2015/7/23	N	¥ 18,000.00	¥ -	¥ -	¥ -	¥ -	¥ -
2015/7/10	N	¥ 85,000.00	¥ -	¥ -	¥ -	¥ -	¥ -
		¥348,000.00	¥110,000.00	¥ 50,000.00	¥138,600.00	¥ 74,000.00	¥372,600.00

图5-20 “应收账款账龄分析表”的最终效果

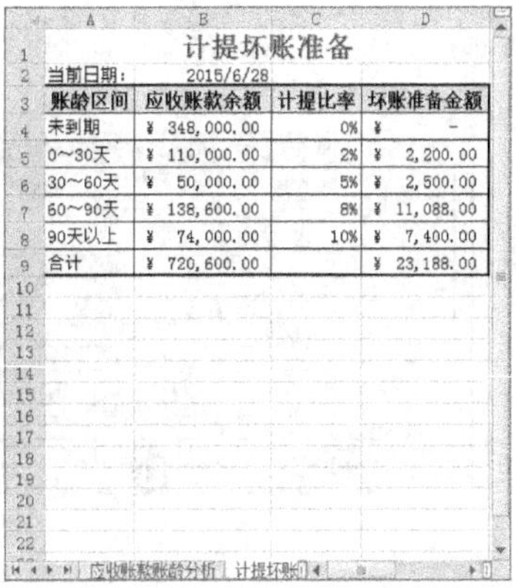

计提坏账准备

当前日期： 2015/6/28

账龄区间	应收账款余额	计提比率	坏账准备金额
未到期	¥ 348,000.00	0%	¥ -
0~30天	¥ 110,000.00	2%	¥ 2,200.00
30~60天	¥ 50,000.00	5%	¥ 2,500.00
60~90天	¥ 138,600.00	8%	¥ 11,088.00
90天以上	¥ 74,000.00	10%	¥ 7,400.00
合计	¥ 720,600.00		¥ 23,188.00

图5-21 “计提坏账准备”的最终效果

5.3.1 设置账龄分析相关公式

应收账款账龄分析法是指根据应收账款的时间长短来估计坏账损失的方法。如果客户出现延迟交款的现象会严重影响企业的流动资金，增加企业的坏账，制作应收账款账龄分析表可以根据应收账款账龄（即拖欠时间）的长短划分时间段，以查看客户的回款时间，分析应收账款的拖欠情况。

通常，应收账款账龄可分为4个时间段：0~30天、30~60天、60~90天、90天以上，计算逾期应收账款的相关公式如下。

- 是否到期 =IF(到期日期<当前日期,"Y","N")
- 未到期金额 =IF(当前日期−到期日期<0,结余金额,0)
- 逾期0~30天 = IF(AND(当前日期−到期日期>0,当前日期−到期日期<=30),结余金额,0)
- 逾期30~60天 = IF(AND(当前日期−到期日期>30,当前日期−到期日期<=60),结余金额,0)
- 逾期60~90天 = IF(AND(当前日期−到期日期>60,当前日期−到期日期<=90),结余金额,0)
- 逾期90天以上 = IF(AND(当前日期−到期日期>90,结余金额,0)
- 逾期账款所占的百分比 = 每笔逾期账款/总逾期账款

5.3.2 判断应收账款是否到期

下面将在“应收账款明细账”的基础上创建“应收账款账龄分析表”工作簿，然后使用公式与函数判断现有各项应收账款是否到期，如果未到期，还应计算未到期的应收账款金额，其具体操作如下。（**微课**：光盘\微课视频\第5章\判断应收账款是否到期.swf）

STEP 1 打开“应收账款明细账”工作簿，将其以“应收账款账龄分析表”为名进行另存，然后将“应收账款管理”工作表重命名为“应收账款账龄分析”，并删除“应收账款分析”工作表，继续在“应收账款账龄分析”工作表中选择A3:G27单元格区域，在【数据】/【分级显示】组中单击“分类汇总”按钮。

STEP 2 在打开的“分类汇总”对话框左下角单击全部删除(R)按钮，删除数据的分类汇总，如图5-22所示。

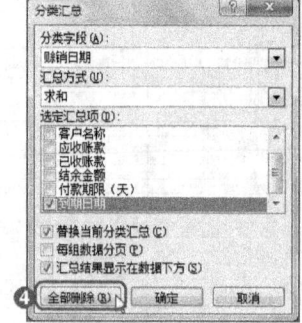

图5-22 删除数据的分类汇总

STEP 3 在"应收账款账龄分析"工作表中修改图表标题文本为"应收账款账龄分析表",合并A1:O1单元格区域,然后在H3:O3单元格区域中输入应收账款账龄分析项目:是否到期、未到期金额、0~30天、30~60天、60~90天、90天以上、合计、逾期账款占总额的百分比,完成后重新设置单元格格式,如图5-23所示。

图5-23 创建"应收账款账龄分析表"

STEP 4 选择H4:H22单元格区域,输入公式"=IF(G4<$B$2,"Y","N")",然后按【Ctrl+Enter】组合键判断应收账款是否到期,如图5-24所示。

STEP 5 选择I4:I22单元格区域,输入公式"=IF($B$2-G4<0,E4,0)",然后按【Ctrl+Enter】组合键计算未到期金额,如图5-25所示。

图5-24 判断是否到期　　　　　　图5-25 计算未到期金额

5.3.3 计算应收账款逾期天数

如果到期应收账款尚未收款，那么必须反映各项到期应收账款的逾期天数，以便更加详细地管理数据，有利于及时采取催收措施，其具体操作如下。（**微课**：光盘\微课视频\第5章\计算应收账款逾期天数.swf）

STEP 1 选择J4:J22单元格区域，输入公式"=IF(AND($B$2-G4>0,$B$2-G4<=30),E4,0)"，然后按【Ctrl+Enter】组合键计算0~30天内的未收款，如图5-26所示。

STEP 2 选择K4:K22单元格区域，输入公式"=IF(AND($B$2-G4>30,$B$2-G4<=60),E4,0)"，然后按【Ctrl+Enter】组合键计算30~60天内的未收款，如图5-27所示。

图5-26 计算0~30天内的未收款 　　　　图5-27 计算30~60天内的未收款

STEP 3 选择L4:L22单元格区域，输入公式"=IF(AND($B$2-G4>60,$B$2-G4<=90),E4,0)"，然后按【Ctrl+Enter】组合键计算60~90天内的未收款，如图5-28所示。

STEP 4 选择M4:M22单元格区域，输入公式"=IF($B$2-G4>90,E4,0)"，然后按【Ctrl+Enter】组合键计算90天以上的未收款，如图5-29所示。

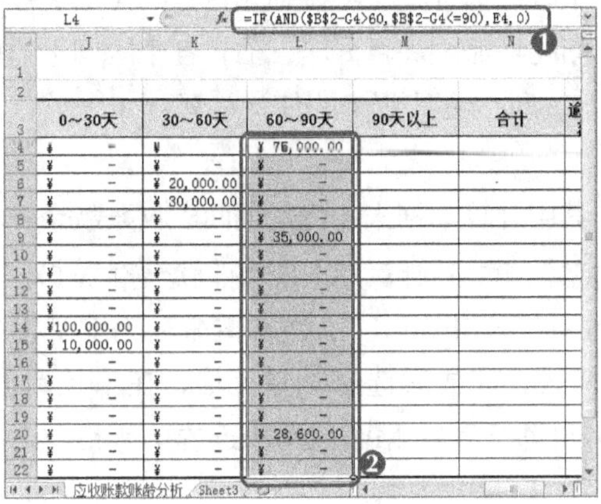

图5-28 计算60~90天内的未收款 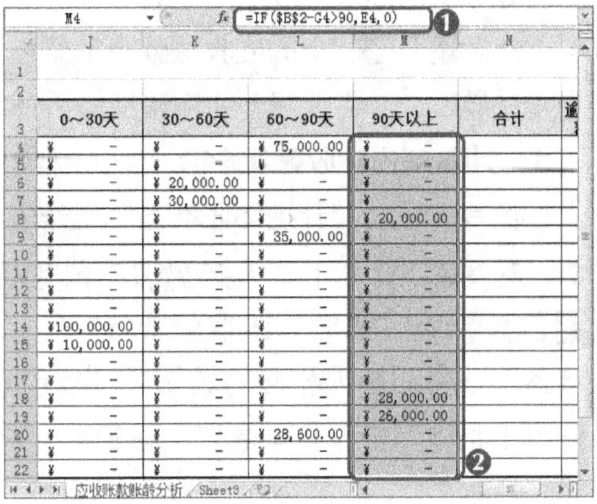　　　　图5-29 计算90天以上的未收款

STEP 5 选择N4:N22单元格区域，输入公式"=SUM(J4:M4)"，并按【Ctrl+Enter】组合键计算未收款的合计金额，然后选择C23:E23和I23:N23单元格区域，在【开始】/【编辑】

组中单击"自动求和"按钮Σ，快速计算出相关项目的合计金额，如图5-30所示。

STEP 6 选择O4:O22单元格区域，输入公式"=N4/$N$23"，然后按【Ctrl+Enter】组合键计算每笔逾期账款所占的百分比，完成后设置其数据格式为"百分比"，如图5-31所示。

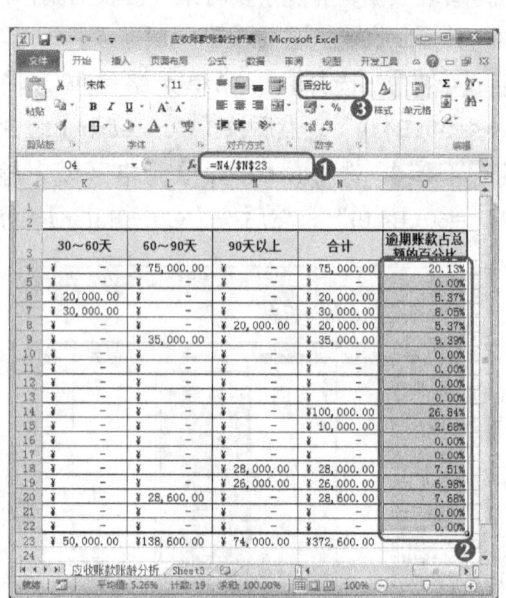

图5-30 计算合计金额　　　　　　　　图5-31 计算每笔逾期账款所占的百分比

5.3.4 计提应收账款坏账准备

企业应当定期或者年终对应收款项进行全面检查，预计各项应收款项可能发生的坏账，对于没有把握收回的应收款项，应当计提坏账准备。计提坏账准备的方法有多种，企业可自行确定计提坏账准备的方法，下面将使用账龄分析法计提坏账准备金额。

使用账龄分析法估计坏账时，应将应收账款拖欠时间（即账龄）的长短分为若干区间，计算各个区间上应收账款的金额，并为每一个区间估计一个坏账损失百分比（历史经验数）；然后用各区间上的应收账款金额乘以该区间的坏账损失百分比，估计各个区间上的坏账损失；最后，对各区间上的坏账损失估计求和，即为坏账损失的估计总额。

1．计算期末应收账款余额

下面首先建立"计提坏账准备"工作表，在其中计算本期末各账龄期间应收账款余额和总额，其具体操作如下。（🎬微课：光盘\微课视频\第5章\计算期末应收账款余额.swf）

STEP 1 在"应收账款账龄分析表"工作簿中将"Sheet3"工作表重命名为"计提坏账准备"，然后输入相应的数据，设置单元格格式，完成后选择B4单元格，在【开始】/【编辑】组中单击"自动求和"按钮Σ，系统将自动插入SUM函数到所选的单元格中，如图5-32所示。

STEP 2 切换到"应收账款账龄分析"工作表，选择I4:I22单元格区域，如图5-33所示，完成后按【Ctrl+Enter】组合键计算出当月的未到期金额。

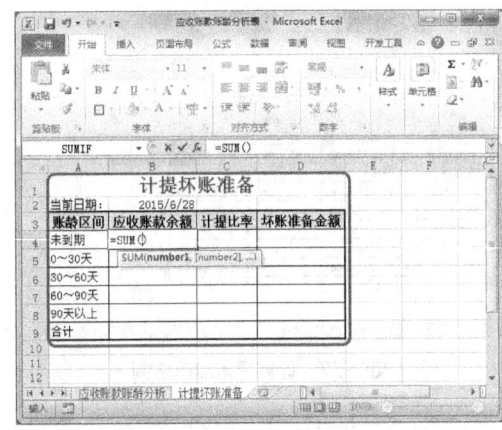

图5-32 插入SUM函数　　　　　　　　图5-33 设置SUM函数的参数

STEP 3 用相同的方法在B5:B8单元格区域中分别计算各账龄期间应收账款余额，如图5-34所示。

STEP 4 选择B9单元格，在【开始】/【编辑】组中单击"自动求和"按钮∑，完成后按【Ctrl+Enter】组合键汇总各账龄期间的应收账款总额，如图5-35所示。

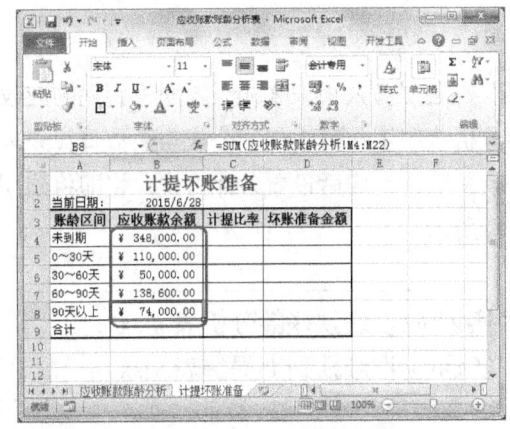
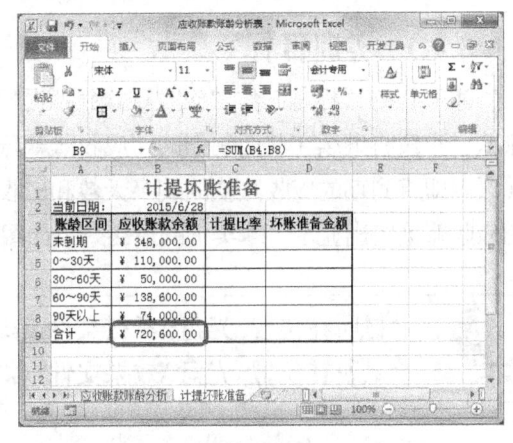

图5-34 计算各账龄期间应收账款余额　　　　图5-35 汇总各账龄期间应收账款总额

2. 计算期末坏账准备金额

下面根据未到期的应收账款发生坏账的可能性为0，逾期"0~30天"的应收账款发生坏账的可能性约为2%，逾期"30~60天"的应收账款发生坏账的可能性约为5%，逾期"60~90天"的应收账款发生坏账的可能性约为8%，逾期"90天以上"的应收账款发生坏账的可能性约为10%的估计值，分别计算各账龄所涉及应收账款的坏账准备，其具体操作如下。

（微课：光盘\微课视频\第5章\计算期末坏账准备金额.swf）

STEP 1 在C4:C8单元格区域中输入各账龄期间的计提比率，选择D4:D8单元格区域，输入公式"=B4*C4"，完成后按【Ctrl+Enter】组合键计算出各账龄所涉及应收账款的坏账准备金额，如图5-36所示。

STEP 2 选择D9单元格，在【开始】/【编辑】组中单击"自动求和"按钮∑，完成后按【Ctrl+Enter】组合键计算出坏账准备总额，如图5-37所示。

D4 =B4*C4

计提坏账准备			
当前日期：	2015/6/28		
账龄区间	应收账款余额	计提比率	坏账准备金额
未到期	¥ 348,000.00	0%	¥ -
0～30天	¥ 110,000.00	2%	¥ 2,200.00
30～60天	¥ 50,000.00	5%	¥ 2,500.00
60～90天	¥ 138,600.00	8%	¥ 11,088.00
90天以上	¥ 74,000.00	10%	¥ 7,400.00
合计	¥ 720,600.00		

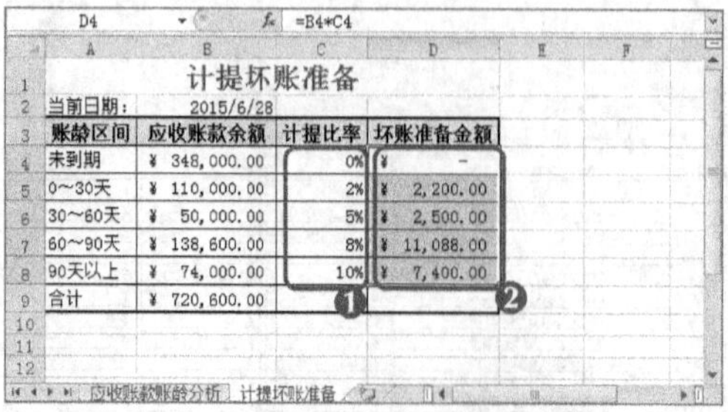

图5-36 计算各账龄期间坏账准备金额

D9 =SUM(D4:D8)

计提坏账准备			
当前日期：	2015/6/28		
账龄区间	应收账款余额	计提比率	坏账准备金额
未到期	¥ 348,000.00	0%	¥ -
0～30天	¥ 110,000.00	2%	¥ 2,200.00
30～60天	¥ 50,000.00	5%	¥ 2,500.00
60～90天	¥ 138,600.00	8%	¥ 11,088.00
90天以上	¥ 74,000.00	10%	¥ 7,400.00
合计	¥ 720,600.00		¥ 23,188.00

图5-37 计算坏账准备总额

知识提示

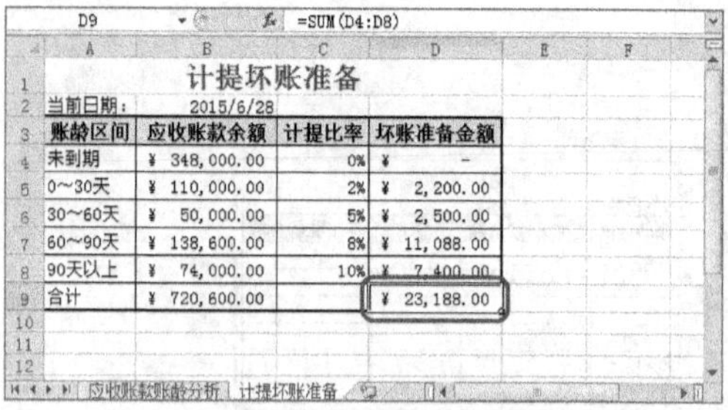

使用Excel进行应收账款管理的方法同样适用于企业应付账款管理，这里不再赘述，只是应付账款无需计提坏账准备金额。

5.4 实训——制作应收账款到期提醒表

5.4.1 实训目标

本实训的目标是制作“应收账款到期提醒表”提醒财务人员未来30天内即将到期的应收账款。小白将继续在前面制作的“应收账款账龄分析表”工作簿中使用公式与函数计算未来30天内即将到期的应收账款的剩余天数和应收账款总额，完成后设置条件格式，将即将到期的应收账款突出显示。本实训的最终效果如图5-38所示。

素材所在位置 光盘:\素材文件\第5章\实训\应收账款账龄分析表.xlsx
效果所在位置 光盘:\效果文件\第5章\实训\应收账款到期提醒表.xlsx

应收账款到期提醒表								
当前日期：	2015/6/28					单位：元		
赊销日期	客户名称	应收账款	已收账款	结余金额	付款期限（天）	到期日期	到期提示	到期合计金额
2015/1/16	大通电器	¥ 120,000.00	¥ 45,000.00	¥ 75,000.00	90	2015/4/16	0	103000
2015/3/6	大通电器	¥ 40,000.00	¥ 40,000.00	¥ -	15	2015/3/21	0	
2015/4/2	大通电器	¥ 20,000.00	¥ -	¥ 20,000.00	30	2015/5/2	0	
2015/5/2	大通电器	¥ 80,000.00	¥ 50,000.00	¥ 30,000.00	15	2015/5/17	0	
2015/1/18	金鑫有限责任公司	¥ 50,000.00	¥ 30,000.00	¥ 20,000.00	15	2015/2/2	0	
2015/3/8	金鑫有限责任公司	¥ 35,000.00	¥ -	¥ 35,000.00	30	2015/4/7	0	
2015/4/10	金鑫有限责任公司	¥ 10,000.00	¥ 10,000.00	¥ -	60	2015/6/9	0	
2015/5/27	金鑫有限责任公司	¥ 45,000.00	¥ -	¥ 45,000.00	90	2015/8/25	0	
2015/6/25	金鑫有限责任公司	¥ 150,000.00	¥ -	¥150,000.00	60	2015/8/24	0	
2015/1/26	鹏程广告公司	¥ 20,000.00	¥ 20,000.00	¥ -	10	2015/2/5	0	
2015/3/25	鹏程广告公司	¥ 158,000.00	¥ 58,000.00	¥100,000.00	90	2015/6/23	0	
2015/4/15	鹏程广告公司	¥ 10,000.00	¥ -	¥ 10,000.00	60	2015/6/14	0	
2015/5/29	鹏程广告公司	¥ 30,000.00	¥ -	¥ 30,000.00	90	2015/8/27	0	
2015/6/18	鹏程广告公司	¥ 30,000.00	¥ 10,000.00	¥ 20,000.00	90	2015/9/16	0	
2015/1/15	云峰电脑	¥ 28,000.00	¥ -	¥ 28,000.00	15	2015/1/30	0	
2015/2/5	云峰电脑	¥ 68,500.00	¥ 42,500.00	¥ 26,000.00	45	2015/3/22	0	
2015/3/29	云峰电脑	¥ 38,600.00	¥ 10,000.00	¥ 28,600.00	10	2015/4/8	0	
2015/4/24	云峰电脑	¥ 50,000.00	¥ 32,000.00	¥ 18,000.00	90	2015/7/23	25	
2015/6/10	云峰电脑	¥ 105,000.00	¥ 20,000.00	¥ 85,000.00	30	2015/7/10	12	
		¥ 1,088,100.00	¥367,500.00	¥720,600.00				

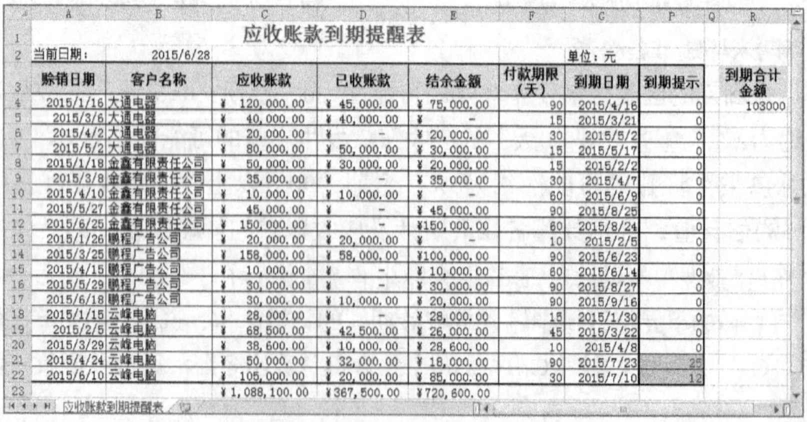

图5-38 “应收账款到期提醒表”的最终效果

5.4.2 专业背景

逾期应收账款形成后，为了化解和防范信用风险，可通过对企业逾期应收账款的形成原因进行分析，制订科学可靠的催收业务流程，使逾期应收账款尽快催收到位。根据不同客户的实际情况，企业应对逾期应收账款采取合理的催收方式，主要催收方式有以下几种。

- **采取延期付款的方式**：对于存在特殊困难的客户，如只是暂时遇到困难、难以按规定期限付款的，处理逾期应收账款时千万不要盲目行动，以免失去客户，此时可根据客户请求，给予一定限度的延展期政策。
- **采取加压追收的方式**：对于无理由拖欠的客户可采取加压追收的方式。企业对不同的客户应制定不同的追收措施，如定期向客户发出追讨函、采取电话和上门追收，目的是不断向客户施加压力。
- **采取必要的惩罚措施**：在各种加压追收都无效时，企业可视情况采取更为严厉的惩罚措施。商业制裁是企业可采取的必要的惩罚措施，主要有停止向客户发货、减少或撤销对客户的信用额度、对拖欠货款进行罚息等方式。
- **采取委托收账机构或启动法律诉讼程序**：通过各种追收和制裁仍无法收回逾期账款的情况下，可寻求外部机构的帮助。一般情况下，可委托专业和规范的收账机构追收逾期账款，但是如果收账机构仍无法将委托的逾期账款收回的话，那么只有通过法律诉讼或仲裁来维护债权人的权利。

5.4.3 操作思路

完成本实训需要先利用到期提示公式"=IF(AND(到期日期-当前日期<=30,到期日期-当前日期>0),到期日期-当前日期,0)"计算以给定日期为标准，未来30天内到期的应收账款记录显示剩余天数，然后利用SUMIF函数从P4:P22单元格区域查找大于零的记录，并对E列中同一行的相应单元格的数值进行汇总，计算出即将到期的应收账款的总额，完成后突出显示即将到期的应收账款，其操作思路如图5-39所示。

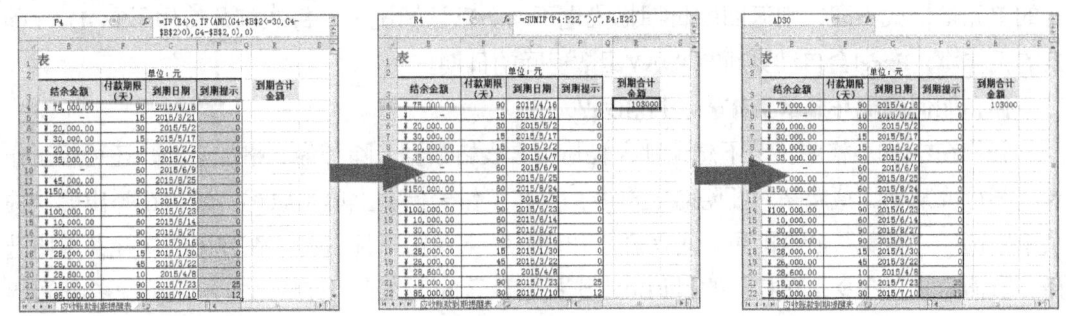

① 计算未来30天内即将到期的应收账款　② 计算即将到期的应收账款总额　③ 突出显示即将到期的应收账款

图5-39 "应收账款到期提醒表"的制作思路

【步骤提示】

STEP 1 打开"应收账款账龄分析表"工作簿，将其以"应收账款到期提醒表"为名进行另存，然后将"应收账款账龄分析"工作表重命名为"应收账款到期提醒表"，并删除

"计提坏账准备"工作表。

STEP 2 在"应收账款到期提醒表"工作表中选择H~O列,在【开始】/【单元格】组中单击 格式·按钮,在打开的下拉列表中选择【隐藏和取消隐藏】/【隐藏列】选项以隐藏列,然后输入项目数据"到期提示"和"到期合计金额",并设置单元格格式。

STEP 3 选择P4:P22单元格区域,输入公式"=IF(E4>0,IF(AND(G4-$B$2<=30,G4-$B$2>0),G4-$B$2,0),0)",完成后按【Ctrl+Enter】组合键计算出未来30内即将到期的应收账款的剩余天数。

STEP 4 选择R4单元格,输入公式"=SUMIF(P4:P22,">0",E4:E22)",完成后按【Ctrl+Enter】组合键计算出即将到期的应收账款总额。

STEP 5 选择P4:P22单元格区域,在【开始】/【样式】组中单击 条件格式·按钮,在打开的下拉列表中选择【突出显示单元格规则】/【大于】选项。

STEP 6 在打开的"大于"对话框左侧的列表框中输入"0",完成后单击 确定 按钮突出显示即将到期的应收账款。

5.5 疑难解析

问:如何使用定位条件快速定位单元格?

答:按【Ctrl+G】组合键或按【F5】键可快速打开"定位"对话框,在"引用位置"文本框中可输入定位单元格或单元格区域,然后单击 定位条件(S)... 按钮,在打开的"定位条件"对话框中可设置定位条件,如批注、常量、公式、空值、条件格式、数据有效性等,完成后单击 确定 按钮即可选择位置相对无规则但条件有规则的单元格或单元格区域。

问:是不是可以使用TODAY函数输入当前日期?

答:TODAY函数用来返回当前日期的序列号。其语法结构为:TODAY(),它没有参数,但使用TODAY函数时必须在TODAY后添加(),否则将返回错误#NAME?,且若包含公式的单元格格式不同,则返回的日期格式也不同。默认情况下,每次打开使用了TODAY函数的工作簿,Excel会自动更新TODAY函数返回的日期。

问:如何隐藏并显示工作表、行和列?

答:在Excel表格中,若不想让别人轻易查看表格数据,除了为表格加密外,还可将工作表、某行或某列隐藏起来。要隐藏工作表,可在工作表标签上单击鼠标右键,在弹出的快捷菜单中选择"隐藏"命令即可。再次在工作表标签上单击鼠标右键,在弹出的快捷菜单中选择"取消隐藏"命令,在打开的对话框中选择已隐藏的工作表,完成后单击 确定 按钮可显示隐藏的工作表。要隐藏行和列,可选择相应的行或列后,在【开始】/【单元格】组中单击 格式·按钮,在打开的下拉列表中选择"隐藏和取消隐藏"选项,在其子列表中选择"隐藏行"或"隐藏列"选项即可。若需显示已隐藏的行或列,只需选择包含隐藏行或列的单元格区域,在"隐藏和取消隐藏"选项的子列表中选择"取消隐藏行"和"取消隐藏列"选项即可。

5.6 习题

本章主要介绍了使用Excel建立应收账款明细账、进行应收账款账龄分析和计提坏账准备的方法，主要用到的Excel知识有：公式与函数的使用、数据的排序与分类汇总、图表的使用等，读者应加强该部分内容的练习与应用。

效果所在位置 **光盘:\效果文件\第5章\习题\应收账款管理表.xlsx**

假设速腾地产2015年6月30日发生的应收账款资料，如表5-1所示，现需分别计算各应收账款的到期日、是否到期、未到期金额，以及应收账款的账龄分析和各账龄期间所涉及的应收账款坏账准备金额等，完成后的效果如图5-40所示。

表5-1　应收账款信息

赊销日期	债务人名称	应收账款	付款期限/天
2015-1-8	兴隆公司	35000	90
2015-1-11	家辉公司	80000	30
2015-2-2	宇众公司	150000	120
2015-3-15	澳城公司	6500	45
2015-3-24	家辉公司	458220	45
2015-4-5	澳城公司	10000	60
2015-5-8	兴隆公司	58000	90
2015-5-16	宇众公司	12000	15
2015-6-10	兴隆公司	4800	30
2015-6-12	宇众公司	90000	45

- 用公式"到期日期=赊销日期+付款期限"计算各应收账款到期日期，然后分别计算是否到期、未到期金额，以及逾期0～30天、30～60天、60～90天、90天以上的应收账款。
- 计算各账龄期间的应收账款余额，并根据应收账款余额和计提比率5%计算坏账准备金额。

应收账款账龄分析表

当前日期：2015/6/30　　单位：元

赊销日期	债务人名称	应收账款	付款期限/天	到期日期	是否到期	未到期金额	0～30	30～60	60～90	90天以上	合计
2015/1/8	兴隆公司	¥ 35,000.00	90	2015/4/8	Y	¥ -	¥ -	¥ -	¥ 35,000.00	¥ -	¥ 35,000.00
2015/1/11	家辉公司	¥ 80,000.00	30	2015/2/10	Y	¥ -	¥ -	¥ -	¥ -	¥ 80,000.00	¥ 80,000.00
2015/2/2	宇众公司	¥ 150,000.00	120	2015/6/2	Y	¥ -	¥150,000.00	¥ -	¥ -	¥ -	¥150,000.00
2015/3/15	澳城公司	¥ 6,500.00	45	2015/4/29	Y	¥ -	¥ -	¥ -	¥ 6,500.00	¥ -	¥ 6,500.00
2015/3/24	家辉公司	¥ 458,220.00	45	2015/5/8	Y	¥ -	¥ -	¥458,220.00	¥ -	¥ -	¥458,220.00
2015/4/5	澳城公司	¥ 10,000.00	60	2015/6/4	Y	¥ -	¥ 10,000.00	¥ -	¥ -	¥ -	¥ 10,000.00
2015/5/8	兴隆公司	¥ 58,000.00	90	2015/8/6	N	¥ 58,000.00	¥ -	¥ -	¥ -	¥ -	¥ -
2015/5/16	宇众公司	¥ 12,000.00	15	2015/5/31	Y	¥ -	¥ 12,000.00	¥ -	¥ -	¥ -	¥ 12,000.00
2015/6/10	兴隆公司	¥ 4,800.00	30	2015/7/10	N	¥ 4,800.00	¥ -	¥ -	¥ -	¥ -	¥ -
2015/6/12	宇众公司	¥ 90,000.00	45	2015/7/27	N	¥ 90,000.00	¥ -	¥ -	¥ -	¥ -	¥ -

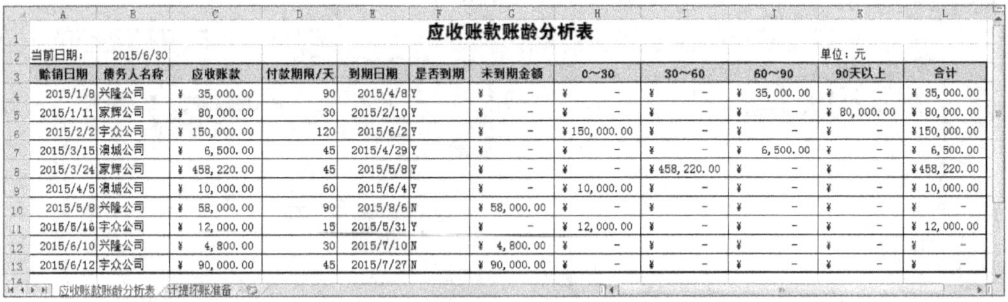

图5-40　"应收账款管理表"的最终效果

课后拓展知识

在Excel中可将单元格中的数据分列显示，分列即将一列数据（包括文本、数值等）分成若干列，如将日期以月与日分列显示、将姓名以姓与名分列显示等。分列数据的方式有两种：一是按分隔符号分列（如逗号、引号）；二是按固定宽度分列，即间隔多少个字符就分一列。下面将图5-41所示的数据分列显示为图5-42所示的效果，其具体操作如下。

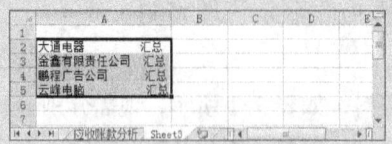

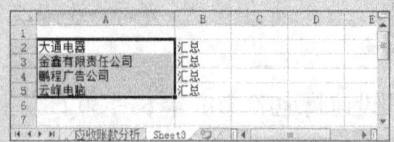

图5-41　分列显示数据前的效果　　　　　　图5-42　分列显示数据后的效果

STEP 1　在工作表中选择需分列显示数据的单元格区域，然后在【数据】/【数据工具】组单击"分列"按钮。

STEP 2　在打开的"文本分列向导-第1步，共3步"对话框中选择最合适的文件类型，若单击选中"分隔符号"单选项，如图5-43所示，然后单击 下一步(N) 按钮，则在打开的"文本分列向导-第2步，共3步"对话框中可根据需要设置分列数据所包含的分隔符号，如图5-44所示。

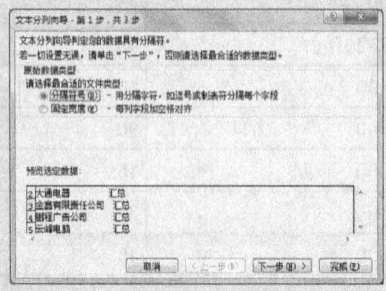

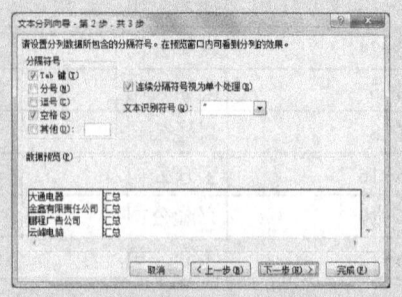

图5-43　选择最合适的文件类型　　　　　　图5-44　设置分列数据所包含的分隔符号

STEP 3　若单击选中"固定宽度"单选项，然后单击 下一步(N) 按钮，则在打开的对话框中可根据需要建立分列线，如图5-45所示。继续单击 下一步(N) 按钮，在打开的"文本分列向导-第3步，共3步"对话框中保持默认设置，完成后单击 完成(F) 按钮，如图5-46所示，返回工作表中可看到分列显示数据后的效果。

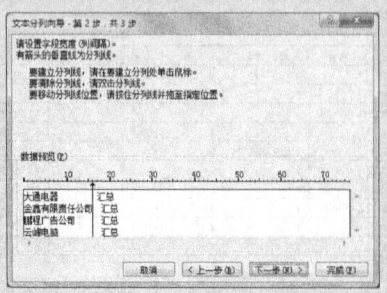

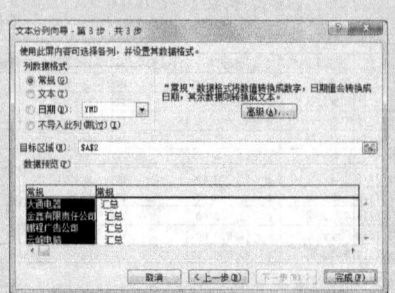

图5-45　建立分列线　　　　　　　　　　　图5-46　确定选择列和数据格式

第6章 固定资产管理

情景导入

加强固定资产的管理,有利于企业掌握固定资产的使用情况,提高资产使用效率。小白将使用Excel建立固定资产卡片账,分析并汇总固定资产折旧项目。

知识技能目标

- 巩固设置数据有效性和自动筛选数据的操作方法。
- 掌握使用不同折旧函数计算固定资产折旧项目,以及设置工作簿加密的方法。
- 巩固数据的排序与分类汇总,并使用SUMPRODUCT函数汇总折旧项目。

- 了解固定资产管理概述,能够使用Excel建立固定资产卡片账。
- 掌握固定资产折旧方法,能够使用Excel进行固定资产的折旧处理。
- 能够使用Excel汇总固定资产折旧项目。

课堂案例展示

"固定资产折旧处理表"的表格效果

"固定资产折旧汇总表"的表格效果

6.1 固定资产管理概述

固定资产是指企业为生产产品、提供劳务、出租或经营管理而持有的、使用期限超过12个月且价值达到一定标准的非货币性资产,包括房屋、建筑物、机器、机械、运输工具,以及其他与生产经营活动有关的设备、器具、工具等。不属于生产经营主要设备的物品,单位价值在2000元以上,且使用年限超过2年的,也应当作固定资产。

固定资产在企业的资产总额中占有相当大的比例,日常的核算与管理非常烦琐,而且在使用过程中造成的损耗固定资产还需要计提折旧费用,折旧的核算工作量也非常大,所以为了真实地反映和监督固定资产管理情况,企业必须完善固定资产管理体制,建立健全各项固定资产管理规章制度,明晰产权关系,合理配置固定资产,保证固定资产安全、完整、完好。一般情况下,固定资产核算管理有以下原则。

- 严格管理固定资产卡片,包括卡片的增加、删除、查询、打印、按月汇总、分类汇总等。
- 正确、全面、及时地记录固定资产的增加、减少、使用等情况,保护固定资产资料的安全完整性。企业固定资产的增加主要包括购置、自建、融资租入、投资人投入、接受捐赠、盘盈等方式;固定资产的减少主要包括被盗、报废、清理、调拨、出售、损毁、盘亏等方式。
- 正确核算固定资产的折旧和修理费用,保证固定资产简单再生产的实现。在实际工作中,企业一般按月计提固定资产折旧,当月增加的固定资产,当月不计提折旧;当月减少的固定资产,当月仍计提折旧。另外,修理是为了恢复固定资产原有性能的行为,固定资产的一般修理并不改变固定资产登记卡及有关账簿的各种信息。

6.2 建立固定资产卡片账

固定资产卡片账是企业为了加强对固定资产的管理,更加详细地了解某方面的信息而设置的一种辅助账簿。它是每一项固定资产的全部档案记录,即固定资产从进入企业开始到退出企业的整个生命周期所发生的全部情况都要在卡片上予以记载。由于纸质卡片账存在记录和保存时不便,因此老张建议小白使用Excel对固定资产取得的信息进行记录、查询、修改、删除,这样比纸质卡片账更加准确、快捷、方便、安全。要完成该任务首先可通过设置数据有效性所提供的下拉列表中选择输入固定资产相关项目的数据,然后依次输入现有固定资产的其他信息,完成后使用数据的自动筛选功能查询所需的固定资产信息。本例完成后的参考效果如图6-1所示。

效果所在位置　光盘:\效果文件\第6章\固定资产卡片账.xlsx

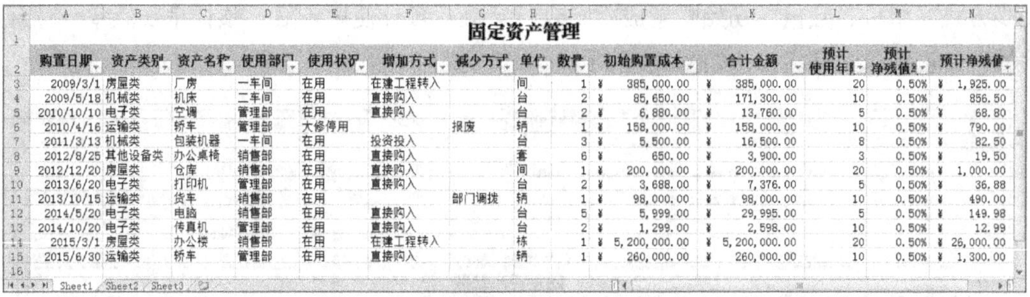

购置日期	资产类别	资产名称	使用部门	使用状况	增加方式	减少方式	单位	数量	初始购置成本	合计金额	预计使用年限	预计净残值率	预计净残值
2009/3/1	房屋类	厂房	一车间	在用	在建工程转入		间	1	¥ 385,000.00	¥ 385,000.00	20	0.50%	¥ 1,925.00
2009/5/18	机械类	机床	二车间	在用	直接购入		台	2	¥ 85,650.00	¥ 171,300.00	10	0.50%	¥ 856.50
2010/10/10	电子类	空调	管理部	在用	直接购入		台	2	¥ 6,880.00	¥ 13,760.00	5	0.50%	¥ 68.80
2010/4/16	运输类	轿车	管理部	大修停用		报废	辆	1	¥ 158,000.00	¥ 158,000.00	10	0.50%	¥ 790.00
2011/3/13	机械类	包装机器	一车间	在用	投资投入		台	3	¥ 5,500.00	¥ 16,500.00	8	0.50%	¥ 82.50
2012/8/25	其他设备类	办公桌椅	销售部	在用	直接购入		套	6	¥ 650.00	¥ 3,900.00	3	0.50%	¥ 19.50
2012/12/20	房屋类	仓库	销售部	在用	直接购入		间	1	¥ 200,000.00	¥ 200,000.00	20	0.50%	¥ 1,000.00
2013/6/20	电子类	打印机	管理部	在用	直接购入		台	2	¥ 3,688.00	¥ 7,376.00	5	0.50%	¥ 36.88
2013/10/15	运输类	货车	销售部	在用		部门调拨	辆	1	¥ 98,000.00	¥ 98,000.00	10	0.50%	¥ 490.00
2014/5/20	电子类	电脑	销售部	在用	直接购入		台	5	¥ 5,999.00	¥ 29,995.00	5	0.50%	¥ 149.98
2014/10/20	电子类	传真机	管理部	在用	直接购入		台	2	¥ 1,299.00	¥ 2,598.00	10	0.50%	¥ 12.99
2015/3/1	房屋类	办公楼	销售部	在用	在建工程转入		栋	1	¥ 5,200,000.00	¥ 5,200,000.00	20	0.50%	¥ 26,000.00
2015/6/30	运输类	轿车	管理部	在用	直接购入		辆	1	¥ 260,000.00	¥ 260,000.00	10	0.50%	¥ 1,300.00

图6-1 “固定资产卡片账”的最终效果

> **职业素养**
> 为了满足经营管理的需要，不同的企业应当根据实际情况选择适当的分类标准对固定资产进行分类。从会计角度划分，固定资产一般被分为生产用固定资产、非生产用固定资产、租出固定资产、未使用固定资产、不需用固定资产、融资租赁固定资产、接受捐赠固定资产等。

6.2.1 设置资产项目的序列数据

使用Excel建立固定资产卡片账时，其基本信息部分可直接输入，如固定资产购置日期、固定资产名称、购置单位、数量、初始购置成本、预计使用年限、预计净残值等项目。

对于一些有规律性、相对固定的数据则可通过设置数据有效性所提供的下拉列表中选择输入固定资产相关项目的数据，这样可提高用户的输入效率，有效地减少输入错误。在实际操作中，应根据企业情况设置固定资产项目数据的有效性。

- **固定资产类别**：根据其实物形态分类依据，可设置其序列值为“房屋类,机械类,电子类,运输类,其他设备类”等。
- **增加方式**：根据固定资产增加方式，可设置其序列值为“直接购入,投资投入,捐赠,在建工程转入”等。
- **减少方式**：根据固定资产减少方式，可设置其序列值为“出售,报废,部门调拨,投资输出”等。
- **使用部门**：根据企业的具体情况，可设置其序列值为“一车间,二车间,管理部,销售部”等。
- **使用状况**：根据固定资产的当前使用情况，可设置其序列值为“在用,季节性停用,大修停用”等。

6.2.2 登记固定资产信息

下面创建“固定资产卡片账”工作簿，输入各固定资产的相关信息，然后分别使用“合计金额=数量×初始购置成本”和“预计净残值=原值×预计净残值率”公式计算合计金额和预计净残值，其具体操作如下。（**微课**：光盘\微课视频\第6章\登记固定资产信息.swf）

STEP 1 启动Excel，将新建的工作簿以“固定资产卡片账”为名进行保存，然后输入固定资产基本信息项目：购置日期、资产类别、资产名称、使用部门、使用状况、增加方式、减少方式、单位、数量、初始购置成本、合计金额、预计使用年限、预计净残值率、预计净残值,并设置单元格格式,如图6-2所示。

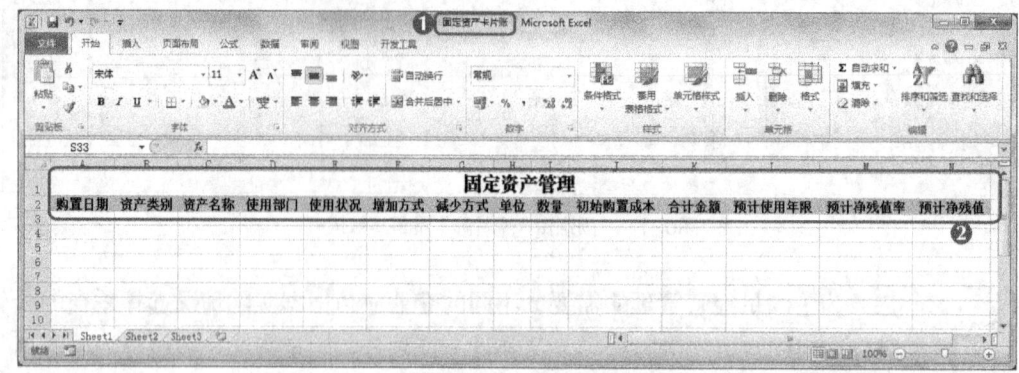

图6-2 创建"固定资产基本信息表"框架

STEP 2 选择B3:B15单元格区域,在【数据】/【数据工具】组中单击"数据有效性"按钮。

STEP 3 在打开的"数据有效性"对话框中单击"设置"选项卡,在"允许"下拉列表中选择"序列"选项,在"来源"文本框中输入"房屋类,机械类,电子类,运输类,其他设备类",然后单击 确定 按钮,返回工作表单击设置数据有效性的单元格右侧的 按钮,在打开的下拉列表中可选择所需的选项,如图6-3所示。

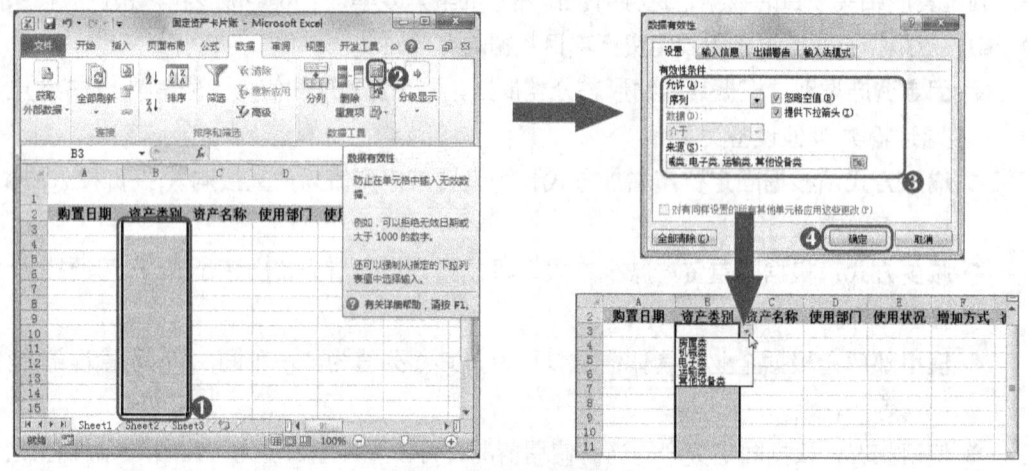

图6-3 设置数据有效性

STEP 4 用相同的方法设置"使用部门"的有效性序列数据为"一车间,二车间,管理部,销售部";"使用状况"的有效性序列数据为"在用,季节性停用,大修停用";"增加方式"的有效性序列数据为"直接购入,投资投入,捐赠,在建工程转入";"减少方式"的有效性序列数据为"出售,报废,部门调拨,投资输出"。

STEP 5 选择K3:K15单元格区域,输入公式"=I3*J3",然后按【Ctrl+Enter】组合键计算合计金额,如图6-4所示。

STEP 6 选择N3:N15单元格区域,输入公式"=K3*M3",然后按【Ctrl+Enter】组合键计算预计净残值,如图6-5所示。

图6-4 计算合计金额　　　　　　　　　图6-5 计算预计净残值

STEP 7 根据固定资产的变动情况依次输入各固定资产的相关信息,如图6-6所示。

图6-6 输入各固定资产的相关信息

6.2.3 查询固定资产信息

将企业拥有的固定资产登记完毕后,由于固定资产数量众多,为了方便查找某一项固定资产,可利用数据的自动筛选功能查询固定资产信息。下面查询2011~2013年购置的固定资产,其具体操作如下。(微课:光盘\微课视频\第6章\查询固定资产信息.swf)

STEP 1 选择A2:N2单元格区域,在【数据】/【排序和筛选】组中单击"筛选"按钮,如图6-7所示,所选区域的单元格右侧将显示筛选按钮。

STEP 2 单击"购置日期"项目右侧的按钮,在打开的下拉列表中撤销选中"2015""2014""2010""2009"复选框,完成后单击 确定 按钮,如图6-8所示。

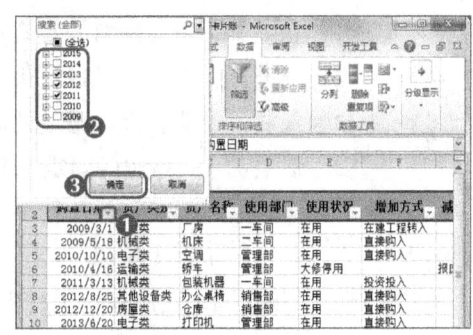

图6-7 单击"筛选"按钮　　　　　　　图6-8 设置筛选条件

STEP 3 返回工作表中可查询到2011~2013年固定资产的项目数据，如图6-9所示。

图6-9　查询筛选结果

6.3　固定资产的折旧处理

固定资产在使用过程中其价值应以折旧的形式逐渐转移到产品或服务成本中去，但是固定资产的价值较大，即使其折旧计提几乎贯穿所有使用期间，在某一会计期间计入产品或服务成本中的折旧额依然较大，因此固定资产的折旧计提方法是否合理，折旧额的计算是否正确，将影响当期的成本费用水平及固定资产的净值。于是在老张的帮助下小白准备对固定资产进行折旧处理。要完成该任务首先应了解固定资产折旧的影响因素、固定资产的折旧方法及折旧函数的使用，然后使用公式与函数计算相应的数据。本例完成后的参考效果如图6-10所示。

素材所在位置　光盘:\素材文件\第6章\课堂案例2\固定资产卡片账.xlsx
效果所在位置　光盘:\效果文件\第6章\固定资产折旧处理表.xlsx

图6-10　"固定资产的折旧处理"的最终效果

企业并不是对所有固定资产都需计提折旧，下列情况企业将不需对所有固定资产计提折旧：已提足折旧仍继续使用的固定资产；以前年度已经估价单独入账的土地；提前报废的固定资产；以经营租赁方式租入的固定资产和以融资租赁方式租出的固定资产。

6.3.1　固定资产折旧概述

固定资产折旧是指固定资产在使用过程中逐渐损耗所减少的那部分价值，即在固定资产的使用寿命内按照正确的方法对应计折旧额进行系统分摊。其中应计折旧额是指应计提折旧的固定资产的原价扣除其预计净残值后的金额。

1. 固定资产折旧的影响因素

一般情况下，固定资产折旧的影响因素有以下几个方面。

- **固定资产原值**：即固定资产的账面成本。
- **固定资产减值准备**：是指固定资产已计提的固定资产减值准备累计金额。
- **固定资产的净残值**：是指预计固定资产清理报废时可收回的残值扣除清理费用后的数额。
- **固定资产的使用寿命**：是指企业固定资产的预计使用寿命，或者该固定资产所能生产产品或提供劳务的数量。其使用寿命的长短直接影响各期应计提的折旧额。确定固定资产使用寿命时，应当考虑的主要因素有：该项资产预计生产能力或实物产量；该项资产预计有形损耗（也称物质磨损，是指固定资产因使用而发生的机械磨损，以及由于自然力的影响所引起的自然损耗）；该项资产预计无形损耗（也称精神磨损，是指由于科学进步和劳动生产率提高等原因而引起的固定资产价值的损失）；法律或者类似规定对该项资产使用的限制。

因此企业应当根据固定资产的性质和使用情况，合理确定固定资产的使用寿命和预计净残值，并根据科技发展、环境及其他因素，选择合理的固定资产折旧方法。

2. 固定资产折旧方法

固定资产折旧方法，是指将应提折旧总额在固定资产各使用期间内进行分配时使用的计算方法。固定资产计提折旧的方法有多种，企业应当根据固定资产所含经济利益预期实现方式合理选择折旧方法。根据《企业会计制度》的规定，固定资产计提折旧方法包括：年限平均法、工作量法、双倍余额递减法、年数总和法。

- **年限平均法**

年限平均法又称直线法，是指将固定资产的应计折旧额均衡地分摊到固定资产预定使用寿命内的一种方法。此方法是最简单且常用的一种方法，它计算的每期折旧额均相等。其计算公式如下。

年折旧率=（1-预计净残值率）/预计使用寿命（年）×100%

月折旧率=年折旧率÷12

月折旧额=固定资产原值×月折旧率

- **工作量法**

工作量法又称变动费用法，是根据实际工作量计算每期应提折旧额的一种方法。其计算公式如下。

单位工作量折旧额=固定资产原值×（1-预计净残值率）÷预计总工作量

某项固定资产月折旧额=该项固定资产当月工作量×单位工作量折旧额

- **双倍余额递减法**

双倍余额递减法，是指在不考虑固定资产预计净残值的情况下，根据每期期初固定资产原值减去累计折旧后的金额（即固定资产净值）和双倍的直线法折旧率计算固定资产折旧的一种方法。其计算公式如下。

年折旧率=2÷预计使用寿命（年）×100%

月折旧额=固定资产净值×年折旧率÷12

由于每年年初固定资产净值没有扣除预计净残值，因此在使用双倍余额递减法时，必须注意不能使固定资产的净值低于其预计净残值。通常在其折旧年限到期前两年内，将固定资产净值扣除预计净残值后的余额平均摊销。

● 年数总和法

年数总和法也称合计年限法，是指将固定资产的原值减去预计净残值后的净额，乘以各年年初固定资产尚可使用年限作分子，以预计使用年限逐年数字之和作分母的逐年递减的分数计算每年折旧额的一种方法。其计算公式如下。

年折旧率=尚可使用年限÷预计使用年限的年数总和×100%

预计使用年限的年数总和=预计使用年限×(预计使用年限+1)÷2

月折旧率=年折旧率÷12

月折旧额=（固定资产原值-预计净残值）×月折旧率

6.3.2 折旧函数的使用

手动计算固定资产的折旧金额过程非常复杂，且容易出错，而利用 Excel 提供的折旧函数可以快速计算出固定资产折旧值。下面介绍几种常用的折旧函数，如表 6-1 所示。

表 6-1 常用的折旧函数

函数作用	语法结构	参数含义	说明
DB 函数是使用固定余额递减法计算指定期间内某项固定资产的折旧值	DB(cost,salvage,life,period,month)	cost：表示资产原值 salvage：表示资产在折旧期末的价值，即残值 life：表示资产的折旧期数，即使用年限 period：表示需要计算折旧值的期间，使用时 Period 与 life 的衡量单位必须相同 month：表示第一年的月份数，如果省略该参数，则系统默认其值为 12	固定余额递减法用来计算固定利率下的资产折旧值，因此 DB 函数的计算公式可表示为"折旧值=（资产原值-前期折旧总值）*rate"，其中 rate=1-((salvage/cost)^(1/life))，计算结果保留 3 位小数

在实际工作中购买固定资产的日期不一定是1月份，计算折旧额的日期也不一定是12月份，因此DB函数对第一个周期和最后一个周期的折旧算法与其他周期的算法不同。第一个周期，DB函数的计算公式为"cost*rate*month/12"，其中"month/12"表示使用的月数占全年月数的比例。最后一个周期，DB函数的计算公式为"((cost-前期折旧总值)*rate*(12-month))/12"。

续表

函数作用	语法结构	参数含义	说明
DDB函数是使用双倍余额递减法或其他指定方法计算一笔资产在指定期间内的折旧值	DDB(cost,salvage,life,period,factor)	cost、salvage、life、period参数说明同DB函数 factor：表示余额递减速率（折旧因子），如果省略该参数，则系统默认其值为2	双倍余额递减法以加速的比率计算折旧。折旧在第一阶段是最高的，在后继阶段中会减少。DDB函数的计算公式可表示为"折旧值=((资产原值-资产残值)-前面阶段的折旧总值)×(余额递减速率÷生命周期)"
SLN函数是使用年限平均法返回某项资产在一个期间内的线性折旧值	SLN(cost,salvage,life)	cost、salvage、life参数说明同DB函数	SLN函数是计算折旧额最简单的一种方法，所需的参数也最少，其计算公式为"(资产原值-资产残值)÷折旧期限"
SYD函数是按年限总和折旧法返回某项资产在指定期间的折旧值	SYD(cost,salvage,life,per)	cost、salvage、life、per参数说明同DB函数	SYD函数的计算公式可表示为"折旧值=((资产原值-资产残值)×(使用年限-期间数+1)×2)÷(使用年限×(使用年限+1))"
VDB函数是使用双倍余额递减法或其他指定的方法返回指定的任何期间内（包括部分期间）的资产折旧值，VDB函数代表可变余额递减法	VDB(cost,salvage,life,start_period,end_period,factor,no_switch)	cost、salvage、life参数说明同DB函数，factor参数说明同DDB函数 start_period：表示进行折旧计算的起始期间，Start_period必须与life的单位相同 end_period：表示进行折旧计算的截止期间，End_period必须与life的单位相同 no_switch：表示逻辑值，指定当折旧值大于余额递减计算值时，是否转用直线折旧法	如果no_switch为TRUE，即使折旧值大于余额递减计算值，Excel也不转用直线折旧法；如果no_switch为FALSE或被忽略，且折旧值大于余额递减计算值时，Excel将转用线性折旧法。除no_switch外所有参数必须为正数

假设某固定资产的初始购置成本为80 000元，预计净残值率为5%，预计使用年限为10年，下面分别使用DB、DDB、SLN、SYD、VDB函数计算该固定资产使用年限内每年的折旧值，如图6-11所示，然后使用DDB函数和VDB函数计算固定资产指定期间内的折旧值，如图6-12所示。

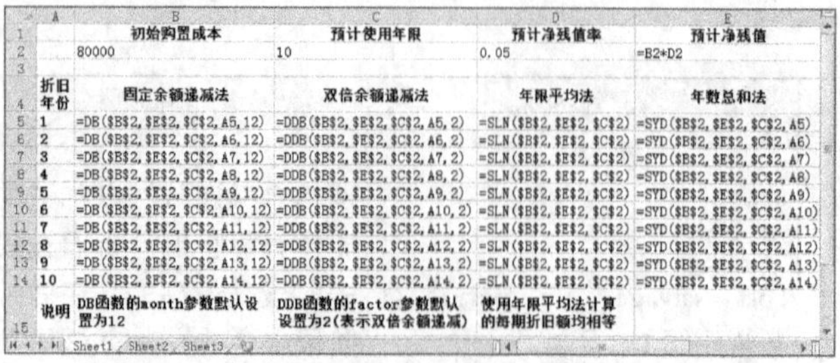

	A	B	C	D	E
1		初始购置成本	预计使用年限	预计净残值率	预计净残值
2		80000	10	0.05	=B2*D2
3					
4	折旧年份	固定余额递减法	双倍余额递减法	年限平均法	年数总和法
5	1	=DB($B$2, $E$2, $C$2, A5, 12)	=DDB($B$2, $E$2, $C$2, A5, 2)	=SLN($B$2, $E$2, $C$2)	=SYD($B$2, $E$2, $C$2, A5)
6	2	=DB($B$2, $E$2, $C$2, A6, 12)	=DDB($B$2, $E$2, $C$2, A6, 2)	=SLN($B$2, $E$2, $C$2)	=SYD($B$2, $E$2, $C$2, A6)
7	3	=DB($B$2, $E$2, $C$2, A7, 12)	=DDB($B$2, $E$2, $C$2, A7, 2)	=SLN($B$2, $E$2, $C$2)	=SYD($B$2, $E$2, $C$2, A7)
8	4	=DB($B$2, $E$2, $C$2, A8, 12)	=DDB($B$2, $E$2, $C$2, A8, 2)	=SLN($B$2, $E$2, $C$2)	=SYD($B$2, $E$2, $C$2, A8)
9	5	=DB($B$2, $E$2, $C$2, A9, 12)	=DDB($B$2, $E$2, $C$2, A9, 2)	=SLN($B$2, $E$2, $C$2)	=SYD($B$2, $E$2, $C$2, A9)
10	6	=DB($B$2, $E$2, $C$2, A10, 12)	=DDB($B$2, $E$2, $C$2, A10, 2)	=SLN($B$2, $E$2, $C$2)	=SYD($B$2, $E$2, $C$2, A10)
11	7	=DB($B$2, $E$2, $C$2, A11, 12)	=DDB($B$2, $E$2, $C$2, A11, 2)	=SLN($B$2, $E$2, $C$2)	=SYD($B$2, $E$2, $C$2, A11)
12	8	=DB($B$2, $E$2, $C$2, A12, 12)	=DDB($B$2, $E$2, $C$2, A12, 2)	=SLN($B$2, $E$2, $C$2)	=SYD($B$2, $E$2, $C$2, A12)
13	9	=DB($B$2, $E$2, $C$2, A13, 12)	=DDB($B$2, $E$2, $C$2, A13, 2)	=SLN($B$2, $E$2, $C$2)	=SYD($B$2, $E$2, $C$2, A13)
14	10	=DB($B$2, $E$2, $C$2, A14, 12)	=DDB($B$2, $E$2, $C$2, A14, 2)	=SLN($B$2, $E$2, $C$2)	=SYD($B$2, $E$2, $C$2, A14)
15	说明	DB函数的month参数默认设置为12	DDB函数的factor参数默认设置为2(表示双倍余额递减)	使用年限平均法计算的每期折旧额均相等	

图 6-11　计算固定资产使用年限内每年的折旧值

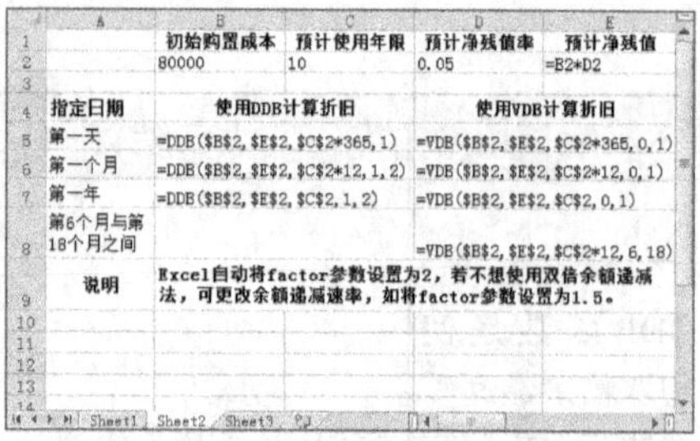

	A	B	C	D	E
1		初始购置成本	预计使用年限	预计净残值率	预计净残值
2		80000	10	0.05	=B2*D2
3					
4	指定日期	使用DDB计算折旧		使用VDB计算折旧	
5	第一天	=DDB($B$2, $E$2, $C$2*365, 1)		=VDB($B$2, $E$2, $C$2*365, 0, 1)	
6	第一个月	=DDB($B$2, $E$2, $C$2*12, 1, 2)		=VDB($B$2, $E$2, $C$2*12, 0, 1)	
7	第一年	=DDB($B$2, $E$2, $C$2, 1, 2)		=VDB($B$2, $E$2, $C$2, 0, 1)	
8	第6个月与第18个月之间			=VDB($B$2, $E$2, $C$2*12, 6, 18)	
9	说明	Excel自动将factor参数设置为2，若不想使用双倍余额递减法，可更改余额递减速率，如将factor参数设置为1.5。			

图 6-12　计算固定资产指定期间内的折旧值

6.3.3　设置固定资产折旧相关公式

为了方便、正确地计提现有的每一项固定资产折旧值，在固定资产折旧处理表中还将用到的计算公式和函数如下。

- **已计提折旧月数**：根据会计制度，已提足折旧继续使用的固定资产不再计提，即已计提折旧月数的上限为固定资产的预计使用期限。由于固定资产存在超期服役的可能，因此可使用公式"=IF(INT(DAYS360(启用日期，当前日期)/30)<=预计使用年限×12，INT(DAYS360(启用日期，当前日期)/30)，预计使用年限×12）"，其中DAYS360函数是按一年360天的算法（每个月以30天计，一年共计12个月）返回两日期间相差的天数，其语法结构为"DAYS360(start_date,end_date,method)"，Start_date和end_date表示计算期间天数的起止日期，Method是逻辑值，当该值为TRUE时表示采用欧洲方法计算，当该值为FALSE或省略时表示采用美国方法计算；而INT函数用来将数字向下舍入到最接近的整数，其语法结构为"INT(number)"，其中number表示需要进行向下舍入取整的实数；因此DAYS360(启用日期，当前日期)/30表示从固定资产启用日期到当前日期的月份数，如果该数据不是整数，则使用INT函数取整。
- **预计使用期内每期折旧**：一般采用年限平均法计提折旧，在整个固定资产的预计使用年限内每期的折旧额都一样，因此可使用公式"=（资产原值-预计残值）/预计使用期限"计算折旧，也可使用SLN函数计算折旧。
- **本期折旧额**：如果固定资产在预计使用期限内，当期折旧额等于预计使用期内每期折旧，如果固定资产超期使用的话当期则无折旧，所以可使用IF函数"=IF(INT(DAYS360(启用日期，当前日期)/30)>预计使用年限×12，0，预计使用期内每期折旧）"进行判断。
- **累计折旧额**：截至本期的累计折旧额从逻辑上讲等于预计使用期限内的每期折旧额乘以已计提折旧的月数，因此可使用公式"=本期折旧额×已计提折旧月数"计算。
- **净值**：固定资产净值等于固定资产原值减去至本期累计折旧额，因此可使用公式"=资产原值-累计折旧额"计算。

6.3.4　计算固定资产折旧项目

下面使用不同的函数计提固定资产折旧项目，其具体操作如下。（微课：光盘\微课视频\第6章\计算固定资产折旧项目.swf）

STEP 1 打开"固定资产卡片账"工作簿,将其以"固定资产折旧处理表"为名进行另存,然后在O2:T2单元格区域中输入需要计算的固定资产折旧项目:当前日期、已计提折旧月数、预计使用期内每期折旧、本期折旧额、累计折旧额、净值,如图6-13所示。

STEP 2 选择N2单元格,在【开始】/【剪贴板】组中单击"格式刷"按钮,此时鼠标光标变成形状,然后选择O2:T2单元格区域,将N2单元格的格式复制到O2:T2单元格区域中,如图6-14所示,完成后调整单元格行高与列宽。

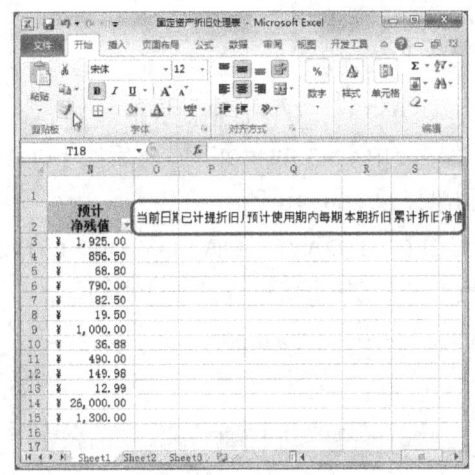 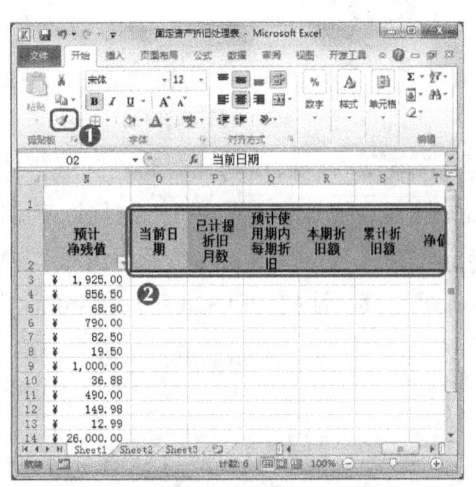

图6-13 输入固定资产折旧项目　　　　图6-14 使用格式刷复制单元格格式

STEP 3 选择A2:T2单元格区域,在【数据】/【排序和筛选】组中单击两次"筛选"按钮,如图6-15所示。

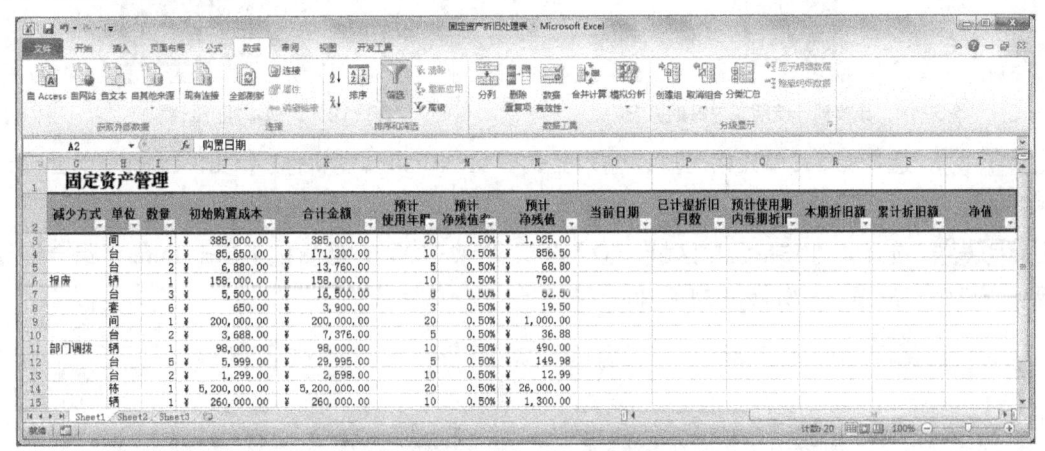

图6-15 重新设置数据的自动筛选

STEP 4 确认计算机的系统日期与实际日期一致后,选择O3:O15单元格区域,输入公式"=TODAY()",然后按【Ctrl+Enter】组合键返回当前日期,如图6-16所示。

STEP 5 选择P3:P15单元格区域,输入公式"=IF(INT(DAYS360(A3,O3)/30)<=L3*12,INT(DAYS360(A3,O3)/30),L3*12)",然后按【Ctrl+Enter】组合键计算各固定资产的已计提折旧月数,如图6-17所示。

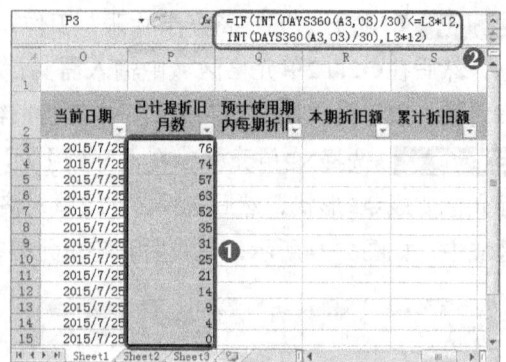

图6-16 计算当前日期　　　　　　　　图6-17 计算已计提折旧月数

STEP 6 选择Q3:Q15单元格区域，输入公式"=SLN(J3,N3,L3*12)"，然后按【Ctrl+Enter】组合键计算各固定资产的预计使用期内每期折旧，如图6-18所示。

STEP 7 选择R3:R15单元格区域，输入公式"=IF(INT(DAYS360(A3,O3)/30)>L3*12,0,Q3)"，然后按【Ctrl+Enter】组合键计算各固定资产的本期折旧额，如图6-19所示。

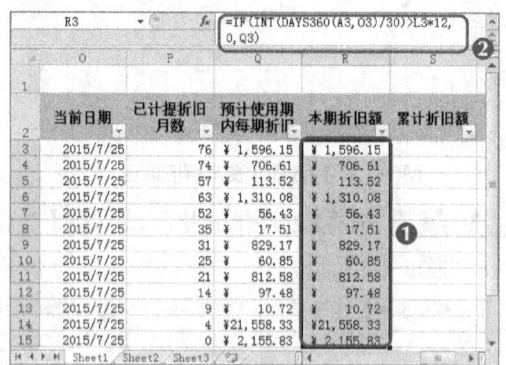

图6-18 计算预计使用期内每期折旧　　　　图6-19 计算本期折旧额

STEP 8 选择S3:S15单元格区域，输入公式"=R3*P3"，然后按【Ctrl+Enter】组合键计算各固定资产的累计折旧额，如图6-20所示。

STEP 9 选择T3:T15单元格区域，输入公式"=J3-S3"，然后按【Ctrl+Enter】组合键计算各固定资产的净值，如图6-21所示。

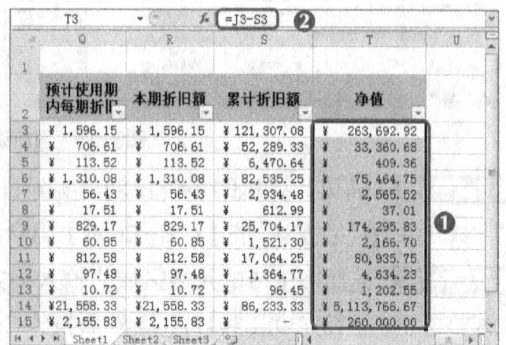

图6-20 计算累计折旧额　　　　　　　图6-21 计算净值

知识提示 完成固定资产折旧计算后,之后每次打开固定资产折旧处理表,其当前日期将自动更新为系统日期,系统日期发生变化后,已计提折旧月数、本期折旧额、至本期累计折旧额、本期末固定资产净值等项目的数值也随之更新。

6.3.5 设置工作簿的加密功能

为了增强表格的安全性,防止他人不小心误删除或改动表格的某部分数据,最简单的方法就是为工作簿加密,这样没有密码其他人都不能打开加密后的工作簿,其具体操作如下。
(微课:光盘\微课视频\第6章\设置工作簿的加密功能.swf)

STEP 1 在工作簿中选择【文件】/【信息】菜单命令,在中间区域单击"保护工作簿"按钮下方的 按钮,在打开的下拉列表中选择"用密码进行加密"选项,如图6-22所示。

STEP 2 在打开的"加密文档"对话框的"密码"文本框中输入密码,这里输入"123456",然后单击 确定 按钮,在打开的"确认密码"对话框的"重新输入密码"文本框中输入密码"123456",完成后单击 确定 按钮,如图6-23所示。

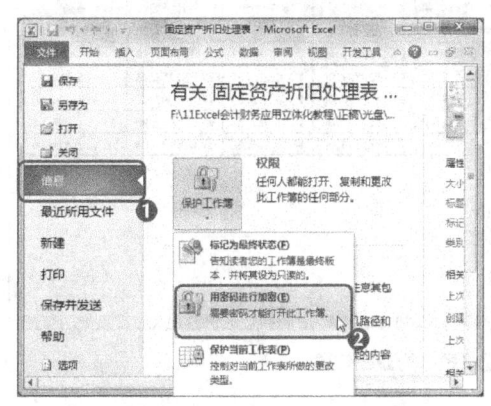

图6-22 选择"用密码进行加密"命令

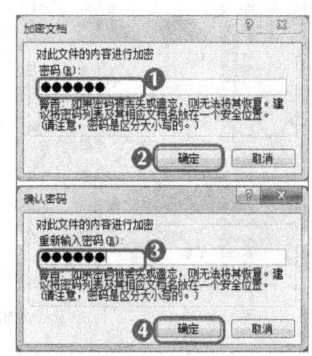

图6-23 设置密码

STEP 3 保存并关闭工作簿后,当再次打开该工作簿,将先打开"密码"对话框,用户只有在"密码"文本框中输入正确的密码后,单击 确定 按钮才能打开该工作簿,如图6-24所示。

图6-24 再次打开工作簿需输入密码

知识提示 要撤销为工作簿设置的密码,可再次选择【文件】/【信息】菜单命令,在中间区域单击"保护工作簿"按钮下方的 按钮,在打开的下拉列表中选择"用密码进行加密"选项,在打开的"加密文档"对话框中删除设置的密码,然后单击 确定 按钮即可。

6.4 汇总固定资产折旧项目

汇总固定资产折旧项目就是查询指定期间按指定项目汇总的固定资产的价值及折旧信息为依据进行汇总，它可以以资产类别、使用部门、使用状况等项目为依据进行汇总。与固定资产折旧处理不同，汇总固定资产折旧项目不需要显示具体的固定资产信息。老张准备和小白使用不同的方法汇总固定资产折旧项目。要完成该任务除了使用数据的分类汇总功能汇总固定资产折旧项目外，还可使用SUMPRODUCT函数根据资产类别汇总固定资产原值、本期折旧、累计折旧、净值等项目。本例完成后的参考效果如图6-25所示。

素材所在位置　光盘:\素材文件\第6章\课堂案例3\固定资产折旧处理表.xlsx
效果所在位置　光盘:\效果文件\第6章\固定资产折旧汇总表.xlsx

图6-25 "固定资产折旧汇总表"的最终效果

6.4.1 分类汇总固定资产折旧项目

下面直接在固定资产折旧项目的基础上以"资产类别"为依据进行排序，然后以"资产类别"为分类字段，求和汇总固定资产原值、本期折旧、累计折旧、净值的数值，其具体操作如下。（ 微课：光盘\微课视频\第6章\分类汇总固定资产折旧项目.swf）

STEP 1 打开"固定资产折旧处理表"工作簿，将其以"固定资产折旧汇总表"为名进行另存，然后复制"Sheet1"工作表，并将复制后的"Sheet1（2）"工作表，以及"Sheet1"和"Sheet2"工作表分别重命名为"固定资产折旧处理""分类汇总折旧项目""使用函数汇总折旧项目"，完成后删除"Sheet3"工作表。

STEP 2 在"分类汇总折旧项目"工作表中选择任意单元格，然后在"资产类别"项目右侧单击 按钮，在打开的下拉列表中选择"升序"选项，工作表中的数据将以"资产类别"为依据进行升序排列，如图6-26所示。

STEP 3 选择数据区域的任意单元格，然后在【数据】/【分级显示】组中单击"分类汇总"按钮。

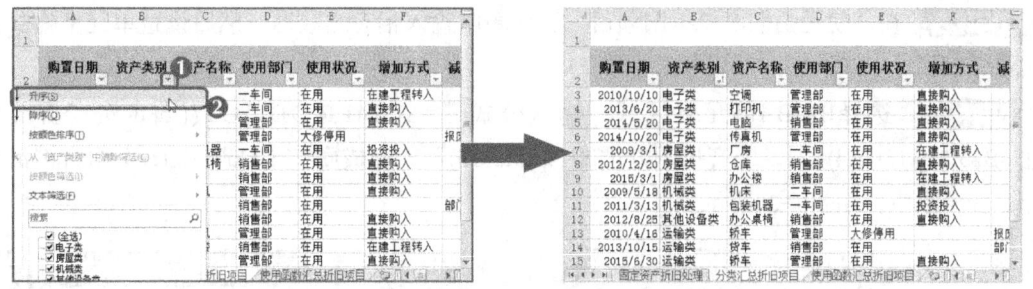

图6-26 数据的排序

STEP 4 在打开的“分类汇总”对话框的“分类字段”下拉列表中选择“资产类别”选项；在“汇总方式”下拉列表中选择“求和”选项；在“选定汇总项”列表框中单击选中“本期折旧额”“累计折旧额”“净值”复选框，完成后单击确定按钮，如图6-27所示。

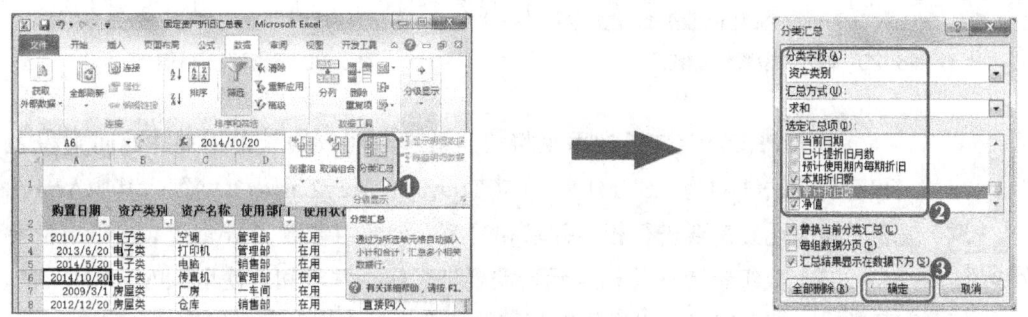

图6-27 设置分类汇总选项

STEP 5 返回工作表中可显示出各资产类别的明细数据和汇总项，以及所有固定资产的合计数据，如图6-28所示。

固定资产管理

资产类别	资产名称	使用部门	使用状况	增加方式	减少方式	单位	数量	初始购置成本	合计金额	预计使用年限	预计净残值率	预计净残值	当前日期
电子类	空调	管理部	在用	直接购入		台	2	¥ 6,880.00	¥ 13,760.00	5	0.50%	¥ 68.80	2015/7/26
电子类	打印机	管理部	在用	直接购入		台	2	¥ 3,688.00	¥ 7,376.00	5	0.50%	¥ 36.88	2015/7/26
电子类	电脑	销售部	在用	直接购入		台	5	¥ 5,999.00	¥ 29,995.00	5	0.50%	¥ 149.98	2015/7/26
电子类	传真机	管理部	在用	直接购入		台	2	¥ 1,299.00	¥ 2,598.00	10	0.50%	¥ 12.99	2015/7/26
电子类 汇总									¥ 53,729.00				
房屋类	厂房	一车间	在用	在建工程转入		间	1	¥ 385,000.00	¥ 385,000.00	20	0.50%	¥ 1,925.00	2015/7/26
房屋类	仓库	销售部	在用	直接购入		间	1	¥ 200,000.00	¥ 200,000.00	20	0.50%	¥ 1,000.00	2015/7/26
房屋类	办公楼	销售部	在用	在建工程转入		栋	1	¥ 5,200,000.00	¥ 5,200,000.00	20	0.50%	¥ 26,000.00	2015/7/26
房屋类 汇总									¥ 5,785,000.00				
机械类	机床	二车间	在用	直接购入		台	2	¥ 85,650.00	¥ 171,300.00	10	0.50%	¥ 856.50	2015/7/26
机械类	包装机器	一车间	在用	投资投入		台	3	¥ 5,500.00	¥ 16,500.00	8	0.50%	¥ 82.50	2015/7/26
机械类 汇总									¥ 187,800.00				
其他设备类	办公桌椅	销售部	在用	直接购入		套	6	¥ 650.00	¥ 3,900.00	3	0.50%	¥ 19.50	2015/7/26
其他设备类 汇总									¥ 3,900.00				
运输类	轿车	管理部	大修停用		报废	辆	1	¥ 158,000.00	¥ 158,000.00	10	0.50%	¥ 790.00	2015/7/26
运输类	货车	销售部	在用		部门调拨	辆	1	¥ 98,000.00	¥ 98,000.00	10	0.50%	¥ 490.00	2015/7/26
运输类	轿车	管理部	在用	直接购入		辆	1	¥ 260,000.00	¥ 260,000.00	10	0.50%	¥ 1,300.00	2015/7/26
运输类 汇总									¥ 516,000.00				
总计									¥ 6,546,429.00				

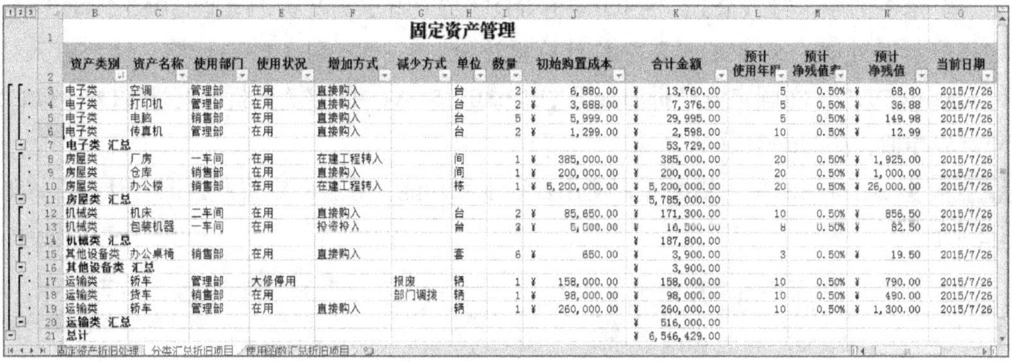

图6-28 查看分类汇总结果

6.4.2 使用函数汇总固定资产折旧项目

下面在“使用函数汇总折旧项目”工作表中使用SUMPRODUCT函数计算各资产类别的汇总数据，然后使用自动求和功能计算所有资产类别的合计数据，其具体操作如下。

（微课：光盘\微课视频\第6章\使用函数汇总固定资产折旧项目.swf）

STEP 1 在"使用函数汇总折旧项目"工作表中输入相应的数据,然后设置单元格格式,如图6-29所示。

STEP 2 选择B4:B8单元格区域,输入公式"=SUMPRODUCT((固定资产折旧处理!$B$3:$B$15=A4)*固定资产折旧处理!$K$3:$K$15)",完成后按【Ctrl+Enter】组合键汇总计算资产原值,如图6-30所示。

图6-29 输入并设置数据格式

图6-30 计算资产原值

> **知识提示** SUMPRODUCT函数用来将给定数组间对应的元素相乘并返回乘积之和。其语法结构为"SUMPRODUCT(array1,array2,array3,...)",其中Array1表示相应元素需要进行相乘并求和的第一个数组参数,Array2, array3,...表示2~255个数组参数,其相应元素需要进行相乘并求和。使用SUMPRODUCT函数时,其数组参数必须具有相同的位数,否则将返回错误值#VALUE!。

STEP 3 用相同的方法选择C4:C8单元格区域,输入公式"=SUMPRODUCT((固定资产折旧处理!$B$3:$B$15=A4)*固定资产折旧处理!$R$3:$R$15)"汇总计算本期折旧额;选择D4:D8单元格区域,输入公式"=SUMPRODUCT((固定资产折旧处理!$B$3:$B$15=A4)*固定资产折旧处理!$S$3:$S$15)"汇总计算累计折旧额;选择E4:E8单元格区域,输入公式"=SUMPRODUCT((固定资产折旧处理!$B$3:$B$15=A4)*固定资产折旧处理!$T$3:$T$15)"汇总计算净值,如图6-31所示。

STEP 4 选择B9:E9单元格区域,使用自动求和功能计算各固定资产折旧合计数据,如图6-32所示。

图6-31 计算其他固定资产折旧项目

图6-32 使用自动求和功能计算数据

6.5 实训——制作××公司固定资产折旧处理表

6.5.1 实训目标

本实训的目标是制作××公司固定资产折旧处理表。小白将根据提供的固定资产信息使用公式与函数分别计算预计净残值、已计提折旧月数、月折旧额、累计折旧额、净值。本实训的最终效果如图6-33所示。

效果所在位置 光盘:\效果文件\第6章\实训\××公司固定资产折旧处理表.xlsx

固定资产折旧处理表

启用日期	资产名称	使用状况	增加方式	减少方式	资产原值	预计使用年限	预计净残值率	预计净残值	当前日期	已计提折旧月数	月折旧额	累计折旧额	净值
2009/5/8	厂房	在用	在建工程转入		¥650,000.00	30	5%	¥32,500.00	2015/7/26	74	¥1,715.28	¥126,930.56	¥523,069.44
2010/9/12	机床	在用	直接购入		¥ 80,000.00	10	5%	¥ 4,000.00	2015/7/26	58	¥633.33	¥ 36,733.33	¥ 43,266.67
2010/3/15	电脑	在用	直接购入		¥ 5,000.00	5	3%	¥ 150.00	2015/7/26	60	¥80.83	¥ 4,850.00	¥ 150.00
2013/5/8	汽车	在用	直接购入		¥250,000.00	10	5%	¥12,500.00	2015/7/26	26	¥1,979.17	¥ 51,458.33	¥198,541.67
2014/10/16	车床	在用	直接购入		¥120,000.00	10	5%	¥ 6,000.00	2015/7/26	9	¥950.00	¥ 8,550.00	¥111,450.00
2014/8/10	打印机	大修停用		报废	¥ 4,800.00	5	3%	¥ 144.00	2015/7/26	11	¥77.60	¥ 853.60	¥ 3,946.40
2015/6/12	传真机	在用	直接购入		¥ 3,200.00	5	3%	¥ 96.00	2015/7/26	1	¥51.73	¥ 51.73	¥ 3,148.27

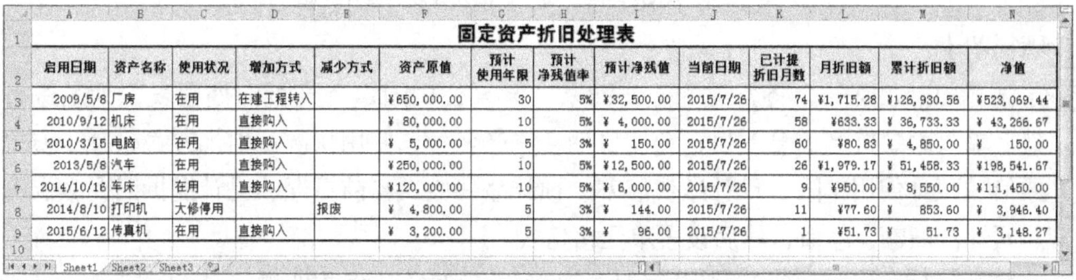

图6-33 “XX公司固定资产折旧处理表”的最终效果

6.5.2 专业背景

要对××公司的固定资产进行折旧处理，首先应了解并录入固定资产的相关信息，××公司2015年7月的固定资产信息如表6-2所示。

表6-2 XX公司固定资产信息

启用日期	资产名称	使用状况	增加方式	减少方式	资产原值	预计使用年限	预计净残值率
2009-5-8	厂房	在用	在建工程转入		650 000	30	5%
2010-9-12	机床	在用	直接购入		80 000	10	5%
2010-3-15	电脑	在用	直接购入		5 000	5	3%
2013-5-8	汽车	在用	直接购入		250 000	10	5%
2014-10-16	车床	在用	直接购入		120 000	10	5%
2014-8-10	打印机	大修停用		报废	4 800	5	3%
2015-6-12	传真机	在用	直接购入		3 200	5	3%

6.5.3 操作思路

完成本实训需要先创建"××公司固定资产折旧处理表"工作簿，在其中输入固定资产信息，然后计算预计净残值，并使用TODAY函数返回当前日期，完成后分别计算各项固定资产的已计提折旧月数、月折旧额、累计折旧额、净值，其操作思路如图6-34所示。

①输入固定资产信息　　②计算预计净残值并返回当前日期　　③计算固定资产折旧项目

图6-34　XX公司固定资产折旧处理表的制作思路

【步骤提示】

STEP 1 启动Excel，将新建的工作簿以"××公司固定资产折旧处理表"为名进行保存，然后输入固定资产信息项目：启用日期、资产名称、使用状况、增加方式、减少方式、资产原值、预计使用年限、预计净残值率、预计净残值、当前日期、已计提折旧月数、月折旧额、累计折旧额、净值，然后设置单元格格式。

STEP 2 设置"使用状况"的有效性序列数据为"在用,季节性停用,大修停用"，"增加方式"的有效性序列数据为"直接购入,投资投入,捐赠,在建工程转入"，"减少方式"的有效性序列数据为"出售,报废,部门调拨,投资输出"。

STEP 3 在相应的单元格中输入所需的数据，然后选择I3:I9单元格区域，输入公式"=F3*H3"，然后按【Ctrl+Enter】组合键计算预计净残值，选择J3:J9单元格区域，输入公式"=TODAY()"，然后按【Ctrl+Enter】组合键返回当前日期。

STEP 4 选择K3:K9单元格区域，输入公式"=IF(INT(DAYS360(A3,J3)/30)<=G3*12,INT(DAYS360(A3,J3)/30),G3*12)"，然后按【Ctrl+Enter】组合键计算各固定资产的已计提折旧月数。

STEP 5 选择L3:L9单元格区域，输入公式"=SLN(F3,I3,G3*12)"，计算各固定资产的预计使用期内每期折旧；选择M3:M9单元格区域，输入公式"=K3*L3"，计算各固定资产的累计折旧额；选择N3:N9单元格区域，输入公式"=F3-M3"，计算各固定资产的净值。

6.6 疑难解析

问：Excel中的日期系统是怎么回事？

答：在Excel中日期和时间是以数值方式存储的，且日期具有连续性，因此日期实际上就是一个"序列号"。序列号是Excel日期和时间计算使用的日期-时间代码。默认情况下，日期范围为1900年1月1日到9999年12月31日，其中1900年1月1日的序列号是1，9999年12月31日的日期系列编号为2958465，这是因为它距1900年1月1日有2958465天。因此可以使用日期函数返回相应的序列号并计算出时间间隔。

问：如果不需要自动更新TODAY函数返回的日期值，该怎么办？

答：默认情况下打开具有TODAY函数的工作簿时，Excel会自动更新TODAY函数返回的日期，如果不需要自动更新，而要让其始终保留在最后一次保存时的输入日期上，可选择【文件】/【选项】菜单命令，在打开的"Excel选项"对话框中单击"公式"选项卡，在"计算选项"栏单击选中"手动重算"单选项，完成后单击 确定 按钮即可。

问：格式刷有什么作用？

答：在Excel表格中当需要为多个单元格设置相同的单元格格式时，可选择已设置好格式的单元格，利用格式刷复制格式并应用到其他单元格中。在工作表中若只需复制一次格式，可选择已设置好格式的单元格，在【开始】/【剪贴板】组中单击"格式刷"按钮 ，此时鼠标光标变成 形状，选择需应用相同格式的单元格或单元格区域后将退出格式刷编辑状态；若需连续复制多次格式，可选择已设置好格式的单元格，双击"格式刷"按钮 ，然后依次选择需应用相同格式的多个单元格或单元格区域，当不需要复制格式时再次单击"格式刷"按钮 即可退出格式刷编辑状态。

6.7 习题

本章主要介绍了使用Excel建立固定资产卡片账、固定资产折旧处理和汇总固定资产折旧项目的方法，主要用到的Excel知识有：设置数据有效性、折旧函数的使用、设置工作簿的加密功能、数据的排序与分类汇总等，读者应加强该部分内容的练习与应用。

效果所在位置　光盘:\效果文件\第6章\习题\不同折旧函数的使用.xlsx

假设某固定资产的初始购置成本为150 000元，预计使用年限为8年，预计净残值率为5%，然后使用固定余额递减法、双倍余额递减法、年限平均法、年数总和法计算该固定资产每年的折旧值，完成后的效果如图6-35所示。

- 使用公式"预计净残值=资产原值*预计净残值率"计算预计净残值。
- 分别使用DB、DDB、SLN、SYD函数计算各固定资产每年的折旧值（注意：公式中相对引用与绝对引用的转换）。

	购置金额	预计使用年限	预计净残值率	预计净残值
	150000	8	5%	7500
折旧年份	固定余额递减法	双倍余额递减法	年限平均法	年数总和法
1	¥46,800.00	¥37,500.00	¥17,812.50	¥31,666.67
2	¥32,198.40	¥28,125.00	¥17,812.50	¥27,708.33
3	¥22,152.50	¥21,093.75	¥17,812.50	¥23,750.00
4	¥15,240.92	¥15,820.31	¥17,812.50	¥19,791.67
5	¥10,485.75	¥11,865.23	¥17,812.50	¥15,833.33
6	¥7,214.20	¥8,898.93	¥17,812.50	¥11,875.00
7	¥4,963.37	¥6,674.19	¥17,812.50	¥7,916.67
8	¥3,414.80	¥5,005.65	¥17,812.50	¥3,958.33

图6-35　使用不同的函数计算折旧值

课后拓展知识

在Excel中输入公式后，并不能保证公式完全正确，此时可使用Excel的错误检查功能检查公式中是否存在错误。

- **通过"Excel选项"对话框设置错误检查**：选择【文件】/【选项】命令，在打开的"Excel选项"对话框中单击"公式"选项卡，在"错误检查"栏中确认单击选中"允许后台错误检查"复选框后，可单击"使用此颜色标识错误"按钮，在打开的色块中选择所需的颜色更改标记错误发生位置的三角形的颜色；在"错误检查规则"栏中可单击选中或撤销选中相应规则对应的复选框设置错误检查规则，完成后单击 确定 按钮，如图6-36所示，返回工作表中若检查出错误后，在单元格的左上角将出现一个三角形状，选择该单元格，则该单元格的右边将变为感叹号提示按钮，单击它可显示错误选项，其中第一个选项显示了导致无法返回结果的错误，如"#DIV/0!"表示数字被零除，"忽略错误"选项表示忽略特定单元格中的某个错误，则该单元格中的错误将不会再出现在以后的错误检查中。

- **通过"公式"选项卡设置错误检查**：在【公式】/【公式审核】组中单击 错误检查 按钮，当工作表中存在错误时，将打开"错误检查"对话框，如图6-37所示，在其中单击 关于此错误的帮助 按钮可了解当前错误的相关帮助；单击 显示计算步骤 按钮可显示当前错误的计算步骤；单击 忽略错误 按钮可忽略当前错误；单击 在编辑栏中编辑 按钮可切换到工作簿的编辑栏重新编辑公式；单击 下一个 按钮可继续检查下一个错误，直到错误检查完成。另外，单击 选项 按钮也可打开"Excel选项"对话框，在"公式"选项卡的"错误检查"栏中单击 重新设置忽略错误 按钮可重置以前忽略的所有错误，返回"错误检查"对话框中单击 继续 按钮可继续进行错误检查。

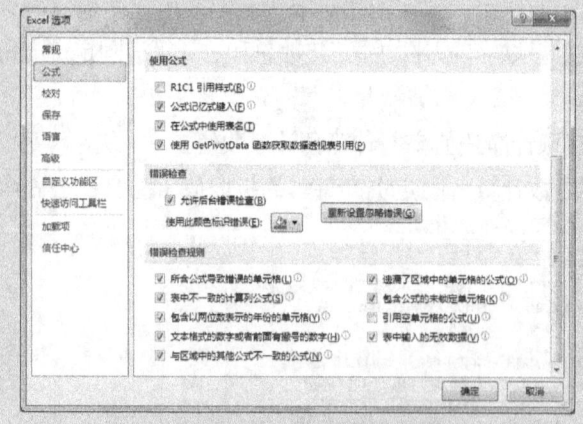

图6-36　"Excel选项"对话框

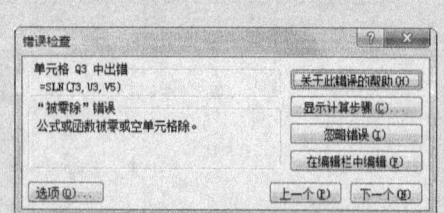

图6-37　"错误检查"对话框

第7章
月末账务处理

情景导入

以会计凭证为依据设置并登记会计账簿，是会计账务工作的中心环节。小白将先建立会计凭证表，然后直接生成日记账、分类账、科目汇总表等。

知识技能目标

- 掌握设置条件格式的方法，并巩固设置数据有效性、自动筛选数据等方法。
- 熟练掌握创建与编辑数据透视表的方法，如添加字段、隐藏字段、自动更新数据透视表等。
- 掌握使用不同的方法引用数据，并巩固使用公式与函数计算数据的方法。

- 能够根据发生的经济业务建立会计凭证表，并快速生成日记账。
- 能够使用数据透视表根据会计凭证表生成总分类账和科目汇总表。
- 了解科目余额表的数据来源，能够根据科目汇总表编制科目余额表。

课堂案例展示

"会计凭证表"的表格效果

"科目余额表"的表格效果

7.1 汇总会计凭证

经济业务发生后，会计人员可以将经济业务以会计分录的形式保存在会计凭证表中，以便快速生成日记账、分类账、科目汇总表、资产负债表、利润表、现金流量表等财务报表。在老张的帮助下小白准备建立会计凭证表登记会计凭证信息。要完成该任务首先需在工作表中定义单元格名称，设置数据有效性，然后使用函数查找并引用明细科目，完成后利用自动筛选功能实现数据的查询。本例完成后的参考效果如图 7-1 所示。

素材所在位置　光盘:\素材文件\第7章\课堂案例1\会计科目表.xlsx
效果所在位置　光盘:\效果文件\第7章\会计凭证表.xlsx

超众有限责任公司会计凭证表

年	月	日	序	凭证编号	摘要	科目编号	科目名称	明细科目	借方金额	贷方金额
2015	07	02	01	2015070201	验收材料	1403	原材料		¥ 1,000.00	
2015	07	02	01	2015070201	验收材料	2221	应交税费	应交增值税-进项税额	¥ 170.00	
2015	07	02	01	2015070201	验收材料	1123	预付账款			¥ 1,170.00
2015	07	03	02	2015070302	向银行借款	1002	银行存款		¥ 30,000.00	
2015	07	03	02	2015070302	向银行借款	2001	短期借款			¥ 30,000.00
2015	07	05	03	2015070503	预收货款	1002	银行存款		¥ 50,000.00	
2015	07	05	03	2015070503	预收货款	2203	预收账款			¥ 50,000.00
2015	07	08	04	2015070804	赊销产品	1122	应收账款	材料商1	¥155,610.00	
2015	07	08	04	2015070804	赊销产品	6001	主营业务收入			¥133,000.00
2015	07	08	04	2015070804	赊销产品	2221	应交税费	应交增值税-销项税额		¥ 22,610.00
2015	07	10	05	2015071005	销售材料	1001	库存现金		¥ 1,170.00	
2015	07	10	05	2015071005	销售材料	6051	其他业务收入			¥ 1,000.00
2015	07	10	05	2015071005	销售材料	2221	应交税费	应交增值税-销项税额		¥ 170.00
2015	07	10	06	2015071006	以现金支付运费	6601	销售费用	运输费	¥ 120.00	
2015	07	10	06	2015071006	以现金支付运费	1001	库存现金			¥ 120.00
2015	07	12	07	2015071207	汇总本月材料耗用情况	5001	生产成本		¥ 10,000.00	
2015	07	12	07	2015071207	汇总本月材料耗用情况	5101	制造费用		¥ 1,000.00	
2015	07	12	07	2015071207	汇总本月材料耗用情况	6602	管理费用		¥ 500.00	
2015	07	12	07	2015071207	汇总本月材料耗用情况	1403	原材料			¥ 11,500.00
2015	07	15	08	2015071508	计提折旧费用	5101	制造费用	折旧费	¥ 1,800.00	
2015	07	15	08	2015071508	计提折旧费用	6602	管理费用	折旧费	¥ 1,800.00	
2015	07	15	08	2015071508	计提折旧费用	1602	累计折旧			¥ 3,600.00
2015	07	18	09	2015071809	结转销售成本	6401	主营业务成本		¥ 95,000.00	
2015	07	18	09	2015071809	结转销售成本	6402	其它业务成本		¥ 800.00	
2015	07	18	09	2015071809	结转销售成本	1405	库存商品	A产品		¥ 32,000.00
2015	07	18	09	2015071809	结转销售成本	1405	库存商品	B产品		¥ 63,000.00
2015	07	18	09	2015071809	结转销售成本	1403	原材料			¥ 800.00
2015	07	20	10	2015072010	结算工资	5001	生产成本		¥ 10,600.00	
2015	07	20	10	2015072010	结算工资	5101	制造费用		¥ 2,267.00	
2015	07	20	10	2015072010	结算工资	6601	销售费用		¥ 9,640.00	
2015	07	20	10	2015072010	结算工资	1604	在建工程		¥ 2,093.00	

会计科目表　会计凭证表　Sheet3

图7-1　“会计凭证表”的最终效果

7.1.1 发生的经济业务

超众有限责任公司是一般纳税人，适用的增值税税率为 17%，所得税税率为 25%，材料采用先进先出法进行核算。该公司 2015 年 7 月发生的经济业务及相应的会计分录如下。

（1）7月2日购买原材料一批，价款1 000元，增值税额170元。本企业上月已向该公司预付货款1 170元，材料已验收入库。

借：原材料　　1 000

　　应交税费——应交增值税（进项税额）　　170

　　贷：预付账款　　1 170

（2）7月3日向银行借款30 000元，期限为3个月，接到银行通知，该笔借款已划入企业账户。

借：银行存款　　30 000

贷：短期借款　　　　　　　　　　　　　　30 000
（3）7月5日预收产品货款50 000元存入银行。
　　借：银行存款　　　　　　　　　50 000
　　　贷：预收账款　　　　　　　　　　　　　　50 000
（4）7月8日向材料商1出售A产品80件，每件售价650元；B产品90件，每件售价900元。共计应收取增值税22 610元，产品对方已提走，但款项尚未收到。
　　借：应收账款－材料商1　　　　155 610
　　　贷：主营业务收入　　　　　　　　　　　　133 000
　　　　　应交税费——应交增值税（销项税额）　22 610
（5）7月10日销售一批原材料，取得现金收入1 000元，收取增值税170元。
　　借：库存现金　　　　　　　　　1 170
　　　贷：其他业务收入　　　　　　　　　　　　1 000
　　　　　应交税费——应交增值税（销项税额）　170
（6）7月10日以现金120元支付销售产品的运费。
　　借：销售费用——运输费　　　　120
　　　贷：库存现金　　　　　　　　　　　　　　120
（7）7月12日汇总本月企业耗用材料情况：生产产品用10 000元，车间一般性耗用1000元，厂部一般性耗用500元，共计11 500元。
　　借：生产成本　　　　　　　　　10 000
　　　　制造费用　　　　　　　　　1 000
　　　　管理费用　　　　　　　　　500
　　　贷：原材料　　　　　　　　　　　　　　　11 500
（8）7月15日计提本月固定资产折旧3 600元，其中生产车间折旧1 800元，管理部门折旧1 800元。
　　借：制造费用——折旧费　　　　1 800
　　　　管理费用——折旧费　　　　1 800
　　　贷：累计折旧　　　　　　　　　　　　　　3 600
（9）7月18日结转销售A产品、B产品、原材料的销售成本分别为32 000元、63 000元、800元。
　　借：主营业务成本　　　　　　　95 000
　　　　其他业务成本　　　　　　　800
　　　贷：库存商品——A产品　　32 000
　　　　　　　　　——B产品　　63 000
　　　　　原材料　　　　　　　　800
（10）7月20日根据工资结算单，本月发工资费用：产品车间工人工资10 600元，产品车间管理人员工资2 267元，销售部门职工工资9 640元，某在建工程施工人员工资2 093元，厂部管理人员工资3 200元。

借：生产成本　　　　　　　　10 600
　　制造费用　　　　　　　　 2 267
　　销售费用　　　　　　　　 9 640
　　在建工程　　　　　　　　 2 093
　　管理费用　　　　　　　　 3 200
　　贷：应付职工薪酬——工资　27 800

（11）7月21日以现金27 800元支付本月职工工资。

借：应付职工薪酬——工资　27 800
　　贷：库存现金　　　　　　　27 800

（12）7月25日结转本月发生的制造费用5 067元。

借：生产成本　　　　　　　　5 067
　　贷：制造费用　　　　　　　5 067

（13）7月25日结转本月完工产品成本25 667元。

借：库存商品　　　　　　　　25 667
　　贷：生成成本　　　　　　　25 667

（14）7月25日结账上季度包装物租金收入5 000元。

借：预收账款　　　　　　　　5 000
　　贷：其他业务收入　　　　　5 000

（15）7月26日以银行存款支付广告费3 000元。

借：销售费用——广告费　　　3 000
　　贷：银行存款　　　　　　　3 000

（16）7月28日计提本月消费税1 600元，车船税500元。

借：营业税金及附加　　　　　1 600
　　管理费用　　　　　　　　　500
　　贷：应交税费——应交消费税　1 600
　　　　　　　　——应交车船税　　500

（17）7月29日以银行存款1 500元支付行政管理部门办公费。

借：管理费用——办公费　　　1 500
　　贷：银行存款　　　　　　　1 500

（18）7月30日将本月实现的主营业务收入133 000元和其他业务收入6 000元结转"本年利润"账户。

借：主营业务收入　　　　　　133 000
　　其他业务收入　　　　　　　6 000
　　贷：本年利润　　　　　　　139 000

（19）7月30日，将本月发生的主营业务成本95 000元、其他业务成本800元、营业税金及附加1 600元、销售费用12 760元、管理费用7 500元结转"本年利润"账户。

  借：本年利润   117 660
    贷：主营业务成本   95 000
      其他业务成本   800
      营业税金及附加   1 600
      销售费用   12 760
      管理费用   7 500

（20）假定本月实现利润总额21 340元，所得税率为25％，计提本月应交所得税。

  借：所得税费用   5 335
    贷：应交税费——应交所得税 5 335

（21）结转本月应交纳的企业所得税5 335元。

  借：本年利润   5 335
    贷：所得税费用   5 335

7.1.2 相关函数的使用

在建立会计凭证表时可使用CONCATENATE函数自动生成凭证编号，使用VLOOKUP函数自动显示会计科目。

1．CONCATENATE函数

CONCATENATE函数可将最多255个文本字符串连接成一个文本字符串，连接项可以是文本、数字、单元格引用或这些项的组合。如，A1单元格是某人的姓"李"，B1单元格是某人的名"小红"，那么在另一个单元格中输入公式"=CONCATENATE(A1,B1)"就可将这个人的姓名组合起来，即公式结果为"李小红"。CONCATENATE函数的语法结构为：CONCATENATE(text1,[text2],...)，其参数含义如下。

- `text1`：是必需项，是连接的第一个文本项。
- `text2,...`：是可选项，需要注意的是，项与项之间必须用半角逗号隔开。

2．VLOOKUP函数

VLOOKUP函数用于搜索某个单元格区域的第一列，然后返回该区域相同行上任何单元格中的值。如公式"=VLOOKUP(20,A2:C10,3,FALSE)"表示将搜索并返回A2:C10单元格区域中第一列为20的值对应的同一行中第三列的值。其语法结构为：VLOOKUP(lookup_value,table_array,col_index_num,[range_lookup])，其参数含义如下。

- `lookup_value`：表示在表格或区域的第一列中搜索的值。
- `table_array`：表示包含数据的单元格区域，可以是单元格区域或区域名称的引用。
- `col_index_num`：表示table_array参数中必须返回的匹配值列号，若该参数为1，返回table_array第一列中的值；若该参数为2，返回table_array第二列中的值，依此类推。
- `range_lookup`：表示一个逻辑值，用来指定VLOOKUP函数是查找精确匹配值还是近似匹配值。

7.1.3 建立会计凭证表

为了实现数据的快速输入与查询，下面首先创建"会计凭证表"工作簿，然后分别使用函数生成凭证编号、显示会计科目、判断借贷是否平衡，完成后使用自动筛选功能实现数据的查询操作。

1. 使用函数生成凭证编号

会计人员用会计凭证表记录经济业务时，要对每笔经济业务进行编号，以便日后查找和核对。在Excel中建立会计凭证表时，可用CONCATENATE函数以"年+月+日+序号"的形式自动生成会计凭证的编号，其具体操作如下。（ 微课：光盘\微课视频\第7章\使用函数生成凭证编号.swf）

STEP 1 打开"会计科目表"工作簿，将其以"会计凭证表"为名进行另存，然后分别将"Sheet1"和"Sheet2"工作表重命名为"会计科目表"和"会计凭证表"，在"会计凭证表"工作表中输入相应的表格内容，并设置单元格格式，如图7-2所示。

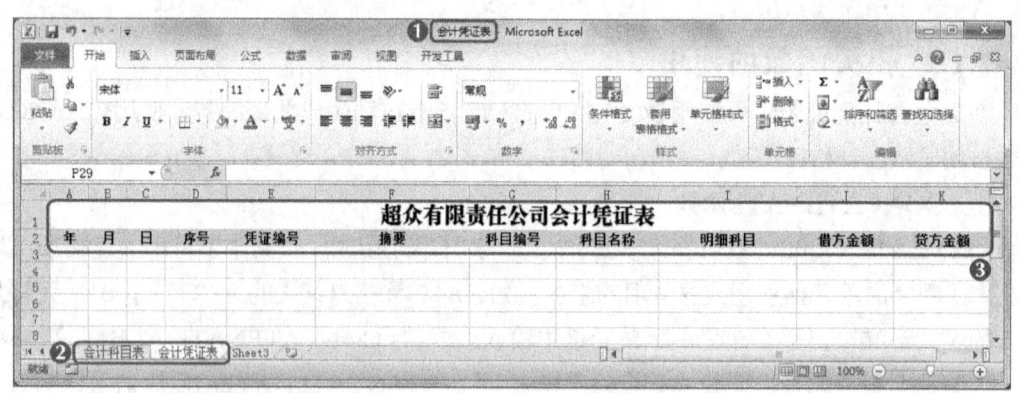

图7-2 创建"会计凭证表"框架

STEP 2 选择A~D列，设置其数字格式为"文本"，如图7-3所示。

STEP 3 选择E3:E64单元格区域，输入公式"=CONCATENATE(A3,B3,C3,D3)"，然后按【Ctrl+Enter】组合键自动生成凭证编号，如图7-4所示。

图7-3 设置文本格式

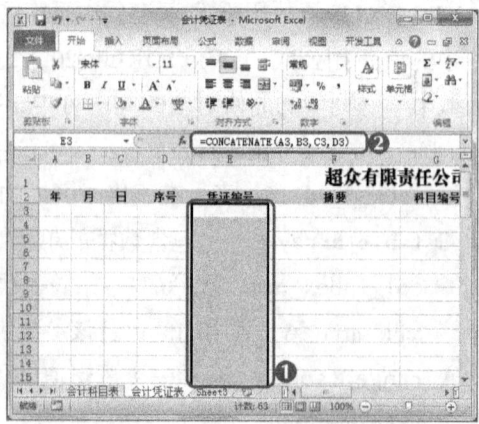

图7-4 输入公式生成凭证编号

2．使用函数显示会计科目

由于在"会计科目表"工作表中已为相应的单元格区域定义了名称，下面可先设置数据有效性序列快速输入科目编号，然后使用IF和VLOOKUP嵌套函数引用将自动显示会计科目，其具体操作如下。（⊙微课：光盘\微课视频\第7章\使用函数显示会计科目.swf）

STEP 1 在"会计凭证表"工作表中选择G3:G64单元格区域，在【数据】/【数据工具】组中单击"数据有效性"按钮 。

STEP 2 在打开的"数据有效性"对话框的"设置"选项卡的"允许"下拉列表中选择"序列"选项，在"来源"文本框中输入"=科目编号"，完成后单击 确定 按钮，如图7-5所示。

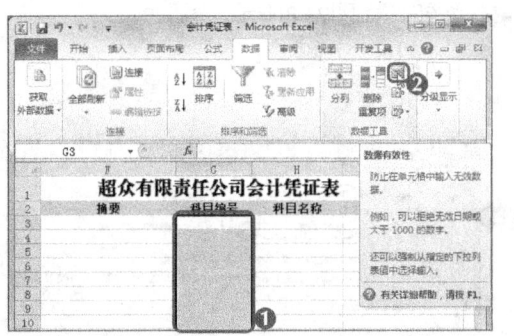
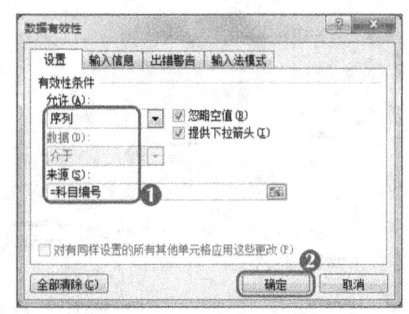

图7-5　设置数据有效性

STEP 3 选择H3:H64单元格区域，输入公式"=IF(VLOOKUP(G3,会计科目,2,0)=0,"",VLOOKUP(G3,会计科目,2,0))"，然后按【Ctrl+Enter】组合键即可在定义的单元格区域"会计科目"中查找与"会计凭证表"工作表中科目编号对应的会计科目，如图7-6所示。

STEP 4 依次选择相应的单元格并输入凭证记录，使用了公式的单元格将自动显示相应的数据，完成后调整单元格列宽使其单元格大小适合单元格数据的显示，如图7-7所示。

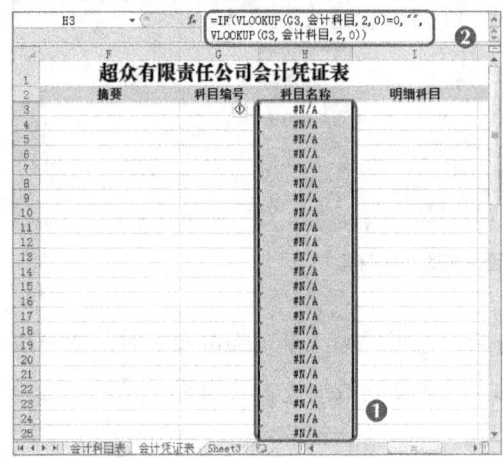

图7-6　输入公式显示会计科目　　　　　　图7-7　输入凭证记录

3．判断借贷是否平衡

使用Excel填制会计凭证、登记会计账簿、编制会计报表的整个会计核算过程，必须遵守"有借必有贷，借贷必相等"的记账规则进行账务处理，因此为了避免出现借贷不平衡的情况，可使用函数判断借贷是否平衡，并使用条件格式设置当借贷不平衡时突出显示单元格数据，其具体操作如下。（ 微课：光盘\微课视频\第7章\判断借贷是否平衡.swf）

STEP 1 在"会计凭证表"工作表中选择L2单元格，在【公式】/【函数库】组中单击 逻辑 按钮，在打开的下拉列表中选择"IF"选项。

STEP 2 在打开的"函数参数"对话框的"Logical_test"文本框中输入"SUM(J:J)=SUM(K:K)"，在"Value_if_true"文本框中输入""""，在"Value_if_false"文本框中输入""借贷不平衡""，完成后单击 确定 按钮，如图7-8所示。

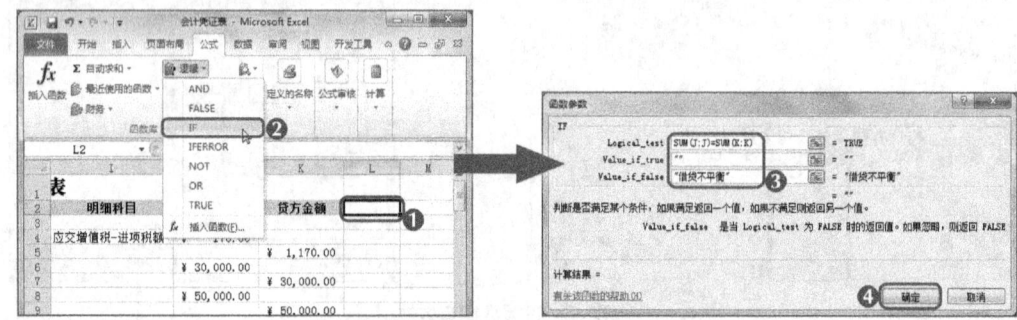

图7-8　选择函数并设置其参数

STEP 3 返回工作表中，若L2单元格显示为空白，则表示借方金额等于贷方金额，即借贷平衡；若L2单元格显示为"借贷不平衡"，则表示借方金额不等于贷方金额，如图7-9所示，此时说明金额输入有误，需要会计人员逐项进行检查和验证，直到借贷平衡为止。

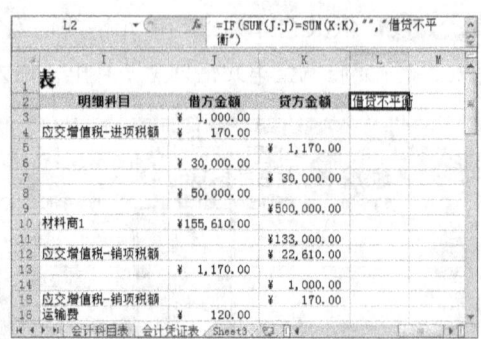

图7-9　判断借贷是否平衡的两种情况

设置了自动提示借贷是否平衡后，当再次输入多项经济业务时，就可以知道每项经济业务的数据是否准确，而无需到最后才发现借贷不平衡，避免了逐项核查错误的麻烦。

STEP 4 选择L2单元格，在【开始】/【样式】组中单击"条件格式"按钮，在打开的下拉列表中选择【突出显示单元格规则】/【等于】选项。

STEP 5 在打开的"等于"对话框左侧的文本框中输入设置条件"借贷不平衡",在"设置为"下拉列表中选择突出显示颜色,这里保持默认设置,完成后单击 确定 按钮,如图7-10所示。

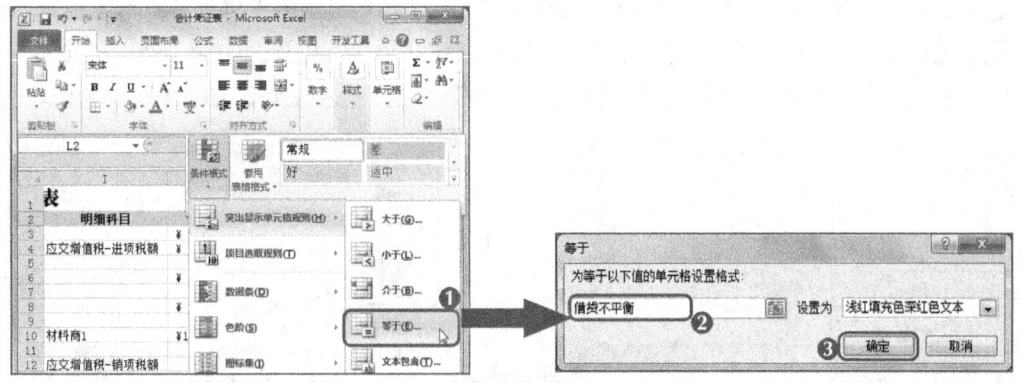

图7-10 设置条件格式

STEP 6 返回工作表中,若L2单元格的判断结果为"借贷平衡",则单元格内容不突出显示,若L2单元格的判断结果为"借贷不平衡",则单元格内容将突出显示,如图7-11所示。

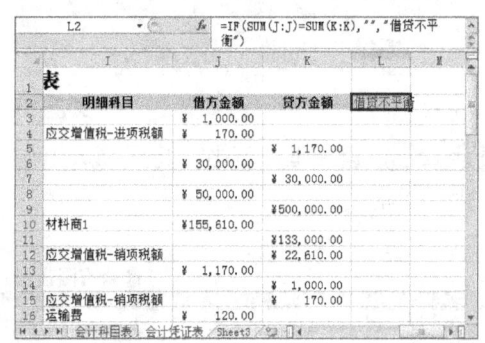

图7-11 设置突出显示效果后的两种情况

多学一招　　在工作表中选择任意单元格,在"条件格式"下拉列表中选择【清除规则】/【清除整个工作表的规则】菜单命令可以清除整个工作表中的条件格式;选择设置条件格式的某个单元格,在"条件格式"下拉列表中选择【清除规则】/【清除所选单元格的规则】菜单命令可清除所选单元格的条件格式。

7.1.4 快速生成日记账

日记账是按照经济业务发生或完成的时间先后顺序逐笔进行登记的账簿。设置日记账的目的是使经济业务的时间顺序清晰地反映在账簿记录中。在我国,大多数单位一般只设现金日记账和银行存款日记账,现金日记账专门记录和反映现金收付业务及结存情况;银行存款日记账专门记录和反映银行存款收付业务及结存情况。

由于日记账的格式与前面设置的会计凭证表的格式基本相同，因此使用Excel进行会计核算时，无需单独设置专门的日记账，可直接对审核无误的会计凭证表使用数据筛选功能分别筛选出与"库存现金"和"银行存款"相应的经济业务，其具体操作如下。（**微课**：光盘\微课视频\第7章\快速生成日记账.swf）

STEP 1 选择A2:K2单元格区域，在【数据】/【排序和筛选】组中单击"筛选"按钮。

STEP 2 单击"科目名称"项目右侧的按钮，在打开的下拉列表中撤销选中"全选"复选框，然后只单击选中"库存现金"复选框，完成后单击 确定 按钮，如图7-12所示。

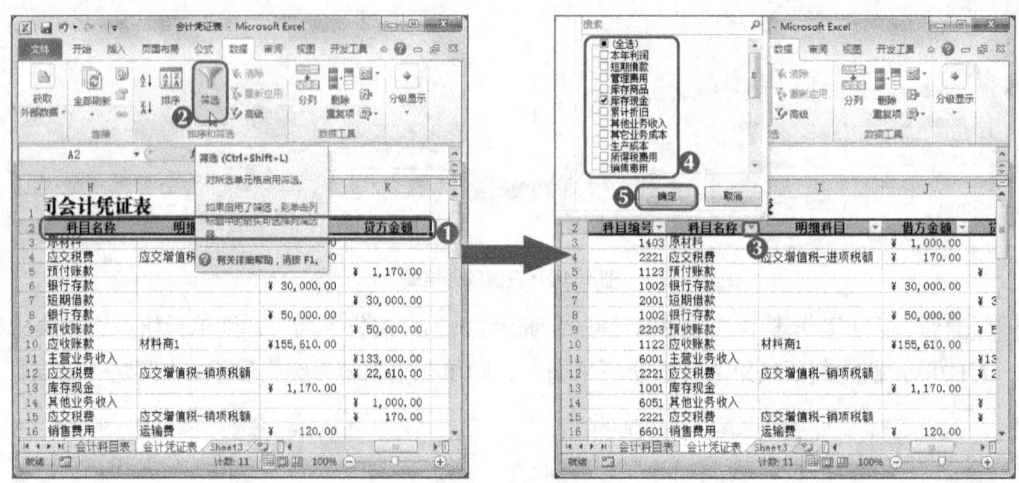

图7-12 设置筛选条件

STEP 3 返回工作表中，将只筛选出与"库存现金"相关的业务，其他业务将被隐藏，如图7-13所示。

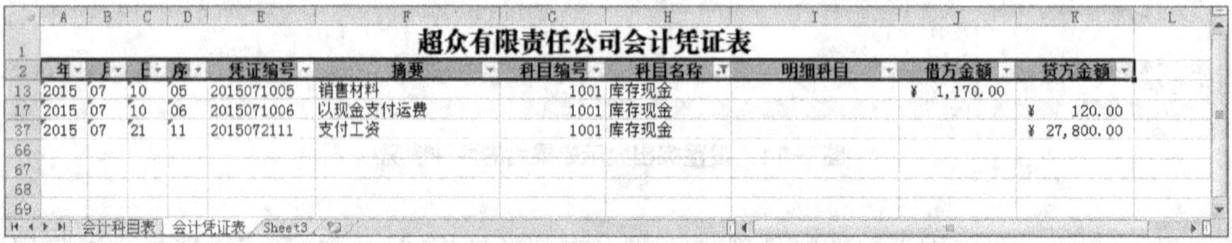

图7-13 筛选与"库存现金"相关的业务

STEP 4 继续单击"科目名称"项目右侧的按钮，在打开的下拉列表中撤销选中"库存现金"复选框，然后只单击选中"银行存款"复选框，完成后单击 确定 按钮，返回工作表中将只筛选出与"银行存款"相关的业务，如图7-14所示。

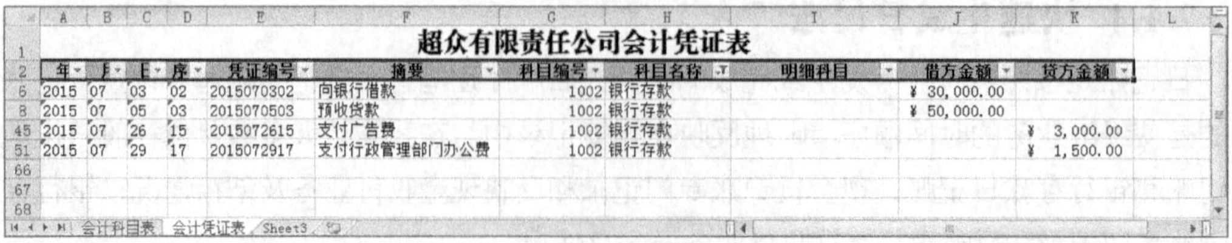

图7-14 筛选与"银行存款"相关的业务

7.2 编制总分类账

企业的一切经济活动都应分类整理计入分类账的相关账户中，通过分类账可以反映企业的经济活动和账务收支状况，为编制会计报表提供所需的资料。于是小白准备利用数据透视表功能编制总分类账。要完成该任务可以在会计凭证表的基础上创建数据透视表，然后添加借贷方余额、隐藏不需要显示的部分字段、显示某一科目的分类账、自动更新数据透视表。本例完成后的参考效果如图7-15所示。

素材所在位置　光盘:\素材文件\第7章\课堂案例2\会计凭证表.xlsx
效果所在位置　光盘:\效果文件\第7章\总分类账.xlsx

图7-15　"总分类账"的最终效果

日记账的会计记录是按照交易发生的日期为顺序登记的，而分类账是以会计科目（即分类账户的名称）为前提，再按照交易发生的日期为顺序登记的。将日记账与分类账对比会发现，虽然它们在会计处理程序中是不同的账簿，但它们的数据内容完全相同，因此利用Excel进行账务处理时，可利用数据透视表功能将已完成的日记账建立为总分类账，完成后再将分类账中的余额移至科目余额表中予以反映。

7.2.1 设置分类账的格式

分类账是指对全部经济业务事项按照会计要素的具体类别而设置的分类账户进行登记的账簿。按照分类的概括程度不同，可将分类账簿分为总分类账和明细分类账。

1. 总分类账的格式

总分类账简称总账，它是根据总账科目而开设账户，分类登记全部经济业务事项，从而为企业提供包括收入、费用、利润、资产、负债等各项会计要素的总括会计信息。总分类账可根据记账凭证逐笔登记，也可根据经过汇总的科目汇总表或汇总记账凭证等进行登记。总分类账的常用格式为三栏式，即设有借方、贷方、余额3个基本金额栏目，如图7-16所示。

总分类账（三栏式）

年		凭证号	摘要	借方金额	贷方金额	借或贷	余额
月	日						

图7-16　总分类账的格式

2. 明细分类账的格式

明细分类账简称明细账，它是根据总账科目所属的二级或明细科目而开设账户，分类登记某一类经济业务事项，从而为企业提供某类业务事项比较详细的会计信息。

不同类型经济业务的明细分类账，可根据管理需要，依据原始凭证、汇总原始凭证、记账凭证逐日逐笔、定期汇总登记，其中固定资产、债权、债务等明细账应逐日逐笔登记；库存商品、原材料、成品收发明细账，以及收入、费用明细账可以逐笔登记，也可定期汇总登记。明细分类账的格式有多种，如三栏式、多栏式、数量金额式、横线登记式（也称平行式）等，如表7-1所示。

表7-1　明细分类账的格式

明细分类账	说明	适用范围
三栏式明细分类账	设有借方、贷方、余额3个栏目，用以分类核算各项经济业务，并提供详细核算资料的账簿，其格式与三栏式总账相同	适用于只进行金额核算的资本、债权、债务类账户，如"应收账款""应付账款""应交税费"等往来结算账户
多栏式明细分类账	在借方或贷方金额栏内会按照明细项目设置若干专栏	适用于收入、成本、费用、利润、利润分配明细账的核算，如"生产成本"和"管理费用"等账户
数量金额式明细分类账	在借方（收入）、贷方（发出）、余额（结存）分别设有数量、单价、金额3个专栏	适用于既要进行金额核算又要进行数量核算的存货类账户
横线登记式明细分类账	是一种多栏式明细账，它采用横线登记，即将每一笔相关的业务登记在同一行，从而可依据每一行各个栏目的登记是否齐全来判断该项业务的进展情况	适用于登记材料采购业务、应收票据、一次性备用金业务等

在实际工作中，成本费用类科目的明细账，可以只按借方发生额设置专栏，贷方发生额由于每月发生的笔数很少，可以在借方直接用红字冲销。这类明细账也可以在借方设专栏的情况下，贷方设置一个总金额栏，再设置一个余额栏。

7.2.2　创建数据透视表

下面在"会计凭证表"工作簿中利用数据透视表建立总分类账，其具体操作如下。

（微课：光盘\微课视频\第7章\创建数据透视表.swf）

STEP 1 打开"会计凭证表"工作簿,将其以"总分类账"为名进行另存,然后选择"会计凭证表"工作表,在【插入】/【表格】组中单击"数据透视表"按钮下方的按钮,在打开的下拉列表中选择"数据透视表"选项。

STEP 2 在打开的"创建数据透视表"对话框中单击选中"选择一个表或区域"单选项,并确认要分析的数据区域为"会计凭证表!$A$2:$K$64",然后单击选中"新工作表"单选项,完成后单击 确定 按钮,如图7-17所示。

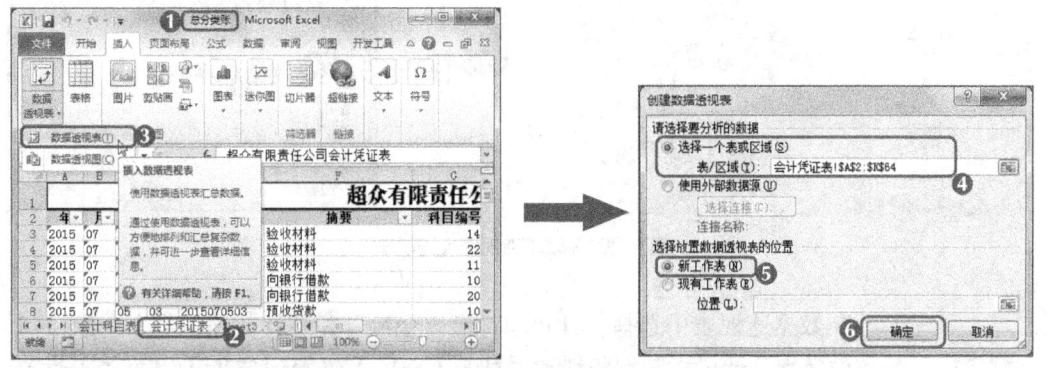

图7-17 设置数据透视表的分析区域与存放位置

STEP 3 系统自动创建一个名为"Sheet1"的工作表存放数据透视表,并打开"数据透视表字段列表"任务窗格,如图7-18所示。

STEP 4 在"数据透视表字段列表"任务窗格的"选择要添加到报表的字段"列表框中将"年"和"月"字段拖动到"报表筛选"区域,将"科目编号""科目名称""日"字段拖动到"行标签"区域,将"借方金额"和"贷方金额"字段拖动到"数值"区域,如图7-19所示。

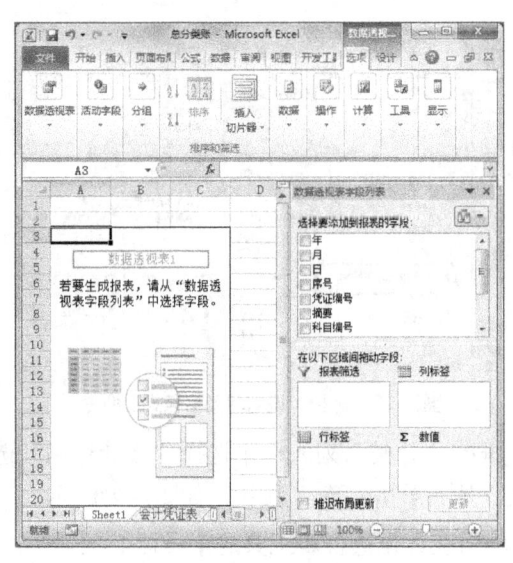

图7-18 创建数据透视表

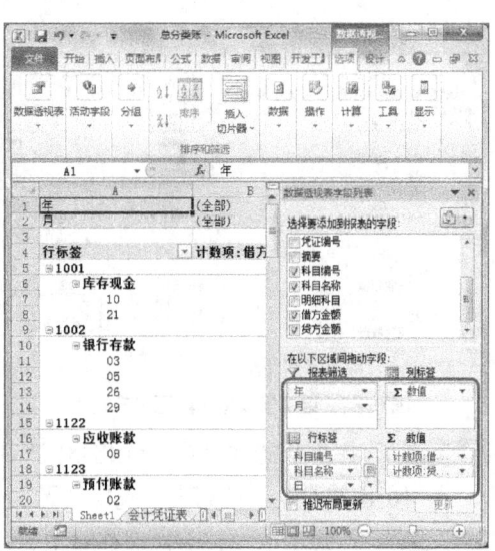

图7-19 添加字段到相应的区域

STEP 5 在"数据透视表字段列表"任务窗格的"数值"区域中单击"计数项:借方金

额"字段，在打开的下拉列表中选择"值字段设置"选项。

STEP 6 在打开的"值字段设置"对话框中单击"值汇总方式"选项卡，在"计算类型"列表框中选择"求和"选项，完成后单击 确定 按钮，如图7-20所示。

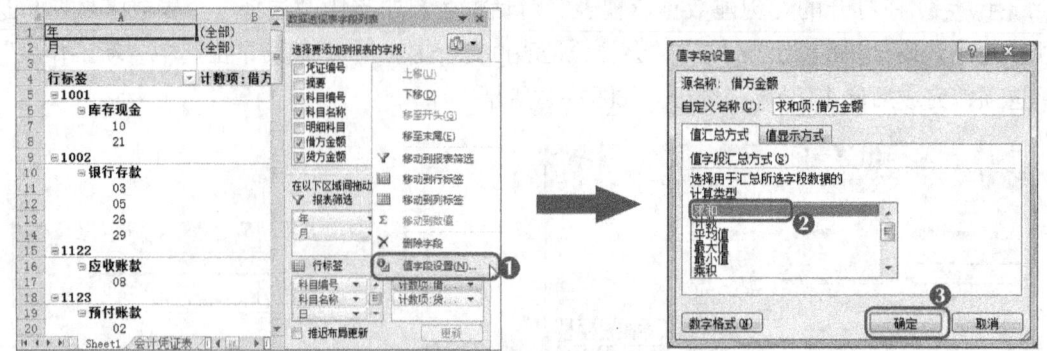

图7-20 修改值字段的汇总方式

 在数据透视表中选择"计数项：借方金额"和"计数项：贷方金额"列的相应数据，然后在数据透视表工具的【选项】/【活动字段】组的"活动字段"文本框中将显示当前的活动字段，单击 字段设置 按钮也可打开"值字段设置"对话框。

STEP 7 用相同的方法将"计数项：贷方金额"值字段的汇总方式改为"求和项：贷方金额"，如图7-21所示。

STEP 8 选择B~C列，单击鼠标右键，在弹出的快捷菜单中选择"设置单元格格式"命令，如图7-22所示。

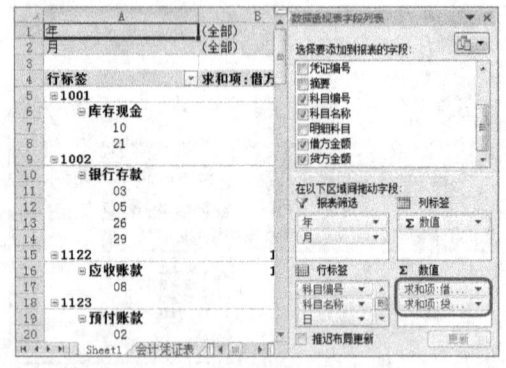

图7-21 继续修改值字段汇总方式

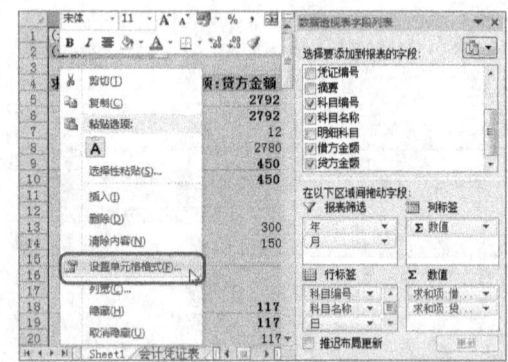

图7-22 选择"设置单元格格式"命令

STEP 9 在打开的"设置单元格格式"对话框的"分类"列表框中选择"会计专用"选项，在"货币符号"下拉列表中选择"无"选项，然后单击 确定 按钮，如图7-23所示。

STEP 10 在数据透视表中选择任意单元格，然后在数据透视表工具的【设计】/【布局】组中单击"报表布局"按钮，在打开的下拉列表中选择"以表格形式显示"选项，如图7-24所示。

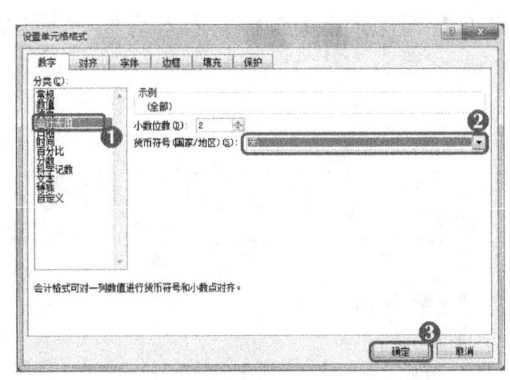

图7-23 设置数字格式

图7-24 设置数据透视表的布局样式

STEP 11 选择1~2行，单击鼠标右键，在弹出的快捷菜单中选择"插入"命令，如图7-25所示。

STEP 12 合并A1:G1单元格区域，输入数据"超众有限责任公司"，合并A2:G2单元格区域，输入数据"总分类账"，然后选择A1:A2单元格区域，设置其字体格式为"方正粗宋简体，16"，完成后将存放数据透视表的工作表重命名为"总分类账"，并将其移动到"会计凭证表"工作表之后，如图7-26所示。

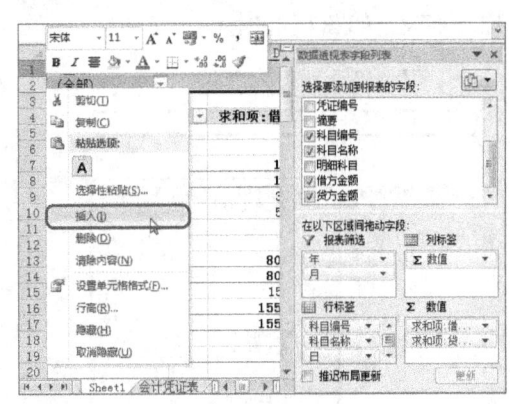

图7-25 选择"插入"命令   图7-26 输入并设置数据格式

7.2.3 编辑数据透视表

在实际的会计账务处理过程中，用户还可根据需要对数据透视表进行编辑，如添加借贷方余额、隐藏字段、显示某一科目的分类账、自动更新数据透视表等。

1．添加借贷方余额

初步使用数据透视表建立的总分类账中只有借贷方金额，没有借贷方余额，因此，还需在数据透视表中添加借贷方余额，其具体操作如下。（ 微课：光盘\微课视频\第7章\添加借贷方余额.swf）

STEP 1 选择数据透视表的任意单元格，在数据透视表工具的【选项】/【计算】组中单击"域、项目和集"按钮，在打开的下拉列表中选择"计算字段"选项，如图7-27所示。

STEP 2 在打开的"插入计算字段"对话框的"名称"下拉列表框中输入"借方余额",在"公式"文本框中输入公式"=IF((借方金额-贷方金额)>0,借方金额-贷方金额,0)",然后单击 添加(A) 按钮,如图7-28所示。

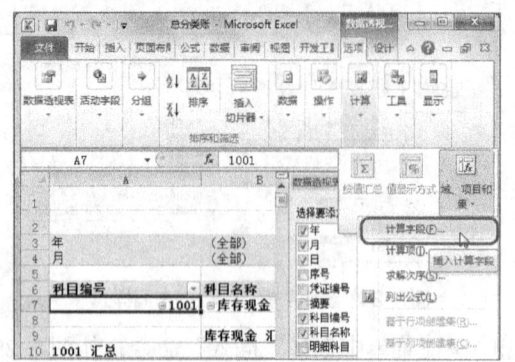

图7-27 选择"计算字段"选项

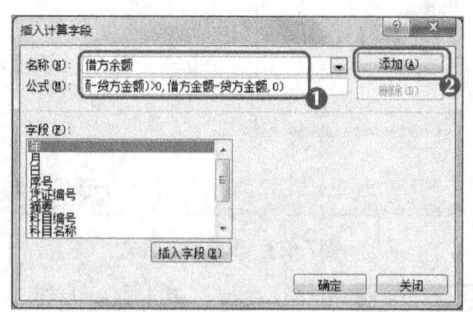

图7-28 添加"借方余额"字段

STEP 3 继续在"插入计算字段"对话框的"名称"下拉列表框中输入"贷方余额",在"公式"文本框中输入公式"=IF((贷方金额-借方金额)>0,贷方金额-借方金额,0)",然后单击 确定 按钮,如图7-29所示。

STEP 4 返回工作表中,选择除数据透视表数据区域外的空白单元格,在其中可看到添加的"求和项:借方余额"和"求和项:贷方余额"字段,如图7-30所示。

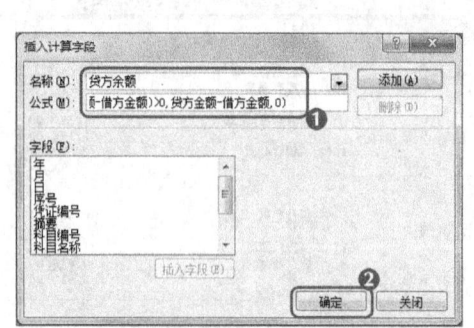

图7-29 添加"贷方余额"字段

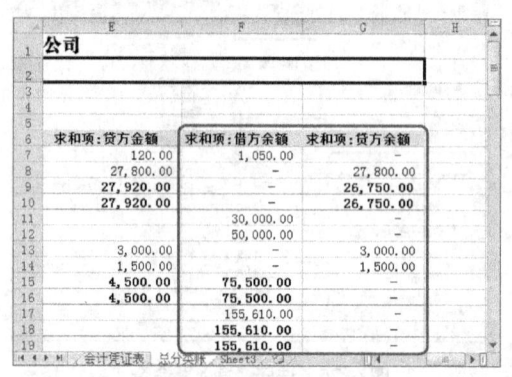

图7-30 查看添加的借贷方余额字段

2. 隐藏字段

创建的数据透视表中包含了多个字段,为了使整个工作表看起来更简洁,可以隐藏"总分类账"工作表中的部分字段,其具体操作如下。(微课:光盘\微课视频\第7章\隐藏字段.swf)

STEP 1 将鼠标光标移动到第10行,当鼠标光标变成➡形状时单击,此时将同时选择相应科目编号的汇总行,如图7-31所示。

STEP 2 在【开始】/【单元格】组中单击"格式"按钮,在打开的下拉列表中选择【隐藏和取消隐藏】/【隐藏行】选项,如图7-32所示。

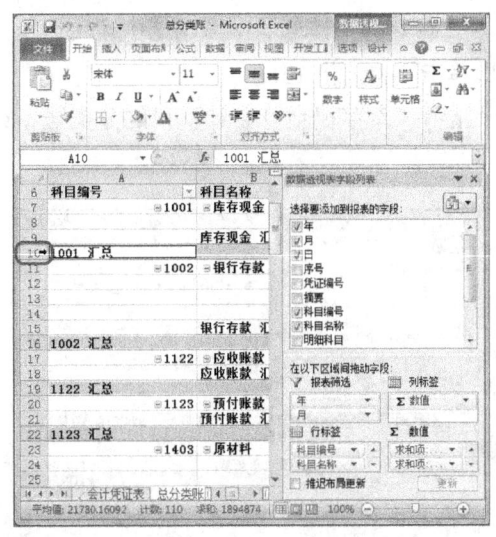

图7-31 同时选择相应科目编号的汇总行　　　　图7-32 隐藏行

STEP 3 在数据透视表工具的【选项】/【显示】组中单击"+/-按钮"按钮，返回工作表中可看到隐藏"+"和"-"按钮后的效果，如图7-33所示。

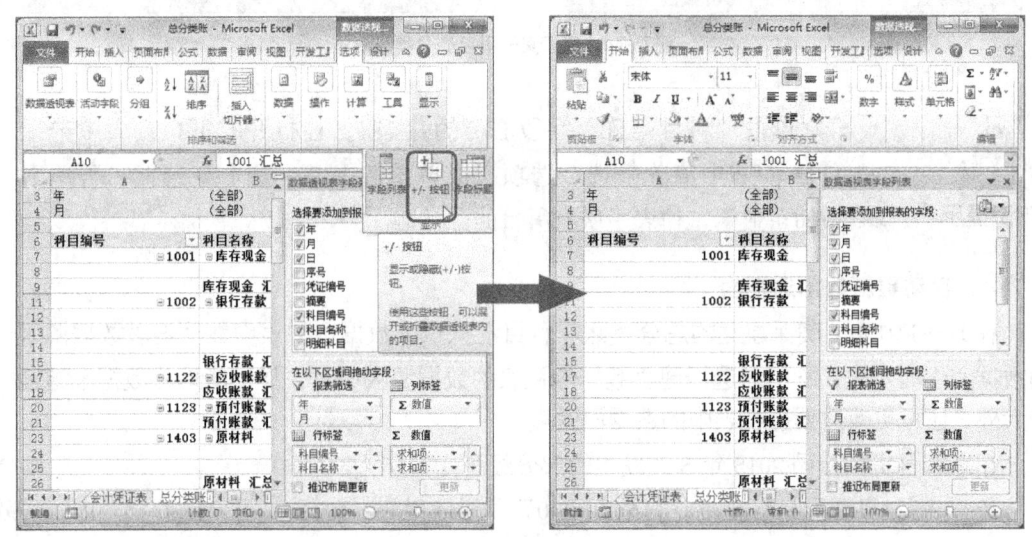

图7-33 隐藏"+/-"按钮

知识提示　　在数据透视表工具的【选项】/【显示】组中单击"字段列表"按钮，可隐藏"数据透视表字段列表"任务窗格；单击"+/-按钮"按钮，可隐藏"+/-"按钮；单击"字段标题"按钮，可隐藏行或列的字段标题。再次单击相应的按钮，可显示出所选的效果。

3．显示某一科目的分类账

在实际操作中，会计人员还可使用数据筛选功能查看某一会计科目的分类账，其具体操作如下。（**微课**：光盘\微课视频\第7章\显示某一科目的分类账.swf）

STEP 1 单击"科目名称"字段右侧的按钮,在打开的下拉列表中撤销选中"全选"复选框,然后单击选中"库存现金"复选框,完成后单击 确定 按钮。

STEP 2 返回工作表,可看到数据透视表中只显示"库存现金"会计科目的分类账,如图7-34所示。

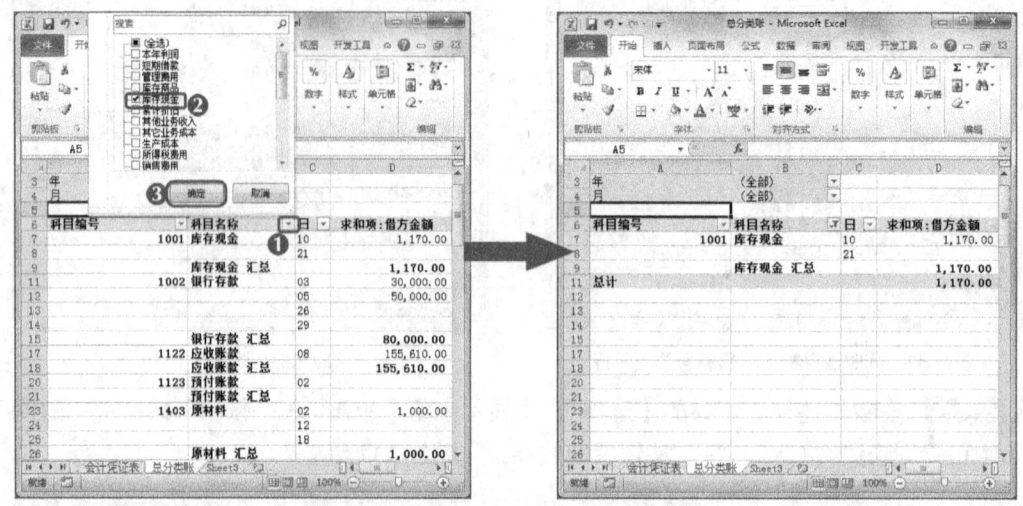

图7-34 显示某一科目的分类账

知识提示
再次单击"科目名称"字段右侧的按钮,在打开的下拉列表中选择"从'科目名称'中清除筛选"选项,或单击选中"全选"复选框,再单击 确定 按钮可显示工作表中所有科目的分类账。

4. 自动更新数据透视表

在 Excel 中为了确保建立的总分类账、科目汇总表等数据透视表中数据随着数据源区域的数据变化而变化,除了在选择建立数据透视表的数据源区域时,尽可能地将数据来源范围扩大外,还可更改数据透视表中的数据源区域。

超众有限责任公司2015年8月发生的部分经济业务如下。

(1)8月1日购买材料一批,货款20 000元,增值税额3 400元,材料已验收入库,货款和税款已从银行支付。

借:原材料　　　　　　　　　　　　　　　20 000
　　应交税费——应交增值税(进项税额)　　3 400
　　　贷:银行存款　　　　　　　　　　　　23 400

(2)8月3日从银行提取现金45 800元。

借:库存现金　　　　　　　　　　　　　　45 800
　　　贷:银行存款　　　　　　　　　　　　45 800

(3)8月4日以现金45 800元支付本月职工工资。

借:应付职工薪酬——工资　　　　　　　　45 800

贷：库存现金　　　　　　　　　　45 800

（4）8月6日销售产品，价款230 000元，增值税额39 100元，货款已付并存入银行。

借：银行存款　　　　　　　　　　269 100

贷：主营业务收入　　　　　　　　230 000

应交税费——应交增值税（销项税额）39 100

（5）8月10日收到材料商通过银行转来的欠货款58 000元。

借：银行存款　　　　　　　　　　58 000

贷：应收账款　　　　　　　　　　58 000

（6）8月12日职工孙海预借差旅费3 200元，出纳以现金支付。

借：其他应收款——孙海　　　　　3 200

贷：库存现金　　　　　　　　　　3 200

（7）8月13日以现金4 800元支付办公设备维修费。

借：管理费用——设备维修费　　　4 800

贷：库存现金　　　　　　　　　　4 800

（8）8月15日，孙海出差回来，报销差旅费2 350元，余款退回现金。

借：管理费用——差旅费　　　　　2 350

库存现金　　　　　　　　　　　850

贷：其他应收款——孙海　　　　　3 200

现需在“会计凭证表”工作表中添加以上经济业务，并自动更新数据透视表，其具体操作如下。（微课：光盘\微课视频\第7章\自动更新数据透视表.swf）

STEP 1 在“会计凭证表”工作表中添加8月份的经济业务，如图7-35所示。

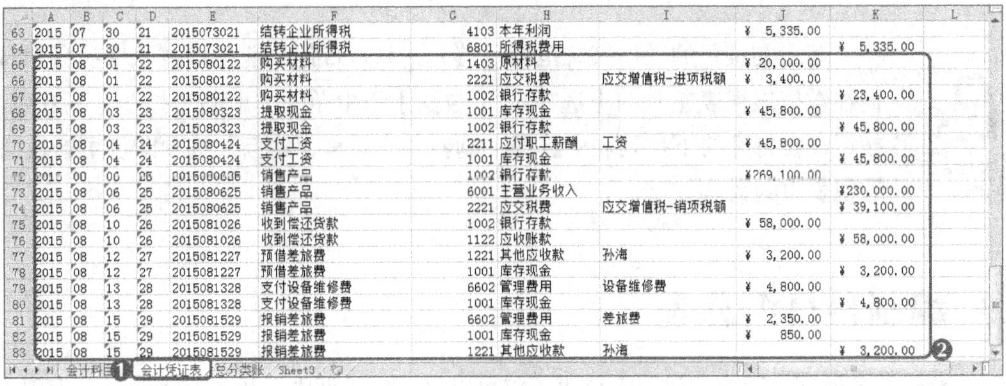

	A	B	C	D	E	F	G	H	I	J	K
63	2015	07	30	21	2015073021	结转企业所得税	4103	本年利润		¥ 5,335.00	
64	2015	07	30	21	2015073021	结转企业所得税	6801	所得税费用			¥ 5,335.00
65	2015	08	01	22	2015080122	购买材料	1403	原材料		¥ 20,000.00	
66	2015	08	01	22	2015080122	购买材料	2221	应交税费	应交增值税-进项税额	¥ 3,400.00	
67	2015	08	01	22	2015080122	购买材料	1002	银行存款			¥ 23,400.00
68	2015	08	03	23	2015080323	提取现金	1001	库存现金		¥ 45,800.00	
69	2015	08	03	23	2015080323	提取现金	1002	银行存款			¥ 45,800.00
70	2015	08	04	24	2015080424	支付工资	2211	应付职工薪酬	工资	¥ 45,800.00	
71	2015	08	04	24	2015080424	支付工资	1001	库存现金			¥ 45,800.00
72	2015	08	06	25	2015080625	销售产品	1002	银行存款		¥269,100.00	
73	2015	08	06	25	2015080625	销售产品	6001	主营业务收入			¥230,000.00
74	2015	08	06	25	2015080625	销售产品	2221	应交税费	应交增值税-销项税额		¥ 39,100.00
75	2015	08	10	26	2015081026	收到偿还货款	1002	银行存款		¥ 58,000.00	
76	2015	08	10	26	2015081026	收到偿还货款	1122	应收账款			¥ 58,000.00
77	2015	08	12	27	2015081227	预借差旅费	1221	其他应收款	孙海	¥ 3,200.00	
78	2015	08	12	27	2015081227	预借差旅费	1001	库存现金			¥ 3,200.00
79	2015	08	13	28	2015081328	支付设备维修费	6602	管理费用	设备维修费	¥ 4,800.00	
80	2015	08	13	28	2015081328	支付设备维修费	1001	库存现金			¥ 4,800.00
81	2015	08	15	29	2015081529	报销差旅费	6602	管理费用	差旅费	¥ 2,350.00	
82	2015	08	15	29	2015081529	报销差旅费	1001	库存现金		¥ 850.00	
83	2015	08	15	29	2015081529	报销差旅费	1221	其他应收款	孙海		¥ 3,200.00

图7-35　添加8月份的经济业务

STEP 2 选择“总分类账”工作表，在数据透视表工具的【选项】/【数据】组中单击“更改数据源”按钮下方的按钮，在打开的下拉列表中选择“更改数据源”选项。

STEP 3 在打开的“更改数据透视表数据源”对话框中修改数据透视表的数据源区域，即修改为“会计凭证表!$A$2:$K$83”，完成后单击确定按钮，如图7-36所示。

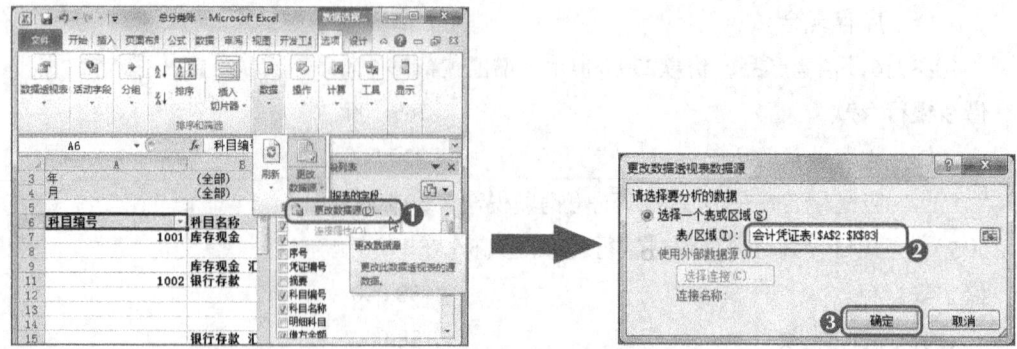

图7-36　更改数据透视表数据源

STEP 4　单击"月"字段右侧的 ▼ 按钮,可看到"总分类账"的数据已被更新(8月份经济业务已添加),然后选择"08"选项,单击 确定 按钮。

STEP 5　返回工作表,数据透视表中的数据将自动更新,完成后选择除数据透视表数据区域外的空白单元格查看相应的数据,如图7-37所示。

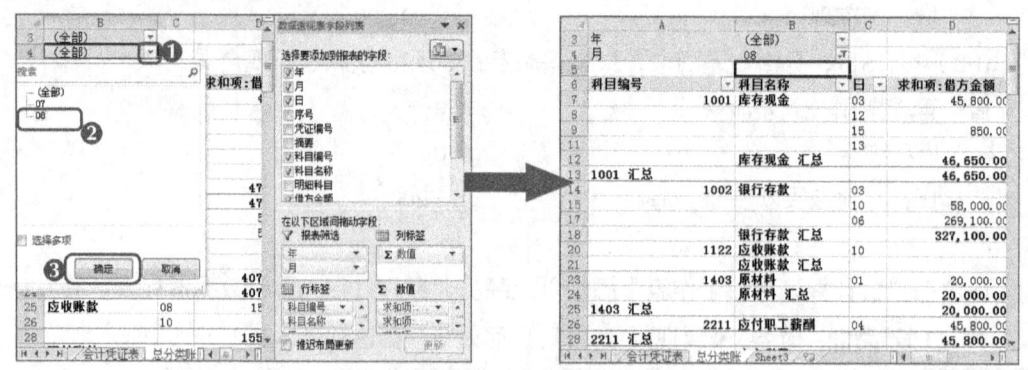

图7-37　查看更新后的数据透视表

若最初设置的数据来源范围足够大,只是日记账业务增减及变动,则只需在数据透视表工具的【选项】/【数据】组中单击"刷新"按钮 下方的 按钮,在打开的下拉列表中选择"刷新"或"全部刷新"选项即可更新数据透视表中的数据。

7.3 编制科目汇总表

在会计账务处理过程中,科目汇总表不仅可以将一定时期内发生的经济业务分门别类地进行汇总,而且为编制会计报表提供了数据。于是老张要求小白继续编制科目汇总表。科目汇总表是建立在会计凭证表(日记账)基础上的,其数据内容也来源于会计凭证表。由于在会计凭证表(日记账)的基础上已生成了总分类账,因此要完成该任务只需对前面设置的总分类账进行修改即可生成科目汇总表。本例完成后的参考效果如图7-38所示。

素材所在位置　光盘:\素材文件\第7章\课堂案例3\总分类账.xlsx
效果所在位置　光盘:\效果文件\第7章\科目汇总表.xlsx

图7-38 "科目汇总表"的最终效果

职业素养　科目汇总表可根据实际需要采用不同的格式，但是所有格式的科目汇总表只反映各总账科目借、贷方本期发生额，不反映各个总账科目的对应关系。科目汇总表的编制时间可以每月汇总一次，也可每旬汇总一次。

7.3.1 科目汇总表的编制方法

科目汇总表的编制方法是根据一定时期内的所有经济业务，按相同的会计科目归类，定期汇总出每一个会计科目的借方本期发生额和贷方本期发生额，并填写在科目汇总表的相关栏内。其具体编制方法如下。

- 将汇总期内各项经济业务所涉及的会计科目填制在"会计科目"栏。为了便于登记总分类账，会计科目的排列顺序应与总分类账上的会计科目的顺序一致。
- 根据汇总期内的全部记账凭证，按会计科目分别汇总借方发生额和贷方发生额，并将其填写在相应会计科目行的"借方金额"和"贷方金额"栏。
- 将汇总完毕的所有会计科目的借方发生额和贷方发生额汇总，进行发生额的试算平衡。

知识提示　科目汇总表的编制和使用较为简单，根据借贷记账法的"有借必有贷，借贷必相等"的记账规则，科目汇总表的全部借方发生额合计数一定与全部贷方发生额合计数相等，通过这个规则便可利用科目汇总表进行试算平衡，从而更能保证总账登记的正确性。

7.3.2 生成科目汇总表底稿

下面直接在前面设置的总分类账基础上生成科目汇总表底稿,其具体操作如下。

(微课:光盘\微课视频\第7章\生成科目汇总表底稿.swf)

STEP 1 打开"总分类账"工作簿,将其以"科目汇总表"为名进行另存,然后选择"总分类账"工作表,在数据透视表工具的【选项】/【数据透视表】组中单击 选项 按钮右侧的 按钮,在打开的下拉列表中选择"显示报表筛选页"选项,如图7-39所示。

STEP 2 在打开的"显示报表筛选页"对话框中选择"月"选项,然后单击 确定 按钮,如图7-40所示。

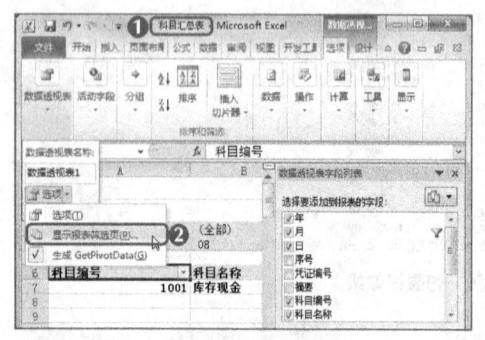

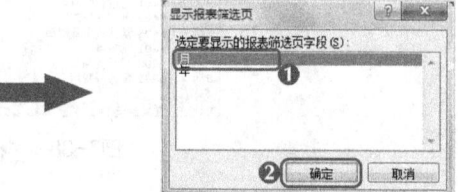

图7-39 选择"显示报表筛选页"选项　　　　图7-40 选择显示报表筛选页字段

STEP 3 此时在工作簿中将生成一个名为"07"且与"总分类账"相同的工作表,即科目汇总表的底稿,如图7-41所示。

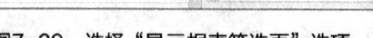

图7-41 生成科目汇总表的底稿

7.3.3 编辑数据生成所需格式

下面在科目汇总表底稿中编辑数据透视表使其生成科目汇总表的格式,其具体操作如下。(微课:光盘\微课视频\第7章\编辑数据生成所需格式.swf)

STEP 1 在"数据透视表字段列表"任务窗格的"选择要添加到报表的字段"列表框中撤销选中"日""借方余额""贷方余额"复选框,如图7-42所示。

STEP 2 在数据透视表工具的【设计】/【布局】组中单击"分类汇总"按钮,在打开的下拉列表中选择"不显示分类汇总"选项,如图7-43所示。

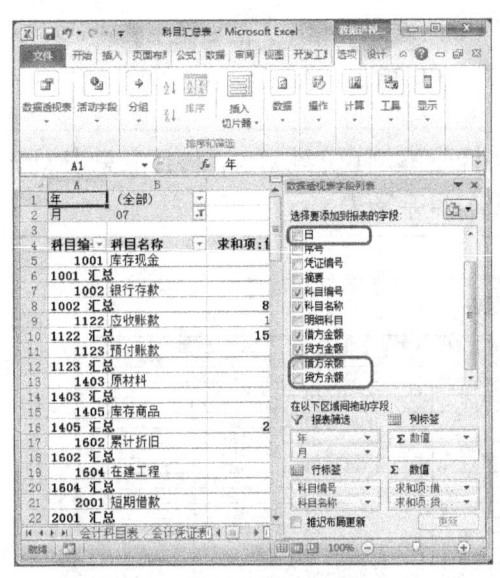
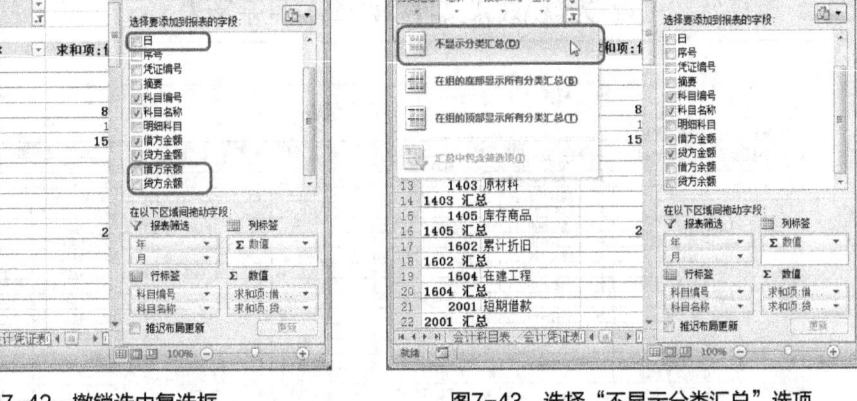

图7-42 撤销选中复选框　　　　　图7-43 选择"不显示分类汇总"选项

STEP 3 返回工作表中，可看到其中的内容变为"科目汇总表"的格式，然后选择除数据透视表数据区域外的空白单元格，并将"07"工作表重命名为"科目汇总表"，完成后将其移动到"总分类账"工作表之后。

STEP 4 单击"月"字段右侧的 按钮，在打开的下拉列表中选择科目汇总表编制的月份，如选择"08"选项，然后单击 确定 按钮，即可生成该月的科目汇总表，如图7-44所示。

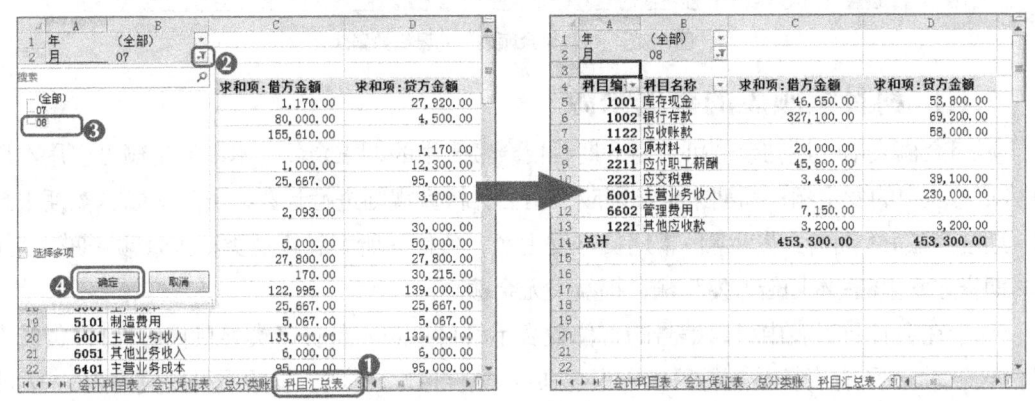

图7-44 生成所需月份的科目汇总表

7.4 编制科目余额表

科目余额表是用来记录本期所有会计科目的发生额和余额的表格。它是科目汇总表的延伸，能够反映某一会计期间相关会计科目（账户）的期初余额、本期发生额、期末余额，为编制会计报表提供更完善的数据。因此，小白准备继续编制科目余额表反映期初余额、本期发生额、期末余额。要完成该任务可以将"资料"素材文件中的上期期末余额和前面制作的"科目汇总表”中的本期发生额引用到“科目余额表”的相应单元格中，然后利用公式计算期末借方余额和贷方余额。本例完成后的参考效果如图 7-45 所示。

素材所在位置 光盘:\素材文件\第7章\课堂案例4\资料.xlsx、科目汇总表.xlsx
效果所在位置 光盘:\效果文件\第7章\科目余额表.xlsx

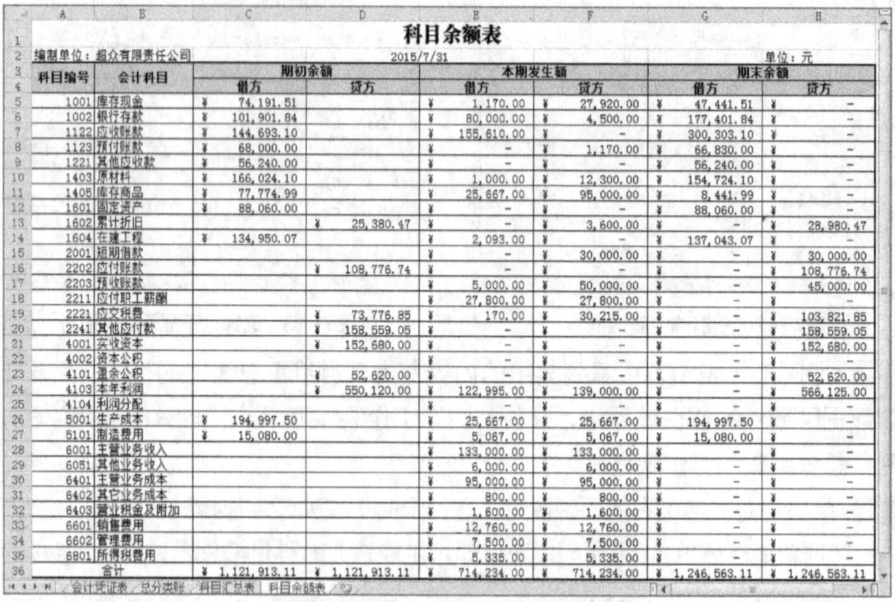

科目余额表

编制单位：超众有限责任公司　　2015/7/31　　单位：元

科目编号	会计科目	期初余额		本期发生额		期末余额	
		借方	贷方	借方	贷方	借方	贷方
1001	库存现金	¥ 74,191.51		¥ 1,170.00	¥ 27,920.00	¥ 47,441.51	¥ -
1002	银行存款	¥ 101,901.84		¥ 80,000.00	¥ 4,500.00	¥ 177,401.84	¥ -
1122	应收账款	¥ 144,693.10		¥ 155,610.00	¥ -	¥ 300,303.10	¥ -
1123	预付账款	¥ 68,000.00		¥ -	¥ 1,170.00	¥ 66,830.00	¥ -
1221	其他应收款	¥ 56,240.00		¥ -	¥ -	¥ 56,240.00	¥ -
1403	原材料	¥ 166,024.10		¥ 1,000.00	¥ 12,300.00	¥ 154,724.10	¥ -
1405	库存商品	¥ 77,774.99		¥ 25,667.00	¥ 95,000.00	¥ 8,441.99	¥ -
1601	固定资产	¥ 88,060.00		¥ -	¥ -	¥ 88,060.00	¥ -
1602	累计折旧		¥ 25,380.47	¥ -	¥ 3,600.00	¥ -	¥ 28,980.47
1604	在建工程	¥ 134,950.07		¥ 2,093.00	¥ -	¥ 137,043.07	¥ -
2001	短期借款			¥ -	¥ 30,000.00	¥ -	¥ 30,000.00
2202	应付账款		¥ 108,776.74	¥ -	¥ -	¥ -	¥ 108,776.74
2203	预收账款			¥ 5,000.00	¥ 50,000.00	¥ -	¥ 45,000.00
2211	应付职工薪酬			¥ 27,800.00	¥ 27,800.00	¥ -	¥ -
2221	应交税费		¥ 73,776.85	¥ 170.00	¥ 30,215.00	¥ -	¥ 103,821.85
2241	其他应付款		¥ 158,559.05	¥ -	¥ -	¥ -	¥ 158,559.05
4001	实收资本		¥ 152,680.00	¥ -	¥ -	¥ -	¥ 152,680.00
4002	资本公积			¥ -	¥ -	¥ -	¥ -
4101	盈余公积		¥ 52,620.00	¥ -	¥ -	¥ -	¥ 52,620.00
4103	本年利润		¥ 550,120.00	¥ 122,995.00	¥ 139,000.00	¥ -	¥ 566,125.00
4104	利润分配			¥ -	¥ -	¥ -	¥ -
5001	生产成本	¥ 194,997.50		¥ 25,667.00	¥ 25,667.00	¥ 194,997.50	¥ -
5101	制造费用	¥ 15,080.00		¥ 5,067.00	¥ 5,067.00	¥ 15,080.00	¥ -
6001	主营业务收入			¥ 133,000.00	¥ 133,000.00	¥ -	¥ -
6051	其他业务收入			¥ 6,000.00	¥ 6,000.00	¥ -	¥ -
6401	主营业务成本			¥ 95,000.00	¥ 95,000.00	¥ -	¥ -
6402	其它业务成本			¥ 800.00	¥ 800.00	¥ -	¥ -
6403	营业税金及附加			¥ 1,600.00	¥ 1,600.00	¥ -	¥ -
6601	销售费用			¥ 12,760.00	¥ 12,760.00	¥ -	¥ -
6602	管理费用			¥ 7,500.00	¥ 7,500.00	¥ -	¥ -
6801	所得税费用			¥ 5,335.00	¥ 5,335.00	¥ -	¥ -
	合计	¥ 1,121,913.11	¥ 1,121,913.11	¥ 714,234.00	¥ 714,234.00	¥ 1,246,563.11	¥ 1,246,563.11

图7-45　“科目余额表”的最终效果

7.4.1 科目余额表的数据来源

科目余额表中的期初余额可引用上期科目余额表中的期末余额；本期发生额可引用本期科目汇总表中的发生额；而期末余额则应根据会计核算规则进行计算，资产 ÷ 成本类期末余额=期初余额+本期借方发生额-本期贷方发生额；负债 ÷ 所有者权益类期末余额=期初余额+本期贷方发生额-本期借方发生额；损益类无余额。

由于在会计科目表中科目编号的首位数表示科目总类，且资产类科目代码为1，负债类科目代码为2，所有者权益类科目代码为4，成本类科目代码为5，损益类科目代码为6。因此计算期末余额时其公式表达式为。

- 资产 ÷ 成本类期末余额=IF(OR(VALUE(LEFT(科目编号))=1,VALUE(LEFT(科目编号))=5),期初借方余额+本期借方发生额-本期贷方发生额,0)
- 负债 ÷ 所有者权益类期末余额=IF(OR(VALUE(LEFT(科目编号))=2,VALUE(LEFT(科目编号))=4),期初贷方余额+本期贷方发生额-本期借方发生额,0)

7.4.2 相关函数的使用

在科目余额表中引用本期发生额和计算期末余额时，将用到前面未使用过的函数，如ISNA函数、OR函数、VALUE函数、LEFT函数，各函数的介绍如下。

● **ISNA函数**：可以检验指定值并根据参数取值返回TRUE或FALSE。其语法结构为：ISNA(value)，value是要检验的值。value参数可以是空白（空单元格）、错误值、逻辑值、文本、数字、引用值，或者引用要检验的以上任意值的名称。

● **OR函数**：表示在其参数组中任何一个参数的逻辑值为TRUE，则返回TRUE；任何一个参数的逻辑值为FALSE，则返回FALSE。其语法结构为：OR(Logical1, [Logical2], ...)，Logical1, Logical2, ... 表示1到255个需要进行测试的条件，测试结果可以为TRUE或FALSE。

● **VALUE函数**：可以将代表数字的文本字符串转换成数字。其语法结构为：VALUE(Text)，Text表示带引号的文本，或对包含要转换文本的单元格的引用。通常不需要在公式中使用VALUE函数，Excel可以在需要时自动将文本转换为数字。

● **LEFT函数**：根据所指定的字符数，返回文本字符串中第一个字符或前几个字符。其语法结构为：LEFT(Text, [Num_chars])，Text表示包含要提取的文本字符串，Num_chars表示指定要由LEFT提取的字符数量，Num_chars参数必须大于或等于零，如果Num_chars大于文本长度，则返回全部文本；如果省略Num_chars，则其值为1。

7.4.3 直接引用期初余额

由于科目余额表中的会计科目固定，这样期初余额就可以直接引用上期科目余额表中的期末余额，其具体操作如下。（**微课**：光盘\微课视频\第7章\直接引用期初余额.swf）

STEP 1 打开“科目汇总表”工作簿，将其以“科目余额表”为名进行另存，将“Sheet3”工作表重命名为“科目余额表”，在其中输入相应的数据并设置单元格格式。

STEP 2 选择C36:H36单元格区域，在编辑栏中输入公式“=SUM(C5:C35)”，并按【Ctrl+Enter】组合键完成科目余额表框架的创建，如图7-46所示。

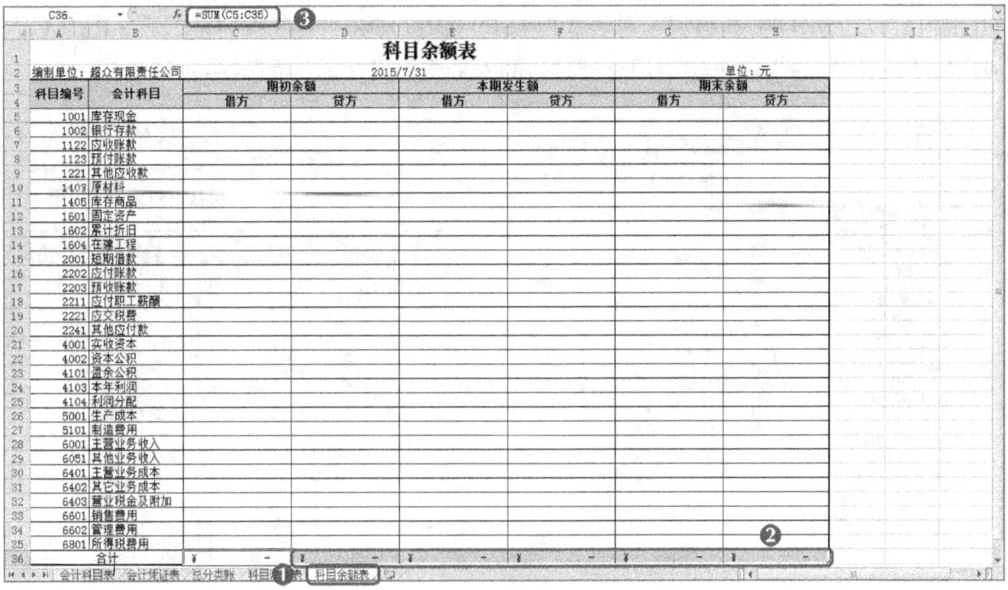

科目编号	会计科目	期初余额		本期发生额		期末余额	
		借方	贷方	借方	贷方	借方	贷方
1001	库存现金						
1002	银行存款						
1122	应收账款						
1123	预付账款						
1221	其他应收款						
1403	原材料						
1405	库存商品						
1601	固定资产						
1602	累计折旧						
1604	在建工程						
2001	短期借款						
2202	应付账款						
2203	预收账款						
2211	应付职工薪酬						
2221	应交税费						
2241	其他应付款						
4001	实收资本						
4002	资本公积						
4101	盈余公积						
4103	本年利润						
4104	利润分配						
5001	生产成本						
5101	制造费用						
6001	主营业务收入						
6051	其他业务收入						
6401	主营业务成本						
6402	其它业务成本						
6403	营业税金及附加						
6601	销售费用						
6602	管理费用						
6801	所得税费用						
合计		¥ -	¥ -	¥ -	¥ -	¥ -	¥ -

图7-46 创建“科目余额表”框架

STEP 3 打开"资料"工作簿,在"科目余额表"工作簿的"科目余额表"工作表的C5单元格中输入"=",然后选择"资料"工作簿并选择G5单元格,按【Ctrl+Enter】组合键引用上期"库存现金"会计科目的期末借方余额到本期的期初借方余额,如图7-47所示。完成后用相同的方法引用上期其他会计科目的期末借方和贷方余额到本期的期初借方和贷方余额中。

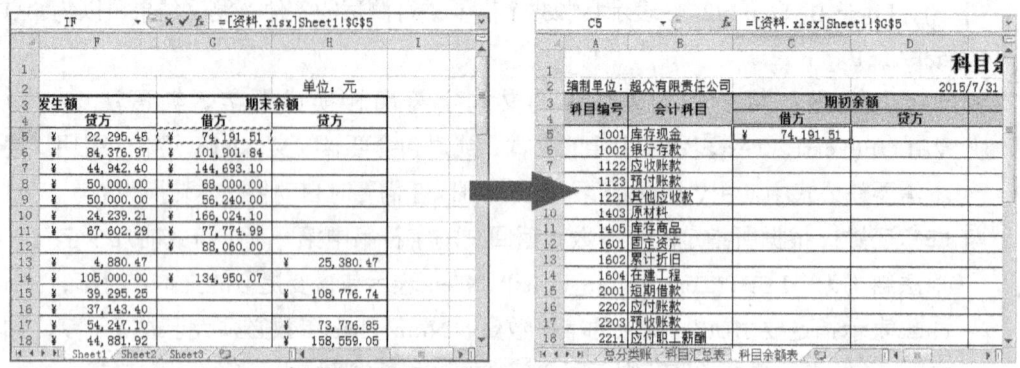

图7-47 引用"库存现金"的期初借方余额

7.4.4 使用函数引用本期发生额

每个会计期间发生的经济业务不同,根据发生的经济业务生成的科目汇总表的会计科目也会不固定,因此从本期科目汇总表中引用本期发生额时可使用嵌套函数进行间接引用,其具体操作如下。(🎬微课:光盘\微课视频\第7章\使用函数引用本期发生额.swf)

STEP 1 在"科目余额表"工作簿的"科目汇总表"工作表中将A4:D28单元格区域定义为"科目汇总表"名称,如图7-48所示。

STEP 2 选择"科目余额表"工作表,然后选择E5:E35单元格区域,输入公式"=IF(ISNA(VLOOKUP(A5,科目汇总表,3,FALSE)),0,VLOOKUP(A5,科目汇总表,3,FALSE))",完成后按【Ctrl+Enter】组合键引用会计科目的本期借方发生额,如图7-49所示。

图7-48 定义单元格名称   图7-49 引用本期借方发生额

STEP 3 继续选择F5:F35单元格区域，输入公式“=IF(ISNA(VLOOKUP(A5,科目汇总表,4,FALSE)),0,VLOOKUP(A5,科目汇总表,4,FALSE))”，完成后按【Ctrl+Enter】组合键引用会计科目的本期贷方发生额，如图7-50所示。

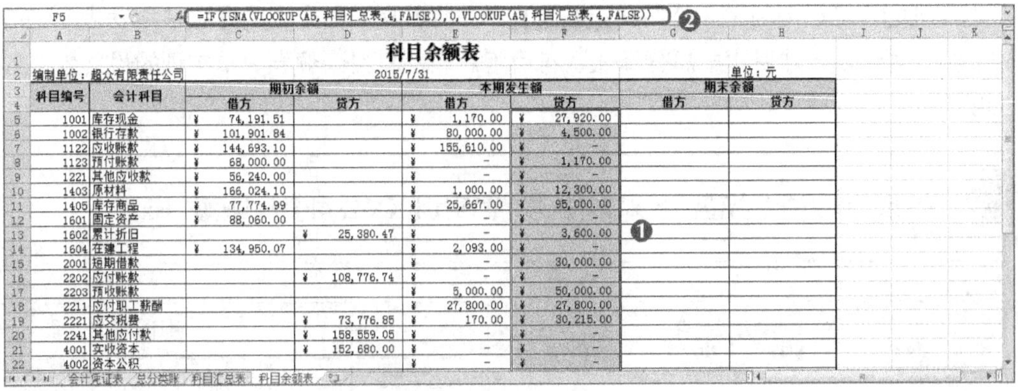

F5 =IF(ISNA(VLOOKUP(A5,科目汇总表,4,FALSE)),0,VLOOKUP(A5,科目汇总表,4,FALSE)) ❷

科目余额表

编制单位：超众有限责任公司 2015/7/31 单位：元

科目编号	会计科目	期初余额		本期发生额		期末余额	
		借方	贷方	借方	贷方	借方	贷方
1001	库存现金	¥ 74,191.51		¥ 1,170.00	¥ 27,920.00		
1002	银行存款	¥ 101,901.84		¥ 80,000.00	¥ 4,500.00		
1122	应收账款	¥ 144,693.10		¥ 155,610.00	¥ -		
1123	预付账款	¥ 68,000.00		¥ -	¥ 1,170.00		
1221	其他应收款	¥ 56,240.00		¥ -	¥ -		
1403	原材料	¥ 166,024.10		¥ 1,000.00	¥ 12,300.00		
1405	库存商品	¥ 77,774.99		¥ 25,667.00	¥ 95,000.00		
1601	固定资产	¥ 88,060.00		¥ -	¥ -		
1602	累计折旧		¥ 25,380.47	¥ -	¥ 3,600.00	❶	
1604	在建工程	¥ 134,950.07		¥ 2,093.00	¥ -		
2001	短期借款			¥ -	¥ 30,000.00		
2202	应付账款		¥ 108,776.74	¥ -	¥ -		
2203	预收账款			¥ 5,000.00	¥ 50,000.00		
2211	应付职工薪酬			¥ 27,800.00	¥ 27,800.00		
2221	应交税费		¥ 73,776.85	¥ 170.00	¥ 30,215.00		
2241	其他应付款		¥ 158,559.05	¥ -	¥ -		
4001	实收资本		¥ 152,680.00	¥ -	¥ -		
4002	资本公积			¥ -	¥ -		

图7-50 引用本期贷方发生额

7.4.5 计算期末余额

在科目余额表中完成期初余额和本期发生额的引用后，即可根据计算期末余额的公式计算结果，其具体操作如下。（微课：光盘\微课视频\第7章\计算期末余额.swf）

STEP 1 选择G5:G35单元格区域，输入公式“=IF(OR(VALUE(LEFT(A5))=1,VALUE(LEFT(A5))=5),C5+E5-F5,0)”，在H5:H35单元格区域中输入公式“=IF(OR(VALUE(LEFT(A5))=2,VALUE(LEFT(A5))=4),D5+F5-E5,0)”，完成后按【Ctrl+Enter】组合键分别计算出各会计科目的期末借贷方余额，如图7-51所示。

STEP 2 由于“累计折旧”科目与一般资产账户的结构刚好相反，其贷方登记增加，借方登记减少，余额在贷方。因此可在G13单元格中输入“0”，在H13单元格中输入公式“=D13+F13-E13”，完成后按【Ctrl+Enter】组合键，如图7-52所示。

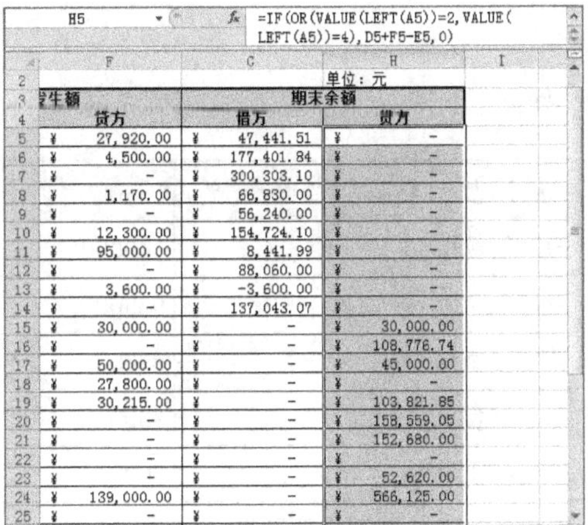

H5 =IF(OR(VALUE(LEFT(A5))=2,VALUE(LEFT(A5))=4),D5+F5-E5,0)

单位：元

发生额	期末余额	
贷方	借方	贷方
¥ 27,920.00	¥ 47,441.51	¥ -
¥ 4,500.00	¥ 177,401.84	¥ -
¥ -	¥ 300,303.10	¥ -
¥ 1,170.00	¥ 66,830.00	¥ -
¥ -	¥ 56,240.00	¥ -
¥ 12,300.00	¥ 154,724.10	¥ -
¥ 95,000.00	¥ 8,441.99	¥ -
¥ -	¥ 88,060.00	¥ -
¥ 3,600.00	¥ -3,600.00	¥ -
¥ -	¥ 137,043.07	¥ -
¥ 30,000.00	¥ -	¥ 30,000.00
¥ -	¥ -	¥ 108,776.74
¥ 50,000.00	¥ -	¥ 45,000.00
¥ 27,800.00	¥ -	¥ -
¥ 30,215.00	¥ -	¥ 103,821.85
¥ -	¥ -	¥ 158,559.05
¥ -	¥ -	¥ 152,680.00
¥ -	¥ -	¥ -
¥ -	¥ -	¥ 52,620.00
¥ 139,000.00	¥ -	¥ 566,125.00
¥ -	¥ -	¥ -

图7-51 计算期末借贷方余额

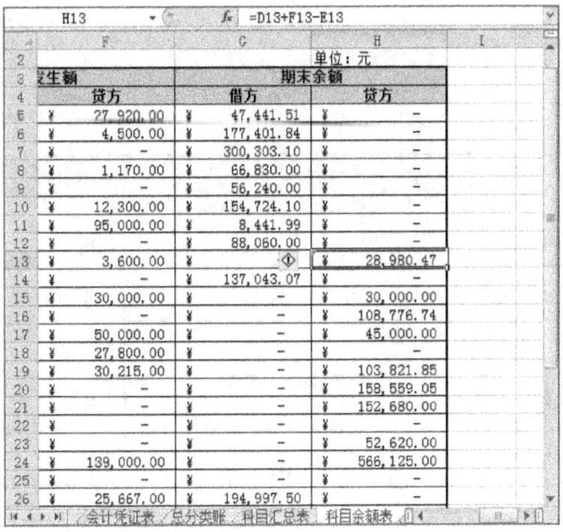

H13 =D13+F13-E13

单位：元

发生额	期末余额	
贷方	借方	贷方
¥ 27,920.00	¥ 47,441.51	¥ -
¥ 4,500.00	¥ 177,401.84	¥ -
¥ -	¥ 300,303.10	¥ -
¥ 1,170.00	¥ 66,830.00	¥ -
¥ -	¥ 56,240.00	¥ -
¥ 12,300.00	¥ 154,724.10	¥ -
¥ 95,000.00	¥ 8,441.99	¥ -
¥ -	¥ 88,060.00	¥ -
¥ 3,600.00	¥	¥ 28,980.47
¥ -	¥ 137,043.07	¥ -
¥ 30,000.00	¥ -	¥ 30,000.00
¥ -	¥ -	¥ 108,776.74
¥ 50,000.00	¥ -	¥ 45,000.00
¥ 27,800.00	¥ -	¥ -
¥ 30,215.00	¥ -	¥ 103,821.85
¥ -	¥ -	¥ 158,559.05
¥ -	¥ -	¥ 152,680.00
¥ -	¥ -	¥ -
¥ -	¥ -	¥ 52,620.00
¥ 139,000.00	¥ -	¥ 566,125.00
¥ -	¥ -	¥ -
¥ 25,667.00	¥ 194,997.50	¥ -

图7-52 修改“累计折旧”科目的期末余额

7.5 实训——编制××公司会计账簿

7.5.1 实训目标

本实训的目标是编制××公司会计账簿。小白将使用前面介绍的方法根据发生的经济业务建立会计凭证表，然后生成总分类账、科目汇总表、科目余额表。本实训的最终效果如图7-53所示。

效果所在位置 光盘:\效果文件\第7章\实训\XX公司会计账簿.xlsx

XX公司会计凭证表

摘要	科目编号	科目名称	明细科目
提取现金备用	1001	库存现金	
提取现金备用	1002	银行存款	
预借差旅费以现金支付	1221	其他应收款	蒋燕
预借差旅费以现金支付	1001	库存现金	
用现金购买办公用品	6602	管理费用	
用现金购买办公用品	1001	库存现金	
购入甲、乙两种材料	1403	原材料	甲材料
购入甲、乙两种材料	1403	原材料	乙材料
购入甲、乙两种材料	2221	应交税费	应交增值税（进项
购入甲、乙两种材料	1002	银行存款	
销售A产品	1002	银行存款	
销售A产品	6001	主营业务收入	A产品
销售A产品	2221	应交税费	应交增值税（进项
以银行存款支付前欠货款	2202	应付账款	杰成公司
以银行存款支付前欠货款	1002	银行存款	
生产A产品领用材料	5001	生产成本	A产品
生产A产品领用材料	1403	原材料	甲材料
生产A产品领用材料	1403	原材料	乙材料
报销差旅费	6602	管理费用	
报销差旅费	1001	库存现金	
报销差旅费	1221	其他应收款	蒋燕
支付车间设备修理费	5101	制造费用	修理费
支付车间设备修理费	1002	银行存款	
销售B产品	1122	应收账款	齐天公司

科目余额表

X公司　2015年7月

会计科目	期初余额		本期发生额	
	借方	贷方	借方	
库存现金	¥ 2,500.00		¥ 8,200.00	¥
银行存款	¥ 600,000.00		¥ 222,300.00	¥ 31
应收票据			¥ -	¥
应收账款	¥ 172,000.00		¥ 152,100.00	¥
预付账款			¥ 3,600.00	¥
其他应收款	¥ 800.00		¥ 3,500.00	¥
坏账准备			¥ -	¥
原材料	¥ 240,000.00		¥ 25,500.00	¥ 1
库存商品	¥ 270,000.00		¥ 83,385.00	¥ 7
持有至到期投资	¥ 10,000.00		¥ -	¥
存货跌价准备			¥ -	¥
固定资产	¥ 186,000.00		¥ -	¥
累计折旧		¥ 94,300.00	¥ -	¥ 2
无形资产			¥ -	¥
待处理财产损溢			¥ -	¥
短期借款		¥ 140,000.00	¥ -	¥
应付票据			¥ -	¥
应付账款		¥ 93,500.00	¥ 85,000.00	¥
预收账款			¥ -	¥
应付职工薪酬		¥ 9,000.00	¥ 150,950.00	¥ 17
应交税费			¥ 4,335.00	¥ 9
应付利息		¥ 2,000.00	¥ -	¥

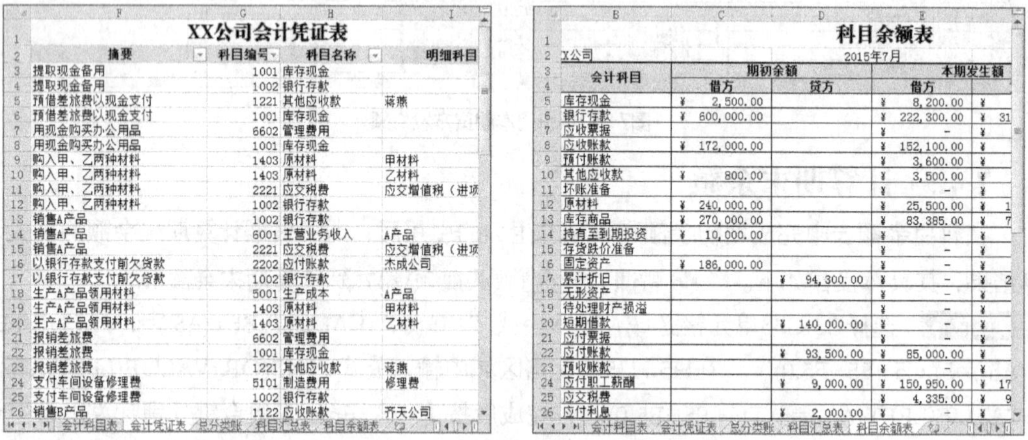

图7-53 “XX公司会计账簿”的最终效果

7.5.2 专业背景

××公司为一家加工制造企业，属于增值税一般纳税人，增值税率为17%，所得税率为25%，存货采用先进先出法核算。2015年6月末公司各总分类账户及其所属明细分类账户的期末余额如表7-2所示。

表7-2 相关资料

资产类账户	借方金额	负债及所有者权益类账户	贷方金额
库存现金	2500	短期借款	140000
银行存款	600000	应付账款	93500
应收账款	172000	其中：杰成公司	85000
其中：顺通公司	32000	创新公司	8500
达运公司	140000	应付职工薪酬	9000
管理费用——办公费	800	应付利息——短期借款利息	2000
原材料	240000	长期借款	100000

续表

资产类账户	借方金额	负债及所有者权益类账户	贷方金额
其中：甲材料（100吨，900元/吨）	90000		
乙材料（250吨，600元/吨）	150000		
生产成本——A产品	52500		
库存商品	270000		
其中：A产品（2800件，50元/件）	140000		
B产品（1300件，100元/件）	130000	股本	800000
持有至到期投资	10000	盈余公积	55000
固定资产	186000	本年利润	200000
累计折旧	94300	利润分配——未分配利润	40000
合计	1439500	合计	1439500

下面列出该公司2015年7月发生的经济业务。

（1）7月1日开出现金支票1张，从银行提取现金8 000元备用。

（2）7月1日职工蒋燕预借差旅费3 500元，出纳以现金支付。

（3）7月2日用现金购买办公用品700元。

（4）7月2日从A公司购入甲、乙两种材料，发票账单已到达，货款用银行存款支付，材料已验收入库，其中：甲材料15吨，单价900元；乙材料20吨，单价600元。

（5）7月3日向鑫达公司销售A产品2 000件，售价95元/件，开具增值税专用发票。产品已发出，货款已收到并存入银行。

（6）7月4日以银行存款支付之前欠杰成公司货款85 000元。

（7）7月5日生产A产品领用甲材料15吨，领用乙材料8吨。

（8）7月6日职工蒋燕出差归来报销差旅费3 300元，余额退回现金。

（9）7月15日开出转账支票1张，支付车间设备修理费1 170元（价税合计）。

（10）7月17日向齐天公司销售B产品1 000件，售价130元/件，开具增值税专用发票。货款尚未收到。

（11）7月22日以银行存款支付明年全年的财产保险费3 600元。

（12）7月22日以现金支付职工报销医药费950元。

（13）7月23日本月应付职工工资150 000元，其中：A、B产品生产工人工资分别为50 000元、50 000元，厂部管理人员工资50 000元。

（14）7月23日按工资总额的14%提取职工福利费。

（15）7月24日通知银行转账150 000元，发放工资。

（16）7月26日以银行存款支付本月销售费用35 000元。

（17）7月27日预提本月短期借款利息7 000元。

（18）7月31日计提本月固定资产折旧20 000元，其中生产车间应承担折旧费15 000元，厂部承担折旧费5 000元。

（19）7月31日本月发生报刊费400元，以银行存款转账支付。

（20）7月31日分摊并结转本月发生的制造费用（按A、B两种产品的生产工人工资的比例分摊）。

（21）7月31日本月A产品全部完工，结转其完工成本（包括上月未完工成本）。

（22）7月31日结转本月A、B产品的销售成本，其中：A产品每件50元，B产品每件100元。

（23）7月31日本月经营业务应交城建税、教育费附加。城建税税率7%，教育费附加税率3%。

（24）7月31日结转本月收支至"本年利润"账户。

（25）7月31日按当月利润总额计算所得税（所得税税率为25%），并结转至"本年利润"账户。

（26）7月31日结转"本年利润"账户余额至"利润分配"账户。

7.5.3 操作思路

完成本实训首先需要建立会计科目表，根据发生的经济业务编制会计分录，并建立会计凭证表，然后使用数据透视表生成总分类账和科目汇总表，完成后根据科目汇总表编辑科目余额表，其操作思路如图7-54所示。

①建立会计凭证表　②生成科目汇总表　③编制科目余额表

图7-54　XX公司会计账簿的制作思路

【步骤提示】

STEP 1　启动Excel，将新建的工作簿以"××公司会计账簿"为名进行保存，然后将"Sheet1"工作表重命名为"会计科目表"，在其中输入会计科目编号和科目名称，并为表格内容定义单元格区域名称为"会计科目"，完成后设置单元格格式并冻结窗格。

STEP 2　根据发生的经济业务编制会计分录，然后在工作簿中将"Sheet2"工作表重命名为"会计凭证表"，在其中输入会计凭证科目：年、月、日、序号、凭证编号、摘要、科目编号、科目名称、明细科目、借方金额、贷方金额，并使用CONCATENATE函数生成凭证编号，使用VLOOKUP函数查找并引用科目名称，完成后依次登记会计凭证信息、判断借贷是否平衡，并使用自动筛选功能实现数据的查询。

STEP 3　根据"会计凭证表"工作表中的数据区域创建数据透视表，然后添加默认字段、修改值字段汇总方式、设置数据透视表的布局样式、添加借贷方余额等，完成后将存放数据透视表的工作表重命名为"总分类账"，并将其移动到"会计凭证表"工作表之后。

STEP 4 根据"总分类账"工作表的数据区域生成科目汇总表底稿，然后删除不需要的字段，并设置布局方式为"不显示分类汇总"。

STEP 5 将"Sheet3"工作表重命名为"科目余额表"，在其中输入相应的科目编号与会计科目，然后根据提供的资料输入期初余额，并使用函数引用并计算"科目汇总表"中对应的本期发生额，完成后使用公式与函数计算期末余额。

7.6 疑难解析

问：在Excel中要新建条件格式，该怎么办？

答：在Excel中不仅可以设置突出显示条件格式，还可使用数据条显示并分析单元格中的值，使用色阶的深浅颜色比较单元格区域数据，使用图标集注释数据并按大小将数据进行等级划分等。用户也可根据需要新建条件格式，其方法为：在"条件格式"下拉列表中选择"新建规则"选项，在打开的"新建格式规则"对话框的"选择规则类型"栏中选择不同的规则类型，在"编辑规则说明"栏中将出现不同的数值框，如选择"仅对唯一值或重复值设置格式"规则类型，在"编辑规则说明"栏的"全部设置格式"下拉列表框中可选择范围中的数值，单击 格式(F)... 按钮，在打开的对话框中设置单元格格式，完成后单击 确定 按钮。

问：数据透视表与数据透视图有什么关系？

答：数据透视图是以图表的形式显示数据透视表中的数据。数据透视图和数据透视表是相关的，改变了数据透视表，数据透视图将发生变化；反之，改变了数据透视图，数据透视表也将发生变化。在数据透视表中，可以轻易地改变数据透视表的布局，调整字段按钮显示不同的数据，同时在交互式的数据透视图中也可以实现，且只需改变数据透视图中的字段。

问：如何创建数据透视图？

答：数据透视图不仅具有数据透视表的交互性功能，还具有图表的图释功能，利用它可以更直观地查看工作表中的数据，更利于分析与对比数据。创建数据透视图的方法有两种：一是选择需创建数据透视图的数据区域，在【插入】/【表格】组中单击"数据透视表"按钮 下方的·按钮，在打开的下拉列表中选择"数据透视图"选项，在打开的对话框中确认要分析的数据区域，并选择数据透视图的存放位置，然后单击 确定 按钮可同时创建数据透视表与数据透视图，完成后根据需要进行编辑；二是选择数据透视表中任意有数据的单元格，然后在【选项】/【工具】组中单击"数据透视图"按钮 ，在打开的对话框中选择图表类型，完成后单击 确定 按钮即可根据已制作好的数据透视表创建数据透视图。

7.7 习题

本章主要介绍了使用Excel建立会计凭证表，然后生成总分类账和科目汇总表，并编制科目余额表的方法，主要涉及的Excel知识有：设置数据有效性、设置条件格式、数据透视表的使用、使用公式与函数引用并计算数据等。读者应加强该部分内容的练习与应用。

效果所在位置　光盘:\效果文件\第7章\习题\兴成公司会计账簿.xlsx

兴成公司是一家中小型企业，主要经营产品为"X产品、Y产品"，增值税率为17%，所得税率为25%，材料发出采用先进先出法核算。下面是该公司2015年7月发生的经济业务。

（1）7月1日以现金购买办公用品400元。

（2）7月2日以支票偿还之前欠宁泰公司货款17 000元。

（3）7月2日以银行存款购买转账支票共计60元。

（4）7月3日车间领用甲材料10吨，每吨1 600元用于X产品的生产。

（5）7月3日从银行提取现金2 000元作为备用金。

（6）7月4日向万峰公司购入甲材料10吨，每吨1 600元，货款共计16 000元，增值税2 720元，以支票支付，材料已入库。

（7）7月5日缴纳上月增值税、城建税、教育费附加。

（8）7月6日采购员李辉出差预借差旅费2 000元。

（9）7月7日向盛大公司出售Y产品10件，每件售价9 100元，增值税为15 470元，货款收回，已存入银行。

（10）7月7日以支票支付第三季度养路费3 000元。

（11）7月8日车间领用乙材料1吨，每吨2 000元，用于车间一般耗用。

（12）7月9日以现金支付车间设备修理费500元。

（13）7月10日以现金预付明年上半年的报刊费600元。

（14）7月11日签发现金支票，提取现金准备支付本月工资46 900元。

（15）7月11日发放本月工资46 900元。

（16）7月12日厂部招待客户，支付现金460元。

（17）7月13日职工崔珍报销医药费240元。

（18）7月14日向宁泰公司购入乙材料3吨，每吨2 000元，款项尚未支付，材料已入库。

（19）7月14日由银行支付本月生产车间水费600元。

（20）7月15日车间领用乙材料15吨，每吨2 000元，用于Y产品的生产。

（21）7月16日向齐天公司销售X产品12件，每件售价9 800元，货款共计117 600元，增值税为19 992元，货款尚未收回。

（22）7月17日以支票支付广告费2 000元。

（23）7月18日采购员李辉出差归来报销差旅费2 700元，不足部分用现金支付。

（24）7月19日以银行存款支付本月电费2 700元，厂部用电800元，车间用电1 900元。

（25）7月20日发生本月借款利息费用1 000元。

（26）7月21日向成功公司销售丙材料10吨，每吨1 900元，共计19 000元，冲销预收账款8 000元，其余收转账支票，丙材料成本为每吨1 700元。

（27）7月22日以银行存款支付本月电话费1 000元。

（28）7月22日分配本月工资，其中生产X产品的生产工人工资18 000元，生产Y产品的生产工人工资12 000元，车间管理人员工资6 600元，厂部人员工资10 300元。

（29）7月22日按工资总额的14%计提福利费。

（30）7月23日以银行存款支付车间大修理费用1 000元。

（31）7月25日年终盘盈生产用设备一台（全新），同类固定资产市场价为8 000元。

（32）7月25日年终盘亏甲材料1吨，金额1 600元（应负担的增值税为272元）。

（33）7月26日以银行存款支付第四季度借款利息3 000元。

（34）7月26日计提本月折旧费用，其中车间折旧10 000元，厂部折旧8 000元。

（35）7月27日接受协作单位无偿捐赠电脑一台，市场价格12 000元，用于管理。

（36）7月27日盘点结果，经领导审批后，盘盈的设备8 000元扣除计入所得税后净额6000元计入利润分配，盘亏的甲材料1 872元列入营业外支出。

（37）7月28日结转本月制造费用，按工人工资比例分配。

（38）7月28日结转已完工的X产品成本（包括上期尚未完工的X产品），X产品共8台。

（39）7月29日计提本月城建税和教育费附加。

（40）7月29日企业已有丙材料现市场价为1 600元/吨，按已给资料计提存货跌价准备。

（41）7月30日以现金购买印花税票500元。

（42）7月30日厂部报销汽车加油费300元，经审核后以现金支付。

（43）7月31日按年末应收账款余额的5‰计提坏账准备。

（44）7月31日结转本月销售成本，其中X产品12台，每台6 400元，Y产品10台，每台6 000元。

（45）7月31日结转本月各项收入与收益。

（46）7月31日结转本月各项成本、费用与支出。

（47）7月31日计算并结转所得税费用（本年纳税调整项目有：实际发放工资超过计税工资970元，盘亏的甲材料1 872元税务部门不允许税前扣除）。

（48）7月31日按净利润的10%计提法定盈余公积。

（49）7月31日将本年净利润转入利润分配科目。

现需要根据以上经济业务编制会计分录，然后建立会计凭证表，并使用数据透视表生成总分类账、科目汇总表，完成后的效果如图7-55所示。

- 创建"兴成公司会计账簿"工作簿，建立"会计科目表"工作表，输入会计科目编号和科目名称，并为表格内容定义单元格区域名称为"会计科目"。
- 根据发生的经济业务编制会计分录，并建立"会计凭证表"工作表，使用相应的方法输入凭证信息，并判断借贷是否平衡。
- 根据"会计凭证表"创建数据透视表生成"总分类账"工作表，在其中添加默认字段、修改值字段汇总方式、设置数据透视表的布局样式、添加借贷方余额等，完成后根据"总分类账"生成科目汇总表底稿，然后删除不需要的字段，并设置布局方式为"不显示分类汇总"。

图7-55 "兴成公司会计账簿"的最终效果

课后拓展知识

切片器是易于使用的筛选组件,它包含一组按钮,使用户能快速地筛选数据透视表中的数据,而不需要通过下拉列表查找要筛选的项目。使用切片器的具体操作如下。

STEP 1 在数据透视表区域选择任意单元格,在数据透视表工具的【选项】/【排序与筛选】组中单击"插入切片器"按钮下方的·按钮,在打开的下拉列表中选择"插入切片器"选项。

STEP 2 在打开的"插入切片器"对话框中单击选中要为其创建切片器的数据透视表字段的复选框,这里只单击选中"科目名称"复选框,然后单击 确定 按钮,返回工作表中可看到为选中的字段创建的切片器,如图7-56所示。

STEP 3 选择切片器,在切片器工具的"选项"选项卡中可设置切片器样式、切片器大小,以及切片器按钮的列数、宽度、高度等,完成后在切片器中单击相应的项目,数据透视表中的数据将显示为相应的数据,如图7-57所示。

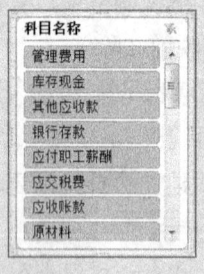
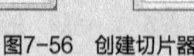
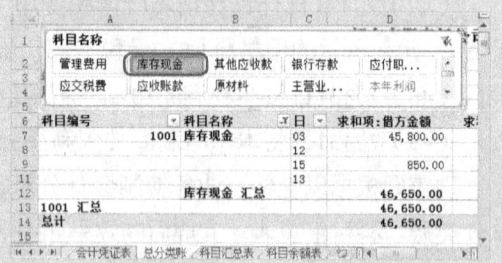

图7-56 创建切片器　　　　　图7-57 编辑并使用切片器查看数据

知识提示　　当不需要某个切片器时,可以将其与数据透视表的链接断开,也可将其删除。断开切片器的方法为:选择数据透视表中的任意数据,在数据透视表工具的【选项】/【排序与筛选】组中单击"插入切片器"按钮下方的·按钮,在打开的下拉列表中选择"切片器连接"选项,在打开的"切片器连接"对话框中撤销选中要与其断开与切片器链接的任何数据透视表字段的复选框即可。删除切片器的方法非常简单,只需选中切片器然后按【Delete】键。

PART 8

第8章
编制会计报表

情景导入

为了详细反映企业某时期内的资产、负债、所有者权益状况，以及其经营成果和现金流量情况，小白决定编制资产负债表、利润表、现金流量表。

知识技能目标

- 了解冻结并拆分窗口、重排窗口的操作方法，以方便查看数据的对应关系。
- 巩固数据的引用，以及使用公式与函数计算相应的数据的方法。

- 了解资产负债表的内容与编制方法，使用Excel编制资产负债表。
- 了解利润表的编制方法，使用Excel编制利润表。
- 了解现金流量表的概述与编制方法，使用Excel编制现金流量表。

课堂案例展示

"资产负债表"的表格效果

"现金流量表"的表格效果

8.1 编制资产负债表

资产负债表是企业基本的会计报表之一，是所有独立核算的企业单位必须对外报送的会计报表。因此，老张建议小白使用 Excel 编制资产负债表。要完成该任务首先应了解资产负债表的内容和编制方法，然后在资产负债表中利用公式计算并填列相应的项目，完成后将“科目余额表”工作表中的相关数据引用到“资产负债表”工作表的相应单元格中。本例完成后的参考效果如图 8-1 所示。

素材所在位置 光盘:\素材文件\第8章\课堂案例1\科目余额表.xlsx
效果所在位置 光盘:\效果文件\第8章\资产负债表.xlsx

资产负债表

编制单位：超众有限责任公司　　2015 年 7 月　　单位：元

资 产	行次	期末余额	年初余额	负债和所有者权益	行次	期末余额	年初余额
流动资产：				流动负债：			
货币资金	1	¥ 224,843.35		短期借款	31	¥ 30,000.00	
短期投资	2			应付票据	32		
应收票据	3			应付账款	33	¥ 108,776.74	
应收账款	4	¥ 300,303.10		预收账款	34	¥ 45,000.00	
预付账款	5	¥ 66,830.00		应付职工薪酬	35		
应收股利	6			应交税费	36	¥ 103,821.85	
应收利息	7			应付利息	37		
其他应收款	8	¥ 56,240.00		应付股利	38		
存货	9	¥ 373,243.59	¥ -	其他应付款	39	¥ 158,559.05	
其中：原材料	10	¥ 154,724.10		一年内到期的非流动负债	40		
库存商品	11	¥ 8,441.99		其他流动负债	41		
周转材料	12			流动负债合计	42	¥ 446,157.64	¥ -
生产成本	13	¥ 194,997.50		非流动负债：			
一年内到期的非流动资产	14			长期借款	43		
其他流动资产	15			应付债券	44		
流动资产合计	16	¥ 1,021,460.04	¥ -	长期应付款	45		
非流动资产：				递延所得税负债	46		
长期债券投资	17			预计负债	47		
长期股权投资	18			其他非流动负债	48		
固定资产原价	19	¥ 88,060.00		非流动负债合计	49	¥ -	¥ -
减：累计折旧	20	¥ 28,980.47		负债合计	50	¥ 446,157.64	¥ -
固定资产净值	21	¥ 59,079.53	¥ -	所有者权益：			
在建工程	22	¥ 137,043.07		实收资本（或股本）	51	¥ 152,680.00	
工程物资	23			资本公积	52		
固定资产清理	24			盈余公积	53	¥ 52,620.00	
无形资产	25			未分配利润	54	¥ 566,125.00	
开发支出	26			所有者权益合计	55	¥ 771,425.00	¥ -
长期待摊费用	27						
其他非流动资产	28						
非流动资产合计	29	¥ 196,122.60	¥ -				
资产总计	30	¥ 1,217,582.64	¥ -	负债和所有者权益总计	56	¥ 1,217,582.64	¥ -

资产负债表 Sheet2 Sheet3

图8-1 “资产负债表”的最终效果

职业素养

我国企业的资产负债表一般采用账户式结构，其中，资产各项目的合计 = 负债和所有者权益各项目的合计，即通过“资产 = 负债 + 所有者权益”等式可以反映资产、负债、所有者权益之间的内在关系。在资产负债表中，表头部分应列明报表名称、编制单位、编制日期、计量单位；表身部分反映资产、负债、所有者权益的具体内容，该部分是资产负债表的主体和核心，其左侧为资产项目，按资产的流动性大小进行排列，流动性大的资产在前，流动性小的资产在后，右侧为负债及所有者权益项目，一般按求偿权先后顺序排列，且负债在前，所有者权益在后；表尾部分补充说明其他相关的资产负债或注意事项。

8.1.1 资产负债表的内容

资产负债表是反映企业在某一特定日期（如月末、季末、年末等）财务状况的会计报表。它是根据"资产＝负债＋所有者权益"会计等式，依照一定的分类标准和顺序，将企业在一定日期的全部资产、负债、所有者权益项目进行适当分类、汇总、排列后编制而成的。

1. 资产

资产是指由过去交易、事项形成并由企业在某一特定日期所拥有或控制的、预期会给企业带来经济利益的资源。资产按流动性由大到小的顺序排列，分为流动资产和非流动资产。

- **流动资产**：是指可以在一年或超过一年的一个营业周期内变现或耗用的资产。通常包括：货币资金、交易性金融资产、应收票据、应收账款、其他应收款、预付账款、存货、一年内到期的非流动资产等。
- **非流动资产**：通常包括长期应收款、长期投资、固定资产、在建工程、无形资产、长期待摊费用、递延所得税资产、其他非流动资产等。

2. 负债

负债是指企业在某一特定日期企业所承担的、预期会导致经济利益流出企业的现时义务。负债按到期日由近到远的顺序排列，一般分为流动负债和长期负债。

- **流动负债**：是指将在一年（含一年）或超过一年的一个营业周期内偿还的债务。通常包括：短期借款、交易性金融负债、应付票据、应付账款、预收账款、应付职工薪酬、应交税费、其他应付款、一年内到期的非流动负债、其他流动负债等。
- **长期负债**：是指偿还期在一年以上或超过一年的一个营业周期以上的负债。通常包括：长期借款、应付债券、长期应付款、专项应付款、递延所得税负债、其他非流动负债等。

3. 所有者权益

所有者权益反映企业在某一特定日期股东（投资者）拥有的净资产的总额，一般按照实收资本（或股本）、资本公积、盈余公积、未分配利润来分项列示。

8.1.2 资产负债表的编制方法

通常，资产负债表的各项目均需填列"年初数"和"期末数"两栏，其中资产负债表的"年初数"栏内各项数字，应根据上年末资产负债表的"期末数"栏内所列数字填列，如果本年度资产负债表规定的各项目的名称和内容与上年不一致，则应对上年年末资产负债表各项目的名称和数字按照本年度的规定进行调整；资产负债表的"期末数"栏内各项数字则应根据会计账簿填列。资产负债表中各项目的资料来源主要有以下几种方式。

- **根据总账科目的余额直接填列**：如"应收票据""短期借款""应交税费""实收资本"等项目。
- **根据总账科目的余额计算填列**：如"货币资金"项目需要根据"库存现金""银行存款""其他货币资金"3个总账科目的期末余额的合计数填列。

- **根据明细账科目的余额计算填列：**如“应收账款”项目需要根据“应收账款”和“预收账款”科目所属的明细科目期末借方余额计算填列；“应付账款”项目需要根据“应付账款”和“预付账款”科目所属的明细科目期末贷方余额计算填列。
- **根据总账科目和明细科目余额计算填列：**如“长期借款”项目需要根据“长期借款”总账科目余额扣除其所属明细科目中将在一年内到期的长期借款部分分析计算填列。
- **根据科目余额减去其备抵项目后的净额填列：**如“应收账款”和“长期股权投资”项目需要根据“应收账款”和“长期股权投资”等科目的期末余额减去“坏账准备”和“长期股权投资减值准备”等科目的期末余额后以净额填列；“固定资产”项目需要根据“固定资产”科目的期末余额减去“累计折旧”和“固定资产减值准备”科目的期末余额后以净额填列。
- **综合运用上述填列方法分析填列：**如“存货”项目需要根据“在途物资”“材料采购”“材料成本差异”“原材料”“生产成本”“库存商品”等总账科目期末余额的分析汇总数减去“存货跌价准备”科目余额后以净额进行填列。
- **根据实际需要和有关备查账簿等记录分析填列：**这种方法主要针对资产负债表的附注内容，如有负债披露方面，按照备查账簿中记录的商业承兑汇票贴现情况填列“已贴现的商业承兑汇票”项目。

8.1.3 创建资产负债表框架

下面根据账户式资产负债表的格式创建“资产负债表”框架，并输入相应的公式计算资产负债表中的期末余额与年初余额，其具体操作如下。（微课：光盘\微课视频\第8章\创建资产负债表框架.swf）

STEP 1 启动Excel，将新建的工作簿以“资产负债表”为名进行保存，然后将“Sheet1”工作表重命名为“资产负债表”，在其中输入相应的数据并设置单元格格式。

STEP 2 在“资产负债表”工作表中选择资产、负债、所有者权益的分类项目，设置其单元格格式为“加粗，黄色”，然后选择需计算的相关项目，设置其单元格颜色为“紫色，强调文字颜色4，淡色80%”，如图8-2所示。

资产负债表

编制单位：　年　月　单位：元

资　产	行次	期末余额	年初余额	负债和所有者权益	行次	期末余额	年初余额
流动资产：				流动负债：			
货币资金	1			短期借款	31		
短期投资	2			应付票据	32		
应收票据	3			应付账款	33		
应收账款	4			预收账款	34		
预付账款	5			应付职工薪酬	35		
应收股利	6			应交税费	36		
应收利息	7			应付利息	37		
其他应收款	8			应付股利	38		
存货	9			其他应付款	39		
其中：原材料	10			一年内到期的非流动负债	40		
库存商品	11			其他流动负债	41		
周转材料	12			流动负债合计	42		
生产成本	13			非流动负债：			
一年内到期的非流动资产	14			长期借款	43		
其他流动资产	15			应付债券	44		
流动资产合计	16			长期应付款	45		
非流动资产：				递延所得税负债	46		
长期债券投资	17			预计负债	47		

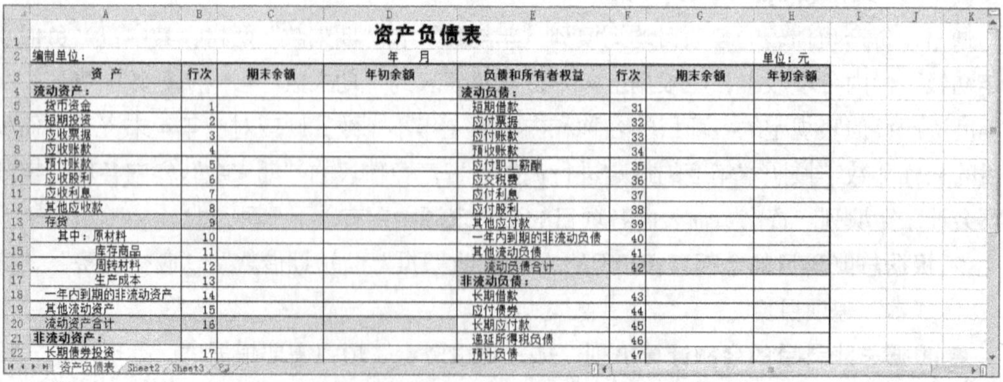

图8-2 创建并美化“资产负债表”

知识提示 用户也可在互联网中下载"资产负债表"的模板工作簿，并根据实际需要修改相关项目，完成后根据资产负债表的内容和编制方法编制所需的表格。

STEP 3 选择C13:D13单元格区域，输入公式"=SUM(C14:C17)"，完成后按【Ctrl+Enter】组合键计算出存货的期末余额和年初余额，如图8-3所示。

STEP 4 选择C20:D20单元格区域，输入公式"=SUM(C5:C13)+SUM(C18:C19)"，完成后按【Ctrl+Enter】组合键计算出流动资产的期末余额和年初余额合计，如图8-4所示。

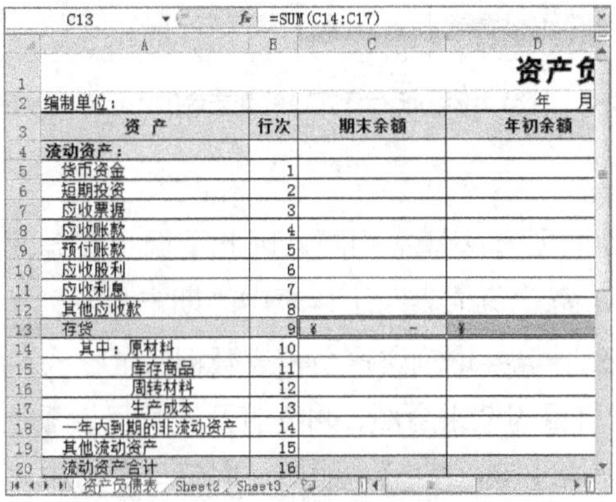

图8-3 计算存货的期末余额和年初余额 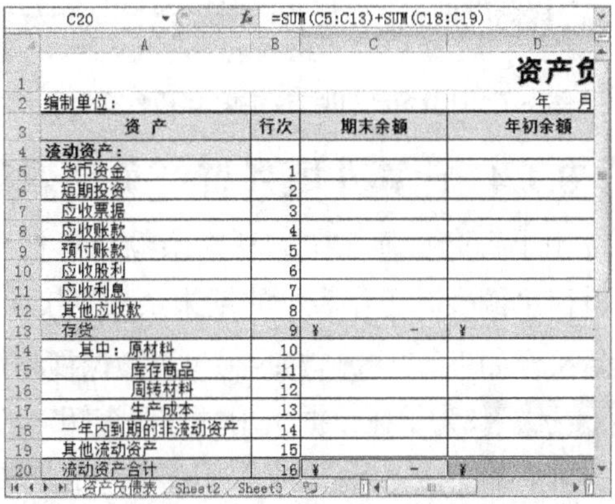　　图8-4 计算流动资产的期末余额和年初余额合计

STEP 5 选择C26:D26单元格区域，输入公式"=C24-C25"，完成后按【Ctrl+Enter】组合键计算出固定资产净值的期末余额和年初余额，如图8-5所示。

STEP 6 选择C34:D34单元格区域，输入公式"=SUM(C22:C23)+SUM(C26:C33)"，完成后按【Ctrl+Enter】组合键计算出非流动资产的期末余额和年初余额合计，如图8-6所示。

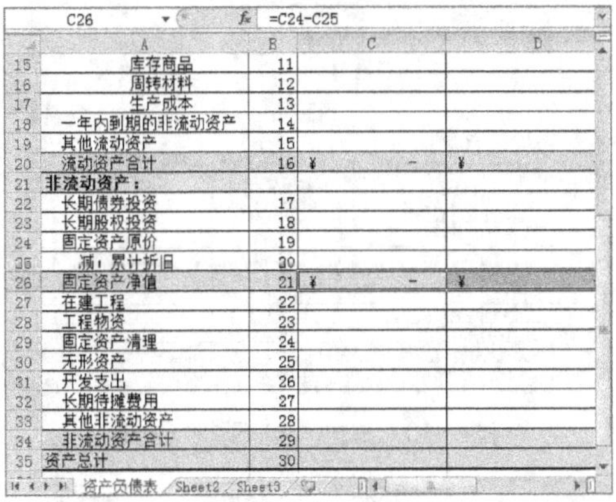

图8-5 计算固定资产净值的期末余额和年初余额 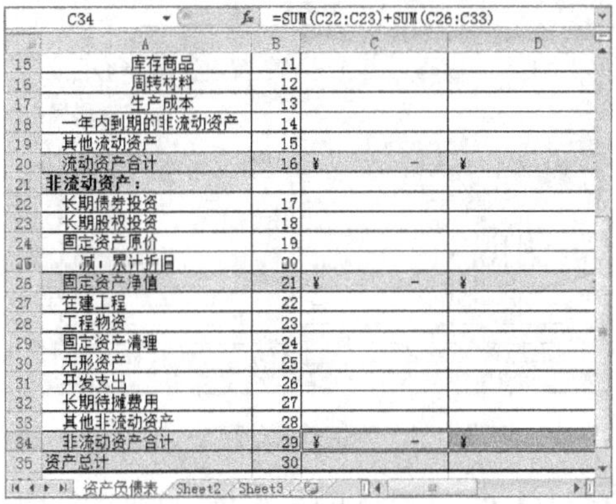　　图8-6 计算非流动资产的期末余额和年初余额合计

STEP 7 选择C35:D35单元格区域，输入公式"=C20+C34"，完成后按【Ctrl+Enter】组合键计算出资产的期末余额和年初余额合计，如图8-7所示。

STEP 8 用相同的方法输入相应的公式计算流动负债合计、非流动负债合计、负债合计、所有者权益合计，以及负债和所有者权益总计的期末余额和年初余额合计，如图8-8所示。

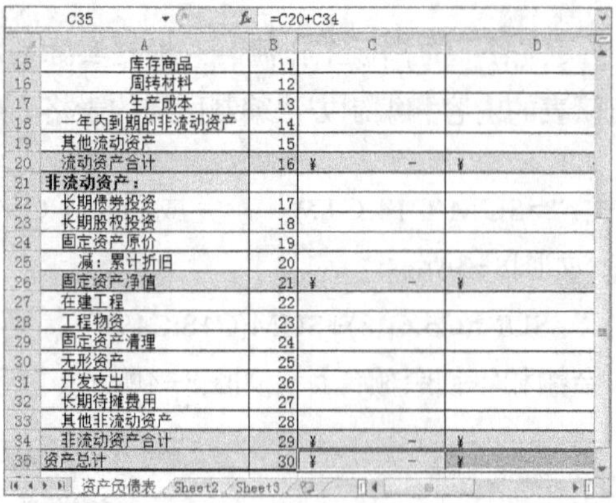

图8-7 计算资产的期末余额和年初余额合计 　　　图8-8 计算负债和所有者权益的期末余额和年初余额合计

8.1.4 计算并填列资产负债表数据

由于资产负债表中的期末余额与年初余额的填列方法基本相同，因此下面主要介绍将"科目余额表"工作表中的期末余额直接引用到"资产负债表"工作表中的期末余额列，其具体操作如下。（微课：光盘\微课视频\第8章\计算并填列资产负债表数据.swf）

STEP 1 为了在数据引用时方便查阅对应会计科目的期末余额，可先打开"科目余额表"工作簿，在"科目余额表"工作表中选择C5单元格，然后在【视图】/【窗口】组中单击"冻结窗格"按钮，在打开的下拉列表中选择"冻结拆分窗格"选项，如图8-9所示，以C5单元格为中心冻结并拆分窗格。

STEP 2 继续在【视图】/【窗口】组中单击"全部重排"按钮，如图8-10所示。

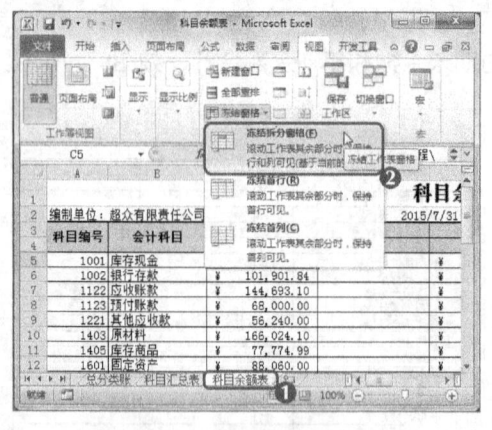

图8-9 冻结并拆分窗格

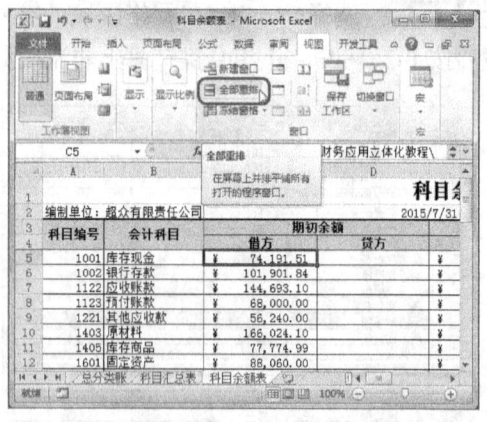

图8-10 单击"全部重排"按钮

STEP 3 在打开的"重排窗口"对话框中单击选中"垂直并排"单选项，然后单击"确定"按钮，如图8-11所示，将打开的"科目余额表"和"资产负债表"工作簿在同一窗口中垂直并排显示。

STEP 4 在"资产负债表"工作表的A2和D2单元格的相应位置输入单位名称和日期，然后选择C5单元格，输入"="，并切换到"科目余额表"工作簿的"科目余额表"工作表中选择G5单元

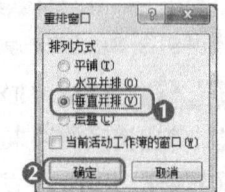

图8-11 垂直并排显示窗口

格，继续输入"+"，在"科目余额表"工作表中选择G6单元格，如图8-12所示，完成后按【Ctrl+Enter】组合键。

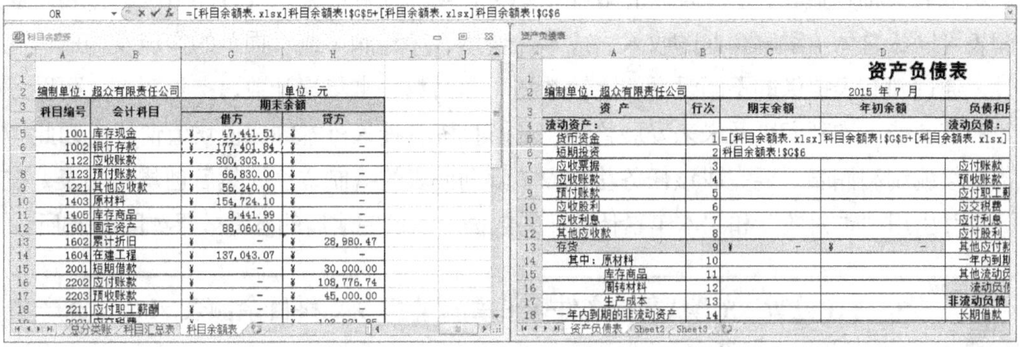

图8-12 引用并计算"货币资金"的期末余额

STEP 5 在"资产负债表"工作表中选择C8单元格，输入"="，然后切换到"科目余额表"工作表中选择G7单元格，完成后按【Ctrl+Enter】组合键，如图8-13所示。

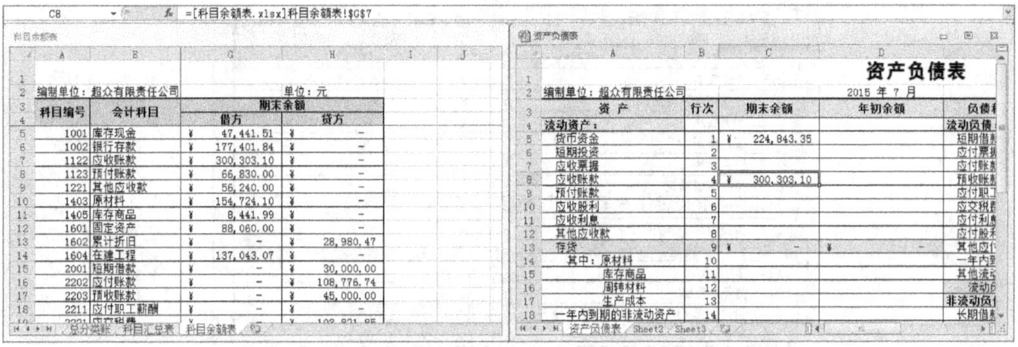

图8-13 引用"应收账款"的期末余额

STEP 6 继续将"科目余额表"工作表中的相应数据引用到"资产负债表"工作表的相应单元格中，前面输入公式的单元格将自动计算并填列相关数据。由于"制造费用"账户在期末有借方余额，因此编制资产负债表时，其余额应添加到存货项目中，否则资产负债表的数据将不平衡。资产负债表编制完成后的效果如图8-14所示。

图8-14 继续引用并计算相应的数据

8.2 编制利润表

利润表又称损益表，它是反映企业在一定会计期间经营成果及其分配情况的报表。通过利润表可以从总体上了解企业的收入、成本、费用、净利润（或亏损）的实现及构成情况，同时，通过利润表提供的不同时期的比较数据（本月数、本年累计数、上年数），可以分析企业的获利能力和利润以及未来发展趋势，了解投资者投入资本的保值增值情况。因此小白准备继续编制利润表。要完成该任务首先应了解利润表的编制方法，然后创建利润表，在其中计算并引用“本月数”和“本年累计数”的数据。本例完成后的参考效果如图8-15所示。

素材所在位置 光盘:\素材文件\第8章\课堂案例2\科目余额表.xlsx、资产负债表.xlsx

效果所在位置 光盘:\效果文件\第8章\利润表.xlsx

	A	B	C	D
1	利润表			
2	编制单位：超众有限责任公司	2015 年 7 月		单位：元
3	项 目	行次	本月数	本年累计数
4	一、营业收入	1	¥ 139,000.00	
5	减：营业成本	2	¥ 95,800.00	
6	营业税金及附加	3	¥ 1,600.00	
7	销售费用	4	¥ 12,760.00	
8	管理费用	5	¥ 7,500.00	
9	财务费用	6		
10	资产减值损失	7		
11	加：公允价值变动损益（损失以“-”号填列）	8		
12	投资收益（损失以“-”号填列）	9		
13	二、营业利润（亏损以“-”号填列）	10	¥ 21,340.00	¥ -
14	加：营业外收入	11		
15	减：营业外支出	12		
16	三、利润总额（亏损总额以“-”号填列）	13	¥ 21,340.00	¥ -
17	减：所得税费用	14	¥ 5,335.00	
18	四、净利润（净亏损以“-”号填列）	15	¥ 16,005.00	¥ -
19				

资产负债表 利润表 Sheet3

图8-15 “利润表”的最终效果

> **职业素养**
>
> 利润表与资产负债表一样，由表头、表身、表尾等部分组成，其中表身部分反映利润的构成内容，该部分是利润表的主体和核心。利润表的格式主要分为多步式和单步式，我国企业的利润表采用多步式，多步式利润表反映了构成营业利润、利润总额、净利润的各项要素的情况，有助于使用者从不同利润类别中了解企业经营成果的不同来源。

8.2.1 利润表的编制方法

利润表中各项目的数据来源主要是根据各损益类科目的发生额分析填列。其中“上期金额”栏内各项数字应根据上年利润表中“本期金额”栏内所列数字填列，如果上年利润表规定的各项目的名称和内容同本期不一致，应对上年利润表各项目的名称和数字按本期的规定进行调整，填入利润表“上期金额”栏内。“本期金额”栏内各项数字一般应根据损益类科

目的发生额分析填列，其具体填列方法如下。

- "营业收入"项目：反映企业经营主要业务和其他业务所确认的收入总额。该项目应根据"主营业务收入"和"其他业务收入"科目的发生额分析填列。
- "营业成本"项目：反映企业经营主要业务和其他业务所发生的成本总额。该项目应根据"主营业务成本"和"其他业务成本"科目的发生额分析填列。
- "营业税金及附加"项目：根据"营业税金及附加"科目的发生额分析填列。
- "销售费用"项目：根据"销售费用"科目的发生额分析填列。
- "管理费用"项目：根据"管理费用"科目的发生额分析填列。
- "财务费用"项目：根据"财务费用"科目的发生额分析填列。
- "资产减值损失"项目：根据"资产减值损失"科目的发生额分析填列。
- "公允价值变动收益"项目：根据"公允价值变动收益"科目的发生额分析填列，如为净损失，该项目以"-"号填列。
- "投资收益"项目：根据"投资收益"科目的发生额分析填列，如为投资损失，该项目以"-"号填列。
- "营业利润"项目：反映企业实现的营业利润，该项目应用公式（营业利润=营业收入-营业成本-营业税金及附加-销售费用-管理费用-财务费用-资产减值损失+公允价值变动收益（-公允价值变动损失）+投资收益（-投资损失））计算填列，如为亏损，该项目以"-"号填列。
- "营业外收入"项目：根据"营业外收入"科目的发生额分析填列。
- "营业外支出"项目：根据"营业外支出"科目的发生额分析填列。
- "利润总额"项目：反映企业实现的利润，该项目应用公式（利润总额=营业利润+营业外收入-营业外支出）计算填列，如为亏损，该项目以"-"号填列。
- "所得税费用"项目：根据"所得税费用"科目的发生额分析填列。
- "净利润"项目：反映企业实现的净利润，该项目应用公式（净利润=利润总额-所得税费用）计算填列，如为亏损，该项目以"-"号填列。

8.2.2 创建利润表框架

由于利润表与资产负债表的编制方法基本相同，因此下面首先根据多步式利润表的格式创建"利润表"框架，然后使用公式计算营业利润、利润总额、净利润项目的数据，其具体操作如下。（微课：光盘\微课视频\第8章\创建利润表框架.swf）

STEP 1 打开"资产负债表"工作簿，将其以"利润表"为名进行另存，然后将"Sheet2"工作表重命名为"利润表"，在其中输入相应的数据并设置单元格格式，完成后分别在A2和B2单元格中输入单位名称和日期，如图8-16所示。

STEP 2 在"利润表"工作表中选择C13:D13单元格区域，输入公式"=C4-C5-C6-C7-C8-C9-C10+C11+C12"，然后按【Ctrl+Enter】组合键计算出营业利润，如图8-17所示。

图8-16 创建利润表

图8-17 计算营业利润

STEP 3 选择C16:D16单元格区域,输入公式"=C13+C14-C15",然后按【Ctrl+Enter】组合键计算出利润总额,如图8-18所示。

STEP 4 选择C18:D18单元格区域,输入公式"=C16-C17",然后按【Ctrl+Enter】组合键计算出净利润,如图8-19所示。

图8-18 计算利润总额

图8-19 计算净利润

8.2.3 使用函数引用本期发生额

利润表的编制也是建立在科目余额表上,只不过收入、费用类账户是虚账户,每期没有期初和期末余额。在编制利润表时,需要根据科目余额表中本期发生额的相关会计科目进行编制。因此要填制本月数,需要建立利润表与科目余额表的链接,前面编制资产负债表时使用了直接引用,这里将使用函数引用相应单元格中的数据,其具体操作如下。(微课:光盘\微课视频\第8章\使用函数引用本期发生额.swf)

STEP 1 打开"科目余额表"工作簿,然后在"利润表"工作簿的"利润表"工作表中选择C4单元格,在【公式】/【函数库】组中单击 按钮,在打开的下拉列表中选择"VLOOKUP"选项,如图8-20所示。

STEP 2 在打开的"函数参数"对话框的"Lookup_value"文本框中输入""主营

业务收入""，在"Table_array"文本框中输入搜索区域"[科目余额表.xlsx]科目余额表!$B$5:$E$35"（也可切换到"科目余额表"工作表中选择相应的单元格区域），在"Col_index_num"文本框中输入"4"，在"Range_lookup"文本框中输入"FALSE"，完成后单击 确定 按钮，如图8-21所示。

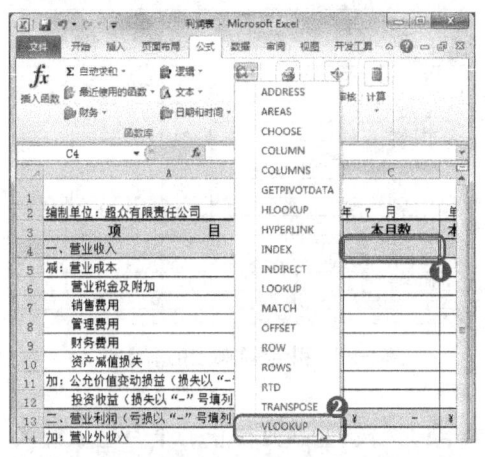

图8-20 选择"VLOOKUP"函数

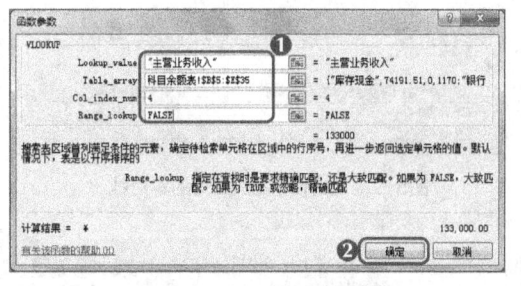

图8-21 设置函数参数

STEP 3 选择C4单元格，在编辑栏中输入公式"=VLOOKUP("主要业务收入",[科目余额表.xlsx]科目余额表!$B$5:$E$35,4,FALSE)+VLOOKUP("其他业务收入",[科目余额表.xlsx]科目余额表!$B$5:$E$35,4,FALSE]"，完成后按【Ctrl+Enter】组合键引用并计算营业收入的本月数，如图8-22所示。

STEP 4 选择C5单元格，直接输入公式"=VLOOKUP("主营业务成本",[科目余额表.xlsx]科目余额表!$B$5:$E$35,4,FALSE)+VLOOKUP("其他业务成本",[科目余额表.xlsx]科目余额表!$B$5:$E$35,4,FALSE)"，完成后按【Ctrl+Enter】组合键引用并计算营业成本的本月数，如图8-23所示。

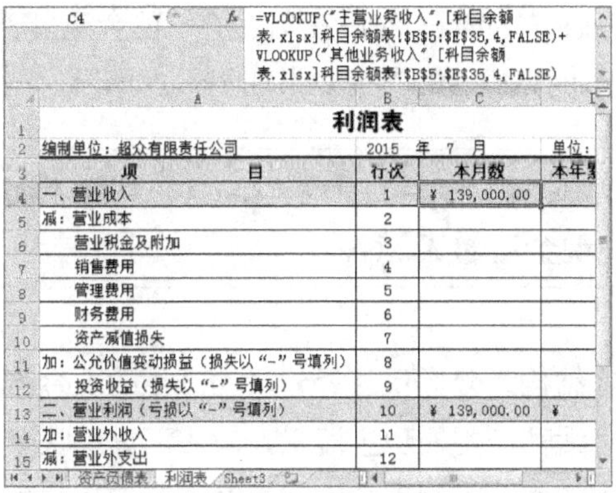

图8-22 计算营业收入的本月数 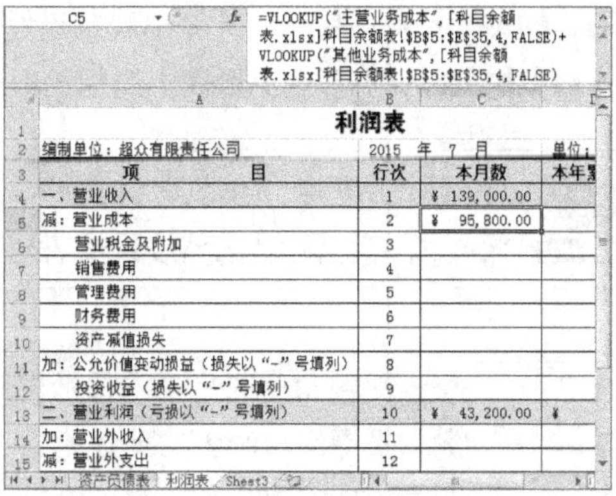　　　　图8-23 计算营业成本的本月数

STEP 5 选择C17单元格，输入公式"=VLOOKUP("所得税费用",[科目余额表.xlsx]科目余额表!$B$5:$E$35,4,FALSE)"，完成后按【Ctrl+Enter】组合键引用营业税金及附加的本月数，如图8-24所示。

STEP 6 用相同的方法依次在C7、C8、C6单元格中输入相应的公式引用销售费用、管理费用、营业税金及附加的本月数,如图8-25所示。

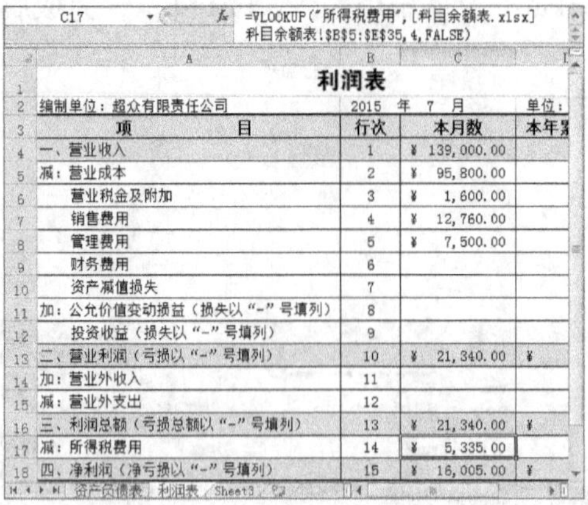

图8-24 引用所得税费用的本月数　　　　　　　图8-25 引用其他项目的本月数

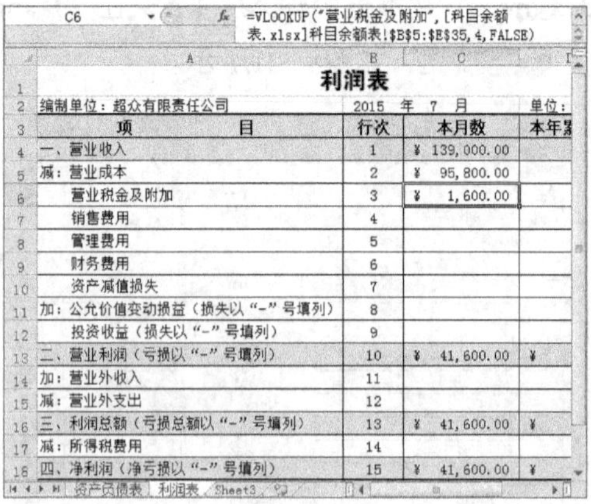

知识提示 利润表中的本年累计数是指从本年1月份起至本月份止若干月份累计实现的利润数。要得到本年累计数,只需单击"科目汇总表"工作表中月字段右侧的 按钮,在打开的下拉列表中选择"全部"选项,然后单击 确定 按钮可生成利润表的本年累计数。

8.3 编制现金流量表

为了帮助管理者了解和评价企业获取现金和现金等价物的能力,预测企业未来现金流量,小白准备采用分析填列法编制"现金流量表"。要完成该任务首先应综合分析资产负债表、利润表和有关会计科目明细账的记录(如职工薪酬、税金和投资、筹资活动,以及涉及折旧、损失等特殊项目),计算出现金流量表各项目的金额,然后在创建的"现金流量表"工作簿中输入并计算现金流量表中的相关项目。本例完成后的参考效果如图8-26所示。

素材所在位置　光盘:\素材文件\第8章\课堂案例3\科目余额表.xlsx、利润表.xlsx
效果所在位置　光盘:\效果文件\第8章\现金流量表.xlsx

职业素养 我国企业现金流量表采用报告式结构,分类反映经营活动产生的现金流量、投资活动产生的现金流量、筹资活动产生的现金流量,最后汇总反映企业某一期间现金及现金等价物的净增加额。编制现金流量表时,各项目均需填列"本期金额"和"上期金额","上期金额"栏内各项数字应根据上一期间现金流量表的"本期金额"栏进行填列。

	A	B	C
1	现金流量表		
2	编制单位：超众有限责任公司 2015年7月		单位：元
3	项目	本期金额	上期金额
4	一、经营活动产生的现金流量：		
5	销售商品、提供劳务收到的现金	¥ 51,170.00	
6	收到的税费返还		
7	收到的其他与经营活动有关的现金		
8	现金流入合计	¥ 51,170.00	¥ —
9	购买商品、接受劳务支付的现金	¥ 14,167.00	
10	支付给职工以及为职工支付的现金	¥ 27,800.00	
11	支付的各项税费	¥ 9,035.00	
12	支付的其他与经营活动有关的现金	¥ 25,327.00	
13	现金流出合计	¥ 76,329.00	¥ —
14	经营活动产生的现金净额	¥ -25,159.00	¥ —
15	二、投资活动产生的现金流量：		
16	收回投资所收到的现金		
17	取得投资收益所收到的现金		
18	处置固定资产、无形资产和其他长期资产所收回的现金净额	¥ 59,079.53	
19	收到的其他与投资活动有关的现金		
20	现金流入小计	¥ 59,079.53	¥ —
21	购建固定资产、无形资产和其他长期资产所支付的现金	¥ 2,093.00	
22	投资所支付的现金		
23	支付的其他与投资活动有关的现金		
24	现金流出小计	¥ 2,093.00	¥ —
25	投资活动产生的现金净额	¥ 56,986.53	¥ —
26	三、筹资活动产生的现金流量：		
27	吸收投资所收到的现金		
28	借款所收到的现金	¥ 30,000.00	
29	收到的其他与筹资活动有关的现金		
30	现金流入小计	¥ 30,000.00	¥ —
31	偿还债务所支付现金		
32	分配股利、利润或偿付利息所支付的现金		
33	支付的其他与筹资活动有关的现金		
34	现金流出小计	¥ 30,000.00	¥ —
35	筹资活动产生现金净额	¥ —	¥ —

图8-26 "现金流量表"的最终效果

8.3.1 现金流量表的概述

现金流量表是反映企业在一定会计期间现金和现金等价物流入和流出的报表。通过现金流量表可以为报表使用者提供企业一定会计期间内现金和现金等价物流入和流出的信息，便于使用者了解和评价企业获取现金和现金等价物的能力，据以预测企业未来现金流量。

企业产生的现金流量由经营活动产生的现金流量、投资活动产生的现金流量、筹资活动产生的现金流量3部分构成。

- **经营活动产生的现金流量**：经营活动是指企业投资活动和筹资活动以外的所有交易和事项。经营活动主要包括销售商品、提供劳务、购进商品、接受劳务、支付工资、交纳税费等流入/流出现金和现金等价物的活动或事项。
- **投资活动产生的现金流量**：投资活动是指企业长期资产的购建和不包括在现金等价物范围内的投资及其处置活动。投资活动主要包括购建固定资产、处置子公司及其他营业单位等流入/流出现金和现金等价物的活动或事项。
- **筹资活动产生的现金流量**：筹资活动是指导致企业资本及债务规模和构成发生变化的活动。筹资活动主要包括吸收投资、发行股票、分配利润、发行债券、偿还债务等流入/流出现金和现金等价物的活动或事项。偿付应付账款和应付票据等商业应付款属于经营活动，不属于筹资活动。

8.3.2 现金流量表的编制方法

编制现金流量表时，列示经营活动现金流量的方法有两种：一是直接法，二是间接法。使用直接法时，一般是以利润表中的营业收入为起算点，调节与经营活动有关项目的增减变动，然后计算出经营活动产生的现金流量。使用间接法时，将净利润调节为经营活动现金流量，实际上就是将按权责发生制原则确定的净利润调整为现金净流入，并剔除投资活动和筹资活动对现金流量的影响。

我国企业会计准则规定企业应当采用直接法编制现金流量表。采用直接法编制现金流量表时，可以采用工作底稿法或T型账户法，对于业务较简单的，也可根据有关科目记录分析填列。现金流量表中主要项目说明如图8-27所示。

	序号	相关项目	内容	依据	公式
经营活动	1	销售商品、提供劳务收到的现金	含销项税金、销售材料、代购代销业务	主营业务收入、其他业务收入、应收账款、应收票据、预收账款、现金、银行存款	主营业务收入+销项税金+其他业务收入（不含租金）+应收账款（初-末）+应收票据（初-末）+预收账款（末-初）+本期收回前期核销坏账（本年本销不考虑）-本期计提的坏账准备-本期核销坏账-现金折扣-票据贴现利息支出-视同销售的销项税金-以物抵债的减少+收到的补价
	2	收到的税金返还	返还的增值税、消费税、营业税、关税、所得税、教育费附加	主营业务税金及附加、补贴收入、应收补贴款、现金、银行存款	
	3	收到的其他与经营活动有关的现金	营业收入、个人赔偿、经营租赁收入等	主营业务收入、其他业务收入、现金、银行存款	
	4	购买商品、接受劳务支付的现金	扣除购货退回、含进项税	主营业务成本、存货、应付账款、应付票据、预付账款	主营业务成本+进项税金+其他业务支出（不含租金）+存货（末-初）+应付账款（初-末）+应付票据（初-末）+预付账款（末-初）+存货损耗+工程借用、投资、赞助的存货-收到非现金抵债的存货-成本中非物料消耗（人工、水电、折旧）-接受投资、捐赠的存货-视同购货的进项税+支付的补价
	5	支付给职工以及为职工支付的现金	支付给职工的工资、奖金、津贴、劳保费、社会保险、住房公积金、其他福利费（不含离退休人员）	应付工资、应付福利费、现金、银行存款	成本、制造费用、管理费用中工资及福利费+应付工资减少（初-末）+应付福利费减少（初-末）
	6	支付的各项税费	本期实际缴纳的增值税、消费税、营业税、关税、所得税、教育费附加、矿产资源补偿费、"四税"等各税费（含属于前期、本期、后期，不含计入资产的耕地占用税）	应交税金、管理费用（印花税）、现金、银行存款	所得税+主营业务税金及附加+已交增值税等
	7	支付的其他与经营活动有关的现金	罚款支出、差旅费、业务招待费、保险支出、经营租赁支出	制造费用、营业费用、管理费用、营业外支出	
投资活动	1	收回投资所收到的现金	短期股权、短期债权、长期股权、长期债权本金（不含长债息、非现金资产）	短期投资、长期股权投资、长期债权投资、现金、银行存款	
	2	取得股利或利润所收到的现金	收到的股利、利息、利润（不含股票股利）	投资收益、银行存款	
	3	处置固定资产、无形资产和其他长期资产所收回的现金净额	处置固定资产、无形资产、其他长期资产收到的现金，减去处置费用后的净额，包括保险赔偿	固定资产清理、现金、银行存款	
	4	收到的其他与投资活动有关的现金	收回购买时宣告未付的股利及利息	应收股利、应收利息、现金、银行存款	
	5	购建固定资产、无形资产和其他长期资产所支付的现金	分期购建资产首期付款（不含以后期付款、利息资本化部分、融资租入资产租赁费，在筹资活动中）	固定资产、在建工程、无形资产	
	6	投资所支付的现金	进行股权性投资、债权投资支付的本金及佣金、手续费等附加费	短期投资、长期股权投资、长期债权投资、现金、银行存款	
	7	支付的其他与投资活动有关的现金	支付购买时宣告未付的股利及利息	应收股利、应收利息	
筹资活动	1	吸收投资所收到的现金	发行股票、发行债券收入净值（扣除发行费用，不含企业直接支付的审计、咨询费用）	实收资本、应付债券、现金、银行存款	
	2	借款所收到的现金	借入各种短期借款、长期借款收到的现金	短期借款、长期借款、现金、银行存款	
	3	收到的其他与筹资活动有关的现金	接受现金捐赠等	资本公积、现金、银行存款	
	4	偿还债务所支付现金	偿还借款本金、债券本金（不含利息）	短期借款、长期借款、应付债券、现金、银行存款	
	5	分配股利、利润或偿付利息所支付的现金	支付给其他单位的股利、利息、利润	应付利润、应付利息、现金、财务费用、银行存款	
	6	支付的其他与筹资活动有关的现金	捐赠支出、融资租赁支出、企业直接支付的发行股票债券的审计、咨询等费用		

图8-27　现金流量表中主要项目说明

8.3.3 创建现金流量表框架

下面首先创建"现金流量表"工作簿，然后输入相应的公式计算现金流量表中的相应项目，其具体操作如下。（🎬微课：光盘\微课视频\第8章\创建现金流量表框架.swf）

STEP 1 打开"利润表"工作簿，将其以"现金流量表"为名进行另存，然后将"Sheet3"工作表重命名为"现金流量表"，在"现金流量表"工作表中输入相应的数据并设置单元格格式，如图8-28所示。

STEP 2 在B8:C8、B13:C13、B20:C20、B24:C24、B30:C30、B34:C34单元格区域中分别使用SUM函数计算"经营活动""投资活动""筹资活动"中的现金流入和现金流出合计，如图8-29所示。

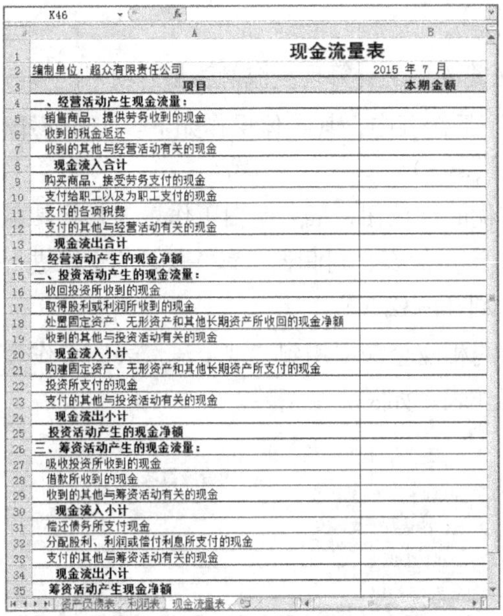

图8-28 创建"现金流量表"　　　　图8-29 计算现金流入与现金流出合计

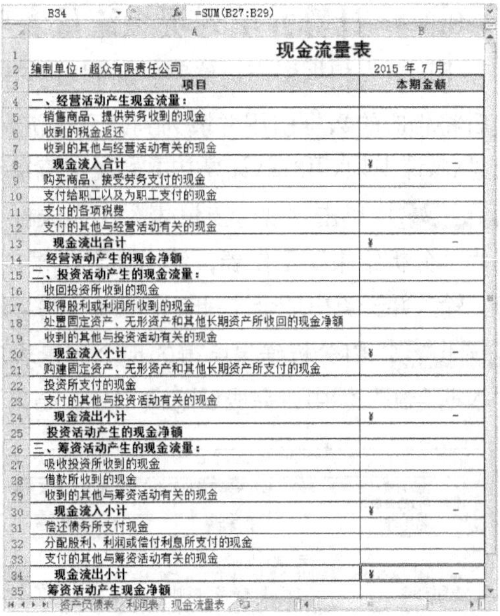

STEP 3 在B14:C14、B25:C25、B35:C35单元格区域中根据公式"产生现金净额=现金流入合计-现金流出合计"分别计算"经营活动""投资活动""筹资活动"中产生的现金净额，如图8-30所示。

STEP 4 在B4:C4单元格区域根据公式"现金及现金等价物增加额=经营活动产生现金净额+投资活动产生现金净额+筹资活动产生现金净额"计算现金及现金等价物增加额，如图8-31所示。

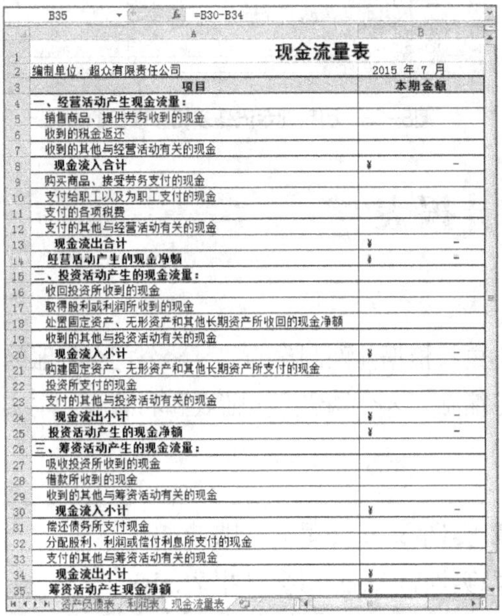

图8-30 计算产生的现金净额　　　　图8-31 计算现金及现金等价物增加额

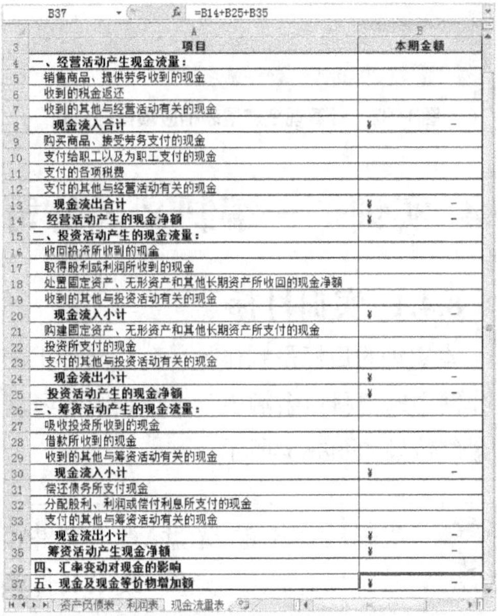

8.3.4 计算并填列现金流量表项目

下面首先根据资产负债表、利润表、有关账簿的记录计算现金流量表相应项目的金额，然后将相应的数据引用并填列到“现金流量表”工作表中，其具体操作如下。（微课：光盘\微课视频\第8章\计算并填列现金流量表项目.swf）

STEP 1 单击“现金流量表”工作表标签右侧的按钮，插入空白工作表，并将其重命名为“分析结果”工作表，然后在其中根据对资产负债表、利润表、有关账簿的记录进行分析，输入并计算出现金流量表相应项目的金额，如图8-32所示。

STEP 2 将分析结果所得的现金流量表项目的相应金额引用到“现金流量表”工作表的“本期金额”栏中，完成后隐藏“分析结果”工作表，如图8-33所示。

根据对资产负债表、利润表和有关账簿的记录进行分析，计算现金流量表相应项目的金额：

相关项目	数据来源	所得金额
销售商品、提供劳务收到的现金	主营业务收入为133000元，销项税金为22780元，其他业务收入为6000元，应收账款期初余额为144693.10，本期发生额为155610元，期末余额为300303.10元，预收账款期初余额为0，期末余额为45000元	¥ 51,170.00
购买商品、接受劳务支付的现金	主营业务成本为95000元，进项税金为170元，其他业务成本为800元，存货期初余额为438796.59，期末余额为358163.59元，预付账款期初余额为68000，期末余额为66830元	¥ 14,167.00
支付给职工以及为职工支付的现金	应付职工薪酬为27800元	¥ 27,800.00
支付的各项税费	应交所得税为5335，营业税金及附加为1600元，应交消费税为1600元，应交车船税为500元	¥ 9,035.00
支付的其他与经营活动有关的现金	销售费用为12760元，管理费用为7500元，制造费用为5067元	¥ 25,327.00
处置固定资产、无形资产和其他长期资产所收回的现金净额	固定资产净值为59079.53元	¥ 59,079.53
购建固定资产、无形资产和其他长期资产所支付的现金	在建工程为2093元	¥ 2,093.00
借款所收到的现金	短期借款为30000元	¥ 30,000.00

图8-32 计算现金流量表相应项目的金额

现金流量表

编制单位：超众有限责任公司　　2015 年 7 月

项目	本期金额
一、经营活动产生现金流量：	
销售商品、提供劳务收到的现金	¥ 51,170.00
收到的税金返还	
收到的其他与经营活动有关的现金	
现金流入合计	¥ 51,170.00
购买商品、接受劳务支付的现金	¥ 14,167.00
支付给职工以及为职工支付的现金	¥ 27,800.00
支付的各项税费	¥ 9,035.00
支付的其他与经营活动有关的现金	¥ 25,327.00
现金流出合计	¥ 76,329.00
经营活动产生的现金净额	¥ -25,159.00
二、投资活动产生的现金流量：	
收回投资所收到的现金	
取得股利或利润所收到的现金	
处置固定资产、无形资产和其他长期资产所收回的现金净额	¥ 59,079.53
收到的其他与投资活动有关的现金	
现金流入小计	¥ 59,079.53
购建固定资产、无形资产和其他长期资产所支付的现金	¥ 2,093.00
投资所支付的现金	
支付的其他与投资活动有关的现金	
现金流出小计	¥ 2,093.00
投资活动产生的现金净额	¥ 56,986.53
三、筹资活动产生的现金流量：	
吸收投资所收到的现金	
借款所收到的现金	¥ 30,000.00
收到的其他与筹资活动有关的现金	
现金流入小计	¥ 30,000.00
偿还债务所支付现金	
分配股利、利润或偿付利息所支付的现金	
支付的其他与筹资活动有关的现金	
现金流出小计	¥ 30,000.00
筹资活动产生现金净额	¥ -

图8-33 引用现金流量表相应项目的金额

8.4 实训——编制××公司会计报表

8.4.1 实训目标

本实训的目标是制作××公司会计报表。小白将根据前面制作的“××公司会计账簿”工作簿中的“科目余额表”工作表中的经济业务编制××公司资产负债表和利润表。本实训的最终效果如图8-34所示。

素材所在位置 光盘:\素材文件\第8章\实训\××公司会计账簿.xlsx
效果所在位置 光盘:\效果文件\第8章\实训\××公司会计报表.xlsx

图8-34 "XX公司会计报表"的最终效果

职业素养　企业编制的会计报表，应根据真实的交易、事项及完整、准确的账簿记录等资料，严格遵循国家会计制度规定的编制基础、编制依据、编制原则、编制方法。编制的会计报表应当真实可靠、相关可比、全面完整、编报及时、便于理解，并符合国家统一会计制度和会计准则的相关规定。

8.4.2 专业背景

会计报表是指综合反映企业资产、负债、所有者权益的情况，以及一定时期的经营成果和财务状况变动的书面文件。它是会计人员根据日常会计核算资料定期进行收集、加工、整理、汇总而形成的结果，是会计核算的最终成果。

每个会计期末，企业必须根据账簿上记录的资料，按照规定的报表格式、内容和编制方法，做进一步的归集、加工、汇总，编制成相应的会计报表，全面、综合地反映企业的财务状况、经营成果、现金流量情况，为财务会计报告使用者提供与企业财务状况、经营成果、现金流量等有关的会计信息。会计报表的作用主要体现在以下几个方面。

● 会计报表是企业内部加强和改善经营管理的重要依据。
● 会计报表向与企业有经济利益关系的外部单位和个人提供企业财务状况、经营成果、资金流转等信息，并据以作为决策的重要依据。
● 会计报表是国家经济管理部门进行宏观调控和管理的信息源。

会计报表由主表及相关附表组成，其中主表包括资产负债表、利润表、现金流量表，附表包括资产减值准备明细表和利润分配表等。主表与附表之间存在着密切联系，从不同的角度说明企业的财务状况、经营成果、现金流量情况，附表是对主表的进一步补充。

8.4.3 操作思路

完成本实训需要先在"××公司会计报表"工作簿中创建资产负债表和利润表的框架，然后使用公式或函数计算并引用相应科目的数据，其操作思路如图8-35所示。

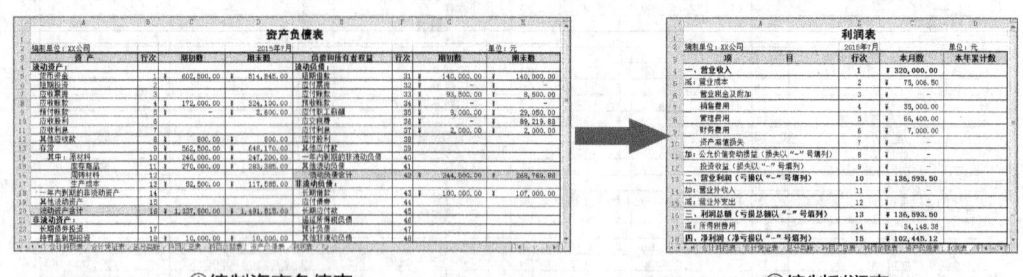

①编制资产负债表　　　　　　　　　　　②编制利润表

图8-35　XX公司会计报表的制作思路

【步骤提示】

STEP 1　打开"××公司会计账簿"工作簿，将其以"××公司会计报表"为名进行另存，然后在已有工作表之后插入两个空白工作表，分别将其重命名为"资产负债表"和"利润表"，完成后输入相应的数据并设置单元格格式。

STEP 2　在"资产负债表"工作表的相应单元格中引用并计算"××公司会计账簿"工作簿中的"科目余额表"工作表中的相应数据，然后计算流动资产、非流动资产、流动负债、非流动负债、负债、所有者权益，以及资产、负债和所有者权益的合计数据，完成后查看资产总计、负债、所有者权益总计数据是否平衡，否则需要逐项进行检查和验证。

STEP 3　在"利润表"工作表的相应单元格中引用并计算"××公司会计账簿"工作簿中的"科目余额表"工作表中的相应数据，然后继续计算营业利润、利润总额、净利润数据。

8.5　疑难解析

问：在资产负债表中，如何填列"未分配利润"项目？

答：未分配利润是企业未作分配的利润。它在以后年度可继续进行分配，在未进行分配之前，属于所有者权益的组成部分。未分配利润=本年利润+利润分配（未弥补的亏损，在本项目内以"-"号填列）

问：利润分配表有什么作用？

答：利润分配表是利润表的附表，反映企业一定会计期间对实现净利润的分配或亏损补充的会计报表，说明利润表中反映的净利润的分配去向。利润分配表中的每项内容通常分为"本年实际"和"上年实际"两栏进行填列："本年实际"数据来源于本年最后一个月的利润表和利润分配科目及所属明细科目的记录分析表；"上年实际"数据来源于上年"利润分配表"的"年末余额"，若上年与本年利润分配表项目的名称和内容不同，应对上年度利润分配表项目的名称和数据按本年度的规定进行调整，并将调整后的数据输入到本年"利润分配表"的"上年实际"中。

问：如何采用工作底稿法编制现金流量表?

答：采用工作底稿法编制现金流量表，就是以工作底稿为手段，以利润表和资产负债表数据为基础，结合有关科目的记录，对现金流量表的每一项目进行分析并编制调整分录，从而编制出现金流量表。采用工作底稿法编制现金流量表的步骤为：第一步，将资产负债表的期初数和期末数计入工作底稿的期初数和期末数；第二步，对当期业务进行分析并编制调整分录，在调整分录中，有关现金和现金等价物的事项，并不直接借记或贷记现金，而是分别记入“经营活动产生的现金流量”“投资活动产生的现金流量”“筹资活动产生的现金流量”等项目，借记表明现金流入，贷记表明现金流出；第三步，将调整分录计入工作底稿中的相应部分；第四步，核对调整分录，借贷合计应当相等，资产负债表项目期初数加减调整分录中的借贷金额以后，应当等于期末数；第五步，根据工作底稿中的现金流量表项目部分编制正式的现金流量表。

8.6 习题

本章主要介绍了使用Excel建立资产负债表、利润表、现金流量表的方法，主要用到的Excel知识有：根据相应的公式引用、计算并填列数据，读者应加强该部分内容的练习与应用。

素材所在位置 **光盘:\素材文件\第8章\习题\兴成公司会计账簿.xlsx**
效果所在位置 **光盘:\效果文件\第8章\习题\兴成公司会计报表.xlsx**

根据提供的“兴成公司会计账簿”工作簿中发生的经济业务编制兴成公司的资产负债表和利润表，完成后的效果如图8-36所示。

- 创建“资产负债表”工作表，输入相应的数据并设置单元格格式，然后在“资产负债表”工作表的相应单元格中引用并计算“兴成公司会计账簿”工作簿中的相应数据，完成后计算相应的合计金额。
- 创建“利润表”工作表，输入相应的数据并设置单元格格式，然后在“利润表”工作表的相应单元格中引用并计算“兴成公司会计账簿”工作簿中的相应数据，完成后计算营业利润、利润总额、净利润数据。

利润表

编制单位：兴成公司　2015年7月　单位：元

项目	行次	本月数	本年累计数
一、营业收入	1	¥ 227,600.00	
减：营业成本	2	¥ 140,322.40	
营业税金及附加	3	¥ 17,000.00	
销售费用	4	¥ 2,000.00	
管理费用	5	¥ 31,002.00	
财务费用	6	¥ 1,060.00	
资产减值损失	7	¥ 3,897.96	
加：公允价值变动损益（损失以“-”号填列）	8	¥ -	
投资收益（损失以“-”号填列）	9	¥ -	
二、营业利润（亏损以“-”号填列）	10	¥ 32,317.64	
加：营业外收入	11	¥ 12,000.00	
减：营业外支出	12	¥ 1,872.00	
三、利润总额（亏损总额以“-”号填列）	13	¥ 42,445.64	
减：所得税费用	14	¥ 11,321.91	
四、净利润（净亏损以“-”号填列）	15	¥ 31,123.73	

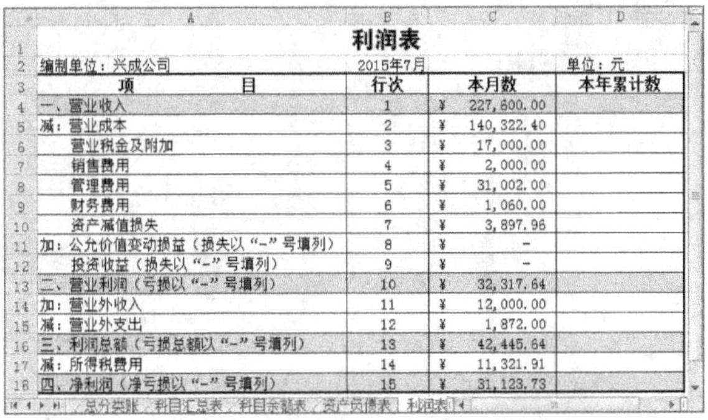

图8-36 “兴成公司会计报表”的最终效果

课后拓展知识

在 Excel 中使用超链接功能可以在工作表中设置相应的数据或图片，然后通过单击数据或图片切换到所需的工作表中。使用该功能，不仅可以提高工作效率，而且操作方便，可以帮助用户在多个工作表中快速切换到所需的工作表。创建超链接的具体操作如下。

STEP 1 选择要创建超链接的工作表，在【插入】/【链接】组中单击"超链接"按钮，如图8-37所示，或在要创建超链接的单元格上单击鼠标右键，在弹出的快捷菜单中选择"超链接"命令。

STEP 2 在打开的"插入超链接"对话框的"链接到"栏中选择需要链接的位置，在右侧的"查找范围"下拉列表中选择链接的文件地址，在其下的列表框中选择链接的文件或工作表中的单元格，或新建文档，在"要显示的文字"文本框中输入要用于表示超链接的文字，如图8-38所示。

图8-37 单击"超链接"按钮

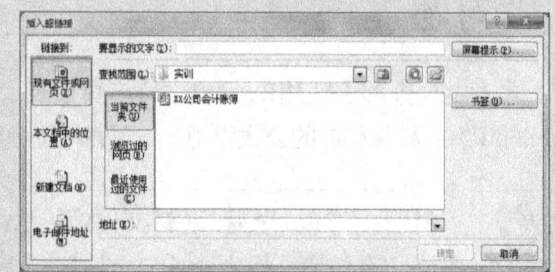
图8-38 创建超链接

STEP 3 如果需要创建书签超链接，可单击 书签(O)... 按钮，在打开的"在文档中选择位置"对话框的"或在此文档中选择一个位置"列表框中展开"单元格引用"目录，在其下选择所需的工作表，然后在"请键入单元格引用"文本框中输入要链接到该表格中的单元格地址，如图8-39所示，然后单击 确定 按钮，返回"插入超链接"对话框，选择的单元格的绝对地址将自动填入该对话框底部的"地址"下拉列表框中。

STEP 4 如果需要当鼠标光标悬停在超链接上时显示信息，可单击 屏幕提示(T)... 按钮，在打开的"设置超链接屏幕提示"对话框的"屏幕提示文字"文本框中输入所需的文字，如图8-40所示，完成后依次单击 确定 按钮即可在所选工作表的单元格中创建超链接到另一工作表的相应单元格。

图8-39 创建书签超链接

图8-40 设置超链接屏幕提示

第9章 分析会计报表

情景导入

采用财务分析方法可对主要会计报表即资产负债表、利润表、现金流量表进行分析，小白决定结合三大会计报表分析企业当前财务状况。

知识技能目标

- 巩固单元格的引用、使用公式与函数计算数据的操作方法。
- 巩固使用不同类型的图表分析数据的操作方法。

- 能够使用Excel进行财务状况及变化分析。
- 了解相关财务比率，如偿债能力、盈利能力等，并使用Excel对三大会计报表进行综合分析。

课堂案例展示

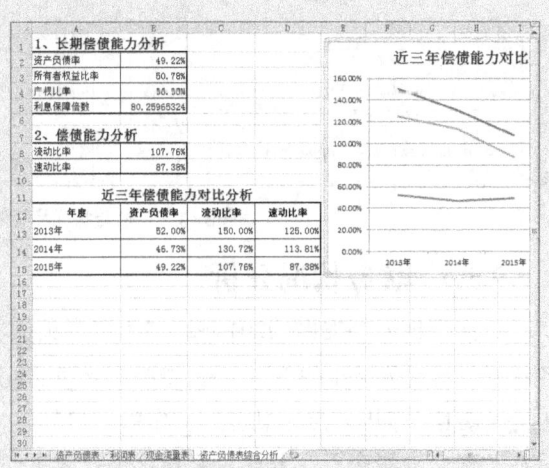

"财务状况及变化分析"的表格效果　　"资产负债表综合分析"的表格效果

9.1 财务状况及变化分析

财务分析是以企业的财务报表和其他相关资料为依据，采用专门的分析技术和方法，对企业过去和现在有关筹资活动、投资活动、经营活动、分配活动的盈利能力、营运能力、偿债能力、增长能力状况等进行分析与评价。它可以帮助企业的投资者、债权人、经营者及其他关心企业的组织或个人了解企业过去、评价企业现状、预测企业未来，做出正确决策并提供准确的信息或依据。因此，小白希望老张帮助他完成三大会计报表的财务状况及变化分析。要完成该任务应将资产负债表和利润表中的相关数据引用到"财务状况及变化分析"工作表中，然后使用公式计算相应的数据，并使用图表更直观地显示分析结果。本例完成后的参考效果如图9-1所示。

素材所在位置　光盘:\素材文件\第9章\课堂案例1\会计报表.xlsx
效果所在位置　光盘:\效果文件\第9章\财务状况及变化分析.xlsx

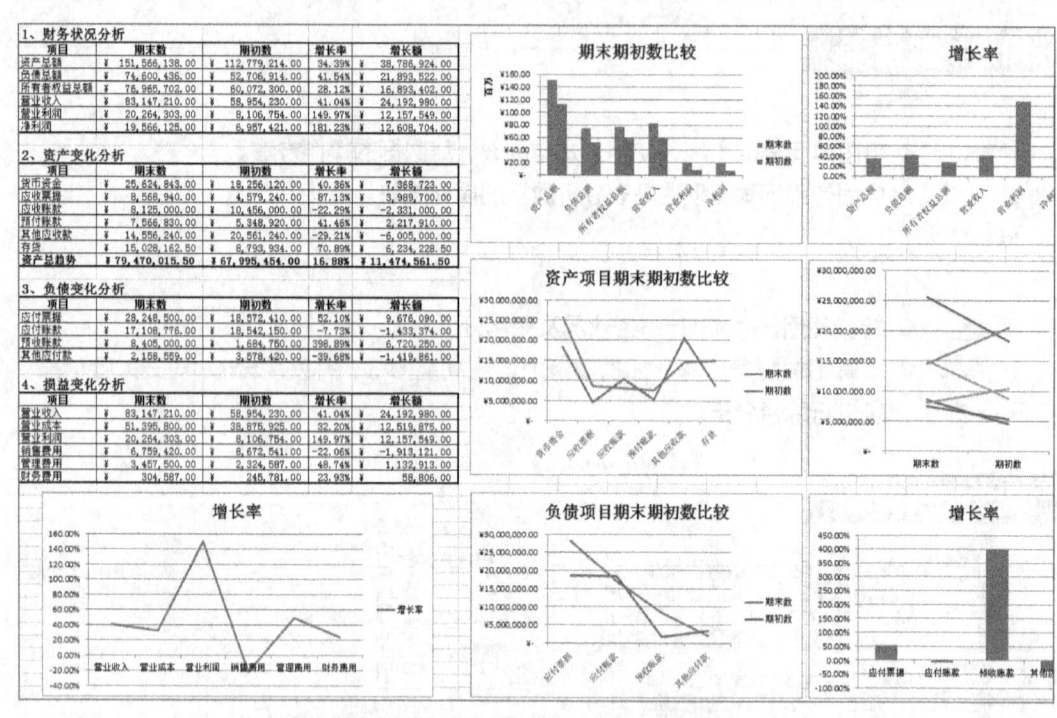

图9-1 "财务状况及变化分析"的最终效果

9.1.1 财务状况分析

下面根据公司提供的2014~2015年资产负债表和利润表的相应数据分析该企业目前的财务状况，其具体操作如下。（微课：光盘\微课视频\第9章\财务状况分析.swf）

STEP 1 打开"会计报表"工作簿，将其以"财务状况及变化分析"为名进行另存，然后在"现金流量表"工作表之后插入一个空白工作表，将其重命名为"财务状况及变化分析"，在其中输入相应的数据并设置单元格格式，如图9-2所示。

STEP 2 在"财务状况及变化分析"工作表的B3单元格中输入"=",然后切换到"资产负债表"工作表中选择C35单元格,完成后按【Ctrl+Enter】组合键引用资产合计的期末数,如图9-3所示。使用相同的方法分别在"资产负债表"和"利润表"工作表中引用其他项目的期末数和期初数。

图9-2 输入并设置数据格式

图9-3 引用数据

STEP 3 选择E3:E8单元格区域,输入公式"=B3-C3",完成后按【Ctrl+Enter】组合键计算出相应项目的增长额,如图9-4所示。

STEP 4 选择D3:D8单元格区域,输入公式"=E3/C3",完成后按【Ctrl+Enter】组合键计算出相应项目的增长率,如图9-5所示。

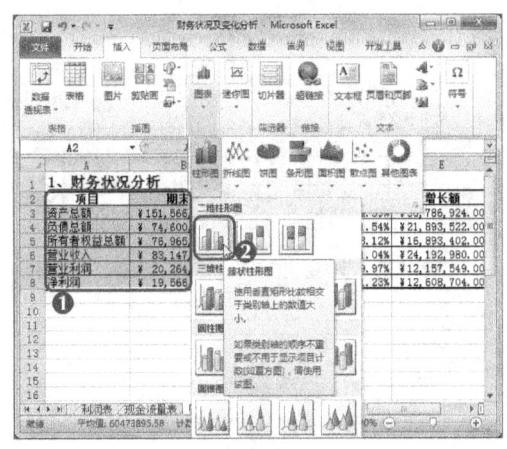

图9-4 计算增长额

图9-5 计算增长率

STEP 5 选择A2:C8单元格区域,在【插入】/【图表】组中单击"柱形图"按钮,在打开的下拉列表中选择"簇状柱形图"选项,如图9-6所示,创建出所需的图表。

STEP 6 移动图表到数据区域的右侧,然后添加图表标题为"期末期初数比较",如图9-7所示。

图9-6 选择图表类型

图9-7 添加图表标题

STEP 7 由于纵坐标轴上数据太大，因此可双击纵坐标轴，在打开的“设置坐标轴格式”对话框中单击“坐标轴选项”选项卡，在“显示单位”下拉列表中选择“百万”选项，完成后单击 关闭 按钮，如图9-8所示。

STEP 8 继续在工作表中选择A2:A8和D2:D8单元格区域为数据区域，创建“簇状柱形图”图表，完成后根据需要设置图表格式，如图9-9所示。

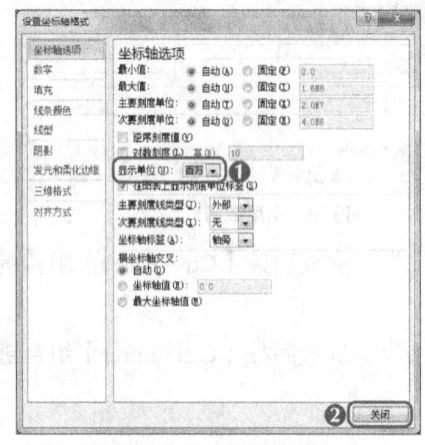

图9-8 修改纵坐标轴显示单位

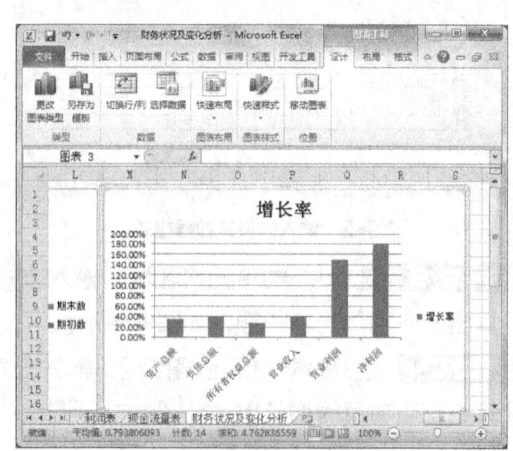

图9-9 继续创建并编辑图表

9.1.2 资产变化分析

资产变化分析主要涉及的项目有货币资金、应收票据、应收账款、其他应收款、预付账款、存货等项目。下面分析相应的资产科目，其具体操作如下。（微课：光盘\微课视频\第9章\资产变化分析.swf）

STEP 1 在“财务状况及变化分析”工作表的A10:E18单元格区域中输入相应的数据并设置单元格格式，如图9-10所示。

STEP 2 在“财务状况及变化分析”工作表的B12单元格中输入“=”，然后切换到“资产负债表”工作表中选择C5单元格，完成后按【Ctrl+Enter】组合键引用货币资金的期末数，如图9-11所示。使用相同的方法分别在“资产负债表”工作表中引用其他项目的期末数和期初数。

1、财务状况分析

项目	期末数	期初数	增长率	增长额
资产总额	¥ 151,566,138.00	¥ 112,779,214.00	34.39%	¥ 38,786,
负债总额	¥ 74,600,436.00	¥ 52,706,914.00	41.54%	¥ 21,893,
所有者权益总额	¥ 76,965,702.00	¥ 60,072,300.00	28.12%	¥ 16,893,
营业收入	¥ 83,147,210.00	¥ 58,954,230.00	41.04%	¥ 24,192,
营业利润	¥ 20,264,303.00	¥ 8,106,754.00	149.97%	¥ 12,157,
净利润	¥ 19,566,125.00	¥ 6,957,421.00	181.23%	¥ 12,608,

2、资产变化分析

项目	期末数	期初数	增长率	增长额
货币资金				
应收票据				
应收账款				
预付账款				
其他应收款				
存货				
资产总趋势				

图9-10 输入并设置数据格式

B12 =资产负债表!C5

1、财务状况分析

项目	期末数	期初数	增长率	增长额
资产总额	¥ 151,566,138.00	¥ 112,779,214.00	34.39%	¥ 38,786,
负债总额	¥ 74,600,436.00	¥ 52,706,914.00	41.54%	¥ 21,893,
所有者权益总额	¥ 76,965,702.00	¥ 60,072,300.00	28.12%	¥ 16,893,
营业收入	¥ 83,147,210.00	¥ 58,954,230.00	41.04%	¥ 24,192,
营业利润	¥ 20,264,303.00	¥ 8,106,754.00	149.97%	¥ 12,157,
净利润	¥ 19,566,125.00	¥ 6,957,421.00	181.23%	¥ 12,608,

2、资产变化分析

项目	期末数	期初数	增长率	增长额
货币资金	¥ 25,624,843.00			
应收票据				
应收账款				
预付账款				
其他应收款				
存货				
资产总趋势				

图9-11 引用数据

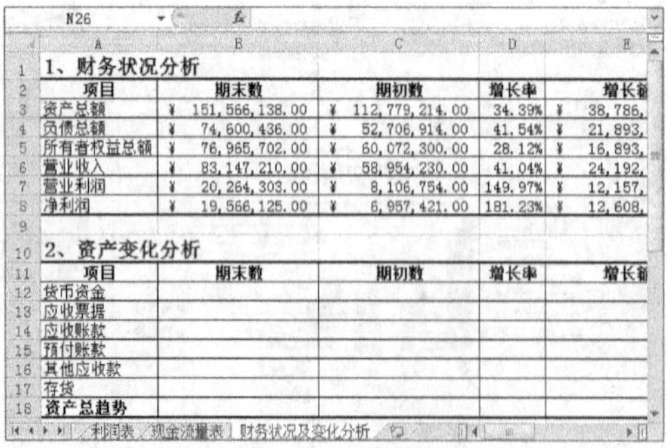

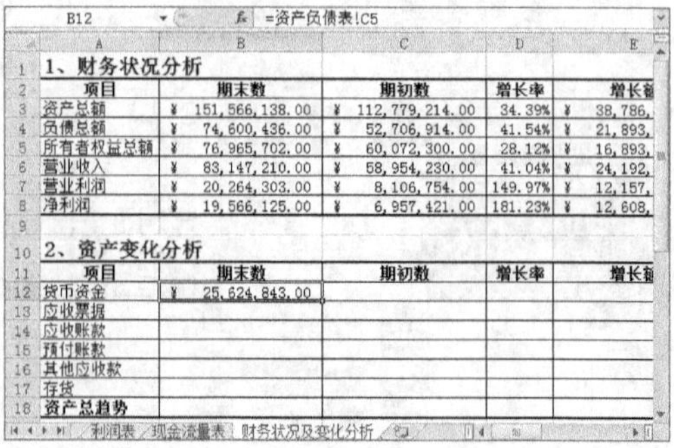

STEP 3 选择B18:C18单元格区域，在【开始】/【编辑】组中单击"求和"按钮Σ快速计算出资产期末和期初合计数，如图9-12所示。

STEP 4 在E12:E18单元格区域中输入公式"=B12-C12"，在D12:D18单元格区域中输入公式"=E12/C12"，完成后按【Ctrl+Enter】组合键分别计算出相应项目的增长额和增长率，如图9-13所示。

图9-12 计算资产期末和期初合计数　　　　图9-13 计算增长额和增长率

STEP 5 选择A11:C17单元格区域，在【插入】/【图表】组中单击"折线图"按钮，在打开的下拉列表中选择"折线图"选项，创建出所需的图表，完成后移动图表到数据区域的右侧，并添加图表标题为"资产项目期末期初数比较"，如图9-14所示。

STEP 6 继续选择A11:C17单元格区域为数据区域，创建"折线图"图表，然后在图表工具的【设计】/【数据】组中单击"切换行/列"按钮切换XY坐标轴上的数据，完成后移动图表位置，如图9-15所示。

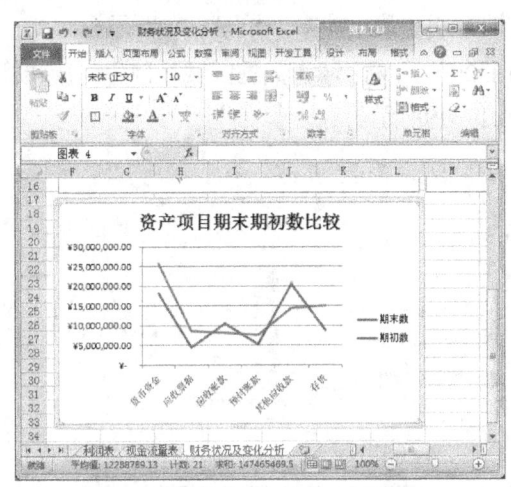
图9-14 系列产生在列的图表效果

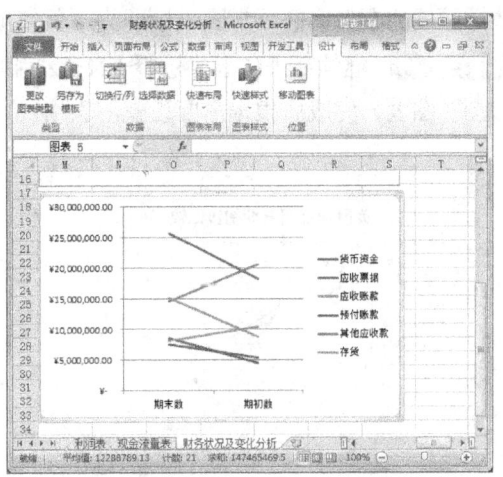
图9-15 系列产生在行的图表效果

知识提示 选择相同的数据区域，但系列产生的方向不同，所得的分析结果也不相同，从图9-14中可以直观地比较各项目的期末和期初数，而图9-15中可以直观地反映各项目的变动趋势。

9.1.3 负债变化分析

负债变化分析主要涉及的项目有应付票据、应付账款、其他应付款、预收账款等项目。下面分析相应的负债科目，其具体操作如下。（ 微课：光盘\微课视频\第9章\负债变化分析.swf）

STEP 1 在"财务状况及变化分析"工作表的A20:E25单元格区域中输入相应的数据并设置单元格格式，然后在"资产负债表"工作表中引用相应项目的期末数和期初数，如图9-16所示。

STEP 2 在E22:E25单元格区域中输入公式"=B22-C22"，在D22:D25单元格区域中输入公式"=E22/C22"，完成后按【Ctrl+Enter】组合键分别计算出相应项目的增长额和增长率，如图9-17所示。

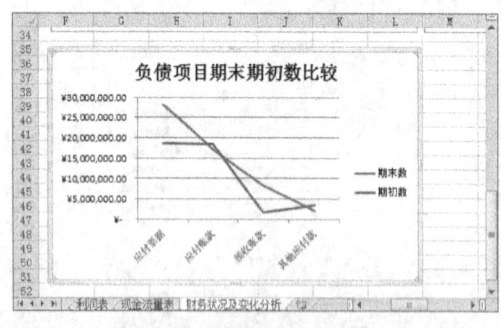
图9-16 引用数据

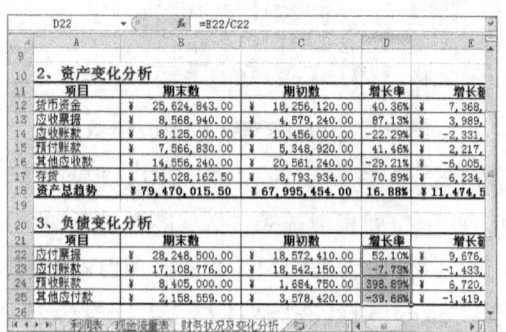
图9-17 计算增长额和增长率

STEP 3 选择A21:C25单元格区域为数据区域，创建"折线图"图表，完成后移动图表到数据区域的右侧，并添加图表标题为"负债项目期末期初数比较"，如图9-18所示。

STEP 4 继续在工作表中选择A21:A25和D21:D25单元格区域为数据区域，创建"簇状柱形图"图表，完成后根据需要设置图表格式，如图9-19所示。

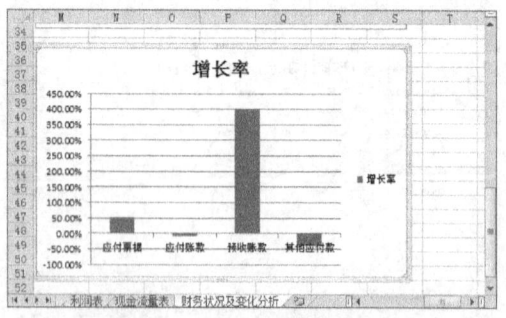

图9-18 创建并编辑图表　　　　图9-19 继续创建并编辑图表

知识提示 从分析结果可以得出结论：预收账款期末余额较期初余额大幅度增加，说明企业的产品呈热销状况；应付账款和其他应付款与期初相比呈下降趋势，说明该年度企业逐步还清了一些应付债务。

9.1.4 损益变化分析

损益变化分析主要涉及的项目有营业收入、营业成本、营业利润、销售费用、管理费用、财务费用等项目。下面分析相应的损益科目，其具体操作如下。（微课：光盘\微课视频\第9章\损益变化分析.swf）

STEP 1 在"财务状况及变化分析"工作表的A27:E34单元格区域中输入相应的数据并设置单元格格式，然后在"利润表"工作表中引用相应项目的期末数和期初数，如图9-20所示。

STEP 2 在E29:E34单元格区域中输入公式"=B29-C29"，在D29:D34单元格区域中输入公式"=E29/C29"，完成后按【Ctrl+Enter】组合键分别计算出相应项目的增长额和增长率，如图9-21所示。

图9-20 引用数据　　图9-21 计算增长额与增长率

STEP 3 选择A28:A34和D28:D34单元格区域为数据区域，创建"折线图"图表，然后移动图表到数据区域的下侧，完成后调整图表大小与位置，如图9-22所示。

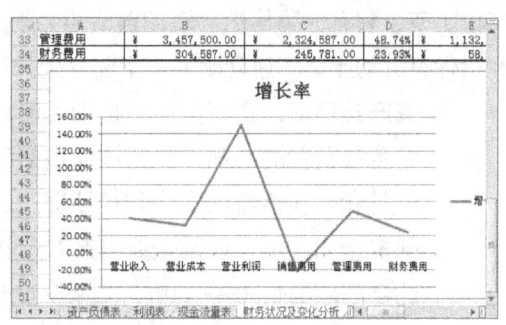

图9-22 计算资产期末和期初合计数

从分析结果可以得出结论：期末营业收入比期初增长了41.04%，营业成本比期初增长了32.20%，而营业利润的增长幅度为149.97%，销售费用下降了22.06%，说明企业采取了一定的措施，有效地控制了销售费用。

9.2 资产负债表综合分析

通过分析资产负债表可以反映企业的资产总量及其构成状况、资本结构及其相互关系、偿债能力，以及预测企业财务状况的发展趋势。资产负债表综合分析的内容较多，这里小白将主要根据资产负债表分析企业的偿债能力。要完成该任务首先应了解相关财务分析指标，然后根据计算公式分析企业的偿债能力。本例完成后的参考效果如图9-23所示。

 素材所在位置　光盘:\素材文件\第9章\课堂案例2\会计报表.xlsx
效果所在位置　光盘:\效果文件\第9章\资产负债表综合分析.xlsx

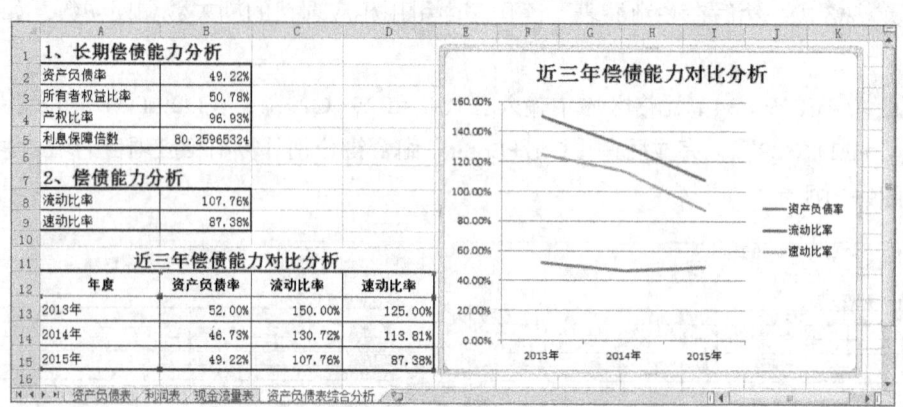

图9-23　"资产负债表综合分析"的最终效果

9.2.1　相关财务分析指标

企业的偿债能力分析包括长期偿债能力分析和短期偿债能力分析。长期偿债能力是指企业对债务的承担能力和对偿还债务的保障能力，其主要指标有资产负债率、所有者权益比率、产权比率、利息保障倍数。短期偿债能力是企业及时且足额偿还流动负债的保证程度，其主要指标有流动比率和速动比率。下面分别介绍相关财务分析指标。

● **资产负债率**：资产负债率是指负债总额与资产总额的比率，负债总额是指公司承担的各项负债的总和，包括流动负债和长期负债；资产总额是指公司拥有的各项资产的总和，包括流动资产和长期资产。资产负债率可以反映债权人所提供的资金占全部资金的比重，以及企业资产对债权人权益的保障程度。一般情况下，资产负债率的合理范围是40%～60%，如果资产负债率大于100%则表明公司已经没有净资产或资不抵债；如果资产负债率低于50%，则表明企业的偿债能力越强。

资产负债率=负债总额÷资产总额×100%

● **所有者权益比率**：如果是股份制公司，称为股东权益比率。所有者权益比率是指所有者权益总额与资产总额的比率，它反映企业资产中有多少是所有者投入的。所有者权益比率与资产负债率正好相反，所有者权益比率与资产负债率之和应等于1，所以所有者权益比率越高，资产负债率越低，反之亦然。所有者权益比率应当适中，如果所有者权益比率过小，表明企业过度负债，容易削弱公司抵御外部冲击的能力；而所有者权益比率过大，则意味着企业没有积极地利用财务杠杆作用来扩大经营规模。

所有者权益比率=所有者权益总额÷资产总额×100%

- **负债股权比率**：又称产权比率，是指负债总额与所有者权益总额的比率，它可以反映股东所持股权是否过多（或者是否不够充分）等情况，表明企业借款经营的程度。该指标表明由债权人和投资者提供的资金来源的相对关系，反映企业基本财务结构是否稳定。产权比率越高，表明企业偿还长期债务的能力越弱；产权比率越低，表明企业偿还长期债务的能力越强。

产权比率=负债总额÷所有者权益总额

- **利息保障倍数**：又称已获利息倍数，是指企业生产经营所获得的息税前利润与利息费用的比率，用来衡量偿付债务利息的能力。企业生产经营所获得的息税前利润与利息费用相比，倍数越大，说明企业支付利息费用的能力越强。因此，债权人要分析利息保障倍数指标，以此来衡量债权的安全程度。

利息保障倍数=息税前利润÷利息费用=（利润总额+利息费用）÷利息费用

- **流动比率**：流动比率是指流动资产对流动负债的比率，用来衡量企业流动资产在短期债务到期以前，可以变为现金用于偿还负债的能力。流动比率越高，企业资产的流动性越大，但是，比率太大表明流动资产占用较多，会影响经营资金周转效率和获利能力。一般认为合理的流动比率为2。

流动比率=流动资产合计÷流动负债合计×100%

- **速动比率**：速动比率是指速动资产对流动负债的比率，用来衡量企业流动资产中可以立即变现用于偿还流动负债的能力。速动资产包括货币资金、短期投资、应收票据、应收账款，可以在较短时间内变现。而流动资产中存货、1年内到期的非流动资产及其他流动资产等则不应计入。速动比率同流动比率一样，反映的都是单位资产的流动性及快速偿还到期负债的能力和水平。一般而言，流动比率是2，速动比率为1。但是实务分析中，该比率在不同的行业差别较大。

速动比率=（流动资产－存货）÷流动负债×100%

9.2.2 长期偿债能力分析

下面通过资产负债表分析资产负债率、所有者权益比率、产权比率，通过利润表分析利息保障倍数，其具体操作如下。（ 微课：光盘\微课视频\第9章\长期偿债能力分析.swf）

STEP 1 打开"会计报表"工作簿，将其以"资产负债表综合分析"为名进行另存，然后在"现金流量表"工作表之后插入空白工作表，将其重命名为"资产负债表综合分析"，在其中输入相应的数据并设置单元格格式，继续根据公式"资产负债率=负债总额÷资产总额×100%"，在B2单元格中输入公式"=资产负债表!G25/资产负债表!C35"，完成后按【Ctrl+Enter】组合键计算资产负债率，如图9-24所示。

STEP 2 根据公式"所有者权益比率=所有者权益总额÷资产总额×100%"，在B3单元格中输入公式"=资产负债表!G31/资产负债表!C35"，然后按【Ctrl+Enter】组合键计算所有者权益比率，如图9-25所示。

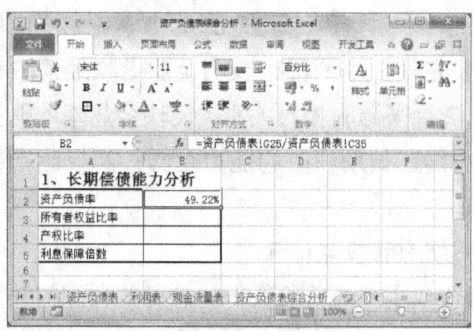

图9-24 计算资产负债率

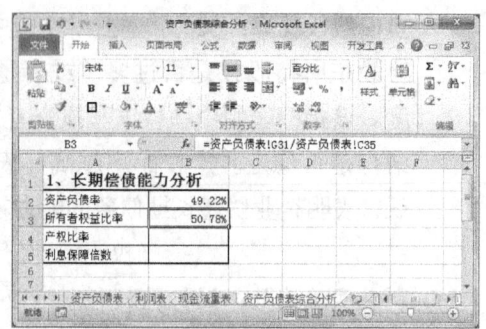

图9-25 计算所有者权益比率

STEP 3 根据公式"产权比率=负债总额÷所有者权益总额",在B4单元格中输入公式"=资产负债表!G25/资产负债表!G31",然后按【Ctrl+Enter】组合键计算产权比率,如图9-26所示。

STEP 4 由于利息费用不能准确地体现在三大会计报表中,所以这里假设利润表中的财务费用全部是利息费用,因此根据公式"利息保障倍数=(利润总额+利息费用)÷利息费用",可在B5单元格中输入公式"=(利润表!C16+利润表!C9)/利润表!C9",然后按【Ctrl+Enter】组合键计算利息保障倍数,如图9-27所示。

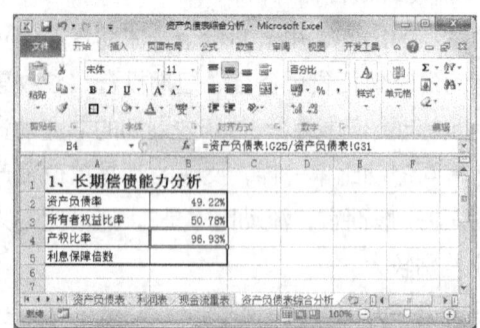

图9-26 计算产权比率

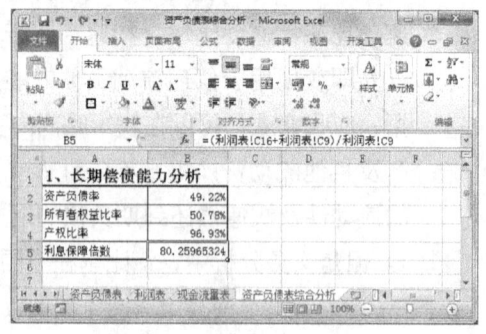

图9-27 计算利息保障倍数

从分析结果可以得出结论:资产负债率和所有者权益比率都在合理范围内,而产权比率较高,说明该企业债仅人提供的资金高于企业的自由资金,如果该比率超过百分之百,则说明企业举债的程度偏高,财务结构不稳定,存在较大风险。

9.2.3 短期偿债能力分析

下面通过资产负债表分析短期偿债能力的流动比率和速动比率,其具体操作如下。

(◉微课:光盘\微课视频\第9章\短期偿债能力分析.swf)

STEP 1 在"资产负债表综合分析"工作表的A7:B9单元格区域中输入相应的数据并设置单元格格式,然后根据公式"流动比率=流动资产合计÷流动负债合计×100%",在B8单元格中输入公式"=资产负债表!C20/资产负债表!G16",然后按【Ctrl+Enter】组合键计算流动比率，如图9-28所示。

STEP 2 根据公式"速动比率=（流动资产－存货）÷流动负债×100%"，在B9单元格中输入公式"=(资产负债表!C20-资产负债表!C13)/资产负债表!G16"，然后按【Ctrl+Enter】组合键计算速动比率，如图9-29所示。

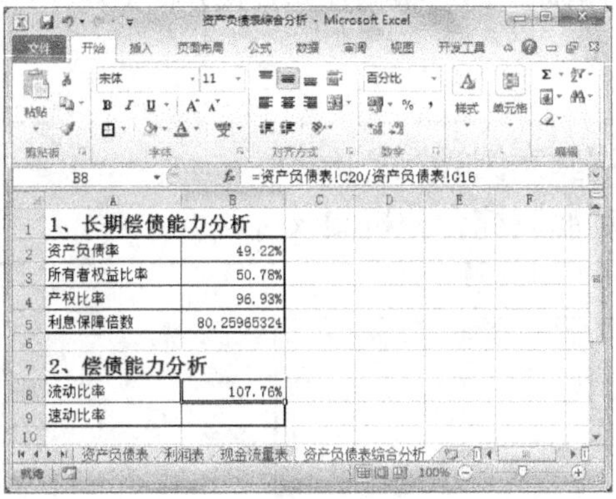

图9-28 计算流动比率 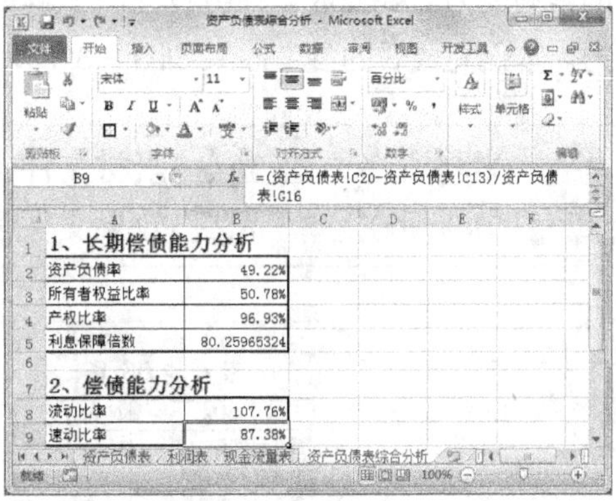　　　　　　　　图9-29 计算速动比率

9.2.4 偿债能力对比分析

通常仅计算出某一会计期间的财务分析指标还不够，为了说明问题，还应与前一年或前两年的财务分析指标进行比较分析。下面将2013年、2014年、2015年的资产负债率、流动比率、速动比率进行对比分析，其具体操作如下。（微课：光盘\微课视频\第9章\偿债能力对比分析.swf）

STEP 1 在"资产负债表综合分析"工作表的A11:D15单元格区域中输入相应的数据并设置单元格格式，其中2013年的财务分析指标为假定值，2014年和2015年可根据提供的资产负债表进行计算，如图9-30所示。

STEP 2 选择A12:D15单元格区域为数据区域，创建"折线图"图表，然后移动图表到数据区域的右侧，并添加图表标题为"近三年偿债能力对比分析"，完成后在图表工具的【设计】/【数据】组中单击"切换行/列"按钮切换XY坐标轴上的数据，如图9-31所示。

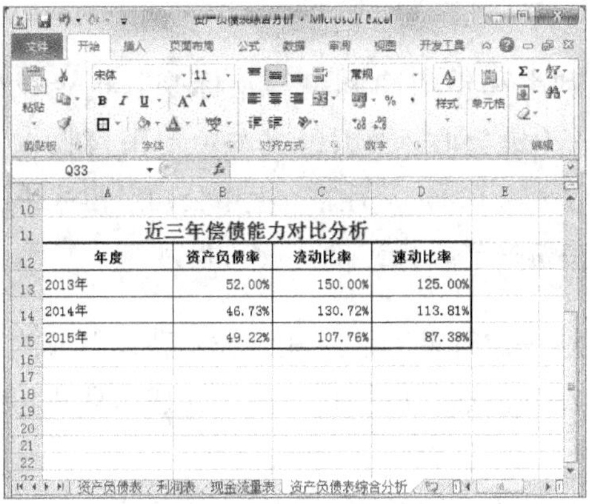

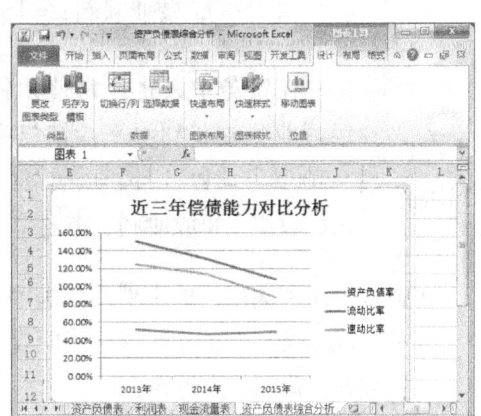

图9-30 创建近三年偿债能力对比分析表格　　　　图9-31 创建并编辑偿债能力对比分析图表

9.3 利润表综合分析

通过分析利润表可以了解和分析企业的经营成果和获利能力，为经营管理者进行未来经营决策提供依据，预测企业未来经营的营利能力和发展趋势。小白将主要根据利润表分析企业的营利能力。要完成该任务首先应了解营利能力指标，然后根据计算公式分析企业的营利能力。本例完成后的参考效果如图9-32所示。

素材所在位置　光盘:\素材文件\第9章\课堂案例3\会计报表.xlsx
效果所在位置　光盘:\效果文件\第9章\利润表综合分析.xlsx

图9-32 "利润表综合分析"的最终效果

9.3.1 营利能力指标

企业的营利能力是指企业获取利润的能力，也称为企业的资金或资本增值能力，通常表现为一定时期内企业收益数额的多少及其水平的高低。反映企业营利能力的指标主要包括营业利润率、成本费用利润率、盈余现金保障倍数、总资产报酬率、净资产收益率、资本收益率。下面分别介绍各指标。

● **营业利润率**：营业利润率是指企业一定时期营业利润与营业收入的比率。营业利润率越高，表明企业市场竞争力越强，发展潜力越大，营利能力越强。

营业利润率=营业利润÷营业收入×100%

知识提示　在实务中，也经常使用销售毛利率和销售净利率等指标来分析企业经营业务的获利水平。销售毛利率=（销售收入-销售成本）÷销售收入×100%，销售净利率=净利润÷销售收入×100%。另外，上市公司经常采用每股收益、每股股利、市盈率、每股净资产等指标评价其获利能力。

● **成本费用利润率**：成本费用利润率是指企业一定时期利润总额与成本费用总额的比率。成本费用利润率越高，表明企业为取得利润而付出的代价越小，成本费用控制得越好，营利能力越强。

成本费用利润率=利润总额÷成本费用总额×100%

其中：成本费用总额=营业成本+营业税金及附加+销售费用+管理费用+财务费用
- **盈余现金保障倍数**：盈余现金保障倍数是指企业一定时期经营现金净流量与净利润的比值，反映了企业当期净利润中现金收益的保障程度，真实反映了企业盈余的质量。一般来说，当企业当期净利润大于0时，盈余现金保障倍数应当大于1，该指标越大，表明企业经营活动产生的净利润对现金的贡献越大。

$$盈余现金保障倍数 = 经营现金净流量 \div 净利润$$

- **总资产报酬率**：总资产报酬率是指企业一定时期内获得的报酬总额与平均资产总额的比率，反映了企业资产的综合利用效果。一般情况下，总资产报酬率越高，表明企业的资产利用效益越好，整个企业盈利能力越强。

$$总资产报酬率 =（利润总额 + 利息支出）\div 平均资产总额 \times 100\%$$

其中：平均资产总额=（资产总额年初数+资产总额年末数）÷2

- **净资产收益率**：净资产收益率是企业一定时期净利润与平均净资产的比率，反映了企业自有资金的投资收益水平。净资产收益率越高，企业自有资本获取收益的能力越强，运营效益越好，对企业投资人和债权人利益的保证程度越高。

$$净资产收益率 = 净利润 \div 平均净资产 \times 100\%$$

其中：平均净资产=（所有者权益年初数+所有者权益年末数）÷2

- **资本收益率**：资本收益率是指企业一定时期净利润与平均资本（即资本性投入及其资本溢价）的比率，反映企业实际获得投资额的回报水平。其计算公式如下。

$$资本收益率 = 净利润 \div 平均资本 \times 100\%$$

其中：平均资本 =[（实收资本年初数 + 资本公积年初数）+（实收资本年末数 + 资本公积年末数）]/2，这里的资本公积仅指资本溢价（或股本溢价）

9.3.2 营利能力分析

下面主要通过利润表和资产负债表分析营业利润率、成本费用利润率、盈余现金保障倍数、总资产报酬率、净资产收益率、资本收益率，其具体操作如下。（🎬**微课**：光盘\微课视频\第9章\营利能力分析.swf）

STEP 1 打开"会计报表"工作簿，将其以"利润表综合分析"为名进行另存，然后在"现金流量表"工作表之后插入空白工作表，将其重命名为"利润表综合分析"，在其中输入相应的数据并设置单元格格式，继续根据公式"营业利润率=营业利润÷营业收入×100%"，在B3单元格中输入公式"=利润表!C13/利润表!C4"，完成后按【Ctrl+Enter】组合键计算营业利润率，如图9-33所示。

STEP 2 根据公式"成本费用利润率=利润总额÷（营业成本+营业税金及附加+销售费用+管理费用+财务费用）×100%，在B4单元格中输入公式"=利润表!C16/(利润表!C5+利润表!C6+利润表!C7+利润表!C8+利润表!C9)"，然后按【Ctrl+Enter】组合键计算成本费用利润率，如图9-34所示。

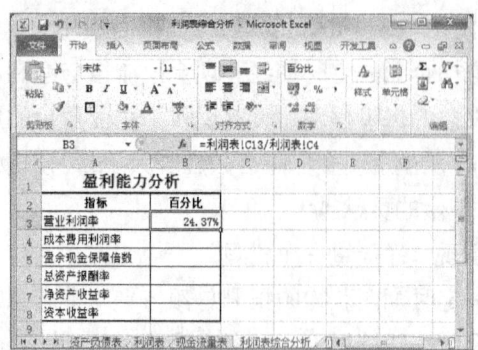
图9-33 计算营业利润率

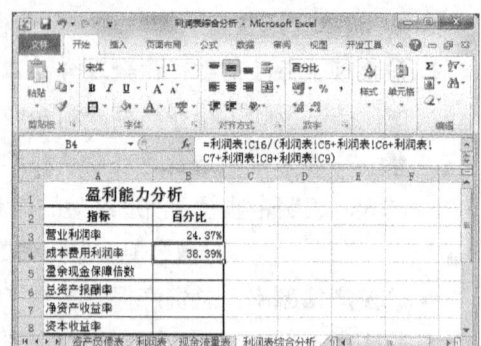
图9-34 计算成本费用利润率

STEP 3 根据公式"盈余现金保障倍数=经营现金净流量÷净利润",在B5单元格中输入公式"=现金流量表!B14/利润表!C18",然后按【Ctrl+Enter】组合键计算盈余现金保障倍数,如图9-35所示。

STEP 4 根据公式"总资产报酬率=(利润总额+利息支出)÷((资产总额年初数+资产总额年末数)÷2)",在B6单元格中输入公式"=(利润表!C16+利润表!C9)/((资产负债表!C35+资产负债表!D35)/2)",然后按【Ctrl+Enter】组合键计算总资产报酬率,如图9-36所示。

图9-35 计算盈余现金保障倍数

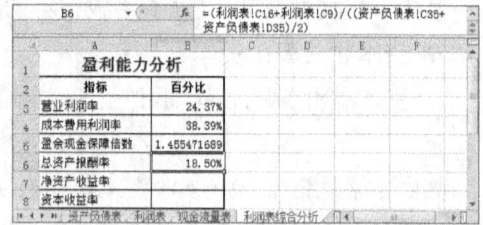
图9-36 计算总资产报酬率

STEP 5 根据公式"净资产收益率=净利润÷((所有者权益年初数+所有者权益年末数)÷2),在B7单元格中输入公式"=利润表!C18/((资产负债表!G31+资产负债表!H31)/2)",然后按【Ctrl+Enter】组合键计算净资产收益率,如图9-37所示。

STEP 6 根据公式"资本收益率=净利润÷(((实收资本年初数+资本公积年初数)+(实收资本年末数+资本公积年末数))÷2)",在B8单元格中输入公式"=利润表!C18/(((资产负债表!G27+资产负债表!G28)+(资产负债表!H27+资产负债表!H28))/2)",然后按【Ctrl+Enter】组合键计算资本收益率,如图9-38所示。

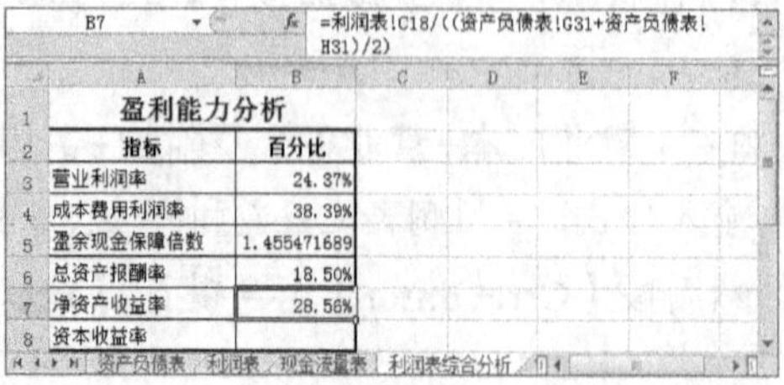

图9-37 计算净资产收益率

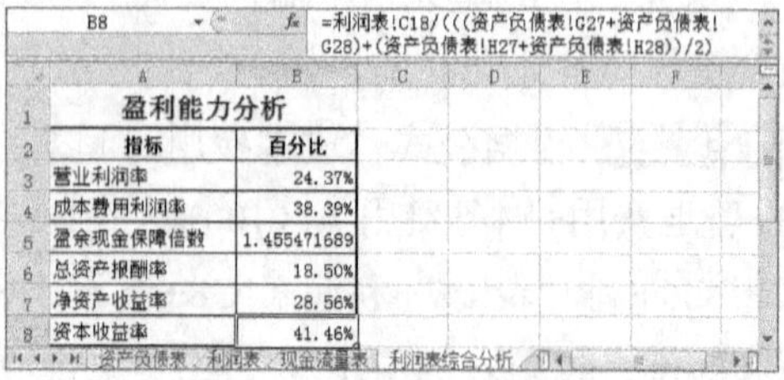

图9-38 计算资本收益率

9.4 现金流量表综合分析

通过分析现金流量表有助于分析企业收益质量及影响现金净流量的因素，评价企业支付能力、偿债能力、周转能力，预测企业未来现金流量。小白将根据现金流量表分析企业的现金流量结构和现金流量比率。要完成该任务首先应了解现金流量比率分析，然后根据计算公式分析企业的现金流量结构和现金流量比率。本例完成后的参考效果如图9-39所示。

素材所在位置　光盘:\素材文件\第9章\课堂案例4\会计报表.xlsx
效果所在位置　光盘:\效果文件\第9章\现金流量表综合分析.xlsx

图9-39　"现金流量表综合分析"的最终效果

9.4.1 现金流量结构分析与比率分析

下面分别介绍现金流量结构分析和主要的财务比率分析指标。

1. 现金流量结构分析

现金流量结构分析是指同一时期现金流量表中不同项目间的比较与分析，分析企业现金流入的主要来源和现金流出的方向，并评价现金流入流出对净现金流量的影响。现金流量结构分析的计算公式为：现金流量结构比率 = 单项现金流入（出）量 ÷ 现金流入量总额。现金流量结构分析可以分为现金流入结构分析、现金支出结构分析、现金余额结构分析。

- **现金流入结构分析**：现金流入结构分析是反映企业的各项业务活动现金流入，如经营活动的现金流入、投资活动现金流入、筹资活动现金流入等在全部现金流入中的比重及各项业务活动现金流入中具体项目的构成情况，明确企业的现金来源，要增加现金流入主要应在哪些方面采取措施。
- **现金支出结构分析**：现金支出结构分析是指企业的各项现金支出占企业当期全部现金支出的百分比。它具体反映企业的现金用于哪些方面。
- **现金余额结构分析**：现金余额结构分析是指企业的各项业务活动，其现金的收支净额占全部现金余额的百分比，它反映企业的现金余额是如何构成的。

2. 现金流量趋势分析

现金流量趋势分析通常是采用编制历年财务报表的方法，即将连续多年的报表，至少是最近两三年，甚至五年或十年的财务报表并列在一起加以分析，以观察变化趋势。观察连续数期的会计报表，比单看一个报告期的财务报表，能了解到更多的信息和情况，并有利于分析变化的趋势。运用趋势分析法通常应计算趋势百分比。

3. 现金流量比率分析

现金流量表比率分析是以经营活动现金净流量与资产负债表和利润表等财务报表中的相关项目进行对比分析，以便全面揭示企业的经营水平，测定企业的偿债能力，反映企业的支付能力等。主要的现金流量比率分析指标有：现金流量比率、销售现金比率、全部资产现金回收率、偿债保障比率。

- **现金流量比率**：经营现金流量比率是反映企业经营现金净流量与负债的比率。根据负债的构成，可分别反映企业经营活动产生的净现金流量偿还短期、长期、全部债务的能力，该比率越高说明偿债能力越强。

    经营现金流量比率（短期债务）＝ 经营现金流量净额 ÷ 流动负债

    经营现金流量比率（长期债务）＝ 经营现金流量净额 ÷ 长期负债

    经营现金流量比率（全部债务）＝ 经营现金流量净额 ÷ 负债总额

- **销售现金比率**：销售现金比率是指企业经营现金净流量与企业销售额的比率。该比率反映每元销售收入得到的现金流量净额，其数值越大越好，表明企业的收入质量越好，资金利用效果越好。

    销售现金比率 ＝ 经营现金净流量 ÷ 营业收入

- **全部资产现金回收率**：全部资产现金回收率是指经营现金净流量与全部资产的比率，用来考评企业全部资产产生现金的能力，该比值越大越好。比值越大说明资产利用效果越好，利用资产创造的现金流入越多，整个企业获取现金能力越强，经营管理水平越高。反之，则经营管理水平越低，经营者有待提高管理水平，进而提高企业的经济效益。

    全部资产现金回收率 ＝ 经营现金净流量 ÷ 平均资产总额 ×100%

其中平均资产总额 ＝（期初资产总额 ＋ 期末资产总额）÷2

- **偿债保障比率**：偿债保障比率是指负债总额与经营活动现金净流量的比率。一般认为，该比率越低，企业偿还债务的能力越强。偿债保障比率不仅可以衡量企业偿付借款利息的能力，而且可以衡量企业偿付本金的能力。

    偿债保障比率 ＝ 负债总额 ÷ 经营活动现金净流量

9.4.2 现金流入结构分析

下面首先将现金流量表中经营活动、投资活动、筹资活动产生的现金流入引用到现金流入结构表中，然后分别计算各项目产生的现金流入结构百分比，其具体操作如下。

（微课：光盘\微课视频\第9章\现金流入结构分析.swf）

STEP 1 打开“会计报表”工作簿，将其以“现金流量表综合分析”为名进行另存，然后在“现金流量表”工作表之后插入空白工作表，将其重命名为“现金流量表综合分析”，在其中输入相应的数据并设置单元格格式，完成后将现金流量表中现金流入的相关项目金额引用到“现金流量表综合分析”工作表的B3:B15单元格区域中，如图9-40所示。

STEP 2 在B16单元格中输入公式“=B3+B7+B12”，然后按【Ctrl+Enter】组合键计算现金流入合计，如图9-41所示。

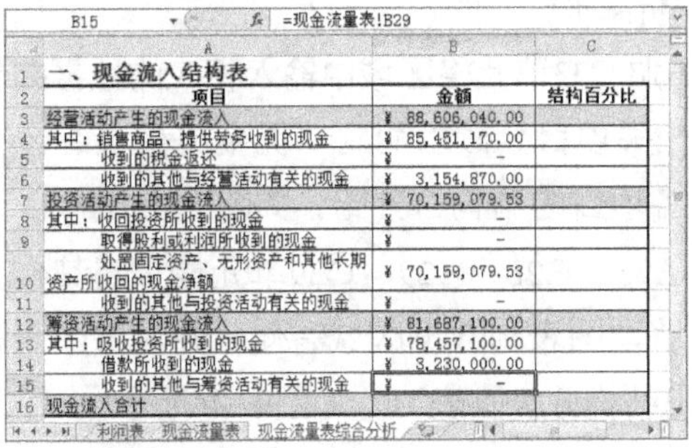
B15 =现金流量表!B29

	A	B	C
1	一、现金流入结构表		
2	项目	金额	结构百分比
3	经营活动产生的现金流入	¥ 88,606,040.00	
4	其中：销售商品、提供劳务收到的现金	¥ 85,451,170.00	
5	收到的税金返还	¥ -	
6	收到的其他与经营活动有关的现金	¥ 3,154,870.00	
7	投资活动产生的现金流入	¥ 70,159,079.53	
8	其中：收回投资所收到的现金	¥ -	
9	取得股利或利润所收到的现金	¥ -	
10	处置固定资产、无形资产和其他长期资产所收回的现金净额	¥ 70,159,079.53	
11	收到的其他与投资活动有关的现金	¥ -	
12	筹资活动产生的现金流入	¥ 81,687,100.00	
13	其中：吸收投资所收到的现金	¥ 78,457,100.00	
14	借款所收到的现金	¥ 3,230,000.00	
15	收到的其他与筹资活动有关的现金	¥ -	
16	现金流入合计		

利润表 | 现金流量表 | 现金流量表综合分析

图9-40 引用现金流入相关项目金额

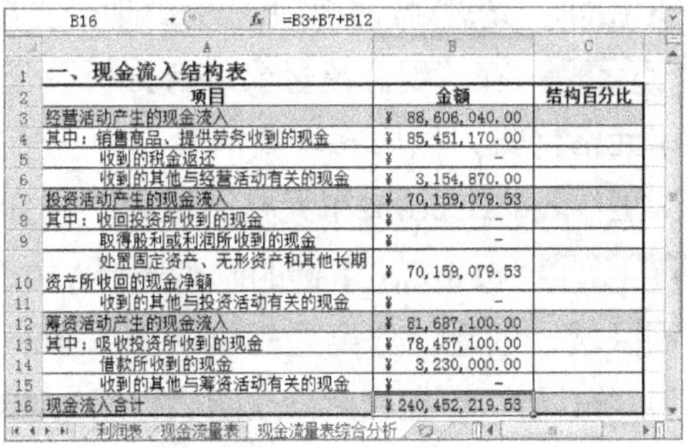
B16 =B3+B7+B12

	A	B	C
1	一、现金流入结构表		
2	项目	金额	结构百分比
3	经营活动产生的现金流入	¥ 88,606,040.00	
4	其中：销售商品、提供劳务收到的现金	¥ 85,451,170.00	
5	收到的税金返还	¥ -	
6	收到的其他与经营活动有关的现金	¥ 3,154,870.00	
7	投资活动产生的现金流入	¥ 70,159,079.53	
8	其中：收回投资所收到的现金	¥ -	
9	取得股利或利润所收到的现金	¥ -	
10	处置固定资产、无形资产和其他长期资产所收回的现金净额	¥ 70,159,079.53	
11	收到的其他与投资活动有关的现金	¥ -	
12	筹资活动产生的现金流入	¥ 81,687,100.00	
13	其中：吸收投资所收到的现金	¥ 78,457,100.00	
14	借款所收到的现金	¥ 3,230,000.00	
15	收到的其他与筹资活动有关的现金	¥ -	
16	现金流入合计	¥ 240,452,219.53	

利润表 | 现金流量表 | 现金流量表综合分析

图9-41 计算现金流入合计

STEP 3 在C3单元格中输入公式“=B3/$B$16”，然后按【Ctrl+Enter】组合键计算经营活动产生的现金流入占总现金流入的百分比，然后复制公式到C7和C12单元格中，如图9-42所示。

STEP 4 在C4单元格中输入公式“=B4/$B$3”，按【Ctrl+Enter】组合键计算经营活动现金流入项目下的子项目所占的结构百分比，然后复制公式到C5和C6单元格中。使用相同的方法计算投资活动和筹资活动各项目产生的现金流入结构百分比，如图9-43所示。

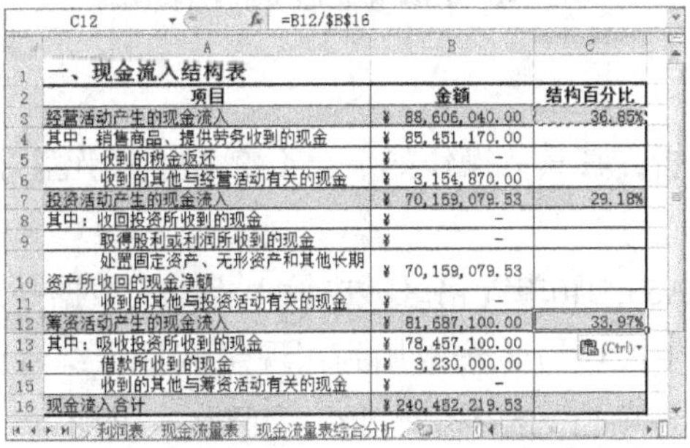
C12 =B12/$B$16

	A	B	C
1	一、现金流入结构表		
2	项目	金额	结构百分比
3	经营活动产生的现金流入	¥ 88,606,040.00	36.85%
4	其中：销售商品、提供劳务收到的现金	¥ 85,451,170.00	
5	收到的税金返还	¥ -	
6	收到的其他与经营活动有关的现金	¥ 3,154,870.00	
7	投资活动产生的现金流入	¥ 70,159,079.53	29.18%
8	其中：收回投资所收到的现金	¥ -	
9	取得股利或利润所收到的现金	¥ -	
10	处置固定资产、无形资产和其他长期资产所收回的现金净额	¥ 70,159,079.53	
11	收到的其他与投资活动有关的现金	¥ -	
12	筹资活动产生的现金流入	¥ 81,687,100.00	33.97%
13	其中：吸收投资所收到的现金	¥ 78,457,100.00	(Ctrl)
14	借款所收到的现金	¥ 3,230,000.00	
15	收到的其他与筹资活动有关的现金	¥ -	
16	现金流入合计	¥ 240,452,219.53	

利润表 | 现金流量表 | 现金流量表综合分析

图9-42 计算相关项目占总现金流入的百分比

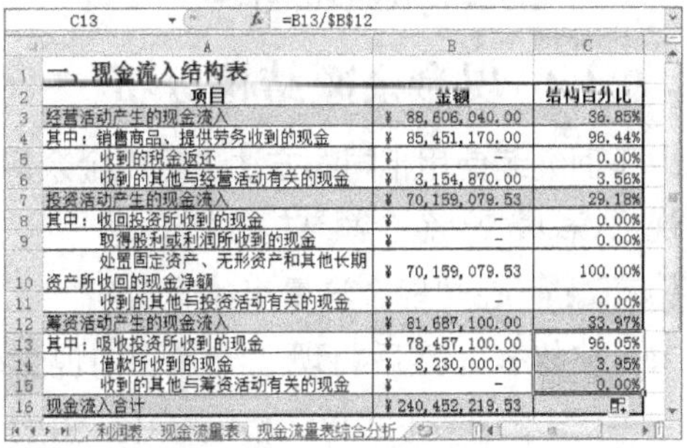
C13 =B13/$B$12

	A	B	C
1	一、现金流入结构表		
2	项目	金额	结构百分比
3	经营活动产生的现金流入	¥ 88,606,040.00	36.85%
4	其中：销售商品、提供劳务收到的现金	¥ 85,451,170.00	96.44%
5	收到的税金返还	¥ -	0.00%
6	收到的其他与经营活动有关的现金	¥ 3,154,870.00	3.56%
7	投资活动产生的现金流入	¥ 70,159,079.53	29.18%
8	其中：收回投资所收到的现金	¥ -	0.00%
9	取得股利或利润所收到的现金	¥ -	0.00%
10	处置固定资产、无形资产和其他长期资产所收回的现金净额	¥ 70,159,079.53	100.00%
11	收到的其他与投资活动有关的现金	¥ -	0.00%
12	筹资活动产生的现金流入	¥ 81,687,100.00	33.97%
13	其中：吸收投资所收到的现金	¥ 78,457,100.00	96.05%
14	借款所收到的现金	¥ 3,230,000.00	3.95%
15	收到的其他与筹资活动有关的现金	¥ -	0.00%
16	现金流入合计	¥ 240,452,219.53	

利润表 | 现金流量表 | 现金流量表综合分析

图9-43 计算各子项目结构百分比

STEP 5 按【Ctrl】键的同时选择A3、C3、A7、C7、A12、C12单元格，将其作为数据区域，创建“分离型三维饼图”图表，然后移动图表到数据区域右侧，并设置图表布局为“布局1”，完成后修改图表标题为“现金流入结构分析图表”，如图9-44所示。

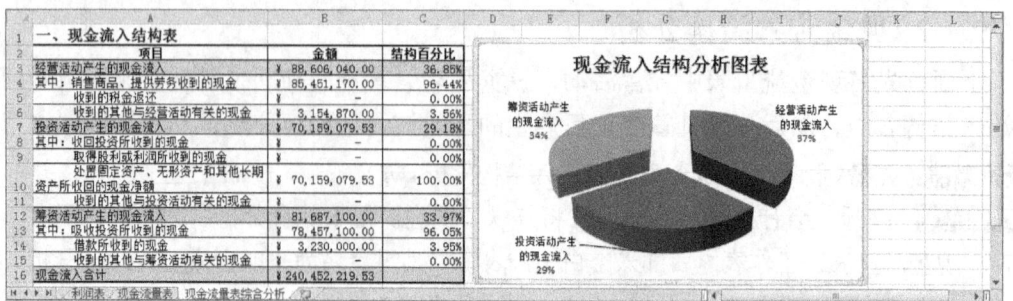

图9-44 创建现金流入结构分析图表

9.4.3 现金支出结构分析

下面根据现金流入结构分析的方法进行现金支出结构分析，其具体操作如下。
（ 微课：光盘\微课视频\第9章\现金支出结构分析.swf）

STEP 1 在"现金流量表综合分析"工作表的A18:C33单元格区域中输入相应的数据并设置单元格格式，然后将现金流量表中现金支出的相关项目金额引用到"现金流量表综合分析"工作表的B20:B32单元格区域中，并分别计算各项目的结构百分比，如图9-45所示。

STEP 2 按【Ctrl】键的同时选择A20、C20、A25、C25、A29、C29单元格，将其作为数据区域，创建"分离型三维饼图"图表，然后移动图表到数据区域右侧，并设置图表布局为"布局1"，完成后修改图表标题为"现金支出结构分析图表"，如图9-46所示。

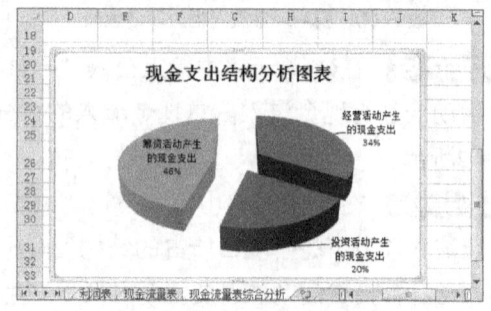

图9-45 现金支出结构表　　　　图9-46 创建现金支出结构分析图表

9.4.4 现金余额结构分析

下面继续使用相同的方法进行现金余额结构分析，其具体操作如下。（ 微课：光盘\微课视频\第9章\现金余额结构分析.swf）

STEP 1 在"现金流量表综合分析"工作表的A35:C40单元格区域中输入相应的数据并设置单元格格式，然后将现金流量表中现金净额的相关项目金额引用到"现金流量表综合分析"工作表的B37:B39单元格区域中，并分别计算各项目的结构百分比，如图9-47所示。

STEP 2 选择A37:B39单元格区域作为数据区域，创建"柱形图"图表，然后移动图表到数据区域右侧，设置图表布局为"布局2"，修改图表标题为"现金净额结构分析图表"，完成后关闭图例，如图9-48所示。

三、现金净额结构表		
项目	金额	结构百分比
经营活动现金净额	¥ 28,477,941.00	45.28%
投资活动现金净额	¥ 34,416,986.53	54.72%
筹资活动现金净额	¥ -	0.00%
现金净额合计	¥ 62,894,927.53	

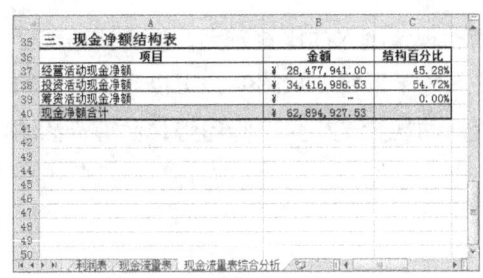

图9-47 计算各项目的结构百分比

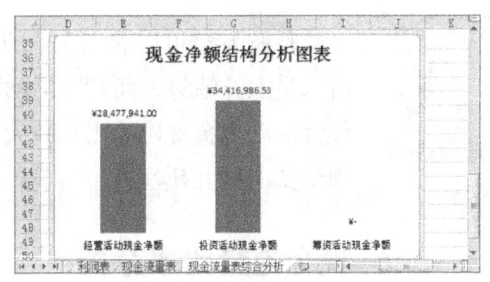

图9-48 现金净额结构分析图表

9.4.5 近三年流入、支出结构趋势分析

下面将近三年的现金流量放在一起进行比较，了解企业现金流量结构的变化和未来发展趋势，其具体操作如下。（微课：光盘\微课视频\第9章\近3年流入、支出结构趋势分析.swf）

STEP 1 在“现金流量表综合分析”工作表的A42:D54单元格区域中输入相应的数据并设置单元格格式，然后继续输入2013年和2014年的相应数据（该值为假定值），并引用2015年现金流入和现金支出的结构百分比，如图9-49所示。

STEP 2 在B48:D48和B54:D54单元格区域中自动求和计算现金流入和现金支出合计，如图9-50所示。

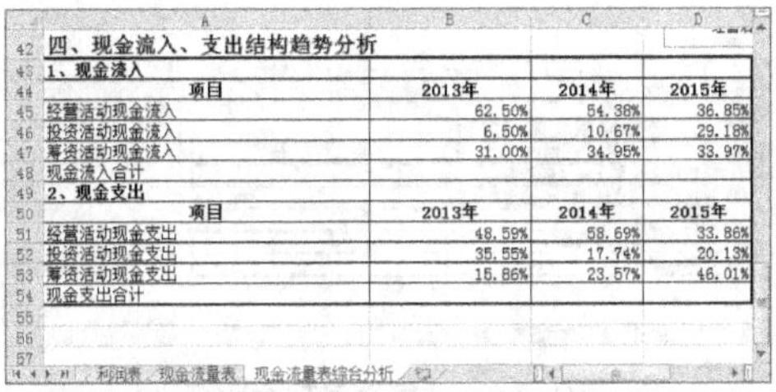

四、现金流入、支出结构趋势分析			
1、现金流入			
项目	2013年	2014年	2015年
经营活动现金流入	62.50%	54.38%	36.85%
投资活动现金流入	6.50%	10.67%	29.18%
筹资活动现金流入	31.00%	34.95%	33.97%
现金流入合计			
2、现金支出			
项目	2013年	2014年	2015年
经营活动现金支出	48.59%	58.69%	33.86%
投资活动现金支出	35.55%	17.74%	20.13%
筹资活动现金支出	15.86%	23.57%	46.01%
现金支出合计			

图9-49 输入数据

四、现金流入、支出结构趋势分析			
1、现金流入			
项目	2013年	2014年	2015年
经营活动现金流入	62.50%	54.38%	36.85%
投资活动现金流入	6.50%	10.67%	29.18%
筹资活动现金流入	31.00%	34.95%	33.97%
现金流入合计	100.00%	100.00%	100.00%
2、现金支出			
项目	2013年	2014年	2015年
经营活动现金支出	48.59%	58.69%	33.86%
投资活动现金支出	35.55%	17.74%	20.13%
筹资活动现金支出	15.86%	23.57%	46.01%
现金支出合计	100.00%	100.00%	100.00%

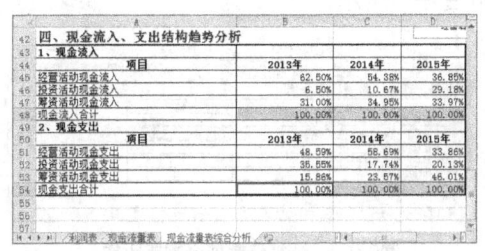

图9-50 计算现金流入和现金支出合计

STEP 3 选择A44:D47单元格区域作为数据区域，创建“折线图”图表，然后移动图表到数据区域右侧，设置图表布局为“布局3”，修改图表标题为“现金流入趋势图”，如图9-51所示。

STEP 4 继续选择A50:D53单元格区域作为数据区域，创建“折线图”图表，然后移动图表到数据区域右侧，设置图表布局为“布局3”，修改图表标题为“现金支出趋势图”，如图9-52所示。

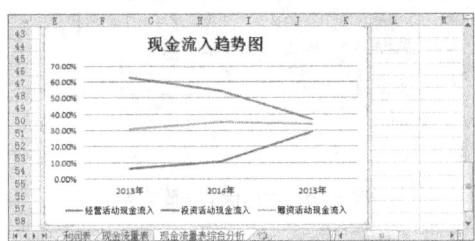

图9-51 现金流入趋势图

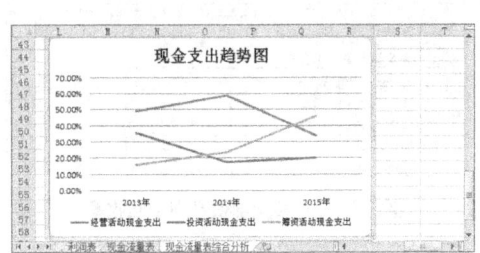

图9-52 现金支出趋势图

知识提示 从图9-51可以看出企业的经营活动现金流入的比重较大，投资活动现金流入呈上升趋势，而筹资活动现金流入趋于平稳。从图9-52可以看出企业的经营活动现金支出的比重较大，投资活动现金支出呈下降趋势，而筹资活动现金支出呈上升趋势。

9.4.6 现金流量比率分析

下面首先创建现金流量比率分析表项目，然后根据公式计算相关比率分析指标，其具体操作如下。（微课：光盘\微课视频\第9章\现金流量比率分析.swf）

STEP 1 在"现金流量表综合分析"工作表的A56:B62单元格区域中输入相应的数据并设置单元格格式，然后根据公式"经营现金流量比率（短期债务）=经营现金流量净额÷流动负债"和"经营现金流量比率（全部债务）=经营现金流量净额÷负债总额"，在B58和B59单元格中分别输入公式"=现金流量表!B14/资产负债表!G16"和"=现金流量表!B14/资产负债表!G25"，完成后按【Ctrl+Enter】组合键计算经营现金流量比率的短期债务和全部债务，如图9-53所示。

STEP 2 根据公式"销售现金比率=经营现金净流量/营业收入"，在B60单元格中输入公式"=现金流量表!B14/利润表!C4"，然后按【Ctrl+Enter】组合键计算销售现金比率，如图9-54所示。

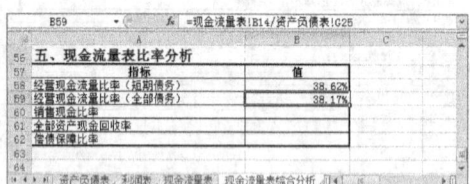
图9-53 计算经营现金流量比率

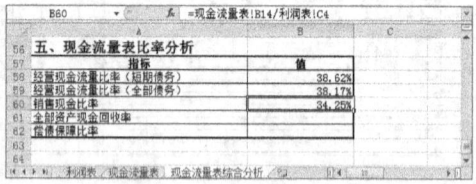
图9-54 计算销售现金比率

STEP 3 根据公式"全部资产现金回收率=经营现金净流量÷((期初资产总额+期末资产总额)÷2)"，在B61单元格中输入公式"=现金流量表!B14/((资产负债表!C35+资产负债表!D35)/2)"，然后按【Ctrl+Enter】组合键计算全部资产现金回收率，如图9-55所示。

STEP 4 根据公式"偿债保障比率=负债总额÷经营活动现金净流量"，在B62单元格中输入公式"=资产负债表!G25/现金流量表!B14"，然后按【Ctrl+Enter】组合键计算偿债保障比率，如图9-56所示。

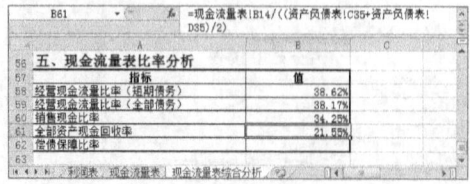
图9-55 计算全部资产现金回收率

图9-56 计算偿债保障比率

9.5 实训——分析××公司会计报表

9.5.1 实训目标

本实训的目标是分析××公司会计报表。小白将使用前面介绍的方法通过资产负债表和利润表分析企业的偿债能力和营利能力。本实训的最终效果如图9-57所示。

素材所在位置　光盘:\素材文件\第9章\实训\××公司会计报表.xlsx
效果所在位置　光盘:\效果文件\第9章\实训\财务比率分析.xlsx

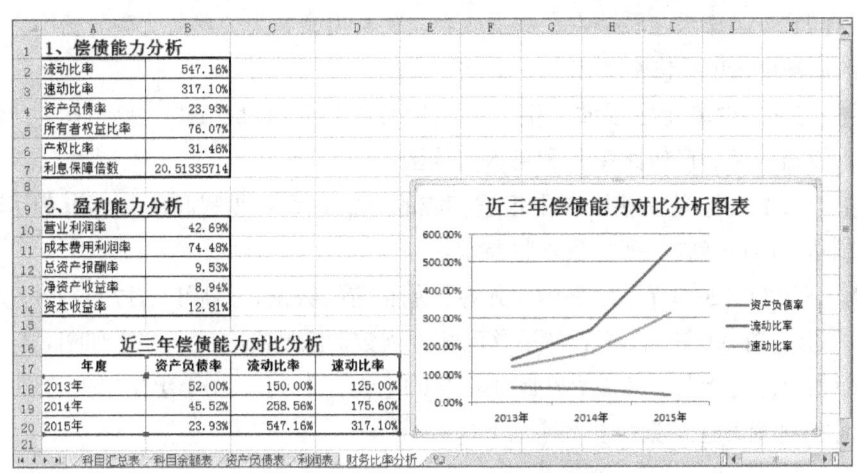

图9-57 "财务比率分析"的最终效果

9.5.2 专业背景

财务分析的方法有很多种,主要包括趋势分析法、比率分析法、因素分析法。

- **趋势分析法**:趋势分析法又称水平分析法,是将两期或连续数期财务报告中相同指标进行对比,确定其增减变动的方向、数额、幅度,以说明企业财务状况和经营成果的变动趋势的一种方法。
- **比率分析法**:比率分析法是指利用财务报表中两项相关数值的比率揭示企业财务状况和经营成果的一种分析方法。
- **因素分析法**:因素分析法也称因素替换法或连环替代法,它是用来确定几个相互联系的因素对分析对象——综合财务指标或经济指标的影响程度的一种分析方法。采用这种方法的出发点在于当有若干因素对分析对象发生影响作用时,假定其他各个因素都无变化,顺序确定每一个因素单独变化所产生的影响。

9.5.3 操作思路

完成本实训可以先通过资产负债表分析偿债能力的相关比率,然后通过利润表分析营利能力的相关比率,完成后对比分析近三年的偿债能力,其操作思路如图9-58所示。

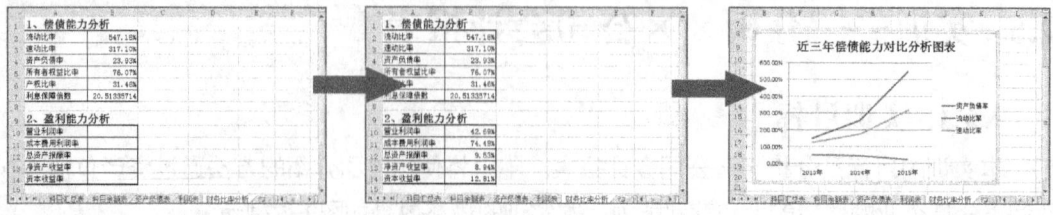

①通过资产负债表分析偿债能力　②通过利润表分析营利能力　③对比分析近三年偿债能力

图9-58　财务比率分析的制作思路

【步骤提示】

STEP 1　打开"××公司会计报表"工作簿，将其以"财务比率分析"为名进行另存，然后在"利润表"工作表之后插入空白工作表，将其重命名为"财务比率分析"，在其中输入相应的数据并设置单元格格式。

STEP 2　在B2:B7单元格区域中根据相应的公式计算流动比率、速动比率、资产负债率、所有者权益比率、产权比率、利息保障倍数。

STEP 3　在B10:B14单元格区域中根据相应的公式计算营业利润率、成本费用利润率、总资产报酬率、净资产收益率、资本收益率。

STEP 4　在B18:D20单元格区域中输入并引用相应的数据，然后以A17:D20单元格区域为数据区域，创建"折线图"图表，然后移动图表到数据区域的右侧，并添加图表标题为"近三年偿债能力对比分析"，完成后在图表工具的【设计】/【数据】组中单击"切换行/列"按钮切换XY坐标轴上的数据。

9.6　疑难解析

问：什么是现金比率，它有什么作用？

答：现金比率是指企业的现金及现金等价资产总量与当前流动负债的比率，用来衡量公司资产的流动性，它可以反映企业直接偿付流动负债的能力。一般认为现金比率在20%以上为好，如果该比率过高，就意味着企业流动资产未能得到合理运用，而现金类资产获利能力低，这类资产金额太高会导致企业机会成本增加。现金比率计算公式为：现金比率=（现金+有价证券）÷流动负债*100%。需注意一点，现金比率将存货与应收款项排除在外。

问：如何才能反映主要财务比率之间存在的内部联系？

答：在实际工作中，各财务比率之间都存在相互关系，因此进行财务分析时，应将企业的财务状况看作一个整体，各种内部因素都是相互依存和相互作用的，财务分析者必须对整个系统进行综合分析，才能全面了解一个企业的财务状况。杜邦分析法就是利用几种主要的财务比率之间的关系综合地分析企业的财务状况。它从净资产收益率开始，根据会计资料（主要是资产负债表和利润表）逐步分解计算各指标，并逐步进行前后期对比分析。具体来说，杜邦分析法是一种用来评价公司营利能力和股东权益回报水平，从财务角度评价企业绩效的一种经典方法，其基本思想是将企业净资产收益率逐级分解为多项财务比率乘积，这样有助于深入分析比较企业经营业绩。杜邦分析法中几种主要的财务指标关系如图9-59所示。

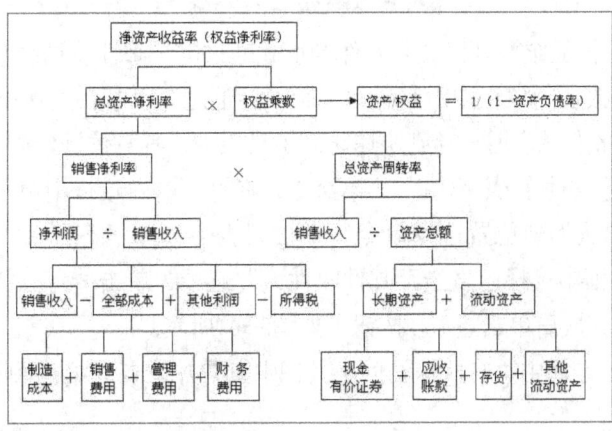

图9-59 杜邦分析法关系图

9.7 习题

本章主要介绍了使用Excel进行财务状况及变化分析、资产负债表综合分析、利润表综合分析、现金流量表综合分析的方法，主要用到的Excel知识有：数据的引用、公式与函数的使用、图表的使用等，读者应加强该部分内容的练习与应用。

素材所在位置 **光盘:\素材文件\第9章\习题\兴成公司会计报表.xlsx**
效果所在位置 **光盘:\效果文件\第9章\习题\兴成公司财务分析.xlsx**

根据“兴成公司会计报表”工作簿中的资产负债表和利润表分析企业的偿债能力和营利能力，完成后的效果如图9-60所示。

- 创建“兴成公司财务分析”工作簿，在“财务分析”工作表中输入相应的项目数据并设置单元格格式。
- 根据财务比率分析公式计算偿债能力和营利能力的相关比率。

	A	B
4	资产负债率	7.13%
5	所有者权益比率	92.87%
6	产权比率	7.68%
7	利息保障倍数	41.0430566
8		
9	2、营利能力分析	
10	营业利润率	14.20%
11	成本费用利润率	22.18%
12	总资产报酬率	0.60%
13	净资产收益率	0.46%
14	资本收益率	0.40%

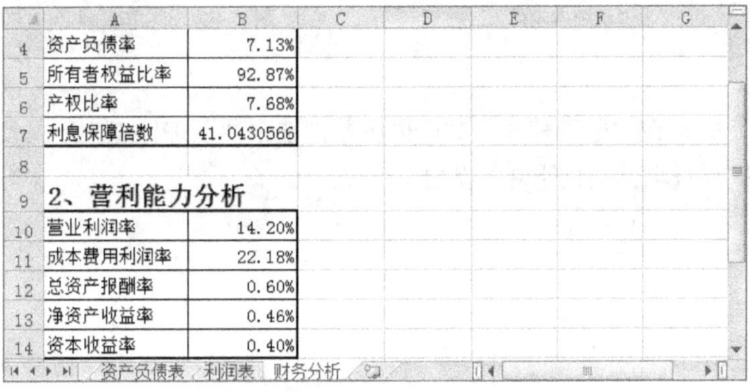

图9-60 计算相关的财务比率

课后拓展知识

在Excel中可以将工作簿以正文或附件的形式通过电子邮件发送给对方。当对方收到该邮件后，可以直接在附件栏中对其进行编辑。要通过电子邮件发送Excel文档，首先应添加"发送至邮件收件人"按钮到快速访问工具栏中，其具体操作如下。

STEP 1 选择【文件】/【选项】菜单命令，在打开的对话框中单击"快速访问工具栏"选项卡，在"从下列位置选择命令"下拉列表中选择"不在功能区中的命令"选项，在中间的列表框中选择"发送至邮件收件人"选项，单击 添加(A)>> 按钮，将其添加到右侧的列表框中，完成后单击 确定 按钮，如图9-61所示。

STEP 2 返回工作簿中，在快速访问工具栏中查看并单击"发送至邮件收件人"按钮。

STEP 3 在打开的"电子邮件"对话框中选择电子邮件发送方式，这里单击选中"以附件形式发送整个工作簿"单选项，然后单击 确定 按钮。

STEP 4 在打开的"邮件"栏中自动添加了该工作簿文件，然后在"收件人"文本框中输入收取该工作簿文件的邮件地址，然后单击"发送"按钮，在打开的对话框中将显示发送进度，稍等片刻即可将所选工作簿以附件形式发送，如图9-62所示。

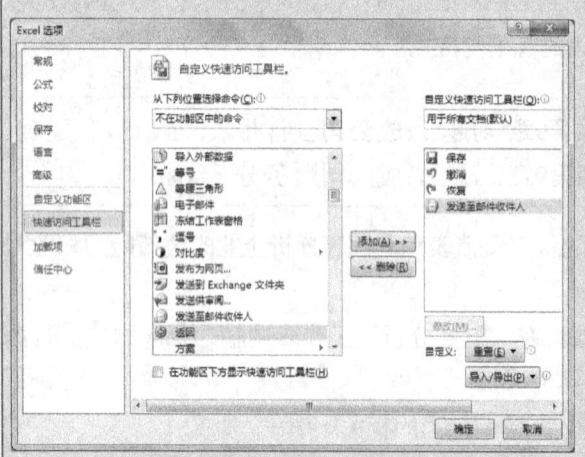

图 9-61　添加"发送至邮件收件人"按钮

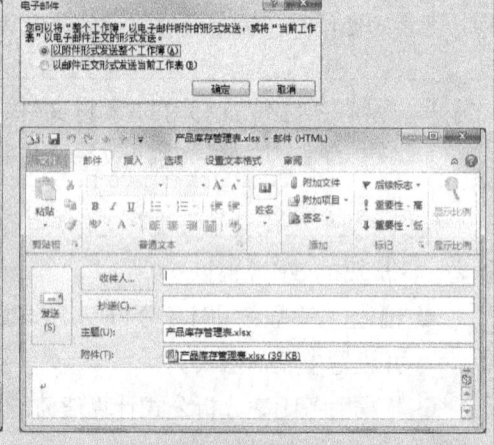

图 9-62　通过电子邮件发送 Excel 工作簿

如果在"电子邮件"对话框中单击选中"以邮件正文形式发送当前工作表"单选项，则只能发送当前工作表。

第10章 财务预算

情景导入

为了全面管理和控制财务预算，顺利实现财务目标。小白将在各部门的协调工作下完成销售预算、生产预算、直接材料预算、现金预算等。

知识技能目标

- 巩固在多个工作表中引用单元格数据。
- 灵活使用公式与函数计算数据的操作方法。

- 了解财务预算的编制内容。
- 使用Excel编制销售预算、生产预算、直接材料预算、直接人工预算、制造费用预算、产品成本预算、销售及管理费用预算、现金预算。

课堂案例展示

"销售预算"的表格效果

"现金预算"的表格效果

10.1 财务预算的编制内容

财务预算是一系列专门反映企业未来一定预算期内预计财务状况和经营成果及现金收支等价值指标的各种预算的总称。它主要包括销售预算、生产预算、直接材料预算、直接人工预算、制造费用预算、产品成本预算、销售及管理费用预算、现金预算等内容。

- **销售预算**：销售预算是指为销售活动编制的预算，是总预算的基础。销售预算一经确定，就成为生产预算及各项生产成本预算等的编制依据。销售预算以销售预测为基础，预测的主要依据是各种产品历史销售量的分析，结合市场预测中各种产品发展前景等资料，按产品、地区、顾客、其他项目分别加以编制。根据销售预测确定未来期间预计的销售量和销售单价后，求出预计的收入。

预计销售收入=预计销售量×预计销售单价

- **生产预算**：生产预算是根据销售预算编制的，计划为满足预算期的销售量及期末存货所需的资源。计划期间必须有足够的产品以供销售，同时，必须考虑计划期期初和期末存货的预计水平，以避免存货太多形成积压，或存货太少影响下期销售。

预计生产量=预计销售量+预计期末存货−预计期初存货

- **直接材料预算**：直接材料预算是指在预算期内，根据生产预算所确定的材料采购数量和材料采购金额的计划。直接材料采购预算以生产预算为基础，根据生产预算的每季预计生产量、单位产品的材料消耗定额、计划期间的期初、期末存料量、材料的计划单价、采购材料的付款条件等编制的预算期直接材料采购计划。

预计购料量=生产需要量+计划期末预计存料量−计划期初存料量

- **直接人工预算**：直接人工预算是根据已知标准工资率、标准单位直接人工工时、其他直接费用计提标准、生产预算等资料，对一定预算期内人工工时的消耗和人工成本所做的经营预算。主要内容有预计产量、单位产品工时、人工总工时、每小时人工成本、人工总成本，其中预计产量来自生产预算；单位产品人工工时和每小时人工成本来自标准成本资料；人工总工时和人工总成本则在直接人工预算中计算。

人工总工时=预计生产量×单位产品工时
人工总成本=人工总工时×每小时人工成本

- **制造费用预算**：制造费用预算是一种能反映直接人工预算、直接材料使用和采购预算以外的所有产品成本的预算计划。为了全面反映企业资金收支，在制造费用预算中，通常包括费用方面预期的现金支出。制造费用预算时可先计算预计制造费用，然后计算预计需用现金支付的制造费用。

预计制造费用=预计直接人工小时×变动性费用分配率+固定性制造费用

由于固定资产折旧费是非付现项目，在计算时应予以剔出。因此预计需用现金支付的制造费用=预计制造费用−折旧

- **产品成本预算**：产品成本预算是指为规划一定预算期内每种产品的单位产品成本、生产成本、销售成本等内容而编制的一种业务预算，主要依据生产预算、直接材料

预算、直接人工预算、制造费用预算等汇总编制。其主要内容是产品的总成本与单位成本，其中总成本又分为生产成本、销售成本、期末产品库存成本。

产成品期初余额=预计产品销售成本+产成品期末余额−预计产品生产成本

其中：预计产品销售成本=单位成本×预计销售量，产成品期末余额=单位成本×预计期末存货，预计产品生产成本=单位成本×预计生产量

- **销售及管理费用预算**：销售及管理费用预算又称营业费用预算，是指为组织产品销售活动和一般行政管理活动及有关的经营活动的费用支出而编制的一种业务预算，主要依据是预算期全年和各季度的销售量及各种有关的标准耗用量和标准价格资料。为了便于编制现金预算，在编制销售及管理费用预算的同时，还应编制与销售及管理费用有关的现金支出计算表。
- **现金预算**：现金预算是指用于预测组织还有多少库存现金，以及在不同时间上对现金支出的需要量。现金预算是有关预算的汇总，它由现金收入、现金支出、现金多余或不足、资金的筹集和运用4个部分组成。"现金收入"部分包括期初现金余额和预算期现金收入，现金收入的主要来源是销货收入。"现金支出"部分包括预算的各项现金支出。"现金多余或不足"是现金收入合计与现金支出合计的差额。差额为正，说明收入大于支出，现金有多余，可用于偿还借款或用于短期投资；差额为负，说明支出大于收入，现金不足，需要向银行取得新的借款。

预计的现金收入主要是销售收入，所以预计现金收入的数额主要来自销售预算。预计的现金支出主要指营运资金支出和其他现金支出，具体包括采购原材料、支付工资、支付管理费、营业费、财务费等其他费用，以及企业支付的税金等。现金预算通过对企业的现金收入和支出情况的预计推算出企业预算期的现金结余情况。如果现金不足，则提前安排筹资；如果现金多余，则可以采取归还贷款或对有价证券进行投资，以增加收益。

10.2 编制相关预算表

财务预算是反映某一方面财务活动的预算，如反映销售收入的销售预算，反映成本、费用支出的生产费用预算（又包括直接材料预算、直接人工预算、制造费用预算）和期间费用预算，反映现金收支活动的现金预算等。这里小白将以销售预算为各种预算的编制起点，编制生产费用预算、期间费用预算、现金预算。要完成该任务首先应编制"销售预算"工作表，在其中将按季度销售数据进行编制，且包括预计现金收入的计算，然后以"销售预算"为基础编制其他预算表。本例完成后的参考效果如图10-1所示。

效果所在位置　光盘:\效果文件\第10章\财务预算表.xlsx

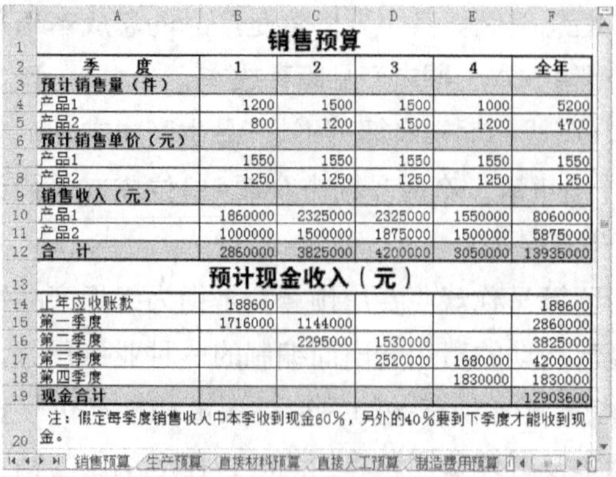

销售预算					
季　度	1	2	3	4	全年
预计销售量（件）					
产品1	1200	1500	1500	1000	5200
产品2	800	1200	1500	1200	4700
预计销售单价（元）					
产品1	1550	1550	1550	1550	1550
产品2	1250	1250	1250	1250	1250
销售收入（元）					
产品1	1860000	2325000	2325000	1550000	8060000
产品2	1000000	1500000	1875000	1500000	5875000
合　计	2860000	3825000	4200000	3050000	13935000
预计现金收入（元）					
上年应收账款	188600				188600
第一季度	1716000	1144000			2860000
第二季度		2295000	1530000		3825000
第三季度			2520000	1680000	4200000
第四季度				1830000	1830000
现金合计					12903600
注：假定每季度销售收人中本季收到现金60%，另外的40%要到下季度才能收到现金。					

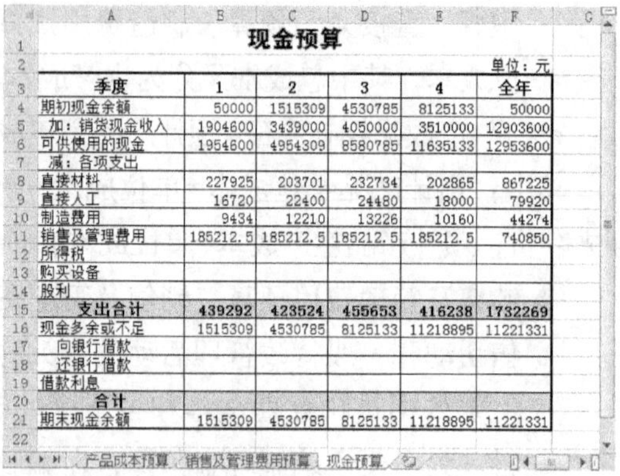

现金预算					
					单位：元
季度	1	2	3	4	全年
期初现金余额	50000	1515309	4530785	8125133	50000
加：销货现金收入	1904600	3439000	4050000	3510000	12903600
可供使用的现金	1954600	4954309	8580785	11635133	12953600
减：各项支出					
直接材料	227925	203701	232734	202865	867225
直接人工	16720	22400	24480	18000	79920
制造费用	9434	12210	13226	10160	44274
销售及管理费用	185212.5	185212.5	185212.5	185212.5	740850
所得税					
购买设备					
股利					
支出合计	439292	423524	455653	416238	1732269
现金多余或不足	1515309	4530785	8125133	11218895	11221331
向银行借款					
还银行借款					
借款利息					
合计					
期末现金余额	1515309	4530785	8125133	11218895	11221331

图10-1　“财务预算表”的最终效果

10.2.1 销售预算

企业在编制销售预算时，首先应确定可能使企业经济效益最佳的销售量和销售单价，同时还应考虑企业的生产能力等因素。下面假设已知预计销售量和预计销售单价，且每季度销售收入中本季收到现金60%，40%要到下季度才能收到现金，然后根据公式计算销售收入和预计现金收入，其具体操作如下。（**微课**：光盘\微课视频\第10章\销售预算.swf）

STEP 1 启动Excel，将新建的工作簿以“财务预算表”为名进行保存，然后插入5个空白工作表，分别将每个工作表重命名为“销售预算”“生产预算”“直接材料预算”“直接人工预算”“制造费用预算”“产品成本预算”“销售及管理费用预算”“现金预算”。

STEP 2 在“销售预算”工作表中输入相应的数据并设置单元格格式，然后选择F4:F5单元格区域，输入公式“=SUM(B4:E4)”，完成后按【Ctrl+Enter】组合键计算出产品1和产品2全年的预计销售量，如图10-2所示。

STEP 3 选择B10:F11单元格区域，输入公式“=B4*B7”，按【Ctrl+Enter】组合键计算产品1和产品2各季度及全年的销售收入，如图10-3所示。

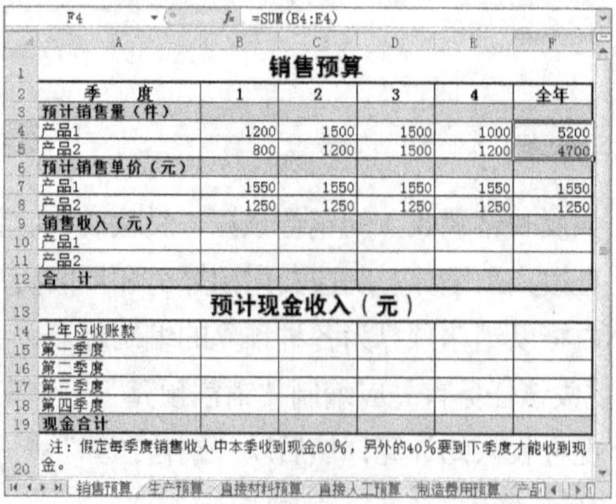

F4　=SUM(B4:E4)

销售预算					
季　度	1	2	3	4	全年
预计销售量（件）					
产品1	1200	1500	1500	1000	5200
产品2	800	1200	1500	1200	4700
预计销售单价（元）					
产品1	1550	1550	1550	1550	1550
产品2	1250	1250	1250	1250	1250
销售收入（元）					
产品1					
产品2					
合　计					
预计现金收入（元）					
上年应收账款					
第一季度					
第二季度					
第三季度					
第四季度					
现金合计					
注：假定每季度销售收人中本季收到现金60%，另外的40%要到下季度才能收到现金。					

图10-2　计算全年的预计销售量

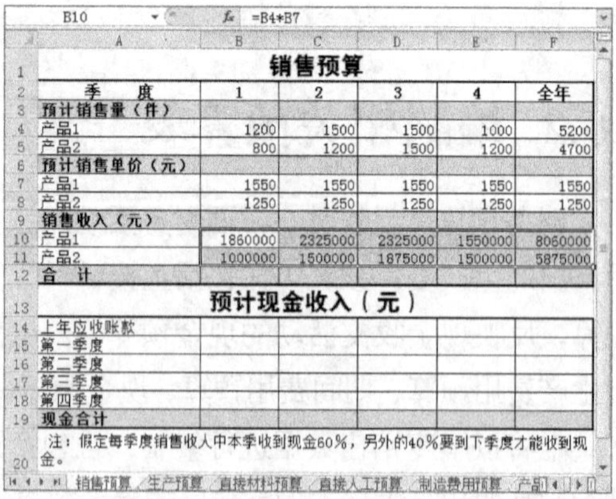

B10　=B4*B7

销售预算					
季　度	1	2	3	4	全年
预计销售量（件）					
产品1	1200	1500	1500	1000	5200
产品2	800	1200	1500	1200	4700
预计销售单价（元）					
产品1	1550	1550	1550	1550	1550
产品2	1250	1250	1250	1250	1250
销售收入（元）					
产品1	1860000	2325000	2325000	1550000	8060000
产品2	1000000	1500000	1875000	1500000	5875000
合　计					
预计现金收入（元）					
上年应收账款					
第一季度					
第二季度					
第三季度					
第四季度					
现金合计					
注：假定每季度销售收人中本季收到现金60%，另外的40%要到下季度才能收到现金。					

图10-3　计算产品销售收入

STEP 4 选择B12:F12单元格区域，输入公式“=B10+B11”，完成后按【Ctrl+Enter】组

合键计算出产品1和产品2每季度及全年的合计销售收入，如图10-4所示。

STEP 5 假设"上年应收账款"为"188600"，然后分别在B15、C16、D17、E18单元格中输入公式"=B12*0.6""=C12*0.6""=D12*0.6""=E12*0.6"，计算出各季度的预计现金收入，如图10-5所示。

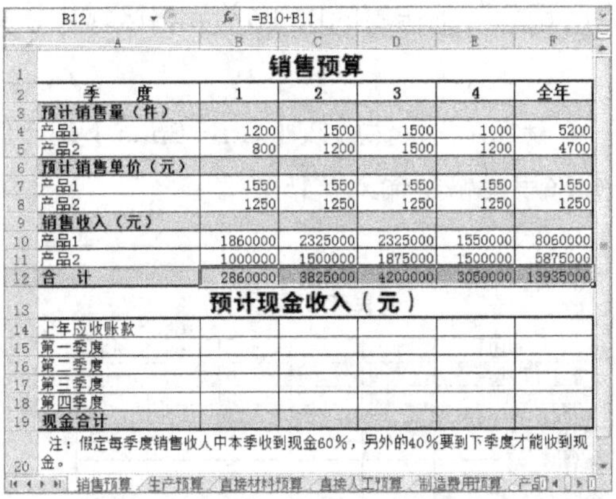

图10-4 计算销售收入合计　　　　　　　图10-5 计算各季度的预计现金收入

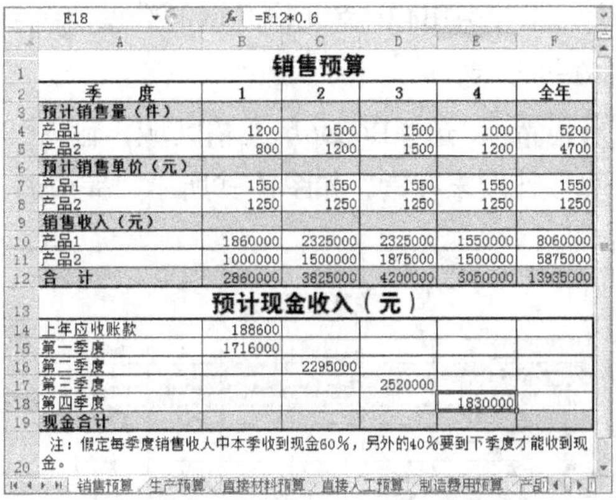

STEP 6 在C15、D16、E17单元格中分别输入公式"=B12-B15""=C12-C16""=D12-D17"，计算出下季度的预计现金收入，如图10-6所示。

STEP 7 在F14单元格中输入上年全年的预计现金收入，然后在F15、F16、F17、F18单元格中分别输入公式"=B15+C15""=C16+D16""=D17+E17""=E18"，计算出各季度的预计现金收入总额，完成后在F19单元格中输入公式"=SUM(F14:F18)"，计算出全年预计现金收入的总额，如图10-7所示。

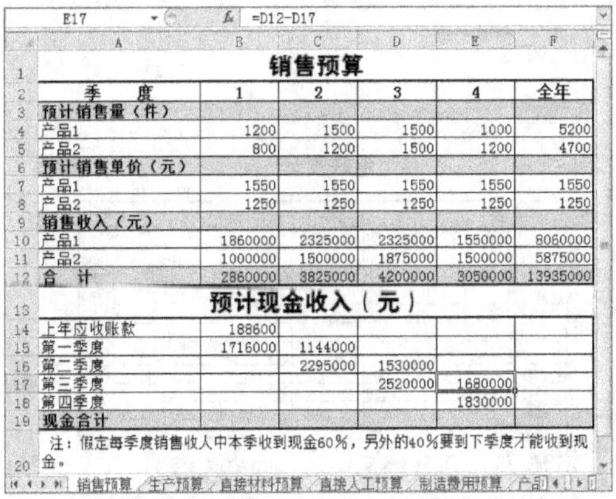

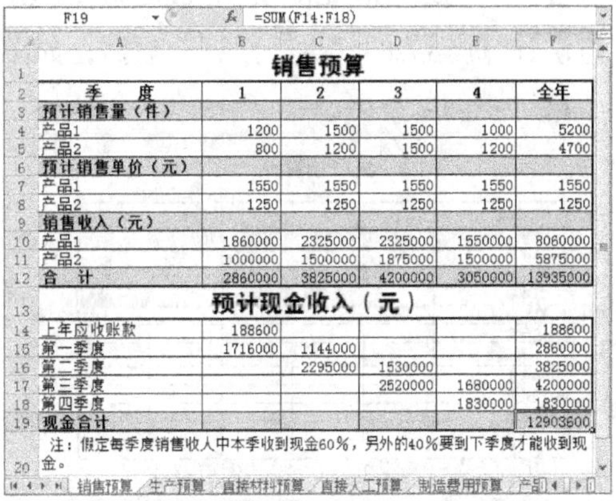

图10-6 计算下季度的预计现金收入　　　　图10-7 计算预计现金收入的合计

销售预算主要用于目前购买、生产、现金流量的决策。如果销售预算编制不当，则整个预算将毫无意义，且会给管理人员造成时间和精力上的极大浪费。一般销售预算要略低于企业预测值。

10.2.2 生产预算

下面假设期末存货为下季度销售量的10%，然后以销售预算为基础编制生产预算，其具体操作如下。（**微课**：光盘\微课视频\第10章\生产预算.swf）

STEP 1 在"生产预算"工作表中输入相应的数据并设置单元格格式，然后将"销售预算"工作表中B4:F4单元格区域的数据复制到"生产预算"工作表的B5:F5单元格区域中，如图10-8所示。

STEP 2 选择B6:D6单元格区域，输入公式"=C5*10%"，然后按【Ctrl+Enter】组合键计算预计期末存货，如图10-9所示，完成后在E6和F6单元格中输入"150"。

图10-8 输入并复制数据　　　　　图10-9 计算预计期末存货

STEP 3 选择B7:F7单元格区域，输入公式"=B5+B6"，然后按【Ctrl+Enter】组合键计算预计需要量，如图10-10所示。

STEP 4 在B8:F8单元格区域中输入"上季度期末存货"数据，然后在B9:F9单元格区域中输入公式"=B5+B6-B8"，完成后按【Ctrl+Enter】组合键计算预计生产量。继续使用相同的方法计算产品2的"生产预算"数据，如图10-11所示。

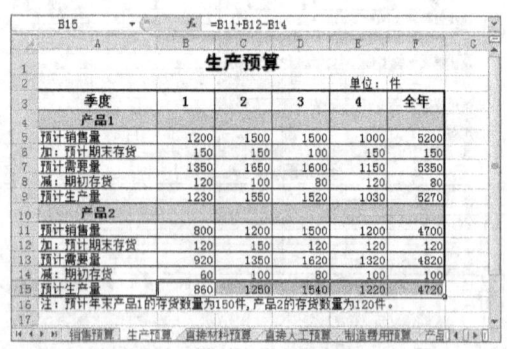

图10-10 计算预计需要量　　　　　图10-11 计算预计生产量

编制生产预算时，产量受到生产能力的影响，存货数量受到仓库容量的限制。如果某季度销量很大，可能需要赶工增产，但需多付加班费；如果提前在淡季生产，又会因增加存货而占用大量的资金。因此，必须先预算两者的利益得失，选择最低的成本进行生产。

10.2.3 直接材料预算

假设期末存量为下季度生产量的20%，另外，材料采购的货款本季度付清现金60%，40%在下季度付清。下面以生产预算为基础编制直接材料预算，其具体操作如下。（🎬微课：光盘\微课视频\第10章\直接材料预算.swf）

STEP 1 在"直接材料预算"工作表中输入相应的数据并设置单元格格式，然后将"生产预算"工作表中B9:F9单元格区域的数据（由于该数据区域包含公式，因此粘贴数据时可只粘贴数值）复制到"直接材料预算"工作表的B4:F4单元格区域中，如图10-12所示。

STEP 2 在B5:F5单元格区域中输入"单位产品材料用量（X材料）"的数据，然后选择B6:F5单元格区域，输入公式"=B4*B5"，完成后按【Ctrl+Enter】组合键计算出产品的生产需要量，如图10-13所示。

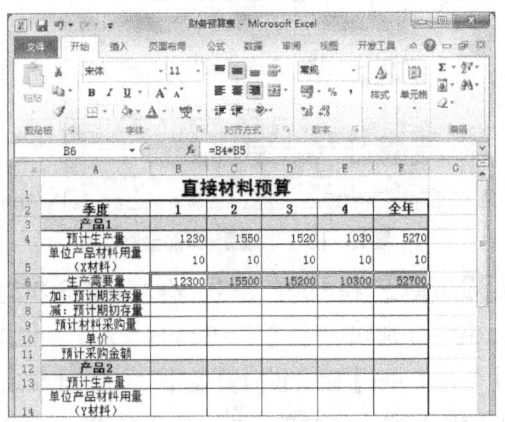

图10-12 输入并复制数据　　　　　　　　图10-13 计算生产需要量

STEP 3 选择B7:D7单元格区域，输入公式"=C6*0.2"，然后按【Ctrl+Enter】组合键计算出预计期末存量，如图10-14所示，完成后在E7和F7单元格中分别输入"2400"。

STEP 4 在B8:F8单元格区域中输入"预计期初存量"的数据，然后选择B9:F9单元格区域，输入公式"=B6+B7-B8"，完成后按【Ctrl+Enter】组合键计算预计材料采购量，如图10-15所示。

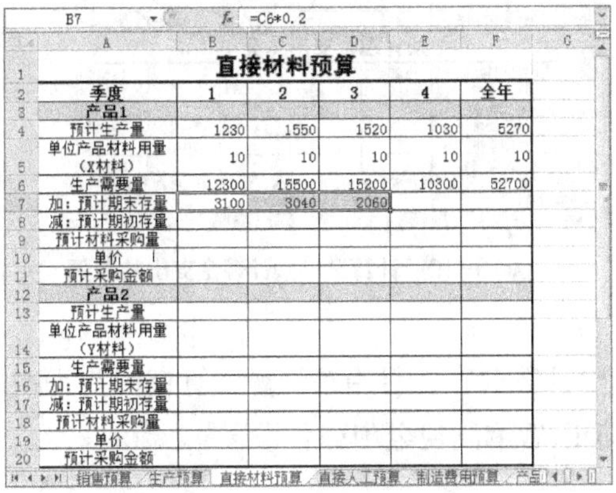

图10-14 计算预计期末存量 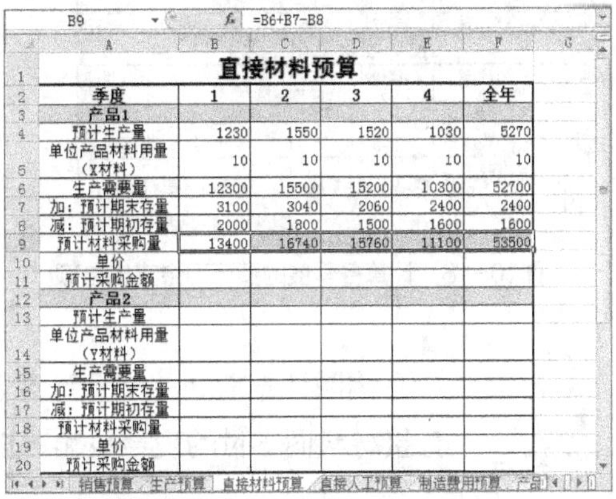　　　　　　　　图10-15 计算预计材料采购量

STEP 5 输入材料采购的单价为"8"元/千克，然后选择B11:F11单元格区域，输入公式"=B9*B10"，完成后按【Ctrl+Enter】组合键计算预计采购金额。继续使用相同的方法输入并计算产品2的相关数据，如图10-16所示。

STEP 6 在B22单元格中输入上年应付账款为125 400元，在B23和C23单元格中输入公式"=(B11+B20)*0.6"和"=(B11+B20)*0.4"，计算第一季度的预计现金支出。使用相同的方法计算出"第二季度""第三季度""第四季度"的预计现金支出额，如图10-17所示。

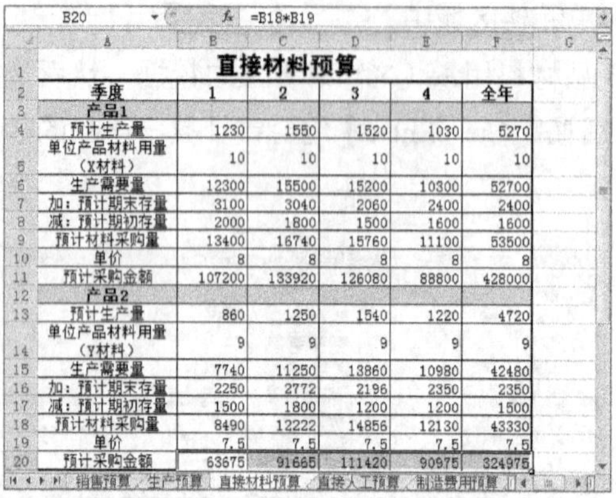

图10-16 计算预计采购金额 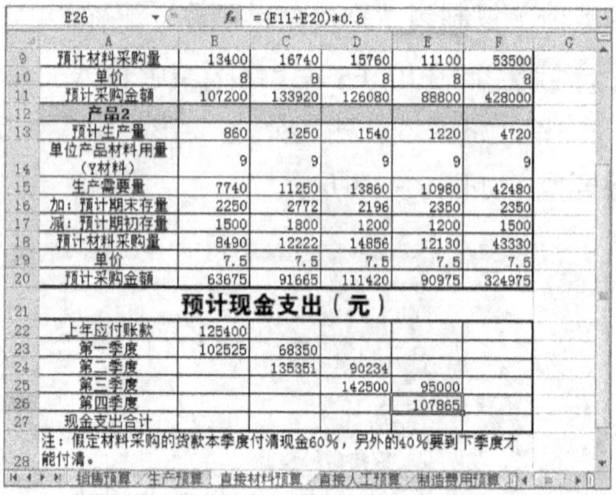　　　　　图10-17 计算预计现金支出额

STEP 7 在F22单元格中输入上年全年的预计现金支出，然后在F23、F24、F25、F26单元格中分别输入公式"=B23+C23""=C24+D24""=D25+E26""=E26"，完成后按【Ctrl+Enter】组合键计算各季度的预计现金支出总额，如图10-18所示。

STEP 8 在F27单元格中输入公式"=SUM(F22:F26)"，完成后按【Ctrl+Enter】组合键计算出全年预计现金支出的总额，如图10-19所示。

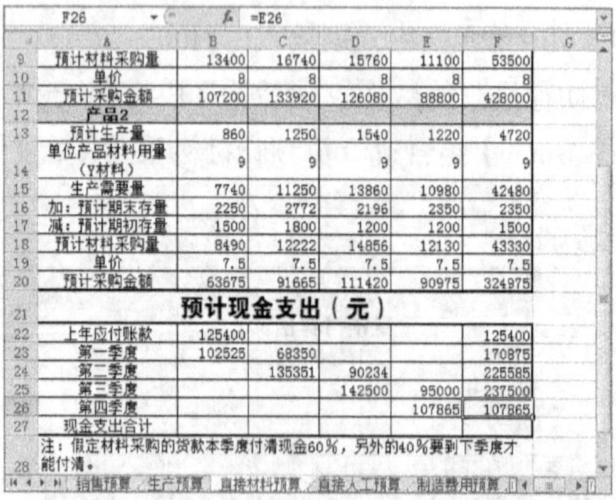

图10-18 计算各季度的预计现金支出总额 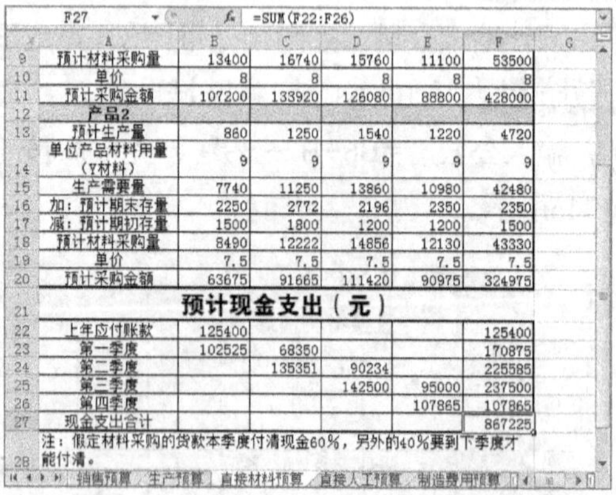　　　图10-19 计算全年预计现金支出的总额

知识提示　编制计划期间的"预计现金支出计算表"，可用来计算预算期内为采购直接材料而支付的现金数额，以便于以后编制现金预算。

10.2.4 直接人工预算

由于人工工资需要使用现金支付，所以不需要另外预计现金支出，可直接加入现金预算的汇总。下面以生产预算为基础编制直接人工预算，其具体操作如下。（**微课**：光盘\微课视频\第10章\直接人工预算.swf）

STEP 1 在“直接人工预算”工作表中输入相应的数据并设置单元格格式，然后选择B3:F3单元格区域，输入公式“=生产预算!B9+生产预算!B15”，完成后按【Ctrl+Enter】组合键将“生产预算”工作表中产品1和产品2的预计生产量之和引用到相应单元格中，如图10-20所示。

STEP 2 在B4:F4单元格区域中输入单位产品工时数据，然后选择B5:F5单元格区域，输入公式“=B3*B4”，完成后按【Ctrl+Enter】组合键计算出人工总工时，如图10-21所示。

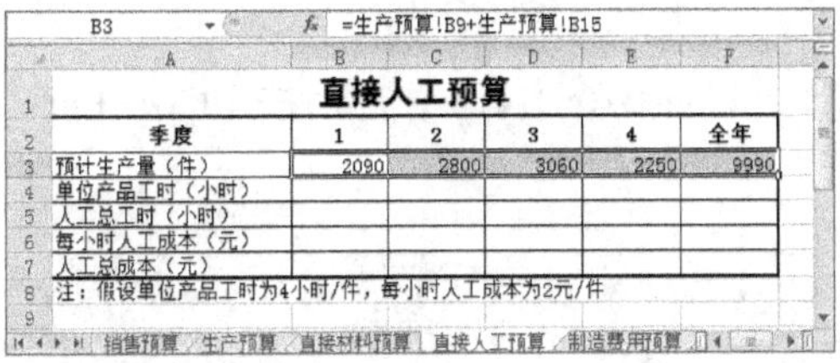

B3 =生产预算!B9+生产预算!B15

直接人工预算

季度	1	2	3	4	全年
预计生产量（件）	2090	2800	3060	2250	9990
单位产品工时（小时）					
人工总工时（小时）					
每小时人工成本（元）					
人工总成本（元）					

注：假设单位产品工时为4小时/件，每小时人工成本为2元/件

图10-20 引用预计生产量之和

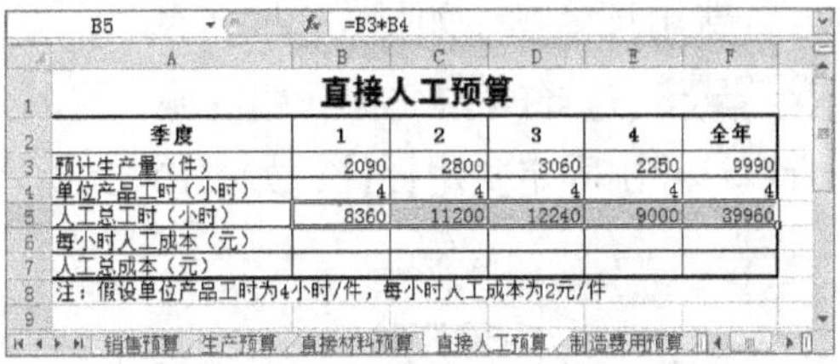

B5 =B3*B4

直接人工预算

季度	1	2	3	4	全年
预计生产量（件）	2090	2800	3060	2250	9990
单位产品工时（小时）	4	4	4	4	4
人工总工时（小时）	8360	11200	12240	9000	39960
每小时人工成本（元）					
人工总成本（元）					

注：假设单位产品工时为4小时/件，每小时人工成本为2元/件

图10-21 计算人工总工时

STEP 3 在B6:F6单元格区域中输入每小时人工成本，然后选择B7:F7单元格区域，输入公式“=B5*B6”，完成后按【Ctrl+Enter】组合键计算出人工总成本，如图10-22所示。

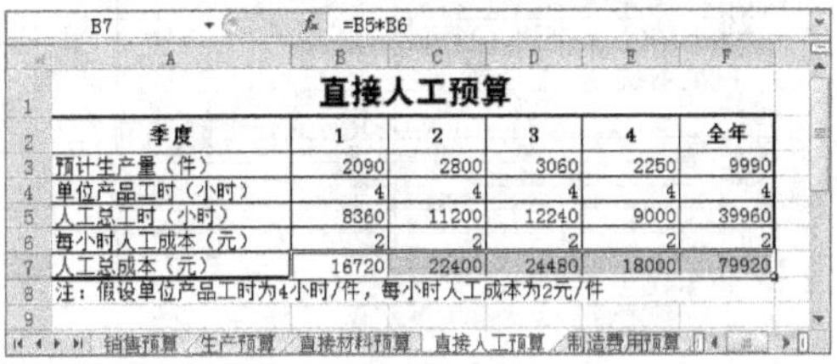

B7 =B5*B6

直接人工预算

季度	1	2	3	4	全年
预计生产量（件）	2090	2800	3060	2250	9990
单位产品工时（小时）	4	4	4	4	4
人工总工时（小时）	8360	11200	12240	9000	39960
每小时人工成本（元）	2	2	2	2	2
人工总成本（元）	16720	22400	24480	18000	79920

注：假设单位产品工时为4小时/件，每小时人工成本为2元/件

图10-22 计算人工总成本

10.2.5 制造费用预算

制造费用包括变动制造费用和固定制造费用。变动制造费用是以生产预算为基础来编制的，如果有完善的标准成本资料，用单位产品的标准成本与产量相乘，即可得到相应的预算金额；如果没有标准成本资料，就需要逐项预计计划产量需要的各项制造费用。而固定制造费用与产量都无关，因此需要逐项进行预计，通常按每季实际需要支付额预计，然后求出全年数，其具体操作如下。（**微课**：光盘\微课视频\第10章\制造费用预算.swf）

STEP 1 在“制造费用预算”工作表中输入相应的数据并设置单元格格式，然后选择B4:F4单元格区域，输入公式“=(生产预算!B9+生产预算!B15)*1”，完成后按【Ctrl+Enter】组合键引用“生产预算”工作表中产品1和产品2的预计生产量之和并乘以1，计算出每季度的间接人工值，如图10-23所示。

STEP 2 使用相同的方法引用“生产预算”工作表中产品1和产品2的预计生产量之和，计算出每季度的“间接材料”“修理费”“水电费”值，然后使用自动求和功能计算出变动制造费用的合计，如图10-24所示。

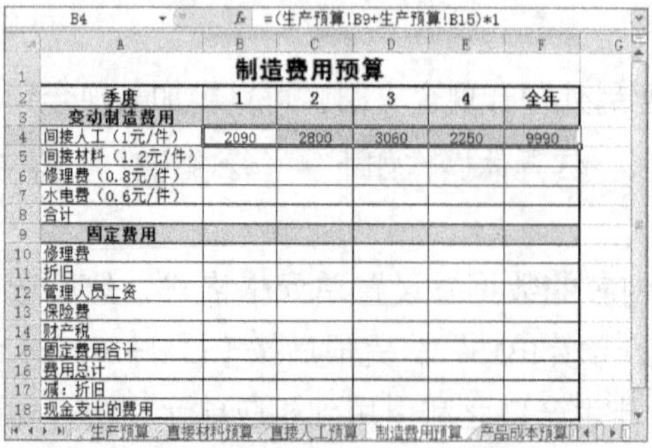

B4 =(生产预算!B9+生产预算!B15)*1

制造费用预算					
季度	1	2	3	4	全年
变动制造费用					
间接人工（1元/件）	2090	2800	3060	2250	9990
间接材料（1.2元/件）					
修理费（0.8元/件）					
水电费（0.6元/件）					
合计					
固定费用					
修理费					
折旧					
管理人员工资					
保险费					
财产税					
固定费用合计					
费用总计					
减：折旧					
现金支出的费用					

图10-23 计算间接人工值

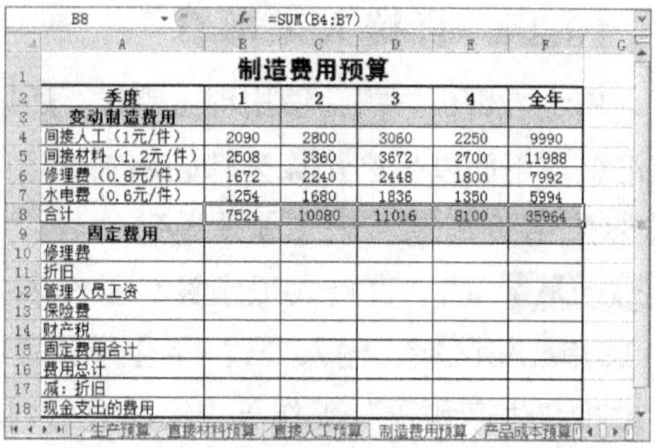

B8 =SUM(B4:B7)

制造费用预算					
季度	1	2	3	4	全年
变动制造费用					
间接人工（1元/件）	2090	2800	3060	2250	9990
间接材料（1.2元/件）	2508	3360	3672	2700	11988
修理费（0.8元/件）	1672	2240	2448	1800	7992
水电费（0.6元/件）	1254	1680	1836	1350	5994
合计	7524	10080	11016	8100	35964
固定费用					
修理费					
折旧					
管理人员工资					
保险费					
财产税					
固定费用合计					
费用总计					
减：折旧					
现金支出的费用					

图10-24 计算变动制造费用的合计

STEP 3 在“固定费用”栏下的相应单元格中输入每季度实际需要的支付额，然后选择F10:F14单元格区域，输入公式“=SUM(B10:E10)”，按【Ctrl+Enter】组合键计算出全年的合计费用预算额，如图10-25所示。

STEP 4 选择B15:F15单元格区域，输入公式“=SUM(B10:B14)”，然后按【Ctrl+Enter】组合键计算出固定费用合计，如图10-26所示。

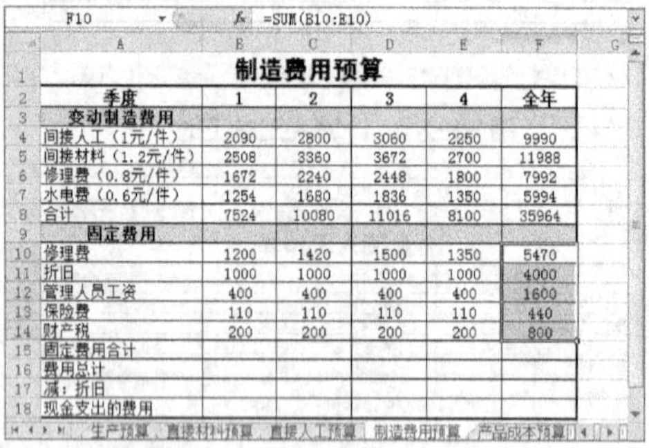

F10 =SUM(B10:E10)

制造费用预算					
季度	1	2	3	4	全年
变动制造费用					
间接人工（1元/件）	2090	2800	3060	2250	9990
间接材料（1.2元/件）	2508	3360	3672	2700	11988
修理费（0.8元/件）	1672	2240	2448	1800	7992
水电费（0.6元/件）	1254	1680	1836	1350	5994
合计	7524	10080	11016	8100	35964
固定费用					
修理费	1200	1420	1500	1350	5470
折旧	1000	1000	1000	1000	4000
管理人员工资	400	400	400	400	1600
保险费	110	110	110	110	440
财产税	200	200	200	200	800
固定费用合计					
费用总计					
减：折旧					
现金支出的费用					

图10-25 计算合计费用预算额

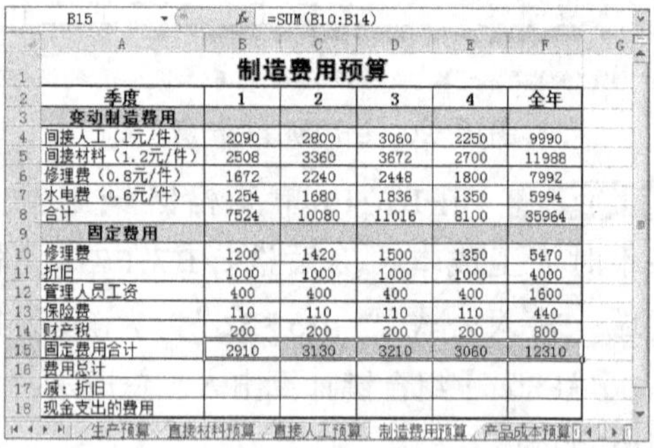

B15 =SUM(B10:B14)

制造费用预算					
季度	1	2	3	4	全年
变动制造费用					
间接人工（1元/件）	2090	2800	3060	2250	9990
间接材料（1.2元/件）	2508	3360	3672	2700	11988
修理费（0.8元/件）	1672	2240	2448	1800	7992
水电费（0.6元/件）	1254	1680	1836	1350	5994
合计	7524	10080	11016	8100	35964
固定费用					
修理费	1200	1420	1500	1350	5470
折旧	1000	1000	1000	1000	4000
管理人员工资	400	400	400	400	1600
保险费	110	110	110	110	440
财产税	200	200	200	200	800
固定费用合计	2910	3130	3210	3060	12310
费用总计					
减：折旧					
现金支出的费用					

图10-26 计算固定费用合计

STEP 5 选择B16:F16单元格区域，输入公式“=B8+B15”，然后按【Ctrl+Enter】组合键计算出费用总额，如图10-27所示。

STEP 6 在B17:E17单元格区域中输入相应的折旧值，并在F17单元格中求和计算全年折旧值，然后选择B18:F18单元格区域，输入公式“=B16-B17”，按【Ctrl+Enter】组合键计算出现金支出的费用，如图10-28所示。

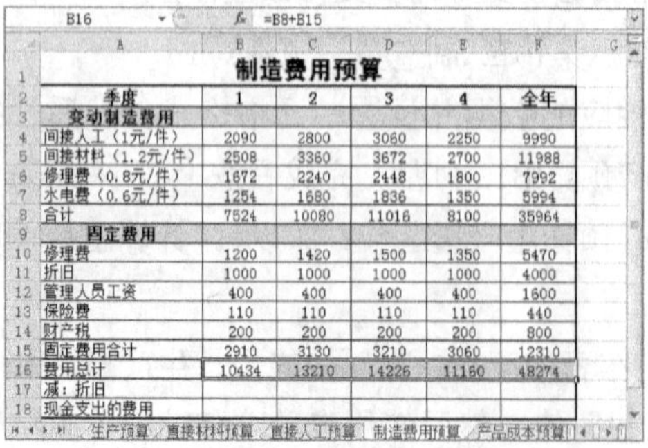

B16 =B8+B15

制造费用预算					
季度	1	2	3	4	全年
变动制造费用					
间接人工（1元/件）	2090	2800	3060	2250	9990
间接材料（1.2元/件）	2508	3360	3672	2700	11988
修理费（0.8元/件）	1672	2240	2448	1800	7992
水电费（0.6元/件）	1254	1680	1836	1350	5994
合计	7524	10080	11016	8100	35964
固定费用					
修理费	1200	1420	1500	1350	5470
折旧	1000	1000	1000	1000	4000
管理人员工资	400	400	400	400	1600
保险费	110	110	110	110	440
财产税	200	200	200	200	800
固定费用合计	2910	3130	3210	3060	12310
费用总计	10434	13210	14226	11160	48274
减：折旧					
现金支出的费用					

图10-27 计算费用总额

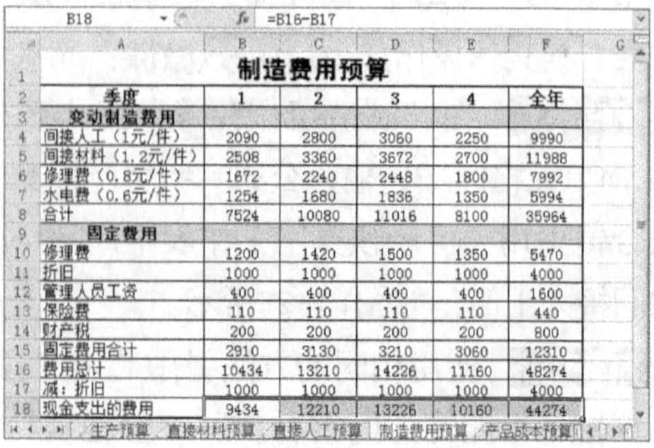

B18 =B16-B17

制造费用预算					
季度	1	2	3	4	全年
变动制造费用					
间接人工（1元/件）	2090	2800	3060	2250	9990
间接材料（1.2元/件）	2508	3360	3672	2700	11988
修理费（0.8元/件）	1672	2240	2448	1800	7992
水电费（0.6元/件）	1254	1680	1836	1350	5994
合计	7524	10080	11016	8100	35964
固定费用					
修理费	1200	1420	1500	1350	5470
折旧	1000	1000	1000	1000	4000
管理人员工资	400	400	400	400	1600
保险费	110	110	110	110	440
财产税	200	200	200	200	800
固定费用合计	2910	3130	3210	3060	12310
费用总计	10434	13210	14226	11160	48274
减：折旧	1000	1000	1000	1000	4000
现金支出的费用	9434	12210	13226	10160	44274

图10-28 计算现金支出费用

10.2.6 产品成本预算

产品成本预算中包括产品的成本项目、单位用量、单位成本、总成本等,其中单位成本的有关数据来自直接材料预算、直接人工预算、制造费用预算;生产量和期末存货量来自生产预算;销售量来自销售预算;生产成本、存货成本、销货成本等则需根据单位成本和有关数据进行计算,其具体操作如下。(🎬微课:光盘\微课视频\第10章\产品成本预算.swf)

STEP 1 在"产品成本预算"工作表中输入相应的数据并设置单元格格式,然后选择E2单元格,输入公式"=生产预算!$F$9",按【Ctrl+Enter】组合键引用"生产预算"工作表中产品1的预计生产量,如图10-29所示。

STEP 2 分别将"直接材料预算"工作表中的"单位产品材料用量(X材料)"和"单价"引用到"直接材料(X材料)"的"单位用量"和"单价"对应的单元格中;将"直接人工预算"工作表中的"单位产品工时(小时)"和"每小时人工成本(元)"引用到"直接人工"的"单位用量"和"单价"对应的单元格中。

STEP 3 假设"变动制造费用"的单位用量为"2",然后在"制造费用预算"工作表中计算"变动制造费用"的单价并将其输入到"变动制造费用"的"单价"对应的单元格中,如图10-30所示。

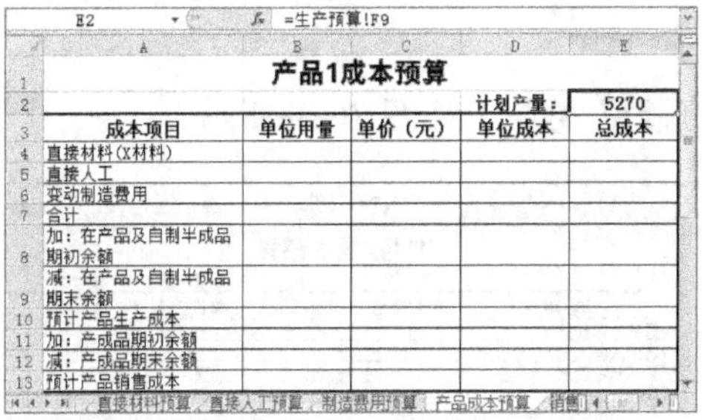

图10-29 引用产品1的预计生产量

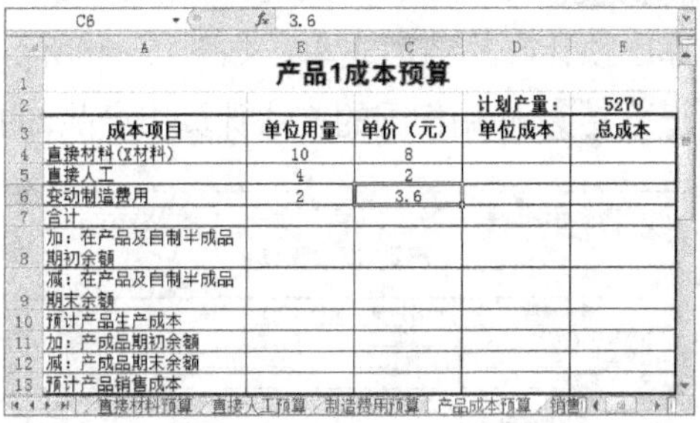

图10-30 引用并输入数据

STEP 4 选择D4:D6单元格区域,输入公式"=B4*C4",按【Ctrl+Enter】组合键计算出"X材料""直接人工""变动制造费用"的单位成本,然后选择D7单元格,输入公式"=SUM(D4:D6)",按【Ctrl+Enter】组合键计算合计单位成本的总额,如图10-31所示。

STEP 5 选择E4:E7单元格区域,输入公式"=D4*$E$2",按【Ctrl+Enter】组合键计算出"X材料""直接人工""变动制造费用""合计"的总成本,如图10-32所示。

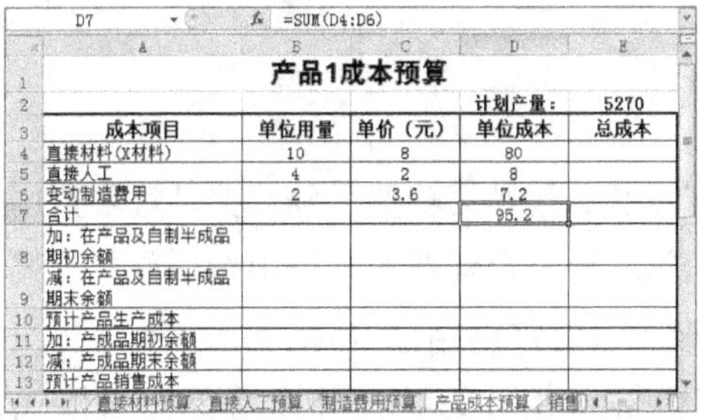

图10-31 计算单位成本

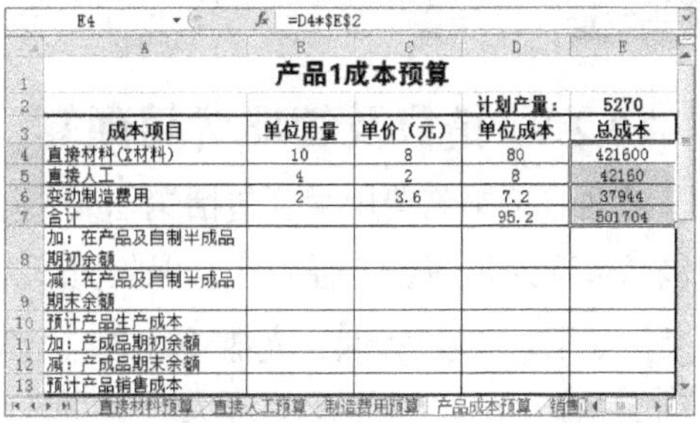

图10-32 计算总成本

STEP 6 假设在产品及自制半成品期初余额和期末余额均为0，然后选择E10单元格，输入公式"=E7+E8-E9"，完成后按【Ctrl+Enter】组合键计算出预计产品生产成本，如图10-33所示。

STEP 7 选择E11单元格，输入公式"=D7*80"，按【Ctrl+Enter】组合键表示用单位成本乘以"生产预算"工作表中全年"期初存货"值计算出产品期初余额。继续选择E12单元格，输入公式"=D7*150"，按【Ctrl+Enter】组合键表示用单位成本乘以"生产预算"工作表中全年"预计期末存货"值计算出产品期末余额，如图10-34所示。

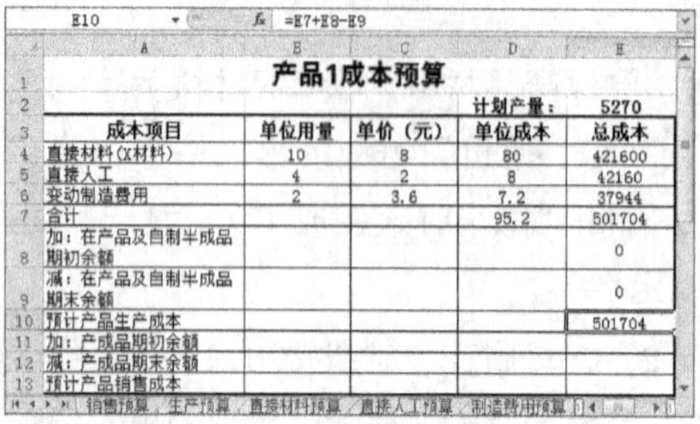

图10-33 计算预计产品生产成本 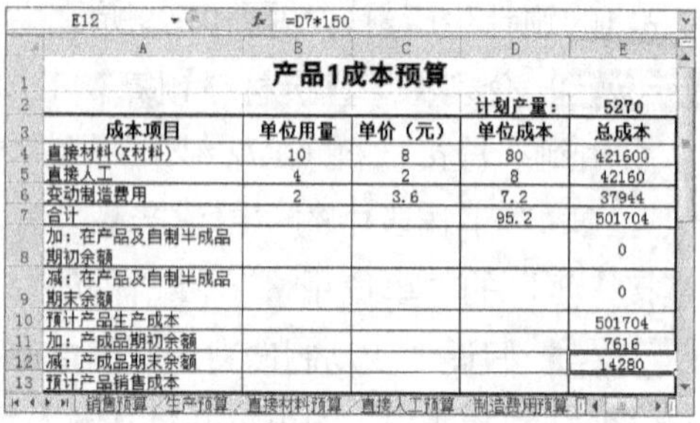　　图10-34 计算产成品期初和期末余额

STEP 8 选择E13单元格，输入公式"=E10+E11-E12"，然后按【Ctrl+Enter】组合键计算出预计产品销售成本，如图10-35所示。

STEP 9 使用相同的方法计算出产品2的"成本预算"数据，如图10-36所示。

图10-35 计算预计产品销售成本 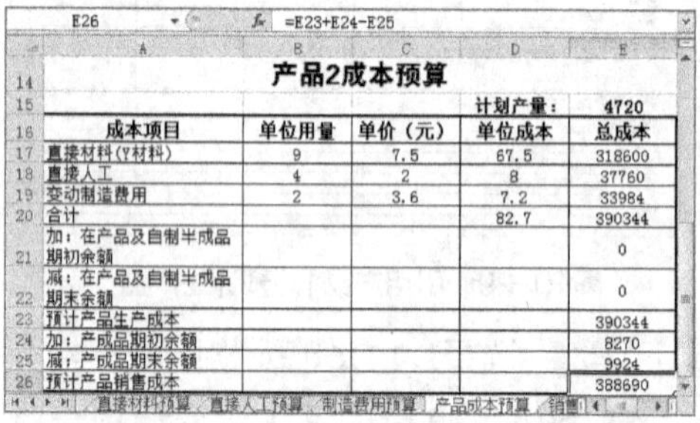　　图10-36 计算产品2的成本预算数据

在预计产品销售成本时，也可输入公式"=单位成本×预计销售量"，如计算产品1的预计产品销售成本时，可输入公式"=D7*5200"。

10.2.7 销售及管理费用预算

下面假设销售费用主要包括销售人员工资、广告费、包装运输费、保管费，管理费用主要包括管理人员薪金、福利费、保险费、办公费，然后计算合计费用并得出费用预算。其具体操作如下。（ 微课：光盘\微课视频\第10章\销售及管理费用预算.swf）

STEP 1 在"销售及管理费用预算"工作表中输入相应的数据并设置单元格格式，并输入"销售费用"和"管理费用"各项目数据，然后选择B14单元格，输入公式

“=SUM(B5:B8)+SUM(B10:B13)”，按【Ctrl+Enter】组合键计算出合计费用，如图10-37所示。

STEP 2 选择B15单元格，输入公式“=B14/4”，然后按【Ctrl+Enter】组合键计算出每季度支出的现金，如图10-38所示。

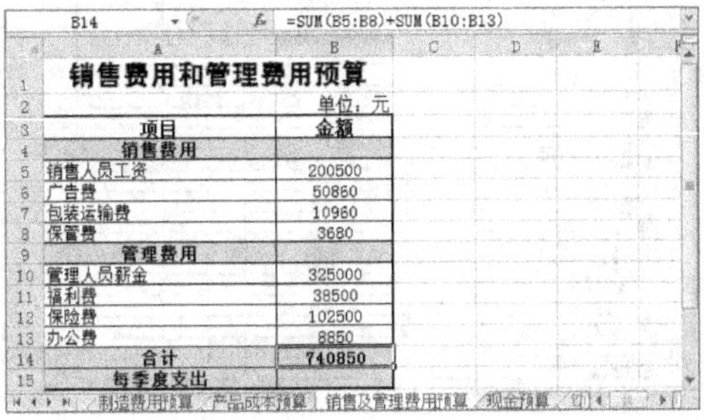

B14 =SUM(B5:B8)+SUM(B10:B13)

销售费用和管理费用预算	
	单位：元
项目	金额
销售费用	
销售人员工资	200500
广告费	50860
包装运输费	10960
保管费	3680
管理费用	
管理人员薪金	325000
福利费	38500
保险费	102500
办公费	8850
合计	740850
每季度支出	

图10-37 计算合计费用

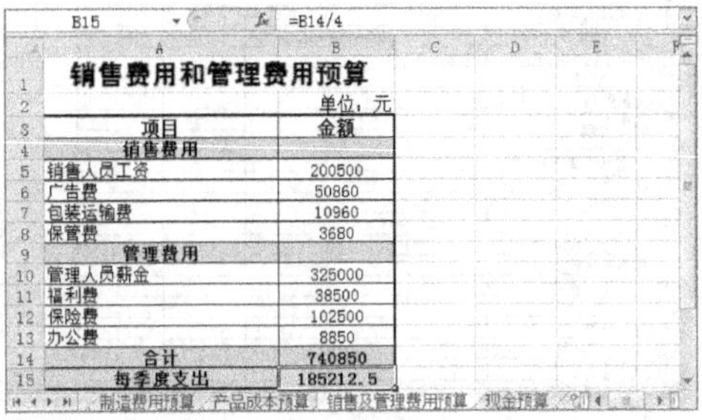

B15 =B14/4

销售费用和管理费用预算	
	单位：元
项目	金额
销售费用	
销售人员工资	200500
广告费	50860
包装运输费	10960
保管费	3680
管理费用	
管理人员薪金	325000
福利费	38500
保险费	102500
办公费	8850
合计	740850
每季度支出	185212.5

图10-38 计算每季度支出的现金

10.2.8 现金预算

下面假设期初现金余额为50000元，然后根据编制的销售预算、生产预算、直接材料和采购预算、直接人工成本预算、制造费用预算、产品成本预算、销售及管理费用预算为基础编制现金预算，其具体操作如下。（微课：光盘\微课视频\第10章\现金预算.swf）

STEP 1 在“现金预算”工作表中输入相应的数据并设置单元格格式，然后在B4单元格输入数据“50 000”，在B5单元格中输入公式“=销售预算!B14+销售预算!B15”，完成后按【Ctrl+Enter】组合键计算第一季度的销售现金收入，如图10-39所示。

STEP 2 使用相同的方法引用“销售预算”工作表中“预计现金收入”金额，并计算出第2、3、4季度的“销货现金收入”金额，继续将“销售预算”工作表中的F19单元格中的金额引用到“销货现金收入”项目对应的F5单元格中，如图10-40所示。

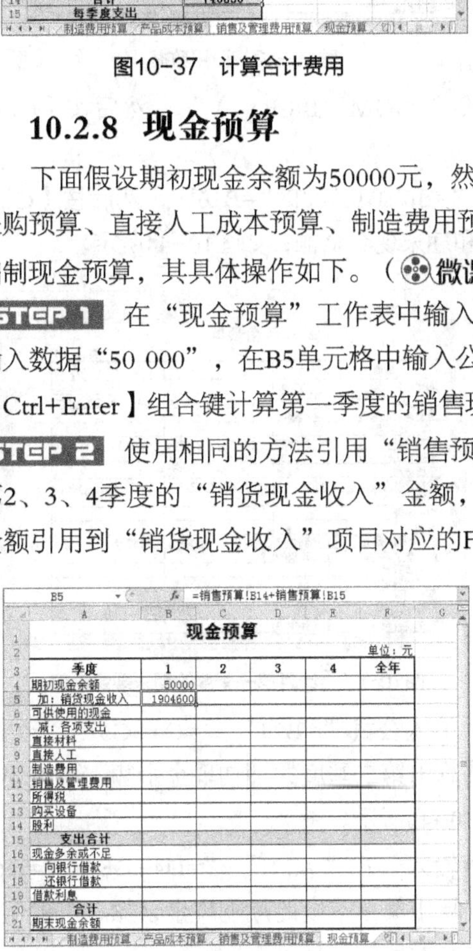

B5 =销售预算!B14+销售预算!B15

现金预算					
					单位：元
季度	1	2	3	4	全年
期初现金余额	50000				
加：销货现金收入	1904600				
可供使用的现金					
减：各项支出					
直接材料					
直接人工					
制造费用					
销售及管理费用					
所得税					
购买设备					
股利					
支出合计					
现金多余或不足					
向银行借款					
还银行借款					
借款利息					
合计					
期末现金余额					

图10-39 输入并引用数据

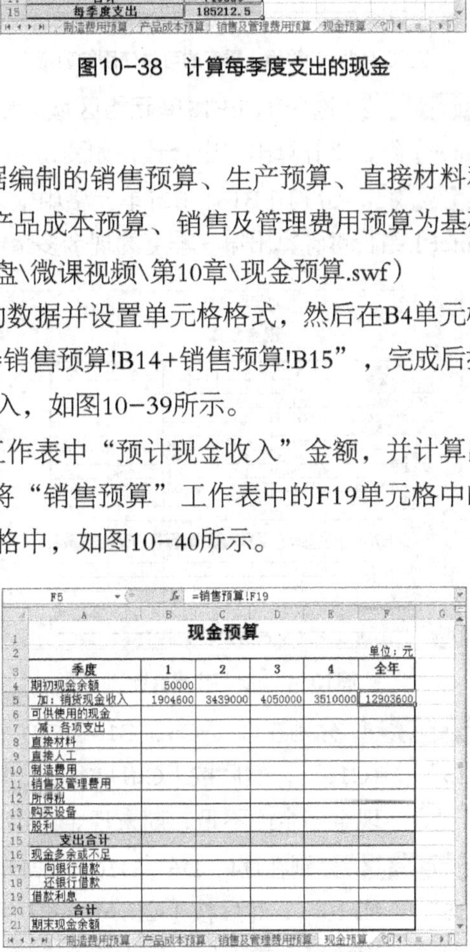

F5 =销售预算!F19

现金预算					
					单位：元
季度	1	2	3	4	全年
期初现金余额	50000				
加：销货现金收入	1904600	3439000	4050000	3510000	12903600
可供使用的现金					
减：各项支出					
直接材料					
直接人工					
制造费用					
销售及管理费用					
所得税					
购买设备					
股利					
支出合计					
现金多余或不足					
向银行借款					
还银行借款					
借款利息					
合计					
期末现金余额					

图10-40 继续引用并计算数据

STEP 3 选择B6单元格，输入公式“=B4+B5”，按【Ctrl+Enter】组合键计算第一季度的可供使用的现金，如图10-41所示。

STEP 4 将“直接材料预算”工作表中的相应数据引用到B8:F8单元格区域，引用“直接人工预算”工作表中的相应数据到B9:F9单元格区域，将“制造费用预算”工作表中的相应数据引用到B10:F10单元格区域，将“销售及管理费用预算”工作表中的相应数据引用到

B11:F11单元格区域，如图10-42所示。

图10-41 计算第一季度的可供使用的现金

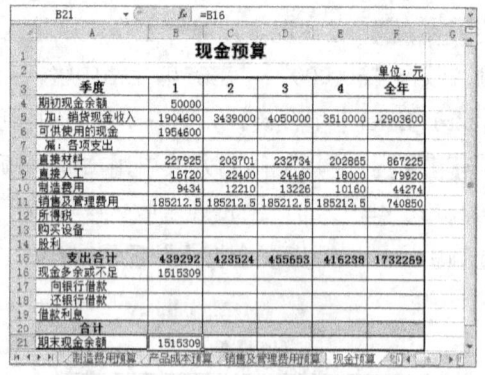

图10-42 引用数据

STEP 5 选择B15:F15单元格区域，输入公式"=SUM（B8:B14）"，然后按【Ctrl+Enter】组合键计算出支出合计，如图10-43所示。

STEP 6 分别在B16和B21单元格中输入公式"=B6-B15"和"=B16"，然后按【Ctrl+Enter】组合键计算出第一季度的现金多余或不足和期末现金余额，如图10-44所示。

图10-43 计算支出合计　　　　　　　　图10-44 计算第一季度的期末现金余额

STEP 7 分别在C4、C6、C16、C21单元格中输入公式"=B21""=C4+C5""=C6-C15""=C16"，然后按【Ctrl+Enter】组合键计算出第二季度的期初现金余额、可供使用的现金、现金多余或不足、期末现金余额，如图10-45所示。

STEP 8 分别在D4、D6、D16、D21单元格中输入公式"=C21""=D4+D5""=D6-D15""=D16"，然后按【Ctrl+Enter】组合键计算出第三季度的期初现金余额、可供使用的现金、现金多余或不足、期末现金余额，如图10-46所示。

编制现金预算时，当某季度的现金不足时，下一季度的"合计"项即为该季度还款和利息之和，"期末现金余额"等于"现金多余或不足"减去借款和借款利息的"合计"值。在本例中由于相应季度的现金充足，因此无需向银行借款，"期末现金金额"等于计算的"现金多余或不足"。

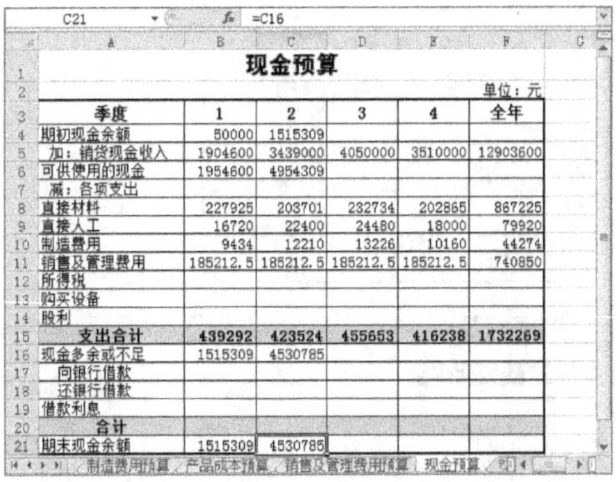

C21 =C16

现金预算

单位：元

季度	1	2	3	4	全年
期初现金余额	50000	1515309			
加：销货现金收入	1904600	3439000	4050000	3510000	12903600
可供使用的现金	1954600	4954309			
减：各项支出					
直接材料	227925	203701	232734	202865	867225
直接人工	16720	22400	24480	18000	79920
制造费用	9434	12210	13226	10160	44274
销售及管理费用	185212.5	185212.5	185212.5	185212.5	740850
所得税					
购买设备					
股利					
支出合计	439292	423524	455653	416238	1732269
现金多余或不足	1515309	4530785			
向银行借款					
还银行借款					
借款利息					
合计					
期末现金余额	1515309	4530785			

图10-45 计算第二季度的现金预算数据

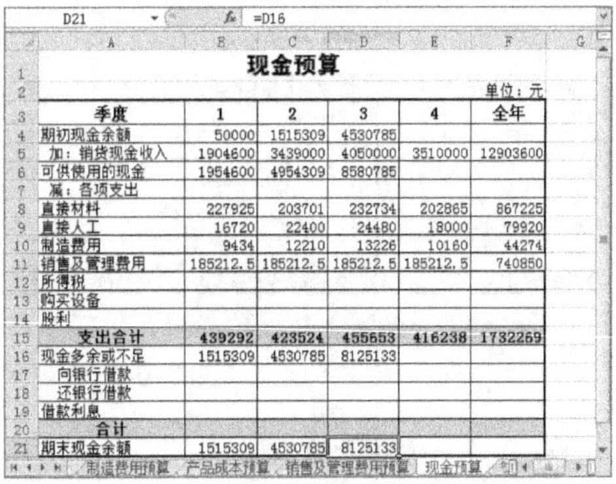

D21 =D16

现金预算

单位：元

季度	1	2	3	4	全年
期初现金余额	50000	1515309	4530785		
加：销货现金收入	1904600	3439000	4050000	3510000	12903600
可供使用的现金	1954600	4954309	8580785		
减：各项支出					
直接材料	227925	203701	232734	202865	867225
直接人工	16720	22400	24480	18000	79920
制造费用	9434	12210	13226	10160	44274
销售及管理费用	185212.5	185212.5	185212.5	185212.5	740850
所得税					
购买设备					
股利					
支出合计	439292	423524	455653	416238	1732269
现金多余或不足	1515309	4530785	8125133		
向银行借款					
还银行借款					
借款利息					
合计					
期末现金余额	1515309	4530785	8125133		

图10-46 计算第三季度的现金预算数据

STEP 9 分别在E4、E6、E16、E21单元格中输入公式“=D21”“=E4+E5”“=E6-E15”“=E16”，然后按【Ctrl+Enter】组合键计算出第四季度的期初现金余额、可供使用的现金、现金多余或不足、期末现金余额，如图10-47所示。

STEP 10 在F4单元格中输入数据“50000”，然后分别在F6、F16、F21单元格中输入公式“=F4+F5”“=F6-F15”“=F16”，按【Ctrl+Enter】组合键计算出全年的可供使用的现金、现金多余或不足、期末现金余额，如图10-48所示。

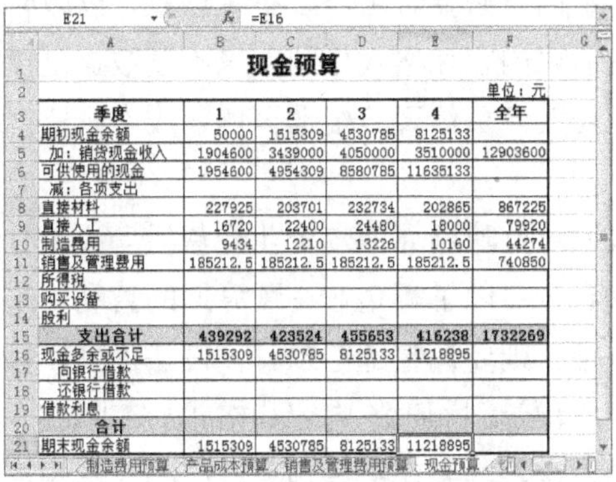

E21 =E16

现金预算

单位：元

季度	1	2	3	4	全年
期初现金余额	50000	1515309	4530785	8125133	
加：销货现金收入	1904600	3439000	4050000	3510000	12903600
可供使用的现金	1954600	4954309	8580785	11635133	
减：各项支出					
直接材料	227925	203701	232734	202865	867225
直接人工	16720	22400	24480	18000	79920
制造费用	9434	12210	13226	10160	44274
销售及管理费用	185212.5	185212.5	185212.5	185212.5	740850
所得税					
购买设备					
股利					
支出合计	439292	423524	455653	416238	1732269
现金多余或不足	1515309	4530785	8125133	11218895	
向银行借款					
还银行借款					
借款利息					
合计					
期末现金余额	1515309	4530785	8125133	11218895	

图10-47 计算第四季度的现金预算数据

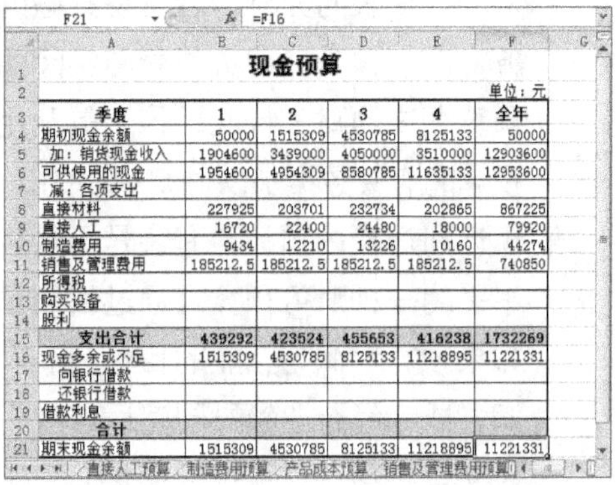

F21 =F16

现金预算

单位：元

季度	1	2	3	4	全年
期初现金余额	50000	1515309	4530785	8125133	50000
加：销货现金收入	1904600	3439000	4050000	3510000	12903600
可供使用的现金	1954600	4954309	8580785	11635133	12953600
减：各项支出					
直接材料	227925	203701	232734	202865	867225
直接人工	16720	22400	24480	18000	79920
制造费用	9434	12210	13226	10160	44274
销售及管理费用	185212.5	185212.5	185212.5	185212.5	740850
所得税					
购买设备					
股利					
支出合计	439292	423524	455653	416238	1732269
现金多余或不足	1515309	4530785	8125133	11218895	11221331
向银行借款					
还银行借款					
借款利息					
合计					
期末现金余额	1515309	4530785	8125133	11218895	11221331

图10-48 计算全年的现金预算数据

10.3 实训——编制预计财务报表

10.3.1 实训目标

本实训的目标是编制预计财务报表。小白将根据前面编制的相关财务预算表编制预计资产负债表和预计利润表。本实训的最终效果如图10-49所示。

素材所在位置 光盘:\素材文件\第10章\实训\财务预算表.xlsx

效果所在位置 光盘:\效果文件\第10章\实训\预计财务报表xlsx

预计资产负债表

单位：元

资产	期末数	年初数	负债和股东权益	期末数	年初数
库存现金	11221331	50000	应付账款	71910	125400
应收账款	1220000	188600	其他应付款	44274	9434
存货	382500	249000	未分配利润	12772676	393702
直接材料	36825	24050			
产成品	24204	15886			
累计折旧	4000	1000			
资产合计	12888860	528536	负债和股东权益合计	12888860	528536

预计利润表

单位：元

项目	金额
销售收入	13935000
销售成本	883730
毛利	13051270
销售及管理费用	740850
利息	0
总利润	12310420
所得税	0
净利润	12310420

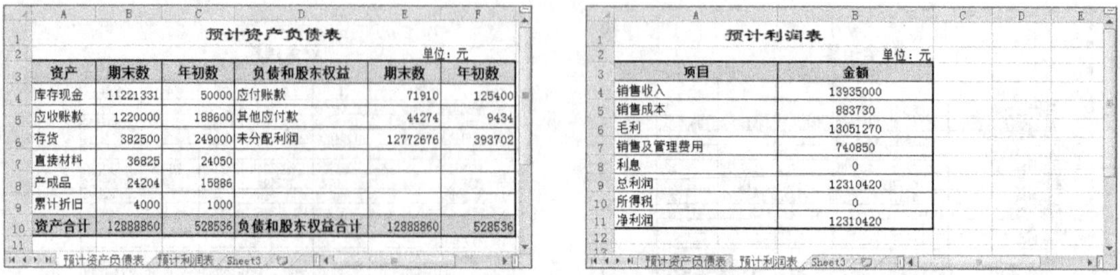

图10-49 “预计财务报表”的最终效果

10.3.2 专业背景

预计财务报表的作用与实际财务报表不同，所有企业都需在年终编制实际的财务报表，实际财务报表的主要目的是向外部报表使用人提供财务信息；而预计财务报表主要是为企业内部财务管理服务，是控制企业资金、成本、利润总量的重要手段。预计财务报表是财务管理的重要工具，主要包括预计资产负债表和预计利润表。

- **预计资产负债表**：预计资产负债表是依据当前的实际资产负债表和全面预算中的其他预算所提供的资料编制而成的，反映企业预算期末财务状况的总括性预算。编制预计资产负债表的目的在于判断预算反映的财务状况的稳定性和流动性。通过预计资产负债表的分析，若发现某些财务比率不佳，必要时可修改有关预算，以改善财务状况。预计资产负债表与实际的资产负债表内容和格式相同，只不过数据是反映预算期末的财务状况，该表是利用本期期初资产负债表，根据销售、成本、资产等预算的有关数据加以调整编制的。
- **预计利润表**：预计利润表是指以货币形式综合反映预算期内企业经营活动成果计划水平的一种财务预算。通过编制预计利润表，可以了解企业在预算期的营利水平。如果预算利润与企业的目标利润有较大差距，则要调整部门预算，设法达到目标利润，或者经企业领导同意后修改目标利润。预计利润表的内容和格式与实际的利润表完全相同，只不过数据是面向预算期的，该表需要在销售预算、产品成本预算、销售及管理费用预算等财务预算的基础上进行编制。

10.3.3 操作思路

完成本实训首先需要引用“财务预算表”工作簿中的相关数据，然后根据公式计算出相应的值，其操作思路如图10-50所示。

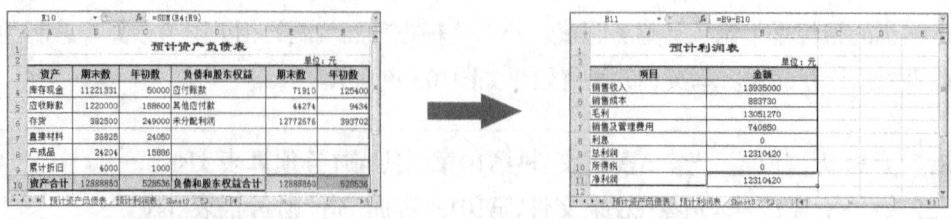

①预计资产负债表　　②预计利润表

图10-50 预计财务报表的制作思路

【步骤提示】

STEP 1 新建"预计财务报表"工作簿,将"Sheet1"和"Sheet2"工作表分别重命名为"预计资产负债表"和"预计利润表",然后在"预计资产负债表"工作表中输入相应的数据并设置单元格格式。

STEP 2 根据需要输入相应的数据,然后在B10:C10单元格区域中输入公式"=SUM(B4:B9)",按【Ctrl+Enter】组合键计算出资产合计的年初数和期末数。使用相同的方法计算出负债和股东权益合计中的年初数和期末数。

STEP 3 在"预计利润表"工作表中输入相应的数据并设置单元格格式,根据需要将"财务预算表"工作簿中的数据分别引用到相应的单元格中。

STEP 4 分别在B6、B9、B11单元格中输入公式"=B4-B5""=B6-B7-B8""=B9-B10",计算出预计利润表中的"毛利""总利润""净利润"。

10.4 疑难解析

问:当现金不足时,该如何进行现金预算呢?

答:当某季度的现金不足时,可向银行借款,借款额将等于最低现金余额与现金不足额之和。如假设第二季度的现金不足为"22000",企业最低现金余额为10 000元,可计算出借款额=10 000+22 000=32 000,当第三季度现金多余时,则可偿还借款,一般借款按"每期期初借入,每期期末归还"来预计利息,假设借款期为6个月,利率为10%,可计算出第三季度的借款利息 = 32 000 × 10% × 6 ÷ 12=1 600(元)。

问:预计现金流量表有什么作用?

答:预计现金流量表是按照现金流量表主要项目内容和格式编制的反映企业预算期内一切现金收支及其结果的预算。它以业务预算、资本预算、筹资预算为基础,是其他预算有关现金的汇总,主要作为企业资金调控管理的依据,它是企业能否持续经营的基本保障预算。预计现金流量表的编制可以弥补编制现金预算的不足,有利于了解计划期内企业的资金流转状况和企业经营能力,而且能突出表现一些长期的资金筹集与使用的方案对计划期内企业的影响。

10.5 习题

本章主要介绍了使用Excel编制销售预算、生产预算、直接材料预算、直接人工预算、制造费用预算、产品成本预算、销售及管理费用预算、现金预算的方法,主要用到的Excel知识有:数据的引用、公式与函数的使用等,读者应加强该部分内容的练习与应用。

素材所在位置　光盘:\素材文件\第10章\习题\财务预算表1.xlsx
效果所在位置　光盘:\效果文件\第10章\习题\财务预算表1.xlsx

下面在"财务预算表"工作簿的"销售预算"工作表中修改产品的预计销售量，查看相关财务预算表的变化，完成后的效果如图10-51所示。

- 打开"财务预算表"工作簿，在"销售预算"工作表的B4:E4单元格区域中修改产品1各季度的预计销售量。
- 查看各财务预算表中发生的变化。

图10-51　修改并查看各财务预算表

课后拓展知识

默认情况下，新建工作簿中有3张工作表，但是根据不同用户的需求，对于一些经常需要在同一工作簿中使用多张工作表的用户来说，如在同一工作簿中创建多个与会计凭证相关的表格时，除了通过插入所需的工作表外，还可修改新工作簿内的工作表数量，使每次启动Excel后在工作簿中都有多张工作表备用。设置工作表数量的具体操作如下。

STEP 1　启动Excel，在其工作界面中选择【文件】/【选项】菜单命令，在打开的"Excel选项"对话框的"常规"选项卡的"包含的工作表数"数值框中输入所需的工作表数量，这里输入数值"6"，完成后单击 确定 按钮，并关闭当前工作簿。

STEP 2　再次新建工作簿或启动Excel后，工作簿中将包含所设置数量的工作表，如图10-52所示。

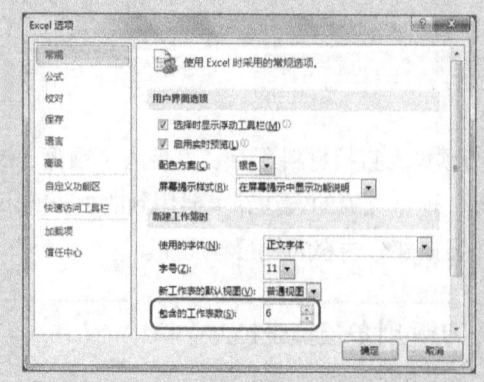
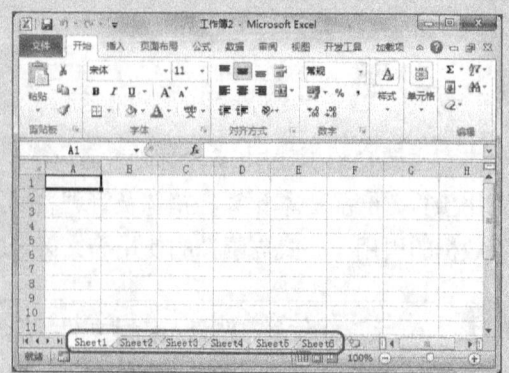

图10-52　设置工作表数量

附录　综合实训

为了培养学生独立完成工作任务的能力，提高学生的就业综合素质和思维能力，达到学以致用的目的，本附录精心挑选了5个综合实训进行练习，如“制作银行借款明细表”“制作存货盘存表”“制作销售数据预测表”“编制会计报表”“分析会计报表”。通过实训，学生可以进一步掌握和巩固Excel会计财务应用的相关知识。

实训1　制作银行借款明细表

【实训目的】

通过实训掌握Excel工作簿的创建与管理、输入数据、设置单元格格式等操作，具体要求及实训目的如下。

- 熟练掌握创建与管理工作簿的方法，如保存工作簿、关闭工作簿等。
- 熟练掌握输入数据、快速填充数据，以及设置单元格格式的方法，能够使用Excel快速制作简单的会计财务表格。

【实训步骤】

STEP 1 启动Excel 2010，将新建的空白工作簿以“银行借款明细表”为名进行保存，在其中输入表题和表头的数据，并快速填充序号。

STEP 2 合并A1:J1单元格区域，设置表题格式为“黑体，18”，然后选择A3:J20单元格区域，设置对齐方式为“居中对齐”，完成后设置边框样式为“所有框线”和“粗匣框线”。

STEP 3 调整单元格行高与列宽，完成后保存并关闭工作簿。

【实训参考效果】

本实训的参考效果如图1所示，其效果文件提供在本书配套光盘中。

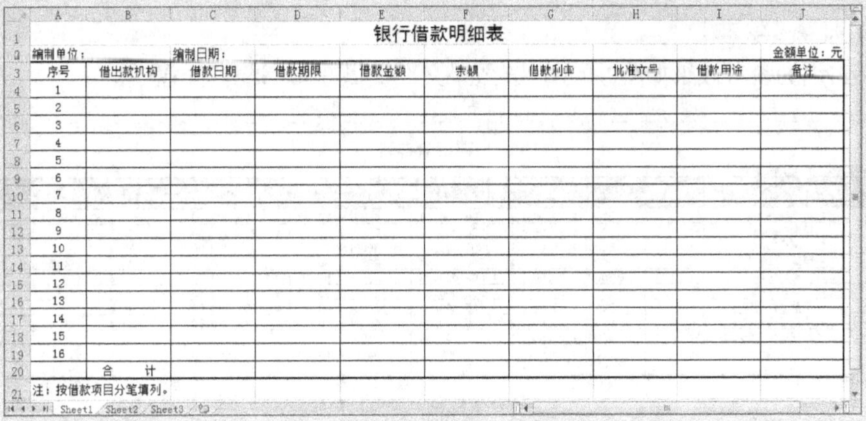

银行借款明细表

编制单位：　　编制日期：　　金额单位：元

序号	借出款机构	借款日期	借款期限	借款金额	余额	借款利率	批准文号	借款用途	备注
1									
2									
3									
4									
5									
6									
7									
8									
9									
10									
11									
12									
13									
14									
15									
16									
	合　计								

注：按借款项目分笔填列。

图1　“银行借款明细表”表格效果

实训2 制作存货盘存表

【实训目的】

通过实训掌握Excel工作表与单元格的基本操作、编辑数据、公式的使用等知识，具体要求与实训目的如下。

- 熟练掌握工作表与单元格的基本操作，如重命名工作表、删除工作表、插入单元格等。
- 熟练掌握数据的编辑操作，并灵活运用公式计算相应的数据，达到快速并准确计算表格数据的目的。

【实训步骤】

STEP 1 启动Excel 2010，将新建的空白工作簿以“存货盘存表”为名进行保存，然后将“Sheet1”工作表重命名为“玻璃杯”。在“玻璃杯”工作表中输入表题和表头的数据，合并A1:L1单元格区域，设置表题格式为“方正黑体简体，18”，完成后选择A3:L4单元格区域，应用其单元格样式为“强调文字颜色2”。

STEP 2 继续在“玻璃杯”工作表中快速填充序号，并输入相应的项目数据，完成后分别设置“单价”和“金额”列的数据格式为“货币格式”。

STEP 3 如果“盘存数-账存数≥0”表示盘盈，而“盘存数-账存数＜0”表示盘亏，所以可根据公式“盘盈(+)盘亏(-)的数量=盘存数-账存数”计算“盘盈(+)盘亏(-)”的“数量”列。

STEP 4 继续根据公式“金额=数量×单价”计算“账存数”“盘存数”“盘盈(+)盘亏(-)”的“金额”列，完成后求和计算“账存数”“盘存数”“盘盈(+)盘亏(-)”的合计数量与金额。

STEP 5 复制“玻璃杯”工作表，将其重命名为“保温杯”，在“保温杯”工作表中修改项目数据，然后插入行并输入相应的数据，完成后调整单元格列宽。

STEP 6 删除“Sheet2”和“Sheet3”工作表，完成后保存并关闭工作簿。

【实训参考效果】

本次实训的参考效果如图2所示，其效果文件提供在本书配套光盘中。

存货盘存表

单位名称：XX玻璃制品有限公司　　　　单位：元

序号	品名规格	计量单位	账存数			盘存数			盘盈(+)盘亏(-)		备注
			数量	单价	金额	数量	单价	金额	数量	金额	
1	玻璃杯280ml	只	5000	¥ 20.00	¥ 100,000.00	4950	¥ 20.00	¥ 99,000.00	-50	¥ -1,000.00	
2	玻璃杯350ml	只	11500	¥ 20.00	¥ 230,000.00	11500	¥ 20.00	¥ 230,000.00	0	¥ -	
3	玻璃杯500ml	只	8000	¥ 25.00	¥ 200,000.00	8000	¥ 25.00	¥ 200,000.00	0	¥ -	
4	玻璃杯800ml	只	10000	¥ 30.00	¥ 300,000.00	10020	¥ 30.00	¥ 300,600.00	20	¥ 600.00	
5	水晶玻璃杯	只	18000	¥ 59.00	¥ 1,062,000.00	18000	¥ 59.00	¥ 1,062,000.00	0	¥ -	
6	双层玻璃杯	只	8000	¥ 39.00	¥ 312,000.00	8000	¥ 39.00	¥ 312,000.00	0	¥ -	
7	带盖双层玻璃杯	只	15000	¥ 49.00	¥ 735,000.00	15000	¥ 49.00	¥ 735,000.00	0	¥ -	
8	印花玻璃杯350ml	只	5060	¥ 15.00	¥ 75,900.00	5000	¥ 15.00	¥ 75,000.00	-60	¥ -900.00	
9	印花玻璃杯550ml	只	9500	¥ 20.00	¥ 190,000.00	9500	¥ 20.00	¥ 190,000.00	0	¥ -	
10	便携玻璃杯	只	9500	¥ 18.00	¥ 171,000.00	9580	¥ 18.00	¥ 172,440.00	80	¥ 1,440.00	
合计			99560		¥ 3,375,900.00	99550		¥ 3,376,040.00	-10	¥ 140.00	

单位负责人：张光　　保管员：孙建兰　　盘点人：李丽　　盘点日期：2015年7月30日

玻璃杯　保温杯

图2 “存货盘存表”表格效果

实训3 制作销售数据预测表

【实训目的】

通过实训掌握Excel图表的使用方法和趋势线的添加方法，具体要求及实训目的如下。
- 熟练掌握图表的创建、编辑、美化等操作，达到能够使用图表分析数据的目的。
- 掌握趋势线的添加方法，并设置趋势线格式，能够通过趋势线准确预测下一个周期的相关数据。

【实训步骤】

STEP 1 创建"销售数据预测表"工作簿，在其中输入数据区域，然后根据数据区域插入一个"簇状柱形图"。

STEP 2 添加图表标题，关闭图例，显示模拟运算表和图例项标示，设置图表的"填充"颜色为图片或纹理填充"蓝色面巾纸"。

STEP 3 添加"线性"趋势线，设置其趋势线格式为"趋势预测"前推"1"周期，并显示公式。

STEP 4 在H4单元格中反复输入并选择最接近趋势线公式的值，这里可预测出7月份的销售金额接近"89880"。

【实训参考效果】

本实训的参考效果如图3所示，其效果文件提供在本书配套光盘中。

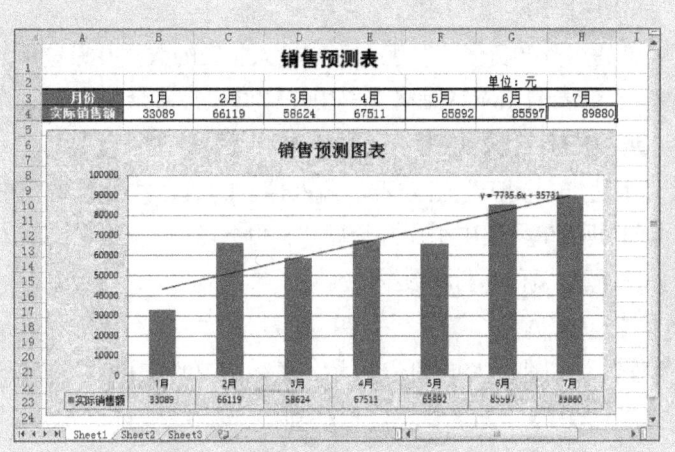

图3 "销售数据预测表"表格效果

实训4 编制会计报表

【实训目的】

通过实训掌握定义单元格名称、数据的筛选、数据透视表的使用等知识，并巩固单元格的引用、公式与函数的使用等知识，具体要求及实训目的如下。
- 掌握定义单元格名称的方法，能够熟练使用定义的单元格名称简化公式与函数表达式。
- 掌握冻结并拆分窗格的方法，在大型表格中快速查看相应数据的对应关系。

- 熟练掌握数据的自动筛选功能，能够快速筛选出所需会计科目对应的数据。
- 通过创建并编辑数据透视表，快速生成总分类账和科目汇总表。
- 巩固单元格的引用，并使用公式与函数计算数据，以便快速编制科目余额表、资产负债表和利润表。

【实训步骤】

STEP 1 创建“会计报表”工作簿，建立“会计科目表”工作表，输入会计科目编号和科目名称，并为表格内容定义单元格区域名称为“会计科目”，完成后选择B3单元格，冻结并拆分窗格。

STEP 2 根据发生的经济业务编制会计分录，并建立“会计凭证表”工作表，使用相应的方法输入凭证信息，并判断借贷是否平衡，完成后选择表头数据，并执行数据的自动筛选操作。

STEP 3 根据“会计凭证表”创建数据透视表生成“总分类账”工作表，在其中添加默认字段、修改值字段汇总方式、设置数据透视表的布局样式、添加借贷方余额等，完成后根据“总分类账”生成“科目汇总表”，然后删除不需要的字段，并设置布局方式为“不显示分类汇总”。

STEP 4 创建“科目余额表”工作表，在其中输入相应的科目编号与会计科目，然后根据提供的资料输入期初余额，并使用函数引用和计算“科目汇总表”中对应的本期发生额，完成后使用公式与函数计算期末余额。

STEP 5 创建“资产负债表”工作表，输入相应的数据并设置单元格格式，然后在“资产负债表”工作表的相应单元格中引用并计算“科目余额表”工作表中的相应数据，完成后计算相应的合计金额。

STEP 6 创建“利润表”工作表，输入相应的数据并设置单元格格式，然后在“利润表”工作表的相应单元格中引用并计算“科目余额表”工作表中的相应数据，完成后计算营业利润、利润总额和净利润数据。

【实训参考效果】

本实训的参考效果如图4、图5和图6所示，其效果文件提供在本书配套光盘中。

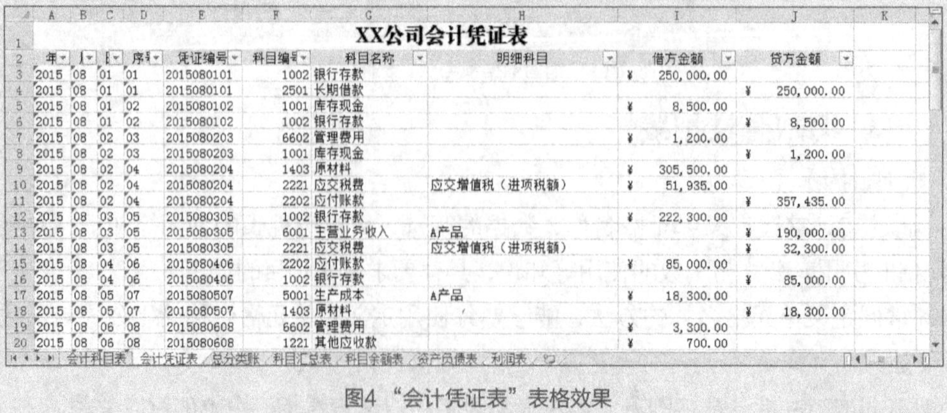

XX公司会计凭证表

年	月	日	序号	凭证编号	科目编号	科目名称	明细科目	借方金额	贷方金额
2015	08	01	01	2015080101	1002	银行存款		¥ 250,000.00	
2015	08	01	01	2015080101	2501	长期借款			¥ 250,000.00
2015	08	01	02	2015080102	1001	库存现金		¥ 8,500.00	
2015	08	01	02	2015080102	1002	银行存款			¥ 8,500.00
2015	08	02	03	2015080203	6602	管理费用		¥ 1,200.00	
2015	08	02	03	2015080203	1001	库存现金			¥ 1,200.00
2015	08	02	04	2015080204	1403	原材料		¥ 305,500.00	
2015	08	02	04	2015080204	2221	应交税费	应交增值税（进项税额）	¥ 51,935.00	
2015	08	02	04	2015080204	2202	应付账款			¥ 357,435.00
2015	08	03	05	2015080305	1002	银行存款		¥ 222,300.00	
2015	08	03	05	2015080305	6001	主营业务收入	A产品		¥ 190,000.00
2015	08	03	05	2015080305	2221	应交税费	应交增值税（进项税额）		¥ 32,300.00
2015	08	04	06	2015080406	2202	应付账款		¥ 85,000.00	
2015	08	04	06	2015080406	1002	银行存款			¥ 85,000.00
2015	08	05	07	2015080507	5001	生产成本	A产品	¥ 18,300.00	
2015	08	05	07	2015080507	1403	原材料			¥ 18,300.00
2015	08	06	08	2015080608	6602	管理费用		¥ 3,300.00	
2015	08	06	08	2015080608	1221	其他应收款		¥ 700.00	

图4 “会计凭证表”表格效果

资产负债表

编制单位：XX公司　　2015年8月　　单位：元

资　产	行次	期初数	期末数	负债和所有者权益	行次	期初数	期末数
流动资产：				**流动负债：**			
货币资金	1	¥ 602,500.00	¥ 793,480.00	短期借款	31	¥ 140,000.00	¥ 140,000.00
短期投资	2			应付票据	32	¥ -	¥ -
应收票据	3			应付账款	33	¥ 93,500.00	¥ 365,935.00
应收账款	4	¥ 172,000.00	¥ 324,100.00	预收账款	34	¥ -	¥ -
预付账款	5	¥ -	¥ 3,600.00	应付职工薪酬	35	¥ 9,000.00	¥ 29,050.00
应收股利	6			应交税费	36	¥ -	¥ 41,619.88
应收利息	7			应付利息	37	¥ 2,000.00	¥ 9,000.00
其他应收款	8	¥ 800.00	¥ 1,500.00	应付股利	38		
存货	9	¥ 562,500.00	¥ 928,170.00	其他应付款	39		
其中：原材料	10	¥ 240,000.00	¥ 527,200.00	一年内到期的非流动负债	40		
库存商品	11	¥ 270,000.00	¥ 283,385.00	其他流动负债	41		
周转材料	12			流动负债合计	42	¥ 244,500.00	¥ 585,604.88
生产成本	13	¥ 52,500.00	¥ 117,585.00	**非流动负债：**			
一年内到期的非流动资产	14			长期借款	43	¥ 100,000.00	¥ 350,000.00
其他流动资产	15			应付债券	44		
流动资产合计	16	¥ 1,337,800.00	¥ 2,050,850.00	长期应付款	45		
非流动资产：				递延所得税负债	46		
长期债券投资	17			预计负债	47		
持有至到期投资	18	¥ 10,000.00	¥ 10,000.00	其他非流动负债	48		
固定资产原价	19	¥ 186,000.00	¥ 186,000.00	非流动负债合计	49	¥ 100,000.00	¥ 350,000.00
减：累计折旧	20	¥ 94,300.00	¥ 114,300.00	负债合计	50	¥ 344,500.00	¥ 935,604.88
固定资产净值	21	¥ 91,700.00	¥ 71,700.00	**所有者权益：**			
在建工程	22			实收资本（或股本）	51	¥ 800,000.00	¥ 800,000.00
工程物资	23			资本公积	52	¥ -	¥ -
固定资产清理	24			盈余公积	53	¥ 55,000.00	¥ 55,000.00
无形资产	25			未分配利润	54	¥ 240,000.00	¥ 341,945.12
开发支出	26			所有者权益合计	55	¥ 1,095,000.00	¥ 1,196,945.12
长期待摊费用	27						
其他非流动资产	28						
非流动资产合计	29	¥ 101,700.00	¥ 81,700.00				
资产总计	30	¥ 1,439,500.00	¥ 2,132,550.00	负债和所有者权益总计	56	¥ 1,439,500.00	¥ 2,132,550.00

图5 “资产负债表”表格效果

利润表

编制单位：XX公司　　2015年8月　　单位：元

项　　目	行次	本月数	本年累计数
一、营业收入	**1**	**¥ 320,000.00**	
减：营业成本	2	¥ 75,006.50	
营业税金及附加	3	¥ -	
销售费用	4	¥ 35,000.00	
管理费用	5	¥ 66,900.00	
财务费用	6	¥ 7,000.00	
资产减值损失	7	¥ -	
加：公允价值变动损益（损失以“-”号填列）	8	¥ -	
投资收益（损失以“-”号填列）	9	¥ -	
二、营业利润（亏损以“-”号填列）	**10**	**¥ 136,093.50**	
加：营业外收入	11	¥ -	
减：营业外支出	12	¥ -	
三、利润总额（亏损总额以“-”号填列）	**13**	**¥ 136,093.50**	
减：所得税费用	14	¥ 34,148.38	
四、净利润（净亏损以“-”号填列）	**15**	**¥ 101,945.12**	

图6 “利润表”表格效果

实训5　分析会计报表

【实训目的】

通过实训分析企业的偿债能力和盈利能力。具体要求及实训目的如下。

- 巩固单元格的引用、公式与函数的使用、图表的使用等知识，以便于进行财务分析。
- 了解财务比率指标，通过资产负债表分析企业的偿债能力，通过利润表分析企业的营利能力。

【实训步骤】

STEP 1　打开“会计报表”工作簿，将其以“财务分析”为名进行另存，并插入一个空白工作表，将其重命名为“财务比率分析”，在“财务比率分析”工作表中输入相应的项目数据并设置单元格格式。

STEP 2 将资产负债表和利润表中的相关数据引用到"财务比率分析"工作表中,然后根据财务比率分析公式计算偿债能力和营利能力的相关比率。

STEP 3 输入并引用近3年的财务比率指标,然后根据其数据区域,创建"折线图"图表。

STEP 4 移动图表到数据区域的右侧,并添加图表标题为"近三年偿债能力对比分析图表",完成后在图表工具的【设计】/【数据】组中单击"切换行/列"按钮 切换XY坐标轴上的数据。

【实训参考效果】

本实训的参考效果如图7所示,其效果文件提供在本书配套光盘中。

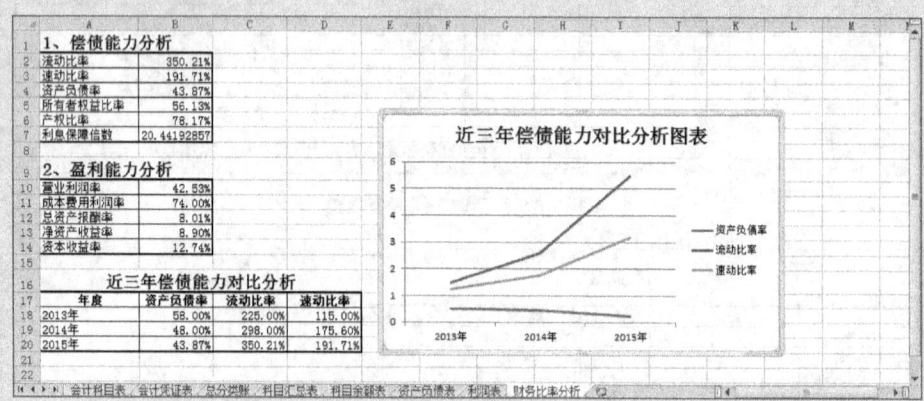

图7 "财务分析"表格效果